Das Buch

Die Geschichte Hiddensees, dieser schmalen, der Westküste von Rügen vorgelagerten Insel, läßt sich fast ein Jahrtausend zurückverfolgen. Doch erst als im neunzehnten Jahrhundert Fremde in größerer Zahl ihre Schönheit erkannten, wurde sie Gegenstand der Künste, der Malerei und der Dichtung vor allem. Die unberührte Natur zog die Großen der Zeit in ihren Bann: Albert Einstein, Gerhart Hauptmann, Thomas Mann, Sigmund Freud, die Schauspieler Asta Nielsen, Heinrich George, Paul Wegener, Otto Gebühr u. v. a. Doch nicht nur sie sind Gegenstand dieses Geschichtenbuchs, sondern es sind Land und Leute, es ist die Natur der Insel Hiddensee, die seinen Inhalt ausmachen.

Die Herausgeberin

Renate Seydel wurde 1935 in Schenkendorf, Niederlausitz, geboren, 1953–57 Studium der Germanistik an der Humboldt-Universität in Berlin. 1959–1992 Lektorin im Henschel-Verlag Berlin. Neben journalistischen Arbeiten Autorin von Bildbiographien über Asta Nielsen, Marlene Dietrich und Romy Schneider. Herausgeberin zahlreicher Schauspieler-Anthologien und eines Buches über Charlotte von Stein.
Im Ullstein Verlag erschienen von ihr »Hiddensee – Geschichten von Land und Leuten«, »Hiddensee – Inselgedichte«, »Usedom – Ein Lesebuch« sowie »Rügen – Ein Lesebuch«. Renate Seydel ist Inhaberin der Buchhandlung »Koralle« in Vitte auf der Insel Hiddensee. Sie lebt in Berlin-Pankow und auf Hiddensee.

Renate Seydel (Hrsg.)

Hiddensee

Ein Lesebuch

Ullstein

Besuchen Sie uns im Internet:
www.ullstein-taschenbuch.de

Ullstein Verlag
Ullstein ist ein Verlag der Ullstein Buchverlage GmbH,
5. Auflage 2017
© 2004 by Ullstein Buchverlage GmbH, Berlin
© 2000 by Econ Ullstein List Verlag GmbH & Co. KG, München
Umschlaggestaltung: HildenDesign, München (nach einer Vorlage von
Volkmar Schwengle / Buch und Werbung, Berlin)
Titelabbildung: AKG Photo, Berlin
Karte nach einer Vorlage der Herausgeberin: Erika Baßler
Druck und Bindearbeiten: CPI books GmbH, Leck
ISBN 978-3-548-24963-6

*Gewidmet meinem Vater, der uns das Hiddensee-Haus baute,
und meinem Sohn Holger, der die Insel von Kindheit an liebte.*

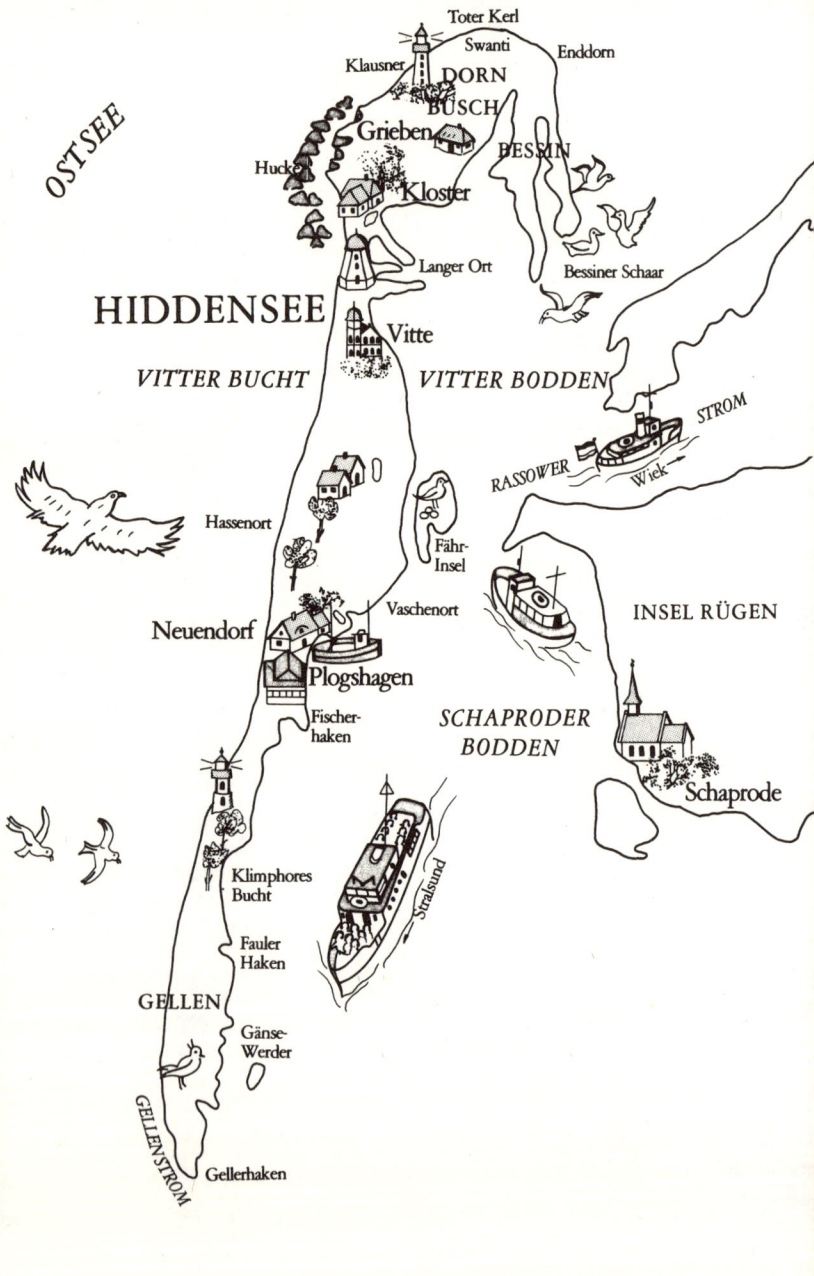

Inhaltsverzeichnis

Gerhart Hauptmann: Mondscheinlerche
11

Felix Krause: Hiddensee im Sommer 1907
13

Arved Jürgensohn: Eindrücke der Reisenden vor einem Jahrhundert über »das Capri von Pommern« – erste Gäste
29

Arnold Gustavs: Ein Hoheslied der Liebe ...
40

Hans Findeisen: Sagen und Hiddenseer Lokalschwänke
64

Otto Dankwardt: Alexander Ettenburg – der Einsiedler von Hiddensee, der »dat söte Länneken« entdeckte und es dem Dornröschenschlaf entriß
71

Nikolaus Niemeier: Datt Leben und andere Sinnsprök
94

Eduard von Winterstein: Stummfilm-Expedition nach Hiddensee 1913
99

CHRISTINE KNUPP: Landschaftsmaler entdecken die Insel
106

»Gute Verpflegung – reelle Preise«. Anzeigen aus Neuendorf und Vitte: Von Fremdenbüchern – Dampferfahrplänen – Badezellen – Kolonialwaren – Logierzimmern und frischen Backwaren frei Haus
114

ARNOLD GUSTAVS: Gerhart Hauptmann und Hiddensee
124

GERHART HAUPTMANN: Durch des Äthers blaues Schweigen ...
137

KATIA MANN: Das Ganze war etwas verdrießlich
141

»Beliebter Sommeraufenthalt gebildeter Kreise«. Anzeigen aus Kloster und Grieben: Von guten Betten und feiner bürgerlicher Küche – Soliden Preisen – Ungestörter Nachtruhe – Hausdiener am Dampfer – Herrlicher Fernsicht und empfehlenswertem Aufenthalt
147

URSULA HERKING: Ein verlorenes Paradies
156

CARL ZUCKMAYER: Sie haben mich ganz gewonnen ...
158

ASTA NIELSEN: Zum Abschied flog das Seidentaschentuch ins Meer ...
165

JOACHIM RINGELNATZ: Hafenkneipe
180

MAX KRUSE: Die versunkene Zeit
186

SIEGFRIED NYSCHER: In den Dünen und am Bodden
204

MARIA PAUDLER: Fridericus Rex und seine junge Liebe
214

ILSE TIETGE: Ich heiße Maria
220

KÄTHE RIECK: Die Malerin Elisabeth Büchsel
241

ARNE GUSTAVS: Mein Großvater, der Inselpastor
247

CLAUS ROTHE: Die »Swanti« – Der letzte Ausflugsdampfer an unserer Ostseeküste
266

KONRAD SCHMIDT: Vom Parkplatz Eierschenke ...
270

ERICH ARENDT: Hiddensee
289

FRITZ RUDOLF FRIES: See-Stücke – Hiddensee
292

DIETER KRAATZ: Von Schmoraal und Sturmbowle – Köstlichkeiten einer Inselküche
299

Hanns Cibulka: Sanddornzeit – Tagebuchblätter von Hiddensee
311

Anja Hauptmann: Der Heimgang meiner Großmutter Margarete
326

Peter Sandmeyer: Ein deutsches Schmuckstück – Hiddensee im Herbst 1988
330

Gerhart Hauptmann: Die Insel
338

Renate Seydel: Gast auf dieser Insel
Statt eines Nachwortes
339

Prominente Inselbesucher
Eine Auswahl
354

Zu den Autoren
357

Quellenverzeichnis
364

Photonachweis
368

GERHART HAUPTMANN

Mondscheinlerche

Hiddensee, den 29. Juli 1885

Von dem Lager heb' ich sacht
meine müden Glieder;
eine warme Sommernacht
draußen stärkt sie wieder.

Mondschein liegt um Meer und Land
dämmerig gebreitet;
in den weißen Dünensand
Well' auf Welle gleitet.

Unaufhörlich bläst das Meer
eherne Posaunen;
Roggenfelder, segenschwer,
leise wogend raunen.

Wiesenfläche, Feld und Hain
zaubereinsam schillern;
badend hoch im Mondenschein
Mondscheinlerchen trillern.

»Lerche, sprich, was singst du nur
um die Mittnachtsstunde?
Dämmer liegt auf Meer und Flur
und im Wiesengrunde.«

»Will ich meinen Lobgesang
halb zu Ende bringen,
muß ich tag- und nächtelang
singen, singen, singen!«

»Vorstehendes Gedicht schrieb ich im Jahre 1885 auf Insel Hiddensee im damals einzigen kleinen Gasthäuschen von Gau in Kloster. Von diesem Jahre ab verflocht sich Hiddensee unlöslich in mein Schicksal. Aber erst nach einem halben Jahrhundert gegenseitiger Treue kam der Augenblick, auf dem Eiland ein kleines Anwesen zu erwerben und also dort wirklich Fuß zu fassen. Alte Liebe rostet nicht: Hiddensee hat sich mir, neu und jung, im hohen Alter geschenkt, und sein Zauber verjüngt mich jedesmal, wenn meine Sohle seinen geliebten Boden berührt.«

Felix Krause

Hiddensee im Sommer 1907

Westlich von Rügen liegt eine ungefähr sechzehn Kilometer lange, aber bis auf den nördlichsten hügeligen Teil ganz schmale, flache Insel. Ein Boddengewässer von meist nur geringer Breite und Tiefe trennt diese Insel von Rügen.

Am Anfang des vierzehnten Jahrhunderts – 1304 oder 1309 – wurde, wenn man eine alte, sehr drastische Sage außer acht läßt, der Überlieferung nach diese Trennung durch eine Sturmflut bewirkt.

In sehr verschiedener Form findet sich der Name dann in alten Urkunden, Matrikeln, Klosterbriefen, und es wird viel umhergestritten, ob er Hütteninsel bedeute oder ob Hiddens ein Eigenname gewesen sei, nach welchem die »Oe« bezeichnet wurde.

Heute trägt die Insel den Namen »Hiddensee«. Und – wie unwesentlich erscheint der ganze Streit angesichts der eigenartigen, ernsten Schönheit dieses Eilandes mit seinem harten, ehrlichen, trotz aller Sonne und Klarheit doch tiefernsten Charakter.

In unbewußter Anhänglichkeit liebt jeder Hiddenseer sein Heimatinselchen, wenn er es auch nicht eingestehen will, ja es zuweilen geradezu ableugnet, und man nur selten die alte, die ganze Liebe aussprechende Bezeichnung »dat söte Länneken« hören wird. Er liebt es dennoch mit der zähen Liebe des Insulaners. Noch heute gibt es manch eine Frau, die nie Hiddensee verlassen hat, und wohl nirgend anders als auf seiner Heimatinsel – oder auch in einem der fernen Meere – liegt ein Hiddenseer begraben. Alle kehren sie heim, um wenigstens dort zu sterben. Eine unnennbare Sehnsucht treibt sie unbewußt, und diese Sehnsucht packt bald jeden, der länger und nicht nur als flüchtiger »Badegast« dort weilte.

Die Künstler aber waren auch hier wie so oft die eigentlichen Entdecker und Pfadfinder, und erst nach ihnen kam der Schwarm der Badegäste, die in erster Linie ein billiges Bad witterten, da ja die Künstler bekanntlich nicht viel »übrig« haben. Heute gibt es nun schon in allen Orten der Insel zur Zeit der Sommerferien Badegäste, und namentlich in Vitte wie auch in Kloster sind gute Gasthöfe und Speisehäuser. Fast jeder Fischer vermietet außerdem seine wenn auch niedrigen, so doch blinkend sauberen Zimmerchen. Das Baden selbst ist hier noch herrlich frei und ohne badekommissarische Oberaufsicht. Kein Herrenbad, kein Damenbad, keine prüde Trennung der Geschlechter, auch kein polizeilich konzessioniertes Familienbad. Frei und lustig, wie's jedem paßt, läuft er hinein in die brandende See.

So findet wohl mancher hier Erholung von der Hast und Last der Arbeit und eine rechte »Sommerfrische«; der Kunst und ihren Trägern aber gibt Hiddensee seit vielen Jahren unendlich Wertvolleres: Anregung, Schaffenskraft und Ruhe zu ehrlicher, ernster Arbeit. Denn wahrlich, Hiddensee ist eine Welt für sich. Es steht einzig da, abgeschlossen von allem anderen wie ein einsamer Mensch, wie ein Mensch, der reich ist im Wechsel seiner Stimmungen, durch den aber doch nur ein Zug der Tiefe, Größe und Innerlichkeit hindurchzieht. Wie kann der Sturm hier toben, das Meer rauschen! Wie können die schweren Wolken zerrissen am unendlichen Himmel dahineilen! Wie liegen in tiefer Bläue die weiten Wasserflächen, Meer und Bodden, da! Wie zwitschern die Lerchen, wenn die Sonne lacht und glitzernd sich im Wasser spiegelt! ...

Die Ureinwohner Hiddensees kamen wohl aus Schweden oder Dänemark und waren Wenden. Denn leichter war es für ein wanderndes Volk, ein Meer zu überwinden, als durch die unermeßlichen Sümpfe und Wälder Pommerns vorzudringen.

Als Spuren der ersten Menschen auf Hiddensee liegen im Norden der Insel beim Dorfe Grieben einige wenig beachtete Hünengräber, und überall findet man gelegentlich Waffen und Geräte aus Flint und anderem Gestein. Namentlich am Nordabhang kann man auch heute noch ganz deutlich die alten »Werkstätten« für Steinwaffen erkennen, teils in großen Plätzen, die ganz übersät sind mit Steinsplittern, teils in kleineren Stellen, die deutlich durch ihre kreisrund liegenden Steinreste zeigen, daß hier einst ein Beil oder eine Lanzenspitze verfertigt wurde.

Der berühmte Hiddenseer Goldschmuck, der nach der Sturmflut von 1879 in Neuendorf gefunden wurde (jetzt im Stralsunder Provinzial-

Alter Torbogen in Kloster

museum), ist indes sicher kein Hiddenseer Produkt jener Zeit, sondern stammt aus dem skandinavischen Norden und vom Anfang des elften Jahrhunderts.

Im Jahre 1297 wurde in Hiddensee ein Zisterzienserkloster gegründet und von dem dänischen Bischof Stigor eingeweiht. Es ward dem heiligen Nikolaus, dem Schutzpatron aller Schiffer, gewidmet. Damit beginnt eine neue blühende Epoche für Hiddensee. Die Mönche regierten und besaßen bald nicht nur die Insel selbst, sondern nannten noch manch Gut oder Dorf auf Rügen ihr eigen. In jeder Beziehung muß die Macht und das Ansehen dieses Klosters bedeutend gewesen sein. Hatten doch die Äbte von Hiddensee das Vorrecht, den Bischofsstab zu führen, wurde doch dem Kloster vom Papst das Ehrenzeichen der geweihten goldenen Rose verliehen und, um nur noch eins aus den vielen alten Urkunden zu nennen, beteiligte sich doch das Kloster durch Hergabe bedeutender Geldmittel an der Gründung der Universität zu Greifswald.

1536, am Nachmittag des Sonntags nach St. Gallen, übergab der letzte Abt, Matthias, das Kloster an die herzogliche Regierung. Sämtliche Bewohner des Klosters siedelten nach Roeskild in Dänemark über, wo sie der Bischof, unter dessen geistlichem Zepter die ganze Insel ehemals gestanden hatte, bei sich aufnahm. »Etliche Mönche aber«, heißt es, »wollten die geliebte Insel nicht verlassen, sondern haben im Lande lange umhergebettelt und einen so lieben Ort nicht quittieren wollen.«

Dann wurden die Güter von Bergen aus verwaltet, und durch den Dreißigjährigen und den Nordischen Krieg (1700 bis 1721) fielen sämtliche Baulichkeiten bis auf wenige noch erhaltene Reste der Zerstörung anheim. Die Insel selbst wurde nach der Auflösung des Klosters verpachtet und ging von einer Hand in die andere. Als sie im Jahre 1754 der Kammerherr von Giese erwarb, brach eine Zeit bedeutenden wirtschaftlichen Aufschwungs für die Bewohner an. Frau von Giese, geb. von Schwerin, verwaltete das Gut, und sie muß es mit liebevoller Sorge getan haben, davon zeugt der schöne Name »unsere liebe Mutter in Stralsund«, den sie sich im Volksmund erwarb. Der Kammerherr selbst legte auf Hiddensee eine bedeutende Tonschlemmerei an, die seiner Stralsunder Fayencefabrik das Material lieferte und ihr einen Weltruf verschaffte. Ihre Erzeugnisse wurden von den bedeutendsten Künstlern entworfen und hergestellt und hatten selbst die Konkurrenz der berühmten Delfter Fayencen nicht zu scheuen. Seit 1836 gehört die Insel Hiddensee dem Kloster zum heiligen Geist in Stralsund.

Aus den »Kossäten, Einliegern und Segelknechten« alter Zeiten sind heute freie Fischer geworden, ein eigentümliches Völkchen von starkgeprägtem Charakter, der in vielen Zügen dem lieben Land, das sie bewohnen, und dem Meer, das sie befahren, ähnelt. Der Beruf, vom Vater auf den Sohn vererbt, prägt auch hier den Menschen und seines Geistes Wesen. Scharf blickt das blaue Auge des Hiddenseers über Wasser und Himmel. Ruhig, doch mit nachdrücklicher Kraft macht er seine wenigen Bewegungen; sitzt er am Steuer und regiert wie ein König von dort aus sein Boot, so flößt er jedem unbedingtes Vertrauen ein. »Fräuleinchen, Sie haben wohl Angst?« meinte einst ein Alter, als eine Dame, ein Badegast, in seinem Boot quiekte bei einem wirklich kritischen Moment auf stürmischer Fahrt. »Je, dat helpt nu ock nix. Entwedder geit dat, un wi kamen dörch – oder dat geit nich, un wi versupen!« Darin liegt die ganze Philosophie bewußter Kraft und unerschütterlicher Geistesgegenwart dieser Leute.

So wie der Mann sein Boot und sein Fischereigerät in allerbestem

Stande zu halten pflegt, so sorgt die Frau in ganz außergewöhnlichem Maße für Ordnung und Sauberkeit im Hause. Das große »Frühjahrsreinemachen« erstreckt sich hier nicht nur auf die Zimmer, nein, das ganze Haus innen und außen wird frisch geweißt und gestrichen, und die Zimmerchen, diese niedrigen Zimmerchen mit dem traulich-lieben Ansehen, sind stets so blinkend sauber, daß man glauben sollte, das größte aller Scheuerfeste wäre eben erst überstanden. Schon Goethe spricht von der außerordentlichen Sauberkeit auf Hiddensee und fügt hinzu, der verliebteste Ausdruck dort sei »liebes gewaschenes Seelchen«.

Früher standen die Hiddenseer in keinem allzu gutem Ruf, wenn auch in rührender Begeisterung für sein Land und dessen Bewohner der gute Pastor Düwel - 1822 in seinem Memorabilienbuch - sie rein waschen will, indem er ihnen alle möglichen Tugenden auf den Leib lobt, als da sind: Frömmigkeit, fleißiger Kirchenbesuch, humane Kindererziehung, musterhafte Gattenliebe, Keuschheit, Gemeinsamkeitsgefühl, Reinlichkeit, Heimatliebe usw. Dies glänzende Urteil, dem einige schlechte Eigenschaften nur ganz schüchtern angehängt sind, hilft doch nur wenig. Alle Überlieferungen widersprechen ihm, und auch im Memorabilienbuch »berichtigen« es die Nachfolger des guten Pastors Düwel. Daselbst findet sich auch unter dem 18. Februar 1844 die höchst interessante Notiz von der Gründung eines Vereins zur Unterdrückung der Trunksucht, »dem aber nur wenige beitraten«.

Antialkoholiker sind die lieben Hiddenseer auch heute noch nicht; von alters her wurde ihnen aber noch etwas anderes, schlimmeres nachgesagt: ihre »Hilfe« bei Schiffbrüchen, wo es etwas zu bergen gab, hätte oft wohl einen etwas nachdrücklichen Charakter gehabt. Da gibt es noch heute eine famose Geschichte, die beweist, wie gern die Hiddenseer halfen, »wenn ein Schiff auf dem Strand war«. Petrus sollte mal wieder einen in seinen Himmel reinlassen, mußte ihn aber, wenn auch freundlich, wie es sich für seinen guten Ruf ziemt, abweisen, denn »dor wir keen Platz mir«. »Je, dat's all vull, min Leiver,« seggt Petrus. – Wen hest du denn dor bloß all in?« – »Je!« seggt Petrus wedder, »dat sünd luter Hiddenseesche, un de kann'k nich rutsmiten!« – »Töw man eenen Ogenblick, dat will'n wi woll kriegen«, sä de anner. »Mak man bloß een lütt beten de Himmelsdör up un lat mi dor rinnekieken.« Der gute Petrus ließ sich denn auch dazu herbei, und gleich schrie der andere hinein in den Himmel: »Schipp up den Strann! Schipp up den Strann!«, und sofort stürzten alle die von Hiddensee hinaus, um zu retten. »De anner äwer kreg sin Platz in hogen Himmel, ganz dichting bi'n leiven Herrgott sülwst ...«

Heute ist nun vieles anders geworden. Manch nörgelnder Badegast hat zwar noch immer viel auszusetzen an den lieben Hiddenseern, und »Pasting« kann oft genug mit einem Blicke sonntags in der Kirche die wenigen zählen, die da kamen, um seinen meist so schönen Worten zu lauschen. Ja, wenn auch noch immer mal »Strandgut rechtzeitig geborgen wird«, das heißt vor dem Erscheinen der Steuerbeamten oder des Strandvogts – es ist doch vieles besser geworden. Der liebe Hiddenseer ist eigentlich ein Prachtkerl, und gar die Hilfe in Seenot wird hier wie überall an unseren Küsten, organisiert durch den Verein zur Rettung Schiffbrüchiger, in aufopferndster Weise gemeinsam ausgeübt.

Wie klar und schön und sicher klang doch in jener stürmischen Oktobernacht bei tosender Brandung und peitschenden Regen- und Hagelböen der »Singsang« der Rettungsmannschaften – der lange Gau sang vor –, als sie das Rettungsboot zu Wasser brachten, weil draußen Menschen und Gut in Not waren! Mit derselben Ruhe, derselben sicheren Kraft, ohne jede Hast, wie sonst bei lachender Sonne, wenn sie gemeinsam eins der frisch kalfaterten Fischerboote wieder flott machen, so auch hier in Sturm und Dunkelheit und Regen und Brandung: »Angefaßt, alle Mann!« und dann ein schnelles letztes Schieben. Hinein in die Brandung! und los! Vorwärts mit aller Kraft in den Riemen ging es der tobenden See entgegen!

Hiddensees Küste ist von jeher als gefährlich bekannt. Eine starke Strömung, die, von Arkona kommend, längs seiner Küste hinläuft, versetzt den Kurs der Schiffe und bringt sie ungeahnt schnell in Gefahr. Sehr früh schon baute man im Süden von Hiddensee eine »Luchte«, und Stralsunder und Hiddenseer teilten sich in die Kosten der Einrichtung und Unterhaltung. Heute steht ein stolzer Leuchtturm auf der Höhe im Norden, und auch im Süden sind kleinere Leuchtfeuer teils schon in Tätigkeit, teils geplant, um die gefährliche Einfahrt nach Stralsund zu sichern.

Als echte Insulaner, die von langen Zeiten her nur auf sich selbst angewiesen waren, halten die Hiddenseer auch heute noch, trotzdem doch

Der Leuchtturm auf dem Dornbusch

beinahe »moderne« Verkehrsmittel ihnen Gelegenheit bieten, mit der Außenwelt in Berührung zu kommen, an alten Sitten und Gebräuchen und am alten Aberglauben fest. Ihre Tracht ist so feststehend wie eine alte Volkstracht, und dennoch so einfach, daß man sie eigentlich nicht als eine solche bezeichnen kann. Die früheren selbstgewebten Stoffe werden heute durch ein gleiches, außerordentlich dauerhaftes Fabrikat ersetzt. Hauptsächlich indessen scheint sie in der Menge zu bestehen. Denn wieviel so ein Fischer anzieht, auch an Sommertagen, ist für unsere Begriffe ganz ungeheuerlich. Unterzeug, Wollhemd, Leinenhemd, Hose und nochmals Hose, Strümpfe, Weste, darüber noch eine dicke wollene Jacke und wenn möglich noch mehr! Kopfschüttelnd sieht er den Badegast in leichtester Kleidung zum Strande gehen und manchmal noch in vorgeschrittener Jahreszeit baden, was er nie tut. Zu einem solchen Badegast sagte einst ein alter Fischer, als jener beim Abschied »Auf Wiedersehen!« wünschte: »Ne, wi sehn uns nich wedder.« – »Je, worüm woll nich?« – »Ne, wenn Se so rümlopen un nu noch baden, denn kamen's nich dörch den Winter!«

Und welche Rolle spielt noch heute der Aberglaube! Bis vor kurzem wurde jede Leiche erst feierlich dreimal um die Kirche herumgetragen, und als der Pastor endlich mal sagte: »Kinnings, dat willn wi doch mal laten«, da hieß es: »Paster, he kümmt süs wedder!«

Dieser Hang zum Aberglauben hat wohl seinen Ursprung in dem von so vielen Zufälligkeiten abhängigen Beruf der Fischerei. Denn obwohl sie's doch alle verstehen: der eine fängt viel, der andere nichts, und doch lagen beide Boote nachts dicht beieinander. In letzter Zeit wurden auch auf Hiddensee die Ergebnisse der Fischerei immer geringer. Jedesmal im Herbst heißt es daher: »Wi gahn nich wedder rut«, und doch tun sie's alle wieder. Aus demselben Grunde, aus dem andere Leute Lotterie spielen. Denn in jedem Jahre zieht einer mal das große Los, indem er viel, oft sehr viel in einer Nacht fängt.

Die Hiddenseer Fischer sind gut bekannt als geschickte und mutige Segler, ihre Boote als besonders gut und schnell. Die Flunderfischer zum Beispiel gehen in ihren verhältnismäßig sehr kleinen Fahrzeugen weit hinaus aufs Meer, bis hinüber nach Schweden und Dänemark, und handeln dort so gut ihren Fang wie in Stralsund. Sehr lustig ist es, zuzuschauen, wie solch ein Handel an der großen Fischbrücke in Stralsund vor sich geht. Im Boote liegen die Fische, für alle darum Herumstehenden deutlich sichtbar. Jeder der Händler schätzt die Menge und fängt an zu bieten, während der Fischer ganz ruhig, als ob er nichts hörte, in seinem Boote sitzt, seine Pfeife schmaucht und ab und zu ins Wasser spuckt. Die Händler bieten sich langsam hinauf. Es geht auch wohl einer weg. Den Fischer rührt dies nicht, bis der gebotene Preis ungefähr die Höhe erreicht, die er sich wohl gedacht hat. Dann guckt er den Kameraden an, dann den Händler – und dann ist es gut. Das Geschäft ist abgemacht. Er rührt keine Hand. Jener kommt mit seiner Karre und seiner Kiepe und schüppt die Flundern ein. Die Heringe hingegen werden Stück für Stück abgezählt und zu Tagespreisen per achtzig Stück (ein Wall) verhandelt. Da der Preis von der Ergiebigkeit des allgemeinen Fanges abhängt, liegt jedem Fischer viel daran, so früh als möglich mit seinem Fang im Hafen zu sein, um seine Ware nicht durch die Menge des glücklicheren Kameraden entwertet zu sehen. Die Heringsboote sind daher auch die schnellsten Segler weit und breit. Oft erleiden aber die Heringsfischer großen Schaden durch die Seehunde, die zu Zeiten zahlreich auftreten und, an den im Wasser stehenden Netzen entlang schwimmend, einfach alle Heringe herausfressen, so daß nur die Köpfe im Netz bleiben. Es ist ja begreiflich, daß sie diesen sehr viel bequemeren Fang der mühevollen Jagd auf den einzelnen Fisch vorziehen. Von den Fischern aber werden sie als ihre ärgsten Feinde betrachtet und totgeschlagen, wo sie sich fassen lassen.

Das Land Hiddensee erstreckt sich fast direkt von Norden nach Süden. Seine geographische Lage ist eine besonders wichtige als schützendes Bollwerk für das wertvolle Land Rügen gegen die ständig wehenden Nord- und Weststürme. Seit der letzten großen Sturmflut 1879 bemüht sich die Regierung, durch Dämme und Steinwälle das Land Hiddensee zu halten. Im Norden wurde schon vor vielen Jahren ein Damm gebaut, und im Süden, bei Neuendorf, ist man seit längerer Zeit dabei.

Der größte Teil der Insel ist ganz flach und besteht nur aus Sümpfen, Wiesen, Brüchen und Heideland. Auf wenigen Feldern wachsen spärlich Getreide und Kartoffeln für den persönlichen Gebrauch im Hause der Fischer. Im Norden erhebt sich das Land in hügeligen Wellen bis zu einer Höhe von fünfundsiebzig Metern. Alljährlich reißt hier das Meer große Stücke los, und der Frost ist ihm ein getreuer Gehilfe bei dieser Zerstörungsarbeit. Denn die im Winter durch ihn im feuchten Tonlager gelockerten Schichten sinken im Frühjahr zusammen, fallen ab und werden vom Meer verschlungen. So geht unabänderlich die Höhe ihrem Untergang entgegen, und heute schon erscheint der auf ihrer höchsten Erhebung stehende Leuchtturm gefährdet. Das so im Norden und Nordwesten verlorene Gebiet wird aber an der Innenseite wohl wieder gewonnen. Denn der Bodden zwischen Hiddensee und Rügen wird von Jahr zu Jahr flacher.

Mehr als ein Drittel der Insel, der ganze Süden, ist unbewohnt. Nur Jungvieh und Schafe und deren uralter Hirt und sein Hund bevölkern im Sommer diesen öden Teil, der trotzdem reich ist an malerischen Reizen, insonderheit dank seiner Luft- und Lichtstimmung und seiner völligen Einsamkeit. Ungefähr in der Mitte der ganzen Länge liegen die beiden ersten Dörfchen, Neuendorf und Plogshagen, die Süderdörfer. Hier tauchte erst im vorigen Jahre der »Badegast« auf, und so ist dies Stück auch heute noch das unberührteste, das echteste in seiner Art. Der Stil der Häuser, der sich ganz aus dem Bedürfnis der Bewohner und aus den von der Natur vorgeschriebenen Bedingungen ergeben hat, ist hier noch unverfälscht. Ganz niedrig liegen sie da, die kleinen weißen Häuschen mit ihrem mächtigen Strohdach, das sich scheinbar wie mit beiden Schultern gegen die Westwinde anlehnt. Kein Hotelbau, keine »stilvolle« Villa verunziert hier das ernste stille Bild. Schafe und Kühe grasen »angetüdert« friedlich auf der Straße.

Zwischen Neuendorf und Vitte, dem Hauptort, ungefähr eine Stunde nördlich, befinden sich Heide, Dünen und Brüche.

Der Eichenwald aber, der schon in der ältesten vorhandenen Urkunde 1159 erwähnt wird, fiel dem Dreißigjährigen Kriege zum Opfer. Die Dänen lagen am Außenstrand vor Anker und schlugen die Bäume, da sie Brennholz brauchten, nieder. Wallenstein, der vor Stralsund lag, schickte eine Abteilung ab, um die Dänen zu verjagen. Doch diese verzogen sich, ehe jene sie erreichte. Später jedoch kamen sie wieder und schafften den größten Teil des Waldes nach Kopenhagen, um dieses reichlich mit Holz zu versorgen. Aus Ärger darüber, daß ihm dies zu verhindern mißlungen war, befahl Wallenstein, den ganzen Rest des Waldes niederzubrennen.

Noch heute werden gelegentlich, so letzthin beim Bau des kleinen Leuchtturms im Süden, im Sumpf besonders mächtige Eichenreste gefunden, und auch die Tragebalken in manchen der sehr alten Hütten, die aus dem besten Kernholz deutscher Eichen gefertigt sind, legen Zeugnis ab von dem früheren Holzreichtum der Insel.

Eine halbe Stunde nördlich von Vitte erhebt sich das Land in hügeligen Wellen. Nach Norden und Nordwesten fällt es dann steil ins Meer ab. Auf diesem fruchtbaren Teil stehen die Dörfer Kloster und Grieben und liegt das Gut, dessen Ställe und Scheunen auf den Grundmauern der alten Klosterbauten ruhen. Hier steht auch die kleine, schlichte und doch so liebe Kirche, ein echt Hiddenseer Kind. Kein hoher Turm krönt sie, er würde wohl auch bald den Stürmen erliegen, nur von einem niedrigen, vorgebauten Gestühl aus klingen die alten Glocken weit über das stille Land. Zur Blütezeit des Klosters erhob sich wohl ein stolzer Kirchenbau, nachdem die 1386 gebaute kleine Kapelle niedergebrannt war. Viel schöner aber paßt zu Hiddensee und seinem Charakter das jetzige kleine Kirchlein: ein einfaches hohes Dach auf weißen Mauern, wenige hohe Fenster, eine mächtige Baumgruppe an Stelle des Turmes,

Leuchtturm hinter Neuendorf

Steilküste am »Toten Kerl«

so bietet es sich, auf leichter Höhe liegend, den Blicken dar, rings umgeben vom Friedhof, dessen alter Teil so schön und wirklich friedvoll ist mit seinen alten, in den schönsten Verhältnissen gemeißelten Grabsteinen, auf denen wunderliche Sprüche stehen, und die von wilden Rosen und Weißdorn stimmungsvoll umrankt sind. Man findet aber ab und an auch auf dem neuen Teil einen schlichten stillen Hügel, mit wenigen Blümchen bepflanzt und einer großen Muschel darauf, nach altem Seemannsbrauch, als einzigem Schmuck. Das Innere der Kirche ist ein einfaches, weiß getünchtes Tonnengewölbe, freundlich und doch feierlich dabei. Von seiner Decke hängt ein altes Schiffsmodell herab, und über dem einfachen Taufstein schwebt ein mächtiger, grotesk geschnitzter, weiß angestrichener Engel. Ein wunderliches Ding! In der fast klobigen Faust hält dieser Engel die Taufschale, wie um den Täufling von oben herab zu begießen. Wie rührend ist es, wenn aus dieser Schale wenige, von liebevoller Hand gespendete Blümchen herabnicken!

Hinter dem Gutshof und der Kirche steigen in sanften Linien die mit Korn bewachsenen Hügel an. Welch ein Blick bietet sich von ihrer

Blick von Kloster über die Insel Hiddensee

Höhe! Weit erstreckt sich das flache Eiland – tief unten liegt ein Dorf ganz lautlos – die Segelboote davor mit ihren kahlen Masten, wie verträumt im stillen Boddengewässer. Doch weit, weit nach Süden verfolgt das Auge die Insel, deren reizvolle Formen Meer und Bodden voneinander trennen. Stralsund, Rügen mit seinen bewaldeten Höhen, die pommersche Küste umfaßt das Auge. Welch liebliches Bild an stillen Sommerabenden, und doch – wendet man sich nach rechts, so fühlt man den trotz aller Lieblichkeit ernsten, unnahbaren Charakter dieser Landschaft. Unbegrenzt liegt das Meer da, ganz still bis auf das leichte, tiefe Atmen voran. Die ernsten, schlichten Linien der Hügelwellen heben sich hart ab von Meer und Himmel. Nach Norden ist der Blick zunächst begrenzt durch einen kleinen Wald, und erst von der Höhe des Leuchtturms aus bietet sich der volle Rundblick dar.

Dieser Wald dort oben, das ist ein merkwürdiger Wald. Trotz seiner kleinen, jungen Kiefern wirkt er gespenstisch, denn der besonders harte Kampf ums Dasein hier hat diesen Bäumchen Charakter verliehen und feste, stämmige, wild verzweigte Formen gegeben. Ein Dämmerton liegt über dem Walde. Ganz schmale, kleine Wege schlängeln sich durch ihn hindurch, und mit dem leisen Rauschen der Bäume zusammen hört man von ferne das Branden des Meeres. Es ist schön, hier zu gehen. Und verfolgt man nun einen dieser kleinen, sich schlängelnden Wege Hügel auf, Hügel ab durch den Wald, so tritt man bald an der anderen Seite hinaus, und von neuem bietet sich dem begeisterten Auge eine unendliche Weite. Das Meer – das hohe Ufer in herrlich großzügigen Formen – der Waldvordergrund – in lieblicher Blüte tausenderlei Blümchen, Sträucher und Gräser – ganz leicht in weiter Ferne die Kreidefelsen von Møn!

Hier auf dieser Höhe führt ein Weg entlang. Bald schwindet der Wald zur Rechten. Man schaut wieder frei auch nach Süden hinüber. Die nahe Nordspitze der Insel bietet ein wildes Bild der Zerstörung. Hier findet der Hauptanprall aller Stürme statt, und große Massen der abgestürzten Steilwände türmen sich grotesk übereinander, bis auch sie, vom Meere unterspült, hinabstürzen, um zu versinken. Hier oben stand auch der große »Dornbusch«, nach dem diese ganze nördliche Gegend noch heute benannt wird. Er war den Seefahrern, so gut wie heute der Leuchtturm, eine Erkennungsmarke für das Land.

Bucht am Strand von Kloster

An schönen Sommertagen wandelt man hier leicht dahin über Hügel, durch den Wald und am Meer auf der Höhe entlang, freut sich der Frische und der weiten Klarheit und all der lieblich-ernsten Schönheiten ringsum. Doch wie fühlt man die eigene Stärke mit stolzer Freude, wenn man jauchzend dem Sturm entgegengeht an Frühlingstagen oder im späten Herbst! Und wie still ist es in Wintertagen dort oben im tief, tief verschneiten Wald an den Uferhängen, wenn von unten herauf der Schrei, der eigentümlich traurige, schwermütige Schrei der vielen wilden Schwäne dringt, die nahrungslos da draußen auf weitem schwarzem Meere weilen.

Was aber macht nun den Hauptreiz aus, den einen eben, der nur für Hiddensee charakteristisch ist? Seltsam schöne Hügel, Wälder, liebliche Dörfer finden sich wohl auch anderswo in deutschen Landen, auch vom Meere wild zerklüftete Steilküsten. Das Meer selbst und seine Farbenpracht und Wechselstimmung ist nicht nur hier. Leicht könnte man glauben, daß jener Eigenreiz eben im Zusammentreffen dieser beiden Hauptmotive läge. Doch nein! die unendliche Weite ist's, die sich überall, auf dem flachen Teil der Insel wie von den Höhen herab, dem Auge auftut. Die Klarheit der Luft dazu, die unermeßliche Größe von Land, Meer und Firmament, ringsum die ungeteilte Linie des Horizonts – das alles wirkt zusammen und erzeugt immer wieder von neuem das Gefühl, als ob man in unbegrenztem Raum wäre. Dies herrliche Gefühl befreit von der Last des kleinen Tages, weitet das Herz, den Blick und die Gedanken, und in harmonischen Einklang gebracht mit den vielen, vielen Schönheiten der Landschaft, der Häuschen, Wiesen, Felder und des Meeres, erzeugt es jene große sehnsüchtige Liebe, die jeden hier packt, dem es gegeben ist, zu fühlen.

Arved Jürgensohn

Eindrücke der Reisenden vor einem Jahrhundert über »das Capri von Pommern« – erste Gäste

Nicht von der allerersten Entdeckung Hiddensees, in den ältesten Zeiten soll hier die Rede sein, auch nicht von den klugen Zisterziensermönchen, die durch die Gründung eines großen stattlichen Klosters auf der waldigen Insel im Jahre 1296 neue Kultur und neuen Verkehr in diese schöne, weltabgeschiedene Gegend hineintrugen, sondern davon, wer das reizvolle Eiland zuerst zum Ziele lebensfroher Wanderlust und weltentdeckerischen Reiseverkehrs gemacht hat. Die Antwort darauf muß sicherlich lauten: Ludwig Kosegarten, der in seinen Tagen von einer großen Gemeinde gefeierte Schriftsteller und Dichter, der von 1792 bis 1808 Pfarrer in Altenkirchen auf Wittow war. Ist er doch auch derjenige, der die Insel Rügen überhaupt der Reisefreude weiterer deutscher Kreise erst erschlossen und näher gerückt, der sie begeistert beschrieben und sie durch Dichtungen verherrlicht und verklärt hat. Und mit Rügen hat er auch Hiddensee verherrlicht und besungen.

Kosegartens Schilderungen lockten viele Männer in jenes gepriesene Inselreich, viele besuchten ihn selbst und waren sein Gast, darunter auch Wilhelm von Humboldt.

1795 kam ein Berliner Oberkonsistorialrat Zöllner nach Rügen: er sah auch Kosegarten und besuchte Hiddensee. Ein dickes Buch war die Frucht seiner Reisestudien. Hiddensee wird darin ausführlich beschrieben. Er war es, der zuerst erzählte, daß die Hiddenseer ihre Insel »Dat söte Länneken« nennen, ein Ausdruck, der seitdem bis zum Überdruß wiederholt und nachgesprochen worden ist, bis auf den heutigen Tag, den man aber gegenwärtig kaum jemals aus dem Munde eines geborenen Bewohners der Insel zu hören bekommt.

Die Reisebücher und Reiseführer, die Rügen behandelten, wurden bald sehr zahlreich und betrafen gewöhnlich auch Hiddensee. Kosegarten hat die Insel öfter besucht und, obwohl sie damals bis auf ein winziges Tannenwäldchen öde und kahl war, doch im Gefühl ihrer Schönheit geschwelgt.

Auch andere Dichter und Schriftsteller haben noch bei Lebzeiten Kosegartens oder etwas später Rügen bereist und beschrieben, so Chamisso, und der wohlbekannte pommersche Heimatdichter Karl Lappe, haben aber ihre Muse zugleich auch der Insel Hiddensee geweiht. Doch ist ja ihren Dichtungen in weiteren Kreisen keine Unsterblichkeit beschieden gewesen, da formvollendete Goldkörner bilderreicher, echter Poesie bisweilen mit starken Schlacken nüchtern gereimter Prosa wechseln, besonders bei Lappe. Höchstens die Freunde Pommerns oder Hiddensees und Rügens werden diese Hervorbringungen heute noch besonders beachten.

Schon damals, vor hundert Jahren, haben manche die eigenartige Schönheit Hiddensees lebhaft entzückt empfunden, obwohl die Höhen an der Westseite des romantischen Dornbuschhochlandes zu jener Zeit ohne die heutigen Reize waldlos und kahl dastanden, wahrscheinlich sogar mit Flugsand weiß beschüttet. Wilhelm von Humboldt fand 1796 die Aussicht vom Rugard »unbeschreiblich schön, man hat Wittow, Rügen und Hiddensee vor sich; man erkennt mit bloßem Auge ganz deutlich Møn.«

Es ist doch von Reiz, heute festzustellen, welchen Eindruck die Reisenden vor einem Jahrhundert oder früher von Hiddensees Inselkern gewannen. Bei vielen kehrt in auffallender Übereinstimmung der Eindruck eines Gebirges vom Dornbuschhochland der Insel wieder, obwohl seine unbedingte Höhe doch nur gering ist, bis zu 73 Meter. So schreibt Wackenroder in dem Buch über Rügen von 1730 über Hiddensee: »Die erhobenen Vorgebirge steigen zu einer solchen Höhe, daß kein Turm in Rügen damit zu vergleichen...«

Überschwenglich, begeistert, aber eigentlich gar nicht übertrieben äußerte sich ein Beschreiber Rügens, K. Nernst, über die Aussicht von der höchsten Höhe Hiddensees 1797: »Einen der Berge, den höchsten bestieg ich, um hier eine der prächtigsten Aussichten zu genießen. Da lag die ungeheure Ebene des Meeres vor meinem Blicke. Aus ihren dunkelblauen feiernden Gewässern sprang das ferne felsige Møn empor... Aber ich sah nichts mehr. Mir gingen die Augen über.«

Aber die Ausflüge nach der Insel Hiddensee hielten sich noch in sehr engen Grenzen, schon weil es in Kloster außer einem bescheidenen »Krug« keine Gasthöfe oder Privathäuser gab und die Gastfreundschaft des Gutshofs oder des Pastors und Lehrers nicht mißbraucht werden durfte. Man muß nämlich wissen, daß fremde Gäste damals und bis in die sechziger Jahre des 19. Jahrhunderts in der Regel auf dem Gutshof in Kloster abstiegen und ohne Entgelt verpflegt wurden. Pensionspreise kannte man damals dort noch nicht. Das alte Gutshaus aus der Gieseschen Zeit im 18. Jahrhundert, das beim jetzigen Eingang zum Gutsgarten angelehnt an die große Scheune stand, hatte nur fünf bescheidene Wohnräume und ein Giebelstübchen. Doch diesem Hause gegenüber stand und steht heute noch ein altes Nebenhaus, das zwar hauptsächlich wirtschaftlichen Zwecken diente, aber gewöhnlich auch die Hiddensee besuchenden Gäste aufnahm, da sie im Dorf früher kaum irgendwo unterkommen konnten. Das heutige neue Gutshaus entstand erst im Jahre 1897. Es gab also schon bescheidenen Verkehr nach Hiddensee, aber in sehr engen Grenzen. Auf dem Mühlberg, wo jetzt das neue »Hotel Dornbusch« liegt, stand etwa bis 1860 noch die alte Mühle. Der Müller war zugleich Bäcker.

In Vitte gab es einen bescheidenen alten »Krug«, mit Stroh gedeckt, dessen Wirtin, eine Witwe Schluck, ihn um 1886 einem Rügener Freese überließ, nachdem er einen kleinen Tanzsaal angebaut hatte. Aus diesem »Krug« ist alsdann das heutige »Hotel zur Ostsee« entstanden. Einige Sommergäste gab es schon um 1879/80 in Vitte.

Im Jahre 1879 wurde in Vitte auch eine Postagentur eingerichtet, und nach einem Neubau des Postagenten Herrn Nehls, wurde sein Haus das noch heute bestehende »Logierhaus zur Post«, am Binnenstrande, beim Dampfersteg, etwa um 1894. In den sechziger und siebziger Jahren des vorigen Jahrhunderts war nun nicht bloß der Mangel an Unterkunftsstätten, sondern auch das Fehlen einer regelmäßigen Dampferverbindung der Entwicklung eines regeren Sommerverkehrs hinderlich. Man kam noch mit Segelbooten nach Hiddensee. Später benutzte man den Dampfer Stralsund-Breege, der schon um Mitte der achtziger Jahre verkehrte, und bootete sich beim Vorüberfahren an der Fährinsel aus, um nach Hiddensee zu gelangen.

Nach Fertigstellung des Dampferbollwerks in Kloster veranlaßte der dortige Gutspächter, Herr Luhde, den Kapitän und Besitzer einer 1892 neu eingerichteten Dampferlinie Stralsund-Wiek (Wittow), mit seinem Dampfer »Caprivi« im Sommer täglich auch in Kloster anzulegen. Zunächst nur versuchsweise und mit der Beihilfe von 30 Mark monatlich. Der Versuch gelang so gut, daß der Kapitän schon nach drei Monaten auf diese Beisteuer verzichtete. Aus den Fremdenbüchern der Gasthöfe kann man nur annähernd feststellen, wie sich der Fremdenverkehr in Hiddensee, sowohl in Kloster wie in Vitte, entwickelt hat. Das Schliekersche Fremdenbuch geht zurück bis auf das Jahr 1868, wo er noch im alten »Krug« zu Kloster hauste.

Die meisten Gäste kamen damals wohl von Wiek, Schaprode oder Stralsund hergesegelt, oft in Gesellschaften. Nur wenige blieben länger, weil es an Unterkunft fehlte. 1868 trugen sich nur 8 Personen, davon 7 aus Berlin, in das Fremdenbuch des Gastwirts Schlieker ein. Einige verweilten ein paar Wochen. Einer war ein Maler, ein anderer ein Geheimrat, ein dritter ein Schriftsteller. 1869 waren es 21 Personen, darunter ein Regierungspräsident. 1870, bei 32 Personen war schon ein Gast aus Wien da. 1871 (31 Personen) traf im August die berühmte Opernprimadonna Pauline Lucca ein, damals 29 Jahre alt, mit der zusammen sich Bismarck einmal photographieren ließ.

Für 1885 findet man schon 120 Eintragungen. Etwa damals ist die Dampferverbindung Stralsund-Breege ins Leben getreten, die an der Fährinsel auch Fremde nach Hiddensee absetzte, so daß seitdem oft nahe an 200 Gäste sich in dem Buche, das bis 1895 reicht, eintrugen. Einige dieser Namen dürften heute noch von Interesse sein: so 1876 der Münchener Maler G. Schönleber; 1885, am 29. Juli, Gerhart Hauptmann aus Berlin – wohl zum ersten Mal – und sein Bruder Carl Hauptmann aus Zürich; 1885 der Dichter Johannes Trojan; 1888 der Maler Walter Leistikow; 1892 der berühmte Rechtsanwalt Hermann Selo; 1893 der Dichter »Leberecht Hühnchens«, Heinrich Seidel; Juni 1895 Margarete Marschalk aus Berlin, Hauptmanns spätere Gattin und noch viele andere. Dazwischen finden sich auch schon Gäste aus Neapel, aus Rußland, Schweden, England, Amerika. Die Dampferlinie Stralsund-Wiek blieb nicht ohne merklichen Einfluß, wenn die etwa 160 Namen von 1893 einen Schluß gestatten.

Doch mag damals das größere Vitte, wo zahlreichere Unterkunftsstätten vorhanden sind, bald mehr in Aufnahme gekommen sein. Die

Altes Bauernhaus in Vitte

Gasthöfe »Zur Ostsee« und »Zur Post« hatten sich stetig vergrößert, und die Fischer lernten bald auch das Vermieten.

Im Vitter »Krug«, dem späteren »Ostseehotel« gab es wohl auch schon Sommergäste, aber mit der dortigen Art zu kochen konnten diese sich wenig befreunden. So ging er in die Hände des Gastwirts Freese über, der von 1886 an ein Fremdenbuch führte. Im Jahre 1887 gab es hier unter den Gästen schon zwei Herren aus Chile. 1889 trugen sich schon 57 Personen ein, darunter der Gründer des Weltpostvereins und Erfinder der Postkarte, Staatssekretär Stephan. 1890 waren es 91 Personen, einschließlich der gestrandeten Mannschaft des Rendsburger Schoners »Helene«. Man findet hier am 24. 8. auch den Namen Gerhart Hauptmanns und Frl. Marschalks wieder, ebenso in den Jahren 1897, 98 und 99. Der Verkehr wuchs sich nun bald zu einer Höchstzahl nach Maßgabe des vorhandenen Raumes aus. 1901 schrieben sich ein: die Schriftsteller Dr. Alfred Kerr, Norbert Falk; Ernst Frhr. v. Wolzogen, »Theaterdirektor«; Edmund Edel, Maler; Hofopernsänger Grüning aus Berlin. 1902 der Maler Oskar Kruse-Lietzenburg. 1905 Felix Krause, Maler. 1907 Ismael Gentz, Maler. Prof. Jaeckel usw.

Im »Logierhaus zur Post« seit 1894 findet sich im Fremdenbuch der Vers:

> »I giwet väl Schönes up de Welt,
> Wat en Minschen woll geföllt.
> In de Neg un in de Firn
> Mag man dit un jenes girn.
> Doch hier is't so säut un nett,
> Dat man sin ganzes Hart hier lett
> Un bi sich denkt: nah dit Länneken
> Dor möst du bald mal wedder hen.«
>
> Arnold Gustavs, stud. theol. (Greifswald)
> 1. 8.–15. 9. 1896

1901 liest man wieder den Namen Gerhart Hauptmann, auch den seiner Brüder und Söhne.

In Vitte gründete im Jahr 1900 etwa ein Dutzend der Fischer einen »Badeinteressenten-Verein«, und auch die Nichtmitglieder begannen, sich mehr und mehr auf das Vermieten an Sommergästen zu legen.

Um die Entwicklung Hiddensees zum Badeort war seit dem Jahre 1898 auch ein Mann bemüht, dessen Name hier nicht unerwähnt bleiben darf: der »Einsiedler« und Rezitator Alexander Ettenburg, der oben im Bergwald auf romantischer Höhe eine aus Brettern erbaute Waldschenke aufmachte. Der Dampfer »Caprivi« legte damals nur in Kloster an, wo in dem 1897 entstandenen Hause des neuen Amtsvorstehers, heute die Pension »Zur Post«, wiederum Raum für Sommergäste geschaffen war.

Ettenburg, ein Schlesier, der eine kurze Zeit Schauspieler und dann Pensionsbesitzer in Altefähr bei Stralsund gewesen war und sich auch im Dichten versuchte, nannte sein Waldgebiet »Tannhausen« und die große Schlucht am Außenmeer »Swantewitschlucht«. Er veranstaltete auch Theateraufführungen im Freien und baute zwischen die hohen Kiefernbäume aus dünnen Brettern einen Tanzsaal, das Dach nur aus Pappe bestehend, mit Ölgemälden seiner ersten Gattin, einer Malerin, an den Wänden. Und im Walde davor, an vielen Tischen und Stühlen, war sein Waldrestaurant. Ettenburg hat den zunehmenden Strom der Sonntagsgäste, die mit Sonderdampfern gefahren kamen, dort hinauf zu lenken gewußt, nach den schönsten Stellen der Insel, und machte gleichzeitig aus seinem kleinen alten niedrigen Strohdachhäuschen in Grieben ein von innen reizend ausgestattetes, sogar mit schönen Ölgemälden behangenes Gasthöfchen, das er »Schwedische Bauernschenke« nannte. Auch Grieben wurde damit ein lauschiges Badeörtchen, das bald seine Liebhaber fand.

Am 1. November mußte er seine Einsiedelei an der Swantewitschlucht abbrechen, da ihm, mitunter vermutlich auch wegen seines mitunter etwas kriegerischen Temperaments, die Pacht des Gebäudes, 20 Mark jährlich, von der Grundherrschaft – dem Stralsunder Kloster zum Heiligen Geist – nicht mehr verlängert wurde. Der Nachfolger auf seinem Platze mußte die zehnfache Pacht zahlen und baute ein steinernes Gasthaus dort auf, das jetzige »Bergwaldhotel zum Klausner«. Ettenburg aber errichtete eine neue »Einsiedelei« 10 Minuten südlich von Vitte, am Außenstrande. Sie ist nach seinem Tod (Ende Oktober 1919 in Stralsund) vom Erdboden verschwunden. Soweit die Fremdenbücher Aufschluß geben, war Ettenburg 1888 zum ersten Mal in Hiddensee bei Schlieker in Kloster als Lex von Altefähr abgestiegen und eingetragen.

Die Badeortentwicklung in Kloster bekam neue Anregung, als im Frühling 1901 von der Stadt Stralsund als Besitzerin der Insel zum ersten Mal ein Grundstück am Badestrande zu Kloster im Wege der Versteigerung verkauft wurde und einige weitere Verkäufe folgten. 1904 entstand dann die prächtig-schlichte, stilvoll-romantische Lietzenburg auf der aussichtsreichen Höhe nach der See hin, jetzt gewissermaßen ein Wahrzeichen des Ortes. Ihr Erbauer war der Berliner Maler Oskar Kruse-Lietzenburg, der Bruder des Bildhauers Max Kruse, der sie jetzt besitzt.

Seit Beginn unseres Jahrhunderts las man in Zeitungen und Zeitschriften wohl schon mancherlei Aufsätze und Hinweise auf Hiddensee; der Dampferverkehr und die Wohngelegenheiten mehrten sich bedeutend. In Berlin wurden später zwei Straßen nach der Insel benannt, die »Hiddenseestraße« in Pankow und die »Hiddensoer Straße« an der Prenzlauer Allee. Und doch konnte man noch nicht sagen, daß Hiddensee schon für weitere Kreise entdeckt gewesen wäre. Es blieb immer noch ein ziemlich enger Kreis, der die Insel kannte, doch dann auch meist schwärmerisch liebte. Wer noch nicht weit gereist war und Vergleiche anstellen konnte, wagte es oft gar nicht, Hiddensees Reize gebührend einzuschätzen.

Es war keineswegs übertrieben, ja nicht einmal genug, wenn ein neuer

Hiddensee-Entdecker unserer Tage, Reinhold Fuchs aus Dresden, Verfasser der Gedichtsammlung »Strandgut«, 1904 in der »Weiten Welt« in einer illustrierten Beschreibung der Insel von der Aussicht auf den Höhen sagte: »In ihrer ernsterhabenen Schönheit, gehört sie zu den herrlichsten, die an den Gestaden der deutschen Meere zu finden sind.«

Das war nicht Lokalpatriotismus überschwenglichster Art, sondern eine Empfindung, die auch andere Besucher zu ergreifen pflegte, auch weither gereiste aus dem Ausland.

Mit einem Wort, es ist die wunderbare Poesie Hiddensees, die so mächtig ergreift und wirkt; es ist der insulare Reiz, der beständige Augenschein ringsum, daß man auf einer Insel, einem kleinen pommerschen Ithaka für sich ist, dessen patriarchalische Zustände bislang so wundersam anheimelten.

Wie sehr Hiddensee auf alle poetischen und empfänglichen Gemüter bezaubernd einwirkt, das spiegelt sich auch in dem für alle Freunde und Bewunderer der Insel höchst fesselnden und lesenswerten Roman »Hiddensee« von Adolf Wilbrandt wieder, wo sie das ausgesprochen finden dürften, was sie selbst immer wieder empfanden. Wilbrandt, ein geborener Rostocker, Schauspiel- und Romandichter, zeitweilig in Italien lebend, sechs Jahre lang Direktor des Wiener Hofburgtheaters, schrieb diesen Roman in der kühleren Reife des Alters. Und doch, welche glühende Liebe, Verliebtheit und Begeisterung für die Insel klingt aus den Worten der von ihm gezeichneten Gestalten! Seine Geschichte spielt hauptsächlich in Vitte, wo ein einst gefeierter alter Schauspieler sich angekauft hat. Einmal sagt er da: »Ich liebe dieses Hiddensee ... Es ist mir hier eine Sehnsucht erfüllt worden, die mich durch mein Leben begleitet hat ... Ich habe hier beisammen gefunden, was ich ewig suchte: Natur, Frieden, Gottesnähe, Freiheit ...«

Im Jahr 1910 erschien noch ein anderer Roman, der auf Hiddensee spielt, »Zum Licht« von Konrad Maß, gebürtig aus Anklam, um 1901 Ratsherr in Stralsund, mit der Verwaltung Hiddensees befaßt. Er hatte 1901 bereits eine Novelle »Der Goldschmuck von Hiddensee« veröffentlicht. Daß der Dichter Gerhart Hauptmann, ein Neuentdecker und besonderer Freund unserer Insel, schon seit 1885 manche seiner Dichtungen mehr oder weniger offenkundig Hiddensee zum Schauplatz haben läßt, darf ich wohl als bekannt voraussetzen. Doch genug der Erwähnungen! Man kann nicht alle Dichter nennen, die die Insel in ihr Herz geschlossen haben.

In den Jahren 1909 bis 1913 entstanden in Kloster zahlreiche Neubauten, die für die Entwicklung des Verkehrs von großer Wichtigkeit waren, vor allem behaglich moderne Gasthöfe wie »Hotel Hitthim«, das »Bergwaldhotel zum Klausner«, das »Hotel zum Dornbusch« und gut eingerichtete Fremdenheime, wie Pension »Haus am Meer«, »Wieseneck«, und auch der Gasthof in Grieben wurde umgebaut.

Ebenso war in Vitte viel gebaut und umgebaut worden. Für den Badearzt der Insel wurde ein besonderes geräumiges Haus aufgeführt. Um 1912 konnte man auf der ganzen Insel schon etwa 725 Fremdenzimmer mit etwa 1500 Betten zählen, und die Statistik wies 2200 kurtaxzahlende Badegäste auf, natürlich ohne die kurzfristigen und die Touristen.

Eine für sehr viele verlockende Eigentümlichkeit Hiddensees war es von jeher, daß man überall unentgeldlich und ungezwungen, ohne kostenpflichtige ins Meer hinausgebaute Badeanstalten mit Zellen und kurz befristeter Benutzungszeit baden und sich stundenlang in Badehosen oder Badeanzügen am Strande tummeln, sonnen und aufhalten konnte. Jeder Vermieter hatte seine eigene Badehütte zum Auskleiden, und wenn deren Zahl nicht ausreichte, so taten es Strandkörbe auch.

So ist denn Hiddensee nun auch für weitere, selbst anspruchsvollere Kreise jetzt längst entdeckt und zugänglich geworden. Ja, schon im Wildbrandtschen Roman von 1910 hieß es: »Hiddensee ist in Mode gekommen; es ist guter Ton, hierher zu gondeln oder wenigstens hier gewesen zu sein. Zuerst hat ein sogenannter Einsiedler die Trompete an den Mund gesetzt; dann haben sich die Maler eingefunden. Das deutsche Meer und das deutsche Land. Das hat dann die Idealisten herangezogen, die besseren Menschen, die vor den nervenzerrüttenden Segnungen der Kultur fliehen, die Natur und die Freiheit suchen. Und jetzt kommt der ganze Schwarm, diese Sportleute, die Mitmacher, die Modehämmel: auf nach Hiddensee.«

Indessen, diese Worte waren damals zum Teil doch etwas übertrieben. Es gibt wohl noch Zehntausende von weit- und vielgereisten gebildeten Menschen, die in Capri, Nizza, Norwegen usw. waren, aber Hiddensee nicht kennen. Und ein Grund mag auch zum Teil darin

Häuser in Neuendorf

liegen, daß das Angebot an Unterkunft und Verpflegung und von Privatwohnungen, besonders im romantischen Kloster, der Nachfrage noch lange nicht genügte.

In den Kriegsjahren, wo die Insel von Landsturmleuten besetzt war, ging der Badeverkehr natürlich zurück. Merkwürdig war aber, daß nach der Kriegszeit, besonders vom Jahre 1919 an, eine auffallend rege Ansiedlung von Städtern mit eigenen Landhäusern hier einsetzte. In Kloster wurden allein etwa ein Dutzend neuer Häuser erbaut. Viele Freunde der Insel verfolgen diese Entwicklung mit Besorgnis.

Doch es hatte sich schon ein »Natur- und Heimatschutz-Bund« in Hiddensee gebildet, und man darf auch nicht zu schwarz sehen. Man darf nicht zu selbstisch ein Reich der Schönheit andern Mitmenschen vorenthalten wollen. Hiddensee ist 17 Kilometer lang, 16 Quadratkilometer groß und hat viel Platz. Und bei aller Entwicklung hat es in Wirklichkeit in den letzten 25 Jahren nicht an Schönheit verloren, sondern sogar reichlich gewonnen, trotz mancher unschönen Bauten, die nicht hierher passen. Die Pflanzenwelt hat sich bereichert, die Wälder sind viel höher gewachsen und mit Unterholz geschmückt, viele früher kahle Höhen und kahle Dünenzüge sind bewaldet; die roten Ziegeldächer in Kloster erscheinen vom Waldrande überm »Haus am Meer« in der Abendsonne wie in magisches Licht getaucht, und Vitte, trotz mancher stillosen Bauten in mitten der andern, zeigt malerische Reize eines ländlichen Idylls.

Noch immer wird man auch heute Stellen finden, wo man mit dem Alten in Wilbrandts Roman sagen kann: »Natur, Frieden, Freiheit! Wenn ich hier am Rande liege oder auf der Wiese oder auf der Heide – es ist so eine Welt für sich. Da gibt es keine gepflasterten Straßen, keine Dampfwagen, keine Kraftwagen; alles wie vor hundert oder tausend Jahren. Und ringsum das Große, das Freie, das Ewige, das Meer! Da wird einem weit und frei um die Brust!« Um nicht ein vielleicht von persönlicher Vorliebe befangenes Urteil abzugeben, habe ich so die Ansprüche derer wiederholt, die Hiddensee früher und in unseren Tagen als Reiseziel entdeckt und beschrieben haben. Ich selbst stehe aber nicht an, zu erklären, daß ich seine Seelandschaftsbilder mit zu den schönsten in Mitteleuropa rechne, die den Namen des »Capri von Pommern«, der außergewöhnliche Lieblichkeit und insulare Bergromantik zugleich ausdrücken soll, vollauf rechtfertigen.

ARNOLD GUSTAVS

Ein Hoheslied der Liebe ...

Meine Worte sind ein Hoheslied der Liebe, der Liebe zu einem unsagbar schönen Fleckchen Erde – zu der Insel Hiddensee.

Ich kenne dieses Land seit 1896 und bin seit 1903 hier Pfarrer gewesen, 45 Jahre lang. Ich hätte innerhalb dieses Zeitraums wohl von hier fortgehen und, wie man zu sagen pflegt, mich verbessern können. Ich konnte mich nicht trennen. Und ich schätze es besonders hoch, daß ich auch nach meiner Emeritierung die Möglichkeit fand, auf dem »Söten Länneken« zu bleiben. So bin ich mit den ganzen Fasern meines Seins hier festgewurzelt.

Es gab immer Leute, die mich bemitleideten, daß ich hier »verkomme«. Ich habe sie stets ausgelacht und ihnen gesagt, sie wüßten gar nicht, was für ein reiches Leben ich auf diesem gottbegnadeten Lande führe. Gefühle der Entbehrung und Entsagung lägen mir himmelweit fern. Ich habe es allzeit als Geschenk empfunden, wenn ich bei meinen Wegen in der Gemeinde an der tosenden Brandung entlangging oder von den Höhen des Dornbusches auf das weite Meer sah. Und ebenso war es mir stets eine Freude, wenn ich zu den Bewohnern in die Häuser trat, sei es von Amts wegen oder zu einem Freundesbesuch. Man kann Hiddensee nur lieben, wenn man gleichzeitig auch die Menschen liebt, die dieses Land bewohnen.

Einer meiner Vorgänger, Martin Wilde, von 1886 bis 1896 auf Hiddensee, pflegte seine Gäste, um ihnen die Schönheit Hiddensees zu zeigen, auf die Höhe des Dornbusches durch den damals noch jungen Wald zu führen. Kurz vor dem Heraustreten aus dem Walde ergriff er sie am Arm und hieß sie die Augen schließen. Erst wenn sie ein paar Schritte vor dem Absturz des Ufers standen, ließ er sie die Augen wieder öffnen. Dann standen die Überraschten urplötzlich vor dem weiten Meer, dessen Wogen 70 Meter unter ihnen am Strande brandeten. Dieser Blick ist

Die Steilküste

wohl das Großartigste, was die Insel an Naturschönheiten zu bieten hat. Wahrhaft überwältigend dieser Meereshorizont von fast 270 Grad! In der Ferne nur unterbrochen durch die weißen Kreidefelsen der dänischen Insel Møn. Um mir diesen Ausblick stets neu zu erhalten und ihn immer mit frischen Sinnen genießen zu können, habe ich es oft monatelang, ja bisweilen einen ganzen Sommer, vermieden, auf die Höhe zu gehen. Diese Schönheit sollte mir nicht alltäglich werden.

Geht man durch den Wald zurück und schaut von der Kante des Waldes nach Süden, so hat man ein ganz anderes Bild: dort die Majestät und Urgewalt, hier die Lieblichkeit und das Idyll. Vor uns liegen die sämtlichen Ortschaften der Insel. Dicht zu unseren Füßen Grieben mit seiner einzigen Dorfzeile. Im Mittelfeld des Blickes Vitte mit seinen drei Straßen, dem Norderende, dem Süderende und der Sprenge. Traumhaft am Horizont verschwimmend Neuendorf, dieses Dorf, dessen Häuserreihen so regelmäßig auf dem Rasen stehen, als ob ein Kind sie aus der Spielzeugschachtel aufgebaut hätte. Ist es ganz klares Wetter, so erscheinen in der Ferne die Türme der alten Hansestadt Stralsund. Mehr zur Linken breitet sich Rügen aus, Deutschlands schönste Insel, mit all seinen Buchten und Höhen in diesem Durch- und Ineinander von Wasser, Land und Wald, ein kleines Abbild von Finnland.

Ja, Hiddensee ist schön, schön zu jeder Jahreszeit und bei jedem Wetter. Besonders schön, wenn im August der wilde Thymian blüht und uns mit seinem würzigen Duft umfächelt. Schön im Herbst, wenn die Klashanicks schreien. Schön im hellen Sonnenschein oder auch, wenn uns der Sturm das Haar zerzaust. Schön in dunkler Nacht, wenn sich die gewaltig ausgreifenden Lichtarme des Leuchtturms über unserem Haupte drehen. Und von dieser Schönheit will ich hier erzählen.

Als Student auf Hiddensee

Es war im Jahre 1896. Ich war Student der Theologie im sechsten Semester, 21 Jahre alt, voll Jugendmut und Frohsinn. Da bereits damals archäologische Neigungen in mir schlummerten, hörte ich bei dem Kirchenhistoriker Victor Schultze in Greifswald – von den Studenten »Katakomben-Schultze« genannt, weil er sich viel mit den römischen

Katakomben beschäftigt hatte – christliche Archäologie und war allmählich zu seinem Famulus aufgerückt. Ich hatte seine Sammlung und seine Bibliothek zu betreuen und bei seinen mit Projektionen verbundenen Vorlesungen den Lichtbilderapparat zu bedienen; das machte mir großen Spaß. Nun hatte mir Victor Schultze als Entschädigung für meine Tätigkeit am Schluß des Semesters 150 Mark geschenkt, eine für die damalige Zeit und für einen Studenten enorme Summe, mit der ich etwas Rechtes anfangen wollte.

Die Wahl fiel mir nicht schwer: ich fuhr nach Hiddensee. Dieses wunderbare Eiland hatte ich zu Pfingsten des gleichen Jahres für ein paar Tage besucht, und zwar zusammen mit dem früheren Pastor der Insel, Martin Wilde, der vor kurzem die Pfarre in meinem Geburts- und Heimatort Neuenkirchen bei Greifswald übernommen hatte. Begeistert hatte er uns die paradiesischen Schönheiten der Insel gepriesen, aber seine Schilderungen wurden von der Wirklichkeit weit übertroffen. Und tief und unverlierbar prägte sich mir schon in den wenigen Tagen – es mögen drei oder vier gewesen sein – das Bild dieser Schönheit ein.

Also auf nach Hiddensee! Gleich nach Semesterschluß, am 1. August, fuhr ich los, von Stralsund mit dem »Caprivi«, einem kleinen Dampfer, der über Kloster auf Hiddensee nach Wiek auf Rügen ging und den ganzen Verkehr von und nach Wittow und Hiddensee bewältigen mußte. Man kann es heute kaum mehr begreifen, daß das mit einem einzigen Schiff möglich war, welches auf die Kraft 120 Personen faßte. Außerdem lief damals noch die »Germania« (Reederei von C.A. Beug in Stralsund) von Breege nach Stralsund, ohne jedoch in Hiddensee anzulegen.

Dieser »Caprivi« hatte etwas ungeheuer Gemütliches an sich, erhöht noch durch das Kapitänsehepaar Bentzien. Er lang und hager, und sie recht rundlich. Sie kassierte und hatte nebenbei noch die Restauration an Bord. Freilich, etwas anderes als ein Glas Bier, einen Schnaps und eine Tasse Kaffee war nicht zu haben. Dieser kleine, hübsche Dampfer hat später als schwimmendes HJ-Heim am Bollwerk von Kloster ein unrühmliches Ende gefunden.

Ich bestieg den »Caprivi« also in Stralsund, und langsam schwammen wir in etwa zweieinhalbstündiger Fahrt nach Kloster, dem nördlichsten Orte der Insel. Je näher man kam, um so klarer zeichnete sich am Horizont die Silhouette der Insel ab; zunächst wie ein Nebelstreif, dann in

Blick vom Bodden auf den Hafen von Kloster

immer schärferen Umrissen. Ich habe später viel Schönes in der Welt gesehen. Im Riesengebirge konnte ich drei schönste Jugendjahre verleben. Im Jahre 1912 durfte ich drei Monate im Orient, in Palästina und Ägypten weilen. Auf der Reede von Neapel habe ich vom Schiff aus das wunderbare Panorama mit dem hochragenden Vesuv in die Seele eingesogen. Mehrfach bin ich in den Bergen Oberbayerns gewesen. Doch etwas so Schönes wie die sanfte Linie der sich flach am nördlichen Horizont hinziehenden Hügel des Dornbuschs ist mir nirgends und niemals begegnet; auch in Schweden nicht, das ich wie meine zweite Heimat liebe. Etwas so Beruhigendes, fast möchte ich sagen, Beseligendes geht von dieser Linie aus, deren waagerechte Wellen nur vom Leuchtturm als einziger Senkrechten unterbrochen werden. Ich habe, als ich dann im Herbst 1903 Pastor von Hiddensee wurde, kaum eine Rückfahrt von Stralsund nach meiner geliebten Insel gemacht, ohne dabei an das Gedicht von Mörike zu denken: »Du bist Orplid, mein Land, das ferne leuchtet!«

Es war aber nicht immer so, daß in Kloster ein Dampfer anlegte und daß sich dort überhaupt die Möglichkeit eines Anlegens bot. Ursprünglich war dort ein flacher, von Schilf umsäumter Binnenstrand, in den eine Rinne gegraben war, eine sogenannte »Kase«. Dort lag das große Segelboot, mit dem der Gutspächter sein Getreide nach Stralsund verschiffte und allerlei notwendige Waren heranholte. Erst im Jahre 1888, als der Leuchtturm auf der Höhe des Dornbusches erbaut wurde, hat die Regierung in Kloster das Bollwerk errichtet, um die Baumaterialien besser heranschaffen zu können. Gleichzeitig wurde auch die nach Kloster führende Rinne ausgebaggert. Bis dahin diente die Fähre für den Personenverkehr von und nach der Insel, von der aus man sich auch an einen Dampfer anbooten lassen konnte, der von Breege nach Stralsund fuhr. Die Fischer benutzten den Dampfer aber nur in Ausnahmefällen. Sie segelten meist mit ihren eigenen Booten zur Stadt, um dort die nötigen Einkäufe zu tätigen.

Ich wohnte damals in einer schlichten Pension bei Theodor Nehls. Ihm und seiner Frau Marie, geb. Predel, habe ich mein Leben lang innigste Dankbarkeit bewahrt. Er klein, in seinem von blondem Vollbart umrahmten Gesicht meist ein freundliches Lächeln, emsig und betriebsam. Sie von ungewöhnlicher Güte und einem seltenen Herzenstakt. Sie war der gute Geist des Hauses und blieb das auch für die Ihren nach dem Tode ihres Mannes. Neben der Pension führten sie einen Kramladen, in dem man von Salzheringen und Holzpantoffeln angefangen bis zum Tauwerk ungefähr alles bekommen konnte, was für das einfache Leben der Fischer nötig war. Den Lagerraum durchströmte ein Geruch von Holzteer; dieser Geruch umwogte einen auch draußen von dem gerade gegenüberliegenden Fischereischuppen der »Maracher«. Mit diesem Holzteer wurden Boote, Netze und sonstige Fischereigerätschaften getränkt, und sein Geruch war für mich so unzertrennlich von Hiddensee, daß später überall, wo mir dieser liebliche Duft in die Nase zog, Hiddensee wie ein fernes Paradies vor meinem Geiste auftauchte. Außer dem Kramladen besaß Theodor Nehls eine kleine Landwirtschaft und verwaltete noch die Postagentur, die in der Hauptsache von Frau Nehls besorgt wurde.

Zu allem anderen war Theodor Nehls ein großer Jäger vor dem Herrn. Der damalige Gutspächter Ernst Luhde fand keinen Geschmack an der Jagd und hatte seinem Freunde Theodor Nehls die Ausübung der Jagd auf seinem Gebiet überlassen. Wenn nun im Herbst die wilden

Gänse zogen und die Schwäne schrien, ging's mit einer kleinen Jolle und seinem Hunde Flambeau hinüber nach dem Bessin. Dort hatte sich an der äußeren Spitze eine kleine Nebeninsel gebildet, auf der sich der Jäger mit Vorliebe niederließ, um besonders den Gänsen aufzulauern.

Also unter diesen biederen Leuten lebte ich sechs Wochen lang. Ich habe damals Tagebuch geführt und genau meine Taten von der Stunde des Aufstehens bis zum Schlafengehen aufgezeichnet. Wenn irgend günstiges Wetter war, segelte ich mit Nehls kleiner Jolle, der »Gertrud«, auf dem Bodden, führte auch oft Besorgungen und Bestellungen in Kloster aus. Mit einem größeren Boot, der »Eintracht«, wurden Badegäste und Waren vom Dampfer abgeholt oder auch angesegelt. Im übrigen wurde mit den beiden Töchtern der Familie Nehls und den wenigen anwesenden Badegästen auf der Wiese vor dem Hause Krockett gespielt. Der Abend wurde mit Erzählen und Vorlesen beschlossen, wohl auch mit Mondscheinspaziergängen. So lebte ich herrlich und in Freuden. Aufforderungen meiner Eltern, vor allem meiner besorgten Mutter – der ich beileibe vom Segeln nichts schreiben durfte –, bald nach Hause zu kommen, schlug ich in den Wind.

Badegäste gab es in der Hauptsaison in Kloster und Vitte zusammen vielleicht fünfzig bis sechzig. Keine Leute vom Kurfürstendamm in mondänen Toiletten, wie sie wenige Jahrzehnte später Hiddensee mit Vorliebe aufsuchen sollten, sondern schlichte, kleine Beamte und Gewerbetreibende, die einen bescheidenen, billigen Sommeraufenthalt suchten und dafür gern auf all das verzichteten, was in anderen Bädern damals bereits an »Komfort« für die Gäste geboten wurde.

Es war also noch ein weiter Weg zurückzulegen, ehe die Insel Hiddensee für die Sommermonate ihrer wahren Bestimmung zugeführt wurde: den Werktätigen aller Berufe ihre begnadete Schönheit darzubieten.

Kehren wir nun wieder zum Jahre 1896 zurück und dem Beginn der Erschließung Hiddensees für die erholungsuchenden Städter. Zwei Badehütten standen damals am langen Strand von Vitte. Die eine gehörte dem Hause Nehls, die zweite dem kleinen Gasthause von Freese. Strandkörbe existierten noch nicht, auch Kurtaxe wurde noch nicht erhoben. Man konnte die Insel kreuz und quer durchstreifen, ohne einen Fremdling zu treffen, konnte allein alle Champignons sammeln, die der liebe Gott wachsen ließ, denn die eingeborenen Fischer wandten sich damals noch mit Abscheu von dieser »unnatürlichen« Speise ab. Man konnte auf den Hügeln liegen und allein auf das weite, weite Meer schauen, die herrlichsten Sonnenuntergänge und Mondscheinnächte genießen. Ich besinne mich besonders gern auf eine Mondnacht, in der die ganze Jugend oben auf den Bergen auf die Flotte wartete, und da diese ausblieb, bis Mitternacht dort allerlei Spiele spielte. Und das alles mit aufnahmefähiger, jugendlicher Seele!

Dann war ein Pastor da, Rust hieß er, den ich ab und zu als künftiger Amtsbruder aufsuchte. Auch die Pächtersleute in Kloster waren aufgeschlossen, gastfrei und freundlich. Eine gleich unbeschwerte Zeit habe ich nie wieder in meinem Leben gehabt.

Die Bewohnerschaft der Insel war damals weit einheitlicher als heute. Der Grundstock der Bevölkerung bestand aus Fischern. Dazu kamen ein paar Handwerker: ein Schuster und ein Tischler. Daß ein Tischler vorhanden war, lag noch gar nicht so weit zurück. Früher mußten die Hiddenseer die Särge für ihre Toten in Schaprode anfertigen lassen. Im ganzen betrug die Seelenzahl der Insel Anfang der neunziger Jahre etwa 650 bis 700. Am meisten hat sich seit jener Zeit das Dorf Kloster ausgedehnt. Damals standen außer der Kirche keine anderen Häuser dort als das Gutshaus, das Pfarrhaus, das Küsterschulhaus, zwei Arbeiterhäuser (genannt »der Bau«), endlich das alte Gasthaus von Schlieker und die Wohnung des Strandvogtes. Rundherum war freies Land, und die Kornfelder reichten bis dicht an die Gehöfte heran.

Die Hauptrolle in der Fischerei spielte von alters her der Heringsfang. Das kam früher auch darin zum Ausdruck, daß dem Pastor soundso viel Wall Frühjahrshering (ein Wall gleich 80 Stück) und soundso viel Herbstheringe als wesentlicher Teil seiner Besoldung geliefert wurden. Im Frühling wurde der Hering, wie auch heute noch, mit langen Reusen gefangen. Nur standen früher mehr Reusen am Außenstrande als jetzt. Im Herbst zogen die großen Boote in See und lauerten dem Hering mit ihren Manssen auf.

Was hatte die Insel damals für einen wunderbaren Strand! Zunächst eine breite Düne mit Strandhafer. Dazwischen die mit ihren bläulichen Blüten so eigen schimmernde Stranddistel »Seemannstreu«. An einigen wenigen Stellen auch noch der seltene Meerkohl, Crambe maritima. Und nach diesem Vorstrande, der stellenweise bis zu 30 Meter breit war, kam ein schöner, feinkörniger Sandstrand, ideal zum Baden. Aber es gab damals nur wenige Fremde, die sich daran ergötzten. Der »Einsiedler« Ettenburg, den die Fischer für einen verrückten Kerl hielten, gab sich freilich redliche Mühe, die Insel bekannt zu machen. Aber doch nur mit geringem Erfolge. Es kamen nur wenig Gäste. Hiddensee ist zum wirklichen Badeorte erst im Zuge des Zeitgeschehens geworden, das jedes kleinste und ärmlichste Dorf der Küste in einen Kur- und Badeort verwandelte.

Nun kamen die Fremden allmählich. In größerem Maße eigentlich erst seit der Jahrhundertwende. Aber es war wie ein böses Verhängnis: je mehr die Fremden von Hiddensee Besitz ergriffen, um so schlechter wurde der Badestrand. Die herbstlichen Hochwasser rissen ein Stück nach dem anderen von der Düne fort, wenn es auch jedesmal nur ein bis zwei oder nur ein halber Meter waren. Die Düne und der Vorstrand verkleinerten sich. Die Strömung am Außenstrande verlagerte sich und nahm den Sand mit sich fort, anstatt neuen abzulagern. So wurde der Strand von Jahr zu Jahr schmaler und steiniger. Schon als ich 1903 als Pfarrer nach Hiddensee kam, sagten mir alte Fischer in Vitte und Neuendorf: »Dor, wo nu unse Bööt sägeln, hem'n unse Großöllern noch plägt und Kurn seigt.«

In Kloster spielte sich das Badeleben vor allem auf dem Stück von der Hucke bis zum Rettungsschuppen ab. Dort war 1903 noch ein wundervoll breiter Sandstrand, auf dem die Fremden Burg an Burg bauten. Dort war auch noch ein breiter Vorstrand mit allerlei Dorngestrüpp, Holunder und dergleichen. Von diesem Vorstrande wurde leider jährlich ein Stück nach dem anderen abgerissen. Und das Hochwasser des Winters 1948/1949 hat dem Vorstrand den Rest gegeben, so daß auch schon an dieser Stelle, und nicht nur am Nordufer, das Hochland von den Wellen angenagt wird und von hier aus das Meer ebenfalls seinen Vernichtungsangriff auf die Insel macht.

Die Eingeborenen sahen die Badegäste in erster Linie als erfreuliche Einnahmequelle an. Der Fischfang ging in seinen Erträgen sichtlich zurück und seine Einnahmen waren schwankend und unsicher. So kroch die ganze Fischerfamilie im Sommer auf den Heuboden und kampierte dort notdürftig, Großeltern, Eltern und Kinder. Ihre Räume wurden alle vermietet. Schließlich entstanden neue Häuser, die mit Rücksicht auf das

Vermieten geräumiger gebaut wurden. Doch um die Werbung für die Insel als Badeort kümmerte sich niemand. Hin und wieder kamen Anfragen an den Gemeindevorsteher, der damals noch den schönen alten Namen »Dorfschulze« führte. Alle solche Zuschriften legte der gute Ferdinand Wolter, sonst wahrlich ein Biedermann, in die Schieblade seines Eßtisches. Er wußte nichts anderes damit anzufangen. Erst im Jahre 1900 trat in Vitte ein Badeinteressentenverein ins Leben, dessen treibende Kraft der Schuhmacher Karl Witt war. Dieser Verein annoncierte in größeren Zeitungen, und so mehrte sich allmählich der Zustrom der Gäste.

Die Fischer standen damals, abgesehen von der lukrativen Seite, dem Badeleben der Gäste verständnislos gegenüber. Gewiß, waschen muß sich der Mensch hin und wieder, aber doch nicht jeden Tag und dann nicht gleich ganz und gar! Und an der See muß man sich warm anziehen. Warum nur liefen die Badegäste halbnackt umher? Über den günstigen Einfluß des Luftwechsels auf den Körper zuckten sie lächelnd die Achseln. Bezeichnend ist, was ein alter Fischer zu Beginn des Fremdenverkehrs einem jungen Mädchen sagte, das im Sommer bei ihm gewohnt hatte. Sie wünschte ihm »Auf Wiedersehen!« Und er sah sie traurig an und sagte: »Ne, Fräulein, Sei kamen nich wedder.« – »Aber warum denn nicht?« – »Sei starben äwer Winter an Rheumatismus.«

Im ganzen genommen hat das Badeleben auf die eingesessene Bevölkerung nur einen geringen Einfluß gehabt. Gewiß betrachteten die Hiddenseer die Badegäste – und das mit Recht – als Einnahmequelle. Aber was die Hauptsache, das Baden selber, angeht, hat das Beispiel der Fremden sie nicht verlockt, ebenfalls ins Wasser zu steigen. Und so ist es bis heute geblieben. Vor noch nicht langer Zeit ging ich einmal mit dem Badezeug an den Strand und begegnete einem Fischer, der lächelnd zu mir sagte: »Herr Paster, sünd Sei in all dei Johren noch nich tau'm richtigen Hiddenseer worden?« – »Wo meinen Sei dat?« – »Na, en richtigen Hiddenseer badt doch nich.«

Kampf mit dem Meer

Ebenso wie Wetter und Wind ist auf Hiddensee auch der Wasserstand bedeutend und lebenswichtig, der mit der Windrichtung fast täglich wechselt. Niedriger Wasserstand richtet bei uns keinen unmittelbaren Schaden an, höchstens kann der Dampfer nicht fahren, doch solche Verkehrsschwierigkeiten nehmen wir Einwohner gleichmütig hin. Schlimmer ist es mit hohem Wasserstand.

Solange nur die Wiesen und Weiden ein wenig überflutet werden, mag es gehen, zumal »Hohes Wasser« in jedem Jahr wenigstens einmal auftritt und nur ihm die Flora der Salzpflanzen auf der Kuhweide zwischen Kloster und Vitte ihr Dasein verdankt. Gefährlich dagegen ist Sturmflut, die eintreten kann, wenn längere Zeit Westwind geweht hat, große Wassermassen in das Becken der Ostsee hineingedrängt worden sind und dieser Westwind dann plötzlich nach Nordost oder gar auf Nordnordost umspringt. Dann treibt der Druck des Windes vom Bottnischen Meerbusen her die ganze Wassermasse nach Südwest gegen die Küsten Pommerns, Mecklenburgs und Holsteins. Bei den engen Verbindungsstraßen zwischen Ostsee und Nordsee kann das Wasser nicht schnell genug entweichen und steigt daher oft mehrere Meter über Mittelwasserstand. Daß eine solche Sturmflut schwere Verheerungen anrichten muß, liegt auf der Hand. Die Geschichte weiß von Fluten zu erzählen, die um ihrer furchtbaren Folgen willen jahrhundertelang im Gedächtnis des Volkes weiterlebten. Seit dem Jahre 1625, in dem eine größere Überschwemmung stattfand, hatte die Küste der Ostsee mehrere Jahrhunderte lang Ruhe. Dann aber kam das verhängnisvolle Jahr 1872. Am Abend des 12. November steigerte sich der Nordoststurm, der sich im Laufe des Tages erhoben hatte, zum Orkan und tobte in unverminderter Stärke die Nacht hindurch bis gegen Mittag des 13. November. Darauf drehte der Wind langsam nach Osten. Der Wasserdruck ließ nach. Die Flut begann zu fallen. Aber erst am 14. November war überall der normale Wasserstand wieder erreicht. Nun sah man den vollen Umfang der furchtbaren Verwüstung.

Auf Hiddensee war es nun nicht ganz so schlimm wie anderwärts, da die westlich von Rügen liegende Insel Windschutz hatte. Wohl war auch die Insel überflutet. Es gab nur ganz wenige Häuser in Vitte, in die das Wasser nicht eingedrungen war. Selbst in den höher liegenden Häusern stand das Wasser 50 bis 80 Zentimeter hoch in den Stuben. Bei niedriger gelegenen Häusern wogte die See durch Fenster und Türen ungehindert ein und aus. Verlust an Menschenleben war nicht zu beklagen. Am empfindlichsten war die Zertrümmerung vieler Fischerboote und das Einstürzen von Hauswänden.

Alte Leute haben mir gern ihre Erinnerungen an diese Sturmflut mitgeteilt.

Ferdinand Schluck von der Sprenge in Vitte berichtete, daß er sich noch ganz genau auf die Flut besinnen könne. Das Wasser kam um sechs Uhr morgens am 13. November ins Haus und stand in den Stuben etwa einen halben Meter hoch. Die Eltern hatten die Schafe auf die Betten gesetzt. Die Kuh watete im Wasser hin und her, einem schwimmenden Kessel nach, in dem Futter für sie lag. Er selbst saß hinter dem Ofen auf einem Tisch, die Mutter in einer anderen Ecke mit einem Laib Brot vor sich, von dem sie abschnitt. Dann warf sie die Schnitten den einzelnen Insassen des Zimmers über das Wasser zu. Die Nachbarn aus den umliegenden Häusern hatten sich bei ihnen zusammengefunden, weil Schlucks Haus aus Mauersteinbrocken aufgebaut war, während die meisten Häuser in Vitte damals nur Wände aus Torfsoden hatten. Diese wurden natürlich leicht ausgespült. Das Haus von Schluck war aus dem Material der alten Ziegelei bei Grieben aufgebaut worden. Als das Wasser sich verlaufen hatte, stellte sich heraus, daß sämtliche Brunnen in Vitte bis auf einen einzigen salzig geworden waren. Dieser eine Brunnen reichte jedoch nicht aus, das ganze Dorf zu versorgen. Daher schickte die Regierung von Stralsund aus einen Dampfer mit Süßwasser nach Hiddensee. Das Haus von Ferdinand Schluck liegt nun ziemlich hoch auf der Sprenge. Um die ernsthaft gefährdeten Häuser sah es wesentlich anders aus. Sophie Frohstadt erzählt, sie war damals ein Mädchen von elf Jahren und wohnte mit ihrer Mutter und einigen anderen alten Frauen im Armenhaus in Vitte, das so ziemlich an der niedrigsten Stelle des Dorfes gelegen war, dort, wo jetzt der Feuerwehrschuppen steht. Sie wachten eines Nachts von einem Plätschern auf. Erst dachten sie, es hielte wieder eine Frau der Bequemlichkeit halber ihr kleines Kind aus dem Bett heraus auf die Lehmdiele ab. Dann merkten sie mit Schrecken, daß in der Stube Wasser rieselte. Aus der Tür konnten sie nicht mehr hinaus, weil von außen eine schwere Truhe durch das strömende Wasser vor die Tür geschoben worden war. Da das Wasser immer höher stieg, wollten sie versuchen, ein Loch in die Decke zu schlagen, um auf den Dachboden zu gelangen. Schließlich fand man durch Umhertasten mit dem Fuß ein Beil unter einem Schrank. Dann stellte ihre Mutter einen Stuhl auf den Tisch und bearbeitete mit dem Beil die Stubendecke. Endlich hatte sie ein Loch hergestellt, so groß, daß sie den Kopf hindurchstecken konnte, aber sie bekam den Kopf nicht wieder zurück. Nur unter Anwendung von Gewalt gelang es ihr zuletzt; dabei riß sie sich ein halbes Ohr ab, so daß sie von Blut überströmt war. Nachdem mit Mühe das Loch vergrößert worden war, krochen alle auf den Dachboden. Die Kinder schob sie ins Heu, so daß sie nicht zu frieren brauchten. Unter ihnen waren bald die Hauswände von der Flut eingeschlagen, die See konnte frei hindurchströmen, und das nur noch auf seinen vier Ständern ruhende Haus schwankte hin und her. Sie waren in größter Sorge, daß das Haus zusammenbrechen könnte und sie mit dem Dachboden auf die Ostsee hinausgetrieben würden. Erst am nächsten Abend kam ein Fischerboot und barg sie ab.

Die Frau von Ferdinand Timm in Vitte auf dem Süderende, deren Haus das höchstgelegene in Vitte war, hatte noch das Bild vor Augen, wie ihr Vater in Holzpantoffeln rund um sein Haus gehen konnte, während über die Dorfstraße schon das Wasser wogte. Von dem gegenüberliegenden Haus trug Karl Niemann seine Frau und seine Kinder auf dem Rücken zu ihnen; er hatte dabei hohe Krempstiefel an und fiel mit einem seiner Kinder ins Wasser.

Bei vielen Häusern, deren Wände nur aus mit Stroh umwundenen und mit Lehm verkleideten Stöcken bestanden, wurden die Wände einfach ausgewaschen. Darauf fielen die Dächer zu Boden und lagen platt auf der Erde. Die meisten Häuser in Vitte wurden nach der Flut neu aufgebaut. Die Boote waren, soweit sie nicht noch auf der Düne Halt fanden, bis auf den Darß getrieben worden.

Das Dorf Grieben liegt so hoch, daß es nicht von der Flut erreicht werden konnte. Über die Lage in Grieben berichtet Ferdinand Timm, dessen Vaterhaus dort stand, folgendes: Er war zehn Jahre alt, als die Flut kam. Auf der Wiese südlich vom Timmschen Haus waren soeben die Weiden gekröpft worden. Das Wasser stand so hoch, daß die Köpfe der Weiden gerade heraussahen, mit Seetang und Schilf behangen. Am Morgen gingen die Jungen von Grieben auf die Berge, um nach Vitte Ausschau zu halten. Dort war nur eine Wasserwüste zu erblicken, aus der die Hausdächer wie »Meßhümpels« (Misthaufen) herausguckten.

Da nun besonders in Vitte viele Häuser des Dorfes arg beschädigt waren, faßten die Einwohner von Vitte den abenteuerlichen Gedanken, wenn schon die Häuser neu gebaut werden müßten, sie an einer Stelle zu errichten, zu der die Sturmflut niemals gelangen könnte. Als Platz schien das hohe Ufer des Schwedenhagen in Kloster geeignet. Aber die Kosten dieser Umsiedlung stellten sich zu hoch. Die Geschädigten bekamen Geld vom Staate und bauten ihre Häuser an Ort und Stelle wetter- und wasserfest wieder auf.

Die Insel selbst hatte schwere Wunden empfangen. In Kloster, unmittelbar südlich von der Vorlege, war die ganze Düne nebst Vorstrand fortgerissen worden, so daß schon bei leidlich hohem Wasser die dahinterliegenden Wiesen und Weiden überflutet werden mußten. Die Lücke wurde durch einen Erddeich geschlossen, der auf der Binnenseite steil abfällt, dagegen nach außen zu sich langsam abböscht. An ihm müssen sich die Wellen kraftlos verlaufen. Bald bildete sich wieder eine neue Düne mit weitem Vorstrand, der sich durch Bewuchs mit Holunder und Seedorn noch weiter festigte.

Ärger war die Verwundung der Insel im Süden unmittelbar hinter Plogshagen. Anfangs freilich war die Düne nur durch ein kleines Rinnsal unterbrochen, über das die Frauen, wenn sie auf den Gellen zum Melken gingen, mit einem weiten Schritt gerade noch hinübergelangen konnten. Man versuchte zunächst, die Lücke mit Faschinen zu schließen, doch erneutes und stärkeres Andringen der Wogen riß die Lücke immer mehr auf. Schließlich entstand eine breite Durchfahrt, vier bis fünf Meter tief, so daß, wie die Fischer sagten, ein »Mannewor« (man-of-war »Kriegsschiff«) bequem hätte hindurchfahren können. Man mußte sich also zu umfassenderen Maßnahmen entschließen, wenn die Insel nicht zweigeteilt bleiben sollte.

So wurde in dem Durchbruch mitten im Wasser ein mit Kies überschütteter Erddeich errichtet, der außen mit Steinen verblendet wurde. Dieser Deich ist fast zwei Kilometer lang und oben so breit, daß ein Wagen darauf entlangfahren kann. Damit war sowohl für den Fußgänger- wie auch für den Wagenverkehr die Verbindung zwischen den beiden Teilen der Insel wieder hergestellt. Nun tat die Natur ein übriges. Durch Wind und Wellen wurde eine Düne aufgebaut und so viel Land gebildet, daß zwischen dem Deich und der Düne ein geschlossener

Teich entstand, in dem der Verlandungsprozeß bald begann, Schilfrohr und andere Wasserpflanzen siedelten sich an.

Als ich zuerst im Jahre 1896 auf Hiddensee war, sah man auf diesem Binnengewässer ein reiches und vielseitiges Vogelleben. Haubentaucher, mittlere Säger, schwarze Bleßhühner und allerlei Enten belebten die Wasserfläche. Heute ist die Verlandung fast vollendet. Auf dem Vorstrand hat man Bäume und Sträucher angepflanzt, durch die eine Nachmittagspromenade für die Badegäste herangewachsen ist.

Seit dieser großen Sturmflut von 1872 ist die Insel noch zweimal von einer Flut heimgesucht worden. Freilich erst nach einem längeren Zwischenraum in der Silvesternacht 1904/1905; doch die Wasser verliefen sich ziemlich schnell wieder, nachdem sie an den Dünen erheblichen Schaden angerichtet hatten. Und dann nach zehn Jahren in zwei kurzen Angriffen vom 30. Dezember 1913 und 9. Januar 1914.

Ich ging damals wenige Tage nach jener Silvesternacht 1904/1905 mit dem Gutspächter Ernst Luhde nach Neuendorf hinunter, wo der größte Schaden entstanden sein sollte. Als wir uns dem Eingang des Dorfes näherten, trat uns ein alter Fischer, Joachim Gau, entgegen, der auf dem Schabernack wohnte. Diesen Namen tragen die vier nördlichsten Häuser des Dorfes, die von den übrigen Häuserreihen getrennt stehen. Gau sagte zu uns: »Nu is't bet up't üterste kamen!« und wies auf die Stelle, wo bisher Düne gewesen war. Diese Düne war völlig verschwunden, so daß sich das Wasser bei der nächsten Flut ohne ein Hindernis auf die Häuser des Schabernacks stürzen konnte. Weiter im Dorf wurden wir mit Entsetzen gewahr, daß einige Häuser am Außenstrande nur noch zwei bis drei Meter vom Uferabsturz entfernt waren und die See bei der nächsten Flut diese Häuser einfach niederwaschen mußte. Im Dorf war das Wasser abgelaufen und stand nur noch in den etwas niedriger gelegenen Kartoffelfeldern der Süder.

Hier mußte etwas geschehen. Das stellte auch die Kommission fest, die zur Prüfung der Schäden nach Hiddensee entsandt worden war. Wie nach der Flut von 1872 ein Damm gebaut wurde, um die zerrissene Insel wieder zusammenzuflicken, errichtete man nun westlich des Dorfes weit nach Norden ausgreifend mitten im Seeschlage einen Wall aus unbehauenen Steinblöcken, die ohne Mörtel aufeinandergetürmt wurden. Der Wall sollte nicht nur als Wellenbrecher dienen, das Wasser sollte vielmehr durch seine Fugen dringen und die Sinkstoffe an der Binnenseite ablagern.

Diese Absicht ist erreicht worden. Während die Zyklopenmauer ursprünglich mitten in der Brandung stand, hat sich jetzt hinter ihr Land gebildet, das bereits Pflanzenwuchs zeigt. Ja, sogar vor dem Steinwall hat sich Sand abgelagert, und ein schöner Badestrand aus feinkörnigem Sand ist gewonnen worden. Der Bau des ungefähr 1,5 Kilometer langen Walles hat die Jahre 1906 bis 1910 in Anspruch genommen.

Bei den Fluten um die Jahreswende von 1913 und 1914 hat sich dieser Damm glänzend bewährt. Wohl stürmten die Wogen wutentbrannt gegen die Steine an, und ihr Gischt flog bis mitten ins Dorf. Aber sie brachen sich machtlos an dieser Schutzmauer, aus der sie nur einige Blöcke herausbeißen konnten. Besondere Schutzmaßnahmen waren nicht notwendig, aber die wachsenden Landverluste an der Nordküste des Hochlandes erfüllten die Behörden mit neuer Besorgnis.

Dieses Hochland ist ein Produkt der Eiszeiten und Zwischeneiszeiten. Es besteht aus Bänken von Geschiebemergel, Ton und Lehm, unterbrochen von Sandschichten verschiedener Mächtigkeit. Seit Jahrtausenden hat das Meer die Nordküste Hiddensees angenagt. Der Urblock, der hier aus den Wassern ragte, muß um ein Vielfaches umfangreicher gewesen sein, als das jetzige Hochland, denn aus den ausgewaschenen Sand- und Tonschichten des Hochlandes ist das Flachland von Hiddensee erst allmählich aufgebaut worden. Und noch immer dient der aus den Schichten des Dornbusches fortgeführte Sand zur Verlängerung des Gellen und des Bessin.

Regen, Schnee, Wind, Sonne und Frost und im Zusammenhang damit die Quellen, die aus den Hügeln entspringen, lösen zunächst die Tonmassen im Inneren auf. Diese durchweichten Massen treten vielfach am Fuße der Hügel als Schlammbrei zutage, so daß man bei einer Umwanderung des Hochlandes unten am Strande plötzlich tief in diesem zähen Ton versinken kann. Die mehr und mehr ausgehöhlten Erdmassen brechen langsam in sich zusammen, Risse und Senkungen entstehen, die ab und an zu Erdrutschen führen. Die Sandschichten, die oft eine Mächtigkeit von über sechs Meter haben, werden vom Winde ausgeblasen und rieseln nach unten. Ton und Sand würden eine natürliche Böschung bilden, die dem weiteren Abrutschen des Ufers Einhalt gebieten könnte, aber das Meer läßt ihnen keine Ruhe. Es nimmt, besonders bei höherem Wasserstande, die herabgesunkenen Erdmassen gierig mit sich fort und verfrachtet sie je nach der Windrichtung entweder nach Südwest oder nach Südost. Diese ganze Entwicklung wurde noch durch die »Steinzanger« beschleunigt, die seit Jahrzehnten dem Blockstrand am Uferfuß und weiter bis unter das Wasser fortgesetzt die kräftigsten Steine raubten, so daß diese natürlichen Wellenbrecher immer mehr ausgelichtet wurden und die Brandung leichteren Zugang zu den herabgesunkenen Erdmassen fand. Zu spät ist diese Schädigung der Insel erkannt worden. Aber erst im ersten Jahrzehnt unseres Jahrhunderts wurde das Steinzangen an der Küste von Hiddensee ganz verboten.

Wollte man den Dornbusch vor dem endgültigen Untergang bewahren, mußte der verderbliche Einfluß des Meeres ausgeschaltet werden. Das konnte nur durch eine Steinmauer erreicht werden, die sich wie ein schützendes Band um den ganzen Dornbusch herumlegt. Hiddensee mußte erhalten bleiben, weil diese kleine Insel wie ein Bollwerk vor der Westküste Rügens liegt, die ohne natürlichen Schutz den Fluten willenlos preisgegeben werden würde. Außerdem wies unser Leuchtturm seit längerer Zeit schon bedenkliche Risse auf, die durch Senkungen des umliegenden Erdreichs entstanden waren.

Im Jahre 1937 wurde der Beschluß gefaßt, den Dammbau in Angriff zu nehmen. Es wurde damit kurz vor der Hucke begonnen, um zunächst diese vorspringende Nase der Insel zu schützen. Hätte man damals gleich am Rettungsschuppen angesetzt, wäre das Ufer zwischen ihm und der Hucke nicht, wie es inzwischen geschehen ist, angenagt worden.

Die Arbeit zog sich bis zum Oktober 1939 hin. Das Innere des Schutzwalles ist aus Findlingsblöcken aufgebaut, die in deutschen Gewässern gezangt worden sind. Die Außenhaut besteht aus Granitblöcken, die an der Südküste Schwedens bei Simrishamn gewonnen wurden. Jeder laufende Meter des Dammes kostete etwa 1000 Mark. Leider unterbrach der Krieg den Bau, und der Damm ist ein Torso geblieben. Es ist aber besonders bei der Hucke doch so viel erreicht worden, daß dort ein natürlicher Böschungswinkel entstand und das Ufer nicht mehr senkrecht abbricht, sondern sich sanft abdacht. Und Abstürze haben an dieser Stelle völlig aufgehört.

Der Leuchtturm war bereits 1927 ganz mit Eisenbeton umkleidet wor-

Die Hucke bei Kloster

den, da die Risse, die sich vom Fundament bis zur Spitze gebildet hatten, von Jahr zu Jahr zunahmen. Mit diesem Korsett kann der Turm nun nicht weiter aufreißen, er kann nur noch als Ganzes umfallen.

Unsere Ärzte

In der ersten Hälfte des vorigen Jahrhunderts, ungefähr von 1815 an bis in die Mitte der fünfziger Jahre, finden sich im Totenbuche der Kirchengemeinde unter der Rubrik »Todesursachen« allerlei merkwürdige Eintragungen. Da steht zum Beispiel zu lesen: »Häutige Bräune mit ärztlicher Hilfe.« Das erweckt den Anschein, als hätte der Arzt dazu beigetragen, die häutige Bräune zur Todesursache zu machen. An anderer Stelle finden wir die Eintragung, daß jemand an der »Gicht mit ärztlicher Hilfe« gestorben sei. Auch »Galoppierende Schwindsucht mit ärztlicher Hilfe« ist eingetragen worden. Demgegenüber stehen auch Notizen wie diese: »Lungenentzündung ohne Arzt«, »Scharlachfieber ohne Arzt«,

»unbestimmte Krankheit ohne ärztliche Hilfe«. An anderer Stelle wiederum steht die geradezu scherzhaft klingende Anmerkung: »Kränklich geboren ohne Arzt.«

Alle diese Angaben dienten zur Ermittlung für die Behörde, bei wievielen Todesfällen ein Arzt während der letzten Krankheit zugezogen worden war. Und da damals der Pastor eine Art Mädchen für alles war, wurde ihm die Nachforschung darüber auferlegt. Der Einfachheit halber fügte er seine Feststellungen gleich der Todesursache bei.

In jenen Zeiten hatte die Insel keinen eigenen Arzt. Der nächste Arzt saß in Gingst, und von dort bis Hiddensee ist eine weite und teure Reise zurückzulegen. Nur in seltenen Fällen, wenn auf das Leben des Erkrankten besonderer Wert gelegt wurde – was bei alten Leuten und ganz kleinen Kindern kaum der Fall war –, wurde der Arzt nach Hiddensee geholt. Konnte er nicht herüberkommen, »verordnete er abwesend«, wie es mehrfach heißt. Dabei war es gewiß reichlich schwierig aus den ungenauen Berichten des Boten zu einer klaren Diagnose zu gelangen. Als ich nach Hiddensee kam und mein Amt antrat, war insoweit doch schon eine wesentliche Verbesserung in der ärztlichen Versorgung eingetreten, als ein Arzt in Schaprode saß und sich sogar ein eigenes Haus gebaut hatte. Um diesem Arzt eine ausreichende wirtschaftliche Grundlage zu bieten, wurde im Umkreis von Schaprode und ebenso auf Hiddensee ein sogenanntes Standgeld erhoben, das für jede Familie vier Mark betrug. Für Hiddensee kamen etwa 800 Mark zusammen, welche die Dorfschulzen einzogen und dem Arzt ablieferten. Dafür hatte der Arzt die Kranken zu den niedrigsten Sätzen der Medizinaltaxe zu behandeln.

Der damalige Schaproder Arzt, ein Ostfriese, war ein ordentlicher und tüchtiger Mann; er hatte nur einen Fehler: er war wasserscheu. Holten ihn die Fischer beim Sturm nach Hiddensee, beschwor er sie jedesmal, nicht über Stellen zu segeln, wo das Wasser tiefer als ein Meter war. Ein völlig unausführbares Verlangen! Natürlich betrogen ihn die Fischer, tauchten ihren Bootshaken bis zu einem Meter ein und zeigten dann den nassen Stock mit den Worten: »Seihn Sei, Herr Dokter, deiper is dat Water hier nich!«

Diese Wasserscheu brachte ihn aber schließlich doch um die Praxis auf Hiddensee, nachdem er einen Fall von Blinddarmentzündung wegen schlechten Wetters durch »abwesende Verordnung« mit Fieberpulvern behandelt hatte. Der Patient kam zwar doch mit dem Leben davon, aber es erhob sich ein flammender Protest unter den Bewohnern Hiddensees. Es wurde eine Volksversammlung einberufen, die den Beschluß faßte, einen eigenen Arzt auf der Insel anzustellen. Man glaubte, mit einer Erhöhung des Standgeldes einen Arzt auf der Insel seßhaft machen zu können; diese Hoffnung erwies sich als falsch, und so tauchte der Vorschlag auf, von den Badegästen eine Kurtaxe zu erheben, die unter der Form einer »Arzttaxe« die Genehmigung der Behörde fand.

Dem nach Hiddensee gerufenen Arzt wurde ein für die damalige Zeit ansehnliches jährliches Fixum garantiert, aber bei Jahresabschluß stellte der Amtsvorsteher fest, daß 600 Mark an der nötigen Summe fehlten. Es brauchte eines persönlichen Einsatzes beim Kultusminister, um die Regierung dazu zu bewegen, angesichts der insularen Lage von Hiddensee und ihrer winterlichen Isolierung einen jährlichen Zuschuß des Staates in dieser Höhe zu erwirken, der viele Jahre gezahlt worden ist. Die Vermittlung dieser Angelegenheit übernahm der heute als Oberregierungsrat a. D. auf Hiddensee lebende Hoffmann, dem der Einsatz für das Wohl und die Gesundheit der Bevölkerung Hiddensees niemals vergessen werden soll.

Schwierig war es zunächst, für den Arzt ein angemessenes Unterkommen zu finden. Der erste Arzt wohnte in der oberen Etage bei Bäckermeister Schwartz in Vitte. Der zweite zog in das Haus Sanssouci, ebenfalls eine Treppe hoch. Doch der Vorstand des Arztverbandes erkannte bald, daß man nur durch die Gestellung einer ausreichend großen und guten Wohnung auf die Dauer einen tüchtigen Arzt auf Hiddensee halten könne. So wurde 1914/1915 in Vitte ein Arzthaus nach den Plänen des Architekten Holländer aus Berlin gebaut, dessen solide und dauerhafte Arbeit dem Bauunternehmer Richard Arndt in Vitte alle Ehre macht. Bei der Wahl der Ärzte haben wir freilich alle Kinderkrankheiten durchmachen müssen, die auf diesem Gebiet nur denkbar sind. Einer unserer ersten Ärzte war bei Nacht und Nebel aus dem Osten vor seinen Gläubigern geflohen und hatte auf Hiddensee ununterbrochen Besuche des Gerichtsvollziehers zu empfangen. Er hatte auch sonst manche Eigenarten, machte seine Krankenbesuche meist am späten Abend und ging selbst bei hellstem Mondschein stets mit einer brennenden Stallaterne. Außerdem vergaß er niemals, eine geladene Browningpistole bei sich zu tragen, um etwaige Angriffe des Bullen abwehren zu können, der inmitten seiner Kuhherde zwischen Kloster und Vitte weidete. Doch war er ein nicht unfähiger Mann und auf vielen Wissensgebieten zu Hause. Ich besinne mich noch gut, daß er sich einmal eine Stunde lang mit mir darüber unterhielt, wie Odysseus es gemacht habe, durch die Öhre der hintereinander aufgestellten Äxte zu schießen; ob er dabei wohl auf dem Bauche gelegen habe oder auf den Knien. Als sein Vertreter erschien einmal ein schwerer Trinker auf der Insel, der im Winter eifrig von Ort zu Ort fuhr und überall mehrere Glas Grog trank. Er bekam schließlich von dieser Überbelastung der Nieren eine böse Urämie und konnte wegen seiner geschwollenen Füße nicht mehr gehen. So haben ihn die Fischer mit der Schiebkarre bis an das Haus des Patienten fahren müssen.

Endlich, nach mehreren Jahren und mancherlei Wechsel, kam ein Arzt, der sich das Vertrauen der Bevölkerung uneingeschränkt erwarb, so daß die Leute nicht mehr, wie es eine Zeitlang eingerissen war, in Krankheitsfällen zu allerlei Wunderdoktoren liefen. Und diese aus der Not geborene Angelegenheit ist schließlich zu einem Segen für unsere Insel geworden. Heute kann sich niemand mehr recht vorstellen, wie die Hiddenseer so lange ohne ärztliche Hilfe an Ort und Stelle leben konnten.

Der verlorene Leichenwagen

Nach altem Brauch fuhr der Bäcker auf Hiddensee jeden, der bei ihm Brot gekauft hatte, auch zu Grabe. Unsere beiden Bäcker teilten sich in die Leichenfuhren. Das war gewiß schon über hundert Jahre lang so gehalten worden, und es wäre auch weiterhin so geblieben, wenn nicht die Sommerfremden auf die Insel gekommen wären und gerade mitten im heißesten Sommer ein Todesfall eintrat, bei dem die Badegäste mit entsetzten Augen sahen, daß der gleiche Wagen, auf dem sonst die Brote lagen, den Sarg trug. Es mögen vielleicht auf demselben Wagen auch Spuren der Verwesung sichtbar geworden sein. Jedenfalls entstand auf der Insel große Aufregung wegen dieser zum Himmel schreienden unhygienischen Zustände. Die Fremden drohten, die gesamte Presse einzuschalten, wenn diese Unsitte nicht sofort abgeschafft würde, und kein Mensch würde mehr nach Hiddensee kommen! Alle großen Hotels und Pensionen würden verlassen bleiben, ein Bankrott dem anderen folgen. Darauf beschloß der Amtsvorsteher der Insel, Wüstenberg, schweren Herzens, nach Stralsund zu fahren und dort nach einem geeigneten Leichenwagen Ausschau zu halten. Er fand ein entsprechendes, gebrauchtes Gefährt, das für die Stadt nicht mehr schön genug war, doch für das Land noch brauchbar schien. Auf eine schwarze Decke für die Pferde und auf die üblichen Trauerfransen des Wagens verzichtete man.

Der Wagen kostete allerhand Geld. Und man sah damals auf die Groschen in dem sogenannten Zweckverband Hiddensee. Da kam ein findiger Kopf auf den Gedanken, einen Teil der Kosten durch ein Wohltätigkeitskonzert wieder einzubringen.

Klärchen Häckermann! Ein Hiddenseer Original, bei dem man einige Augenblicke verweilen muß! Und zwar gerade jetzt, denn an der nun folgenden echt hiddenseeischen Geschichte hat sie den entscheidenden Anteil getragen.

Wenn man sie sah, den Tituskopf, die brennende Pfeife im Munde oder beim Glase Bier mit den Fischern die Nächte hindurch skatspielend, konnte man sich des Eindrucks nicht erwehren, einen stark zum Männlichen neigenden Frauentyp vor sich zu haben. Sie hatte in jüngeren Jahren ein Gut auf Rügen bewirtschaftet und sich dann von der Holz- und Baugesellschaft in Greifswald das Hotel Hitthim bauen lassen. Das war im Jahre 1909 gewesen. An diesem Hotel nahm sie im Laufe der Jahre noch mancherlei Anbauten und Veränderungen vor.

Das Hotel ging gut. Es lag hart am Bollwerk und fing also den ersten Ansturm der vom Dampfer kommenden Gäste ab. Klärchen Häckermann ging mit den Gästen freundlich um, und jeder freute sich an ihrer Originalität. Das Haar trug sie immer kurz. Wenn man sie rauchend fand, war sie zu Anfang leicht beschämt und steckte die brennende Pfeife flugs unter die Schürze, bis ihr zu viele Taschen versengt waren. So gab sie die falsche Scham auf. Die Gäste hatten allerdings mit irgendwelchen Beschwerden kein Glück bei ihr. Sie verzog sich einfach mit dem Bemerken, sie käme gleich zurück, schloß sich aber für Stunden in ihrem Zimmer ein. Trat sie dann wieder in Erscheinung, hatte sich der aufgeregte Gast aus dem Staube gemacht, weil ihm das Warten zu langweilig geworden war. Sie brachte dagegen junge Fischer, die des Nachts zuviel dem Alkohol zugesprochen hatten und nicht mehr ganz sicher auf den Beinen waren, unter den Arm gefaßt nach Vitte nach Haus. Trotz ihrer vielen Sonderbarkeiten hatte jeder sie gern, und man konnte gut viele Stunden mit ihr verplaudern.

Also in den Räumen ihres Hotels Hitthim fand das Wohltätigkeitskonzert für den Leichenwagen statt. Um recht viele Besucher anzulocken, war ein anschließendes Tänzchen angekündet worden. Klärchen eröffnete den Tanz mit dem Amtsvorsteher und führte den ersten Walzer an. Und so ging es dann lustig und vergnügt bis nach Mitternacht. Man tanzte ja für die Kosten des Leichenwagens. Und man tat ein gutes Werk. Aber leider – die Presse kam auf den Plan. Bald darauf stand in einer großen Berliner Zeitung ein ironisch-satirischer Bericht über den Leichenwagentanz. Doch das nötige Geld war an diesem Abend zusammengekommen!

Nun besaß also Hiddensee auch einen Leichenwagen wie überall sonst in den Städten – ein Rollwagengestell mit einer Platte, die den Sarg trägt. Aber es zeigte sich nur zu bald, daß die Räder mit ihrem geringen Durchmesser nicht für unsere Inselwege geeignet waren. Mitunter blieben sie einfach im Sande stecken, ein andermal wollten sie aus einer Vertiefung des Weges oder aus einer Schneewehe nicht wieder heraus – es war also ein Fehlgriff!

Nach langem Beraten wurde vom Stellmacher ein einfacher Wagen gebaut, die Räder normal in Durchmaß und Breite, der sich in der Hauptsache nur durch die schwarze Lackierung von einem gewöhnlichen Ackerwagen unterschied. Und dieser Wagen tat zu aller Zufriedenheit viele, viele Jahre seinen Dienst. Er wurde irgendwo untergebracht, und der Gutspächter stellte gegen Bezahlung die Pferde.

Dann kam das Jahr 1945. Und mit dem Zusammenbruch des Hitlerkrieges die Besetzung auch der Insel Hiddensee durch die Rote Armee. Als die Kosaken, die gut ein Vierteljahr lang auf der Insel blieben und mit der Bevölkerung in ein freundschaftliches Verhältnis gekommen waren, abziehen sollten, wünschten sie sich einen »leichten Wagen«, den sie mitnehmen wollten. Durch einen Hörfehler bekamen sie statt eines »leichten Wagens« den Leichenwagen. Nun war die Insel ihn wieder los, und es mußte erneut auf die alte Weise gehen. Das heißt – damit nicht wieder ein Protest erhoben wird – für den Brottransport ist jetzt ein besonderer Wagen eingesetzt, und die Leichen werden auf unserem Ackerwagen gefahren.

Vitte mit der alten Mühle am Norderende, im Hintergrund die Hucke

Alexander Ettenburg – der Einsiedler von Hiddensee – eröffnete 1898 seine »Schwedische Bauernschänke« in Grieben, später erweitert um das »Logierhaus und Restaurant Hiddensee« von Frau Gustel Kollwitz, das 1911 vergrößert und ausgebaut zum Restaurant »Hiddensee« wurde

Hans Findeisen

Sagen und Hiddenseer Lokalschwänke

Die Entstehung der Insel Hiddensee

Früher war Hiddensee noch mit Rügen verbunden gewesen; da war die Fährinsel auch noch nicht, sondern da war Land bis nach Rügen hinüber. Daß da jetzt aber Wasser ist, das ist so gekommen: Vor alten Zeiten lebten auf der Insel einmal zwei Frauen, von denen die eine reich und die andere arm war; die Reiche aber war geizig und hartherzig, während die Arme ein gutes und mildtätiges Herz hatte. An einem Tage nun war da ein großer Wind, es wehte »as'n Kanonenstorm«, und es blieb den ganzen Tag so bei. Dazu regnete es, es war so ein richtiges »Meßwäder«. Als es nun Abend geworden war, klopfte es plötzlich an der Tür der reichen Frau, und als sie nachschaute, wer das wohl sein könne, stand da ein kleiner Mann und bat um ein Nachtlager. Die hartherzige Frau aber jagte ihn fort und schimpfte noch hinter ihm her. Da ging das Männlein zu der armen Frau und klopfte da an. Die arme Frau machte ihm auf und sagte zu ihm: »Kommen Sie nur, lieber Mann!« Dann ließ sie ihn in die Stube kommen, gab ihm zu essen und zu trinken und machte ihm auch ein Nachtlager zurecht.

Am anderen Morgen ging das Männlein wieder weg und sagte zu der Frau: »Die erste Arbeit, die du beginnst, soll dir gesegnet sein.« Die Frau aber wollte schnell ein Röcklein für ihr Töchterchen machen und ging an den Koffer, wo das Leinenzeug verwahrt lag, um zu messen, ob es wohl reichen würde. Als sie nun zu messen begonnen hatte, da wollte das Tuch gar kein Ende nehmen, und sie maß und maß bis zum Abend, bis die Sonne unterging, und da war ihr ganzes Haus voll Leinwand.

Der reichen Frau, die schon gehört hatte, wie es der anderen gegangen war, ließ der Neid keine Ruhe; sie eilte dem Männlein nach und sagte zu ihm: »Komm zurück, lieber Mann, und bleib die nächste Nacht bei mir, es soll Euch an nichts fehlen.« Das Männlein ließ sich auch bewegen und kehrte mit der Frau zurück. Die kochte ihm eine gute Suppe und machte ihm ein schönes weiches Lager zum Schlafen. Am Morgen sagte es zu der Frau: »Die erste Arbeit, die du beginnst, soll dir gesegnet sein.« Dann ging er. Die Frau wollte sich gerade daran machen, ihr gespartes Geld zu zählen, als die Kuh im Stalle brüllte. »Der mußt du erst noch Wasser geben, damit du nachhher ungestört zählen kannst«, sagte die Frau zu sich selbst, ging an die Pumpe, um einen Eimer Wasser vollzupumpen. Als sie jedoch mit Pumpen angefangen hatte, konnte sie nicht wieder aufhören, und sie pumpte soviel Wasser, daß das ganze Land überschwemmt wurde. Die neuentstandene Insel aber erhielt nach dem Namen der geizigen Frau, die Mutter Hidden hieß, den Namen Hiddensee.

Nach einer zweiten Fassung dieser Sage ging die Frau erst noch ein kleines Geschäft verrichten, aber der Segen des Männleins machte es, daß sie den ganzen Tag nicht aufhören konnte, und das ganze Land dadurch überschwemmt wurde.

Die Unterirdischen in Vitte

In Vitte haben die Unterirdischen gehaust. Unter den Häusern hatten sie ihr Reich und gruben nach Schätzen. Aber die Vitter wußten das nicht, bis eines Abends ein kleines Männlein zu dem Fischer Schall kam und ihn bat, sie möchten doch ihre Kuh woanders hinbringen, denn gerade unter seinem Kuhstall sei ihre Tafel, und wenn die Kuh ihr Geschäft verrichte, so käme ihnen das immer auf den Tisch; auch sollten sie nicht immer Kreuze auf das Brot machen, denn dann könnten sie es nicht essen und müßten von Hiddensee wegziehen. Die Leute hatten die Worte des Zwerges, der ganz treuherzig aussah, ruhig mit angehört; jetzt aber riefen sie ihre Nachbarn herbei und erzählten ihnen, daß die Zwerge von ihrem Brot äßen. »Dann brauchen wir uns nicht zu wundern, wenn es so schnell alle wird!« Und dann schimpften sie auf die Unterirdischen, die gar nichts bei ihnen zu suchen hätten, und machten von nun an noch mehr Kreuze auf das Brot; auch die Kuh ließen sie in dem Stall, damit die Zwerge sich ärgern sollten.

Einige Zeit war vergangen, da klopfte es eines Abends an die Tür des Fährhauses auf der Fährinsel. Der Fährmann, der schon geschlafen hatte, öffnete und sah da einen Zwerg stehen, der prächtig gekleidet war, einen langen weißen Bart hatte und eine Krone auf dem Kopfe trug. Der sagte zu dem erstaunten Mann: »Guten Abend, Fährmann. Ich bin der Zwergkönig, und wenn du mir eine Bitte erfüllst, so wirst du reich belohnt werden. Wir sind sehr viele, und du sollst uns nach Rügen, nach dem Seehof, übersetzen. Du wirst aber nichts sehen, sondern nur hören.« Der Fährmann war damit einverstanden, und weckte seine Frau, damit sie ihm helfen möchte. Der Fährmann konnte nichts sehen, sondern hörte nur das Trappen, wenn die Zwerge in das Boot stiegen. Er fuhr hinüber zum Seehof und wieder zurück, und die Zwerge wollten nicht weniger werden; die ganze Nacht fuhr er hin und her. Als sich schon ein schwacher Lichtschimmer im Osten zeigte, brachte er die letzten Unterirdischen von Hiddensee nach Rügen, und als sie drüben waren, sagte eine Stimme zu der Frau des Fährmanns: »Macht Eure Schürze auf, hier ist Euer Lohn«, und dabei wurde der Frau etwas Gelbes und Glänzendes in die Schürze geschüttet. Aber die Frau glaubte, es sei Pferdedung und die Zwerge wollten sie nur foppen. Schimpfend schüttete sie deshalb den Inhalt ihrer Schürze ins Wasser, doch einiges davon fiel in das Boot, und das klang wie schweres Metall, und als sie nachsah, da lagen ein paar schöne, runde Goldstücke auf dem Boden ihres Kahnes. Sie hatte also die ganze Schürze voll Gold in das Wasser geworfen, aber soviel sie sich auch mühte, etwas davon wieder zu bekommen, so waren ihre Anstrengungen doch umsonst, und sie hat nie wieder etwas von dem Goldschatze zu sehen bekommen.

Die Klosterschätze
I.

In einiger Entfernung von dem Gutshofe, hinter der Wiese, auf der die Pferde weiden, dem »Reedsaol«, einem verlandeten kleinen See, durch den sich noch ein fast immer mit Wasser gefüllter Graben hinzieht, erhebt sich ein seltsam geformter Berg. Er hat zwei Höcker und heißt der Aschkoben. Von diesem Aschkoben erzählt man sich, daß die Mönche beim Verlassen der Insel dort zwölf goldene Apostel, dazu eine goldene Wiege und auch unbearbeitetes Gold vergraben hätten. Eine andere Fassung weiß nur von drei Aposteln. Viele Leute haben schon nach diesen Schätzen gegraben, aber niemand hat noch etwas finden können.

II.

Als im Jahre 1536 die Mönche das Hiddenseer Kloster aufgeben mußten und in dem Kloster Roeskilde auf Seeland in Dänemark ein Unterkommen fanden, sollen sie, bevor sie das Kloster räumten, ihre Schätze in einem alten Steinhügelgrabe verborgen haben. Von Roeskilde aus sollen 1538 zwei Mönche nach Hiddensee gezogen sein, die Schätze aus dem Hünengrab hervorgeholt und mit nach Dänemark genommen haben.

Die Hiddenseer und die Zingster im Himmel

Einmal kamen mehrere Zingster an das Himmelstor und wollten eingelassen werden. Da sagte Petrus zu ihnen: »Der Himmel ist schon ganz voll, da kann keiner mehr hinein.« Die Zingster fragten: »Können wir nicht in den Himmel, wenn wir die Hiddenseer herausbringen?« Petrus antwortete: »Wenn ihr das fertig kriegt, die Hiddenseer Krakeelmacher herauszulocken, dann könnt ihr meinetwegen dafür in den Himmel.« Da riefen die Zingster in den Himmel: »Hiddenseer, Schipp up'n Strand!« Als die das hörten, kamen sie eilends herbeigelaufen, und die Zingster konnten in den Himmel hinein.

Wie Griedel auf dem Engel ritt

Vor etwa zehn Jahren war es, als die Kirche baufällig geworden war. Die Decke wollte herunterfallen, und da mußte denn der Tischler bei und die Decke wieder frisch festnageln. Da die Kirche aber sehr hoch ist, mußte er eine ziemlich lange Leiter haben, und die setzte er zufällig dicht an den Engel, der da in der Kirche hängt. Als er nun oben auf der Leiter stand, rutschte diese aus, und Griedel kippte mit der Leiter um. Beim Fallen griff er nach dem Engel und packte ihn und kam gerade auf den Engel zu reiten, und jetzt schrie er aus voller Kehle. Das hörte der Schmied. Der mußte man hin und nachsehen, was da los sei. Da sah er, wie Griedel oben auf dem Engel ritt und sich an ihm festklammerte. »Sitz ganz still, damit die Krampe nicht ausreißt«, rief ihm der Schmied zu, »die hat mein Vater noch eingeschlagen. Ich will schnell hingehen, und eine andere Leiter holen.« Griedel saß immer noch auf dem Engel und wagte kein Glied zu rühren, denn wäre die Krampe ausgerissen, so hätte er sich das Genick gebrochen. Der Schmied kam mit einer anderen Leiter, und als er sie an den Engel setzte, bewegte sich der Engel mit Griedel immer an der Seite fort. Zuletzt hat er ihn doch noch von dem Engel heruntergekriegt, und Griedel war aber darüber so glücklich, daß sie gleich beide ins Gasthaus gingen und tüchtig einen tranken.

Griedel und die Aalreuse

Griedel hatte einmal das Unglück, als er von Neuendorf kam, in eine Aalreuse zu laufen. Da konnte er nicht wieder heraus; er wand sich und zwängte sich wie ein Aal, aber alle seine Bemühungen waren vergebens, er war gefangen. Nachdem er wieder neue verzweifelte Anstrengungen gemacht hatte, um sich zu befreien, fiel ihm plötzlich ein, daß er ja seinen Glaserdiamanten bei sich habe. Endlich gelang es ihm, den Diamanten hervorzuholen, und damit zerschnitt er die Schnur der Reuse und war wieder glücklich frei. Wenn er aber seinen Diamanten nicht bei sich gehabt hätte, säße er vielleicht jetzt noch in der Reuse.

Fuhl und die Waschbalge

Es ist noch gar nicht so lange her, da lebte in Kloster ein Mann, der hatte den Spitznamen Fuhl und konnte weder lesen noch schreiben. Der ging einmal zum Bollwerk und wollte Wäsche spülen. Nun war aber an dem Tag das Wasser ein bißchen hoch, und er setzte sich in die Waschbalge und spülte seine Wäsche. Auf einmal kam da aber Wind auf, und die Waschbalge schwimmt mit ihm weg und schwimmt immer weiter, bei Schaprode vorbei zur Oie hin, und da kam er an Land. Er stieg nun aus der Waschbalge heraus und legte seine Wäsche zum Trocknen in eine Wiese. Dann nahm er eine Karte und schrieb an seine Frau: »Liebe Frau, mir geht es ganz gut hier, ich werde noch ein paar Tage hierbleiben. Schickt mir aber eine Zeitung zum Lesen, damit ich etwas Unterhaltung habe.«

Nach ein paar Tagen holte ihn mit seiner Waschbalge der Dampfer »Strelasund« ab.

Das Abenteuer mit dem Zeppelin

Es war in dem Jahr, als das Luftschiff zum erstenmal hier über Rügen und Hiddensee kam. Das schleppte den Anker so nach, und der blieb hinter einer Kabelstange auf der Fährinsel hängen. Auf der Fährinsel wohnte ein Gau, und der kletterte auf die Stange und machte den Anker los. Dabei blieb er mit seiner Jacke an dem Anker hängen, und der Zeppelin, in dem man nichts von alledem gemerkt hatte, fuhr mit Gau im Schlepptau nach Rügen hinüber. Als sie nun über dem Seehof waren, hielt sich Gau an dem Dach fest, aber da der Zeppelin noch immer weiterfuhr, deckte er das Dach vom Seehof ab, und da merkten sie endlich, daß da noch jemand an dem Anker hing, und ließen ihn absteigen.

Die furchtsamen Neuendorfer

Es war in dem Jahr, als der Leuchtturm von Hiddensee fertiggestellt worden war. Da waren die Neuendorfer zum Weihnachtsfest nach Kloster zur Kirche gekommen. Als sie nun nach der Feier wieder nach Süden gingen, da war es dunkel, und der Leuchtturm sandte zum ersten Mal sein kreisendes Licht über die Insel in die Weite. Die Neuendorfer gingen gerade über die Wiesen zwischen Kloster und Vitte und sahen, wie es immer abwechselnd hell und dunkel wurde, und wie ein Lichtschein über sie hinschwebte und wieder verschwand. Und neben ihnen schien ein schwarzer Mann zu gehen, und es wurde ihnen unheimlich, und sie fürchteten sich. Sie gingen schneller, aber die Gespenster wollten nicht von ihnen weichen. Schweißgebadet kamen sie in Vitte an und erzählten, daß ihnen die weiße Frau und der schwarze Mann unterwegs erschienen seien, gerade am heiligen Weihnachtsabend.

Daß die weiße Frau jedoch das Licht vom Leuchtturm und der schwarze Mann ihr eigener Schatten gewesen sei, das wollten sie nicht wahr haben.

Der grimmige Kuhhirte

Von einem alten Kuhhirten, der die Kühe der Griebener auf dem Bessin weidete und ein seltsamer und verschlossener Mensch war, wie man sie ja des öfteren unter der Bevölkerung des Küstengebietes antrifft, erzählt man sich folgende Anekdote:

Es war im Winter, und die Jugend hatte sich den Scherz gemacht, ihm vor die Tür einen Schneemann hinzubauen und auszuputzen. Als er nun am Morgen, es war noch dunkel draußen, aus seiner Stube kam, sah er da jemand stehen, konnte aber nicht erkennen, daß es nur ein Schneemann war. Er sagte: »Guten Morgen«, aber der andere antwortet nicht. »Guten Morgen«, sagte er noch einmal. Der rührt sich nicht. Da wird er ärgerlich und sagt zu seinem Hund, den er immer bei sich hatte: »De Kierl antwurt jo nich! Box, biet em doch eis!«

Der Tote Kerl

Am Nordstrand von Hiddensee gibt es eine Stelle, die »Toter Kerl« genannt wird. Hier soll vor Jahren einmal ein Seemann angespült worden sein, der bei einem Schiffbruch umgekommen worden war.

Die Störtebeckerhöhle

In der »Hucke«, einem schroff abfallenden kleinen Vorgebirge am Strande von Kloster, befindet sich eine im Frühjahr 1922 zum größten Teil eingestürzte Höhle, die Störtebeckerhöhle. Man erzählt, daß der berühmt-berüchtigte Seeräuber sich lange Zeit hier aufgehalten haben soll.

OTTO DANKWARDT

Alexander Ettenburg – der Einsiedler von Hiddensee, der »dat söte Länneken« entdeckte und es dem Dornröschenschlaf entriß

Der Rezitator und Schauspieler Alexander Ettenburg

> Un dor, an Rügens Westenkant,
> Dor liegt min Hiddensee,
> Dat lütte, smale Inselland
> Mit Wiesch un wald'ger Höh!
> Wie Orgeldon brust hier dat Meer
> Bi Dag un ok bi Nacht!
> Un Lerchensang swebt öwer her,
> In gold'ner Frühjohrspracht!
> Min Hiddensee, min sötes Lann',
> Wi büst du enzig schön!
> Un nie verget, wer eenmal nur
> Di Hiddensee hatt' sehn!

Ein eigenartiger Hauch – fast möchte man sagen – ein seltsamer Zauber liegt über Hiddensee, dem kleinen langgestreckten Eilande, das die benachbarte größere Insel Rügen vor den Weststürmen schirmt. Gerade die unverfälschte Natur, die hier noch überall vorherrscht, wirkt so auf den modernen Menschen ein, daß er sich nur schwer von dem kleinen Ländchen losreißen kann, wenn er erst einmal seinen Boden betreten hat. Worte sagen wenig, man muß es selbst kennen, dann wird man auch die Liebe, mit der seine Bewohner und Freunde dieser kleinen Ostseeinsel zugetan sind, begreifen können. Drum kehrt auch Jahr für Jahr eine große Schar Fremder wieder, um sich an ihrem Strand gesund zu baden und für einige Zeit Großstadttrubel und Alltagsmühen entrückt zu sein.

Vor einem Menschenalter war Hiddensee noch ein ziemlich unbekanntes Fleckchen Erde, das kaum die Landkarte verzeichnete und auch von Rügenern und Bewohnern des näheren Festlandes nur selten aufgesucht wurde. Von weither mußte ein Mann kommen, der sich in dies Ländchen verliebte und es – sozusagen – entdeckte. Ein Künstler war es, den das Schicksal an den Strand des Strelasunds führte und dem es später weiter nordwärts auf der sagenumwobenen Insel eine Heimstätte bereitete. Er wurde ihr Barde, der überall ihre Schönheiten pries und »dat söte Länneken« im deutschen Vaterlande bekannt machte. Wenn er auch oftmals verspottet und arg befehdet wurde, so muß man doch ihm das Verdienst, Hiddensee dem Dornröschenschlaf entrissen zu haben, zuerkennen. Die Hiddenseer und auch die Einwohner der alten Hansestadt Stralsund, der die Insel zum größten Teil zu eigen ist, sind ihm hierfür Dank schuldig. Ich will ihn ein wenig abtragen und mit meinen Zeilen die Erinnerung an den Entdecker Hiddensees, Alexander Ettenburg, wachhalten.

I.

Fern von der Ostsee, in dem kleinen schlesischen Orte Gugelvitz im Kreise Militzsch, wurde Alexander Eggers, wie sein ursprünglicher Name war, am 28. Februar 1858 als Sohn eines Gutsbesitzers geboren. Es war an einem Sonntagmorgen, als von der nahen Dorfkirche »Orgelton und Glockenklang« zum Herrenhaus hinüberschallten, in dem der kleine Alexander das Licht der Welt erblickte. Auf dem Gutshofe und im heimatlichen Dorfe verlebte der feine, aufgeweckte Junge seine erste Jugend.

Später brachten ihn seine Eltern, um ihm eine gute Schulbildung angedeihen zu lassen, auf eine pädagogische Anstalt. Nachdem er diese absolviert hatte, sollte er die Offizierslaufbahn einschlagen. Doch der Sohn hegte andere Zukunftspläne: er fühlte sich zu den weltbedeutenden Brettern hingezogen. Nach harten Kämpfen mit seiner Familie setzte er schließlich seinen Willen durch und erhielt die Mittel, um sich für die Bühne ausbilden zu lassen. Mit zwanzig Jahren trat er zum ersten Mal unter dem Künstlernamen *Alexander Ettenburg* auf. Diesen Namen behielt er auch später in seinem bürgerlichen Leben bei.

Aber bereits nach wenigen Jahren sah er sich aus Gesundheitsrücksichten gezwungen, sein heißersehntes und erkämpftes Lebensziel wieder aufzugeben, und lebte, da er von Hause aus vermögend war, ganz seinen Neigungen, die vornehmlich der Dichtkunst galten.

Ein ungebundener Lebenswandel in den Großstädten untergrub jedoch bald seine Gesundheit. Es wurde ihm daher von ärztlicher Seite geraten, an die See zu gehen. So kam er in die Mitte der achtziger Jahre nach Stralsund. Damals verkehrte noch der Vorgänger des jetzigen Fährdampfers »Altefähr I« zwischen der Stadt und Rügen. Es war dies einer der damals üblichen Raddampfer, der wie die heutigen Trajekte nicht zu wenden brauchte und vor- und rückwärts fuhr. Er führte auch den

Namen »Altefähr«, doch nannten ihn die Stralsunder gewöhnlich nur »de olle Flunner«. Da er zuweilen die Fahrten infolge seines hohen Alters und der dadurch hervorgerufenen Gebrechen nicht pünktlich innehielt und auch oftmals aussetzen mußte, hatte man auf ihn folgenden Spottvers gemünzt:

> Von Stralsund, seggt he.
> Nah Ollfähr, seggt he,
> Geht 'n Damper, seggt he,
> Hen un her.
> Von 't oll Ding, seggt he,
> Is grot Geschrei, seggt he,
> Alle Oogenblick, seggt he,
> Is't intwei.

Mit der Flunder gelangte Alexander eines Tages, als sie mal ausnahmsweise nicht »intwei« war, auch nach Altefähr. Schon auf der Fahrt konnte er sich an dem einzigartigen, wunderbaren Stadtbild des alten Stralsund erfreuen. Von weither sind die wuchtigen Kirchenbauten mit den hochaufragenden Türmen sichtbar, doch bieten sie von der Rügenseite aus den stolzesten Anblick: haarscharf zeichnet sich der Schattenriß der Stadt wie eine Burg des Mittelalters am Himmel ab. Jeder, der nur einmal jenseits des Strelasunds gestanden und dies Bild in sich aufgenommen hat, wird sich hieran immer wieder erinnern müssen, wenn der Name Stralsund fällt.

Die Unannehmlichkeit der Reise, die mit dem »Bummler« – einem primitiven Omnibus – bewerkstelligt werden mußte, hätte Ettenburg wohl nicht abgehalten, sich die Insel näher anzusehen und vielleicht eins der Rügenbäder als Wohnsitz zu erwählen. Doch die alte Meeresstadt hatte den Künstler ganz in ihren Bann geschlagen und bewog ihn, in ihrer Nähe in dem idyllischen Fährdorfe sich niederzulassen.

Mit dem Erbteil seines inzwischen verstorbenen Vaters erwarb er einen Platz am Eingange des Kurparkes und gründete auf dem damals kahlen Hügel ein internationales Pensionat »Villa Alexander«, das heutige Hotel Seeschloß.

Manche wissen zu erzählen, daß er oft nach einem guten Tage, an dem er viel umgesetzt hatte, das ganze Dorf bei sich zu Gaste lud. Wie später auf Hiddensee entfaltete er auch hier eine rege Fremdenpropaganda: er gab die ersten Badeprospekte über Altefähr heraus und wußte viele auswärtige Sommergäste hierher zu ziehen. Darum hatte er auch seine Pensionsvilla modern ausstatten und mit einer Badeeinrichtung, sogar für Sohle, versehen lassen, um allen großstädtischen Ansprüchen zu genügen.

Ettenburg wollte aber seinem Hause nicht nur als Wirt vorstehen, sondern suchte, sich auch künstlerisch zu betätigen. Schon gleich im Anfang hielt er in Stralsunder Vereinen Vorträge, die ihn bald überall bekannt machten. Auch in seinem »Schwedischen Pavillon«, der neben dem Pensionshause errichtet war und die eigentliche Gartenrestaurationsstätte darstellte, veranstaltete er Vortrags- und Kabarettabende. Dann rezitierte er oft aus eigenen Werken oder brachte mit Hilfe auswärtiger Künstler, die bei ihm als Badegäste weilten, allerhand Kurzweil. Dies war natürlich für Altefähr und Stralsund etwas ganz Neues und bot vielen einen weiteren Anreiz, bei ihm einzukehren. Damit aber auch die Kinder seiner Gäste nicht zu kurz kamen, hatte er sich einen Esel angeschafft, auf dem sie im Kurpark spazieren reiten konnten.

Es ist nicht zu viel gesagt, wenn man die Zeit, in der Ettenburg in seiner Villa Alexander wirkte, als den Glanzpunkt Altefährs bezeichnet.

Bei der Führung seines Gastbetriebes unterstützte ihn eine nahe Verwandte, Louise Treichel, die ihm auch ihr Vermögen für den Hotelbau zur Verfügung gestellt hatte. Diese hütete auch sein Haus während der Winterszeit, in der er oftmals auf Vortragsreisen war. Die Wirtschaft lag in Händen seiner »Gustel«, der späteren Frau Gustel Kollwitz in Grieben auf Hiddensee.

In Altefähr lernte er auch die Malerin Marie Magdalinski kennen, mit der er sich im Herbst des Jahres 1888 vermählte. Die Ehe war auf Helgoland, das damals noch englischer Besitz war, geschlossen worden, doch gestaltete sich das Zusammenleben recht wenig harmonisch, da seine Frau sich mit einem Komponisten anfreundete und mit diesem auf Reisen ging. Diese »Künstlerehe«, wie Ettenburg sie nannte, dauerte daher nur zwei Jahre, dann ging sie in die Brüche und wurde gerichtlich geschieden.

Da Alexander nicht recht haushalten konnte, denn oftmals gab er abends im Kreise froher Gäste selbst mehr aus, als er am Tage eingenommen hatte, sah er sich im Jahre 1894 genötigt, sein Hotel zu verpachten. Er ging nun auf Vortragsreisen, die ihn durch ganz Deutschland, aber auch nach Schweden, Finnland und sogar nach Rußland führten und ihm – die damalige Zeit war für Rezitationen noch günstiger als heute – auch gute Erfolge einbrachten.

Im Januar 1895 starb seine treue Louise. Ettenburg, ein überzeugter Anhänger der Theosophie, legte am Begräbnistage einen langen weißen Talar an und hielt auf dem Dorffriedhofe in Altefähr, der erst neu angelegt war und in dessen Erde Louise als erste Tote gebettet wurde, selbst die Grabrede. Dies war in damaliger Zeit etwas ganz Ungewöhnliches.

Seine Pächter mochten wohl vom Geschäft auch nicht viel verstehen, denn er sah sich noch in demselben Jahre genötigt, die Bewirtschaftung wieder selbst zu übernehmen. Doch nun zeigte es sich, welche Lücke Louisens Heimgang in sein Leben gerissen hatte; denn nun war niemand da, der selbstlos Ettenburgs Interessen vertrat. Fast alle Angestellten nutzten wie schon vorher die überaus große Vertrauensseligkeit ihres Chefs aus und waren nur darauf bedacht, in die eigenen Taschen zu wirtschaften. Ettenburg konnte daher sein Unternehmen nicht mehr länger halten und mußte es noch in demselben Jahre sehr ungünstig verkaufen. Er büßte hierbei fast sein ganzes Vermögen – über 30 000 Mark – ein. Als wohlhabender Mann hatte er seinen Einzug in Altefähr gehalten, arm mußte er es wieder verlassen.

II.

Draußen im Westen der Küste von Rügen,
Dorten, wo golden der Sonnenball sinkt,
Wenn er, der im Osten den Wellen entstiegen,
Den Abendhimmel mit Purpur durchdringt.
Entsteiget ein Eiland dem blauen Meere!
Langhingestreckt – sandig – von Rasen umhüllt,
Durchzogen von erikareichen Dünen –
Erhabener Einsamkeit treffliches Bild!!
(Aus: »Die Hallige der Ostsee«. Eine Sturmflutmahnung.)

Was sollte Ettenburg nun beginnen? Einige Jahre vorher hatte ihn der Weg von Altefähr gen Norden nach Hiddensee geführt. Am 31. August des Jahres 1888 war er zum ersten Mal auf der Insel gewesen. Er war damals in Kloster bei Schlieker abgestiegen und hatte sich als »Lex aus Altefähr« ins Fremdenbuch eingetragen.

Zu der Zeit war Hiddensee so gut wie unbekannt. Um die Jahrhundertwende und etwas später hatten es die Heimatdichter Kosegarten, Furchau, Lappe besungen, dann aber war es ebenso wie diese wieder in Vergessenheit geraten. Seine traulichen, einfachen Fischerdörfer, mit den niedrigen weißen Häuschen lagen abseits des üblichen Reiseverkehrs. Während nach der Hauptinsel Rügen jedes Jahr schon eine stattliche Zahl Sommergäste kamen, verirrte sich nach diesem kleinen Eilande nur selten ein Fremder. In den Reiseführern wurde es kaum erwähnt oder mit ein paar Worten abgetan, wie »es biete Interesse genug, um einen Ausflug dahin lohnend zu machen«.

Schon beim ersten Betreten der Insel war Ettenburg von der eigenartigen Insellandschaft begeistert gewesen. Auf dem Lande aufgewachsen, hatte er sich, auch als seine Kunst ihm das Stadtleben aufzwang, ein tiefes Empfinden für die Natur bewahrt und hatte stets befreit aufgeatmet, wenn er zu ihr wieder zurückkehren konnte. Wie mußte daher Hiddensees Weltabgeschiedenheit auf ihn einwirken! War die Zeit hier nicht stehen geblieben, waren nicht Jahrhunderte vergangen, ohne auf diesem Eiland irgendeine Spur zu hinterlassen? Unberührt von modernen Kultureinflüssen verbrachten seine Bewohner ihre Tage und hielten an alten überlieferten Gebräuchen fest. Wie die Vorväter verwandten die Fischerfamilien noch seltsame Hausmarken, die auch ebensogut Runenzeichen der alten Wikinger sein konnten.

Jetzt, da ihm Altefähr, das er auch nach Verpachtung seiner Villa im Sommer stets aufgesucht hatte, verleidet war, zog es ihn nach diesem stillen unbekannten Eilande. Mit einer Anzahlung von nur hundert Mark, dem Schriftstellerhonorar für sein dramatisches Gedicht »Wunna, die Jungfrau von Rügen«, kaufte er in dem idyllisch liegenden Grieben ein halbverfallenes Fischerhäuschen und richtete hier eine »schwedische Bauernschenke« ein, die er mit schönen Gemälden seiner ersten Frau ausstattete. Während er hier im Sommer wieder Gastwirt war, verpflichtete er sich im Winter für die Bühne oder reiste als Vortragsredner. Überall aber, wo er hinkam, machte er sein »sötes Länneken« bekannt. Er pries es als »das Helgoland der Ostsee« oder nannte es auch »das Ostseebad der Zukunft«. Bei seinen »Hiddenseer Originalvorträgen« führte er sich mit den Versen ein:

> Kennt ihr das Ländchen, lieblich und traut,
> Von schäumenden Wogen der Ostsee umblaut?
> Im Westen von Rügen türmt es sich auf,
> Ein Bollwerk der Insel, zieht Sturmflut herauf!
> Grün seine Wiesen, duftig sein Wald,
> Lieblich darüber Lerchensang schallt.
> Dort wohn' ich einsam auf waldiger Höh'
> Als der »Einsiedler von Hiddensee«.
> O Hiddensee, du min »sötes Land«,
> Wie bist du leider noch unbekannt!

Dann folgten Schilderungen über Hiddensees Schönheit und Sagen aus der alten Wendenzeit, die Ettenburg bei den Inselbewohnern erlauscht hatte. Seine Begeisterung übertrug er auf die Zuhörer, die oft bei seinen Worten von Sehnsucht nach diesem wunderbaren unbekannten Eilande ergriffen wurden und es als ihren nächsten Sommeraufenthalt wählten.

Die Bewohner selbst freilich verstanden und konnten ihn nicht verstehen. Ja, auch sie liebten ihr Hiddensee über alles; für sie gab es kein Fleckchen Erde, das ihren Heimatboden an Schönheit übertraf. Aber als einen Badeort konnten sie es sich nicht vorstellen. Wo standen hier den Erholungssuchenden gute Hotels und Villen wie in den Rügenbädern zur Verfügung? Und ohne Komfort und Luxus konnten doch die Großstädter nach Meinung der einfachen Hiddenseer Fischer nicht auskommen!

Ettenburg kehrte sich nicht daran; mochten sie auch über ihn lächeln, er rührte eifrig die Werbetrommel, ließ den ersten Hiddenseer Reiseführer drucken und sandte selbstherausgegebene Prospekte an alle ihm bekannten Künstler, Maler, Schriftsteller und Schauspieler. Und bald zog ein lustiges Völkchen nach der Insel. Diesen Künstlern lag nichts an der sogenannten modernen Aufmachung, an Luxus und Bequemlichkeit, zunächst war es ihnen um einen billigen Sommeraufenthalt zu tun.

Und diesen fanden sie in den preiswerten, wenn auch zuerst sehr primitiven Gasthöfen und in den Fischerhäusern. Mit Künstleraugen aber gewahrten sie, daß ihnen Hiddensee mehr bieten konnte, als mancher andere bekannte Badeort. Der Maler fand die reizvollsten Motive, der Dichter entdeckte die wunderbarsten Stimmungen, die mit Wind und Wetter wechselten und Einförmigkeit nicht aufkommen ließen. Wer für Naturschönheit nicht ganz unempfänglich ist, muß hier empfinden, was Ettenburg mit den Worten sagte:

> Weilst du allein im Bergwald und am Strand,
> Dann faltet zum Gebet sich deine Hand:
> Nicht Worte, Fühlen und Gedanken ringen
> Aus deiner Brust sich, himmelwärts zu dringen!
> Und du bist gut, weißt tief dich »Gott verwandt«!
> Das wirkt der »Zauber« hier auf meinem Land:
> Ein jedes Menschenkind wird ihn empfinden,
> Doch – keines seine Wesenheit ergründen!

So mancher Künstler erhielt hier Anregungen, die ihn in seinem Schaffen anspornten und höheren Zielen zuführten! Gerhart Hauptmann vollendete hier im »Hotel zur Ostsee« in Vitte sein schönstes Werk »Die versunkene Glocke« und wählte Hiddensee als Schauplatz seines Dramas »Gabriel Schillings Flucht«; zwar hat der Dichter den Inselnamen in »Fischmeisters Oye« umgewandelt, im übrigen aber die Hiddenseer Landschaft genau beschrieben. Auch die handelnden Personen erwähnen fortwährend Namen wie Kloster, Vitte, Fährinsel, Breege, Stralsund, Dampfer Caprivi. Seinem großen Landsmann, der schon seit 1885 ein ständiger Besucher der Insel war, widmete Ettenburg die Verse:

> O Hiddenseer Einsamkeit,
> Mit Waldesduft gepaart,
> Du bist der Insel schönstes Kleid,
> Bist von ganz eig'ner Art!
>
> Und bist ein Künstler, Dichter du:
> Kehr ein auf Hiddensee!

> Wie Gerhart Hauptmann find'st hier Ruh',
> Im Wald auf Bergeshöh'!
>
> Hier rauscht die Tanne dir ihr Lied,
> Die Woge unten weich,
> Und über dir die Lerche zieht
> Durch's blaue Himmelreich!

Weitere bedeutende Künstler fanden sich auf Hiddensee ein und waren im Sommer oft hier anzutreffen: Max Reinhardt, Ernst von Wolzogen, Thomas Mann. Wer kann sie alle nennen? Natürlich ist es nicht allein Ettenburgs Verdienst, daß die liebliche Ostseeinsel dem Fremdenverkehr erschlossen wurde und hier so viele Großstädter Erholung suchten und fanden, aber unbestreitbar hat er den größten Teil dazu beigetragen.

Die ersten Besucher entstammten vornehmlich Künstlerkreisen; darin ist auch später kein großer Wandel eingetreten und wohl kein anderer deutscher Badeort kann im Sommer eine größere Schar Schriftsteller, Maler, Schauspieler und Filmdarsteller als Hiddensee aufweisen. Die Eigenart der Landschaft hatte es ihnen angetan, und wie begrüßten sie die große Ungezwungenheit, der sie sich hingeben konnten. War man auf Hiddensee doch gänzlich ungeniert: an dem langgestreckten Strande, in dem Bergwald traf man oft keinen Menschen an. Badeanstalten fehlten gänzlich, lockte die See zu einem kühlen Bade, so warf man die Kleidung ab und stürzte sich in die Fluten. – Bald bekam Hiddensee sogar einen gewissen Namen als »Liebesinsel«, die mit Vorliebe von unvermählten Pärchen aufgesucht wurde.

III.

> »Hiddensee«, vom blauen Meer umflossen,
> Welcher Zauber liegt doch ausgegossen,
> Über deinen Bergen, Tälern, Schluchten,
> Deinen Dörfern, Wiesen, schilf'gen Buchten!
> Immer wieder komm' vom fernen Land
> Sehnsuchtsvoll ich her an deinen Strand:
> Schöpfe stets, wonach ich ausgezogen,
> Seelenfrieden aus den blauen Wogen!

Das unbegrenzte weite Meer, das wechselvolle Spiel der Wogen übt auf manchen Binnenländer einen starken Reiz aus. So erging es auch Ettenburg. Von der Griebener Bucht zog es ihn nach der Anhöhe des Dornbusches, um der offenen See möglichst nahe zu sein. Drum ließ er hier ein kleines, mit einer Vorhalle versehenes Bretterhäuschen aufführen. Dies war seine »Bergwaldschänke *Eremitage* auf Tannhausen«. Dahinter befand sich sein eigentliches »Tuskulum«, sein Poetenstübchen mit Bibliothek und Andenken aus seiner Künstlerlaufbahn. Unter den hohen Kiefern luden einfache Tische und Stühle zum Verweilen ein. Seitwärts standen aus dünnen Brettern und Schilfrohr erbaute Wohnlauben, die seinen Pensionären als Unterkunftsstätte dienten. Hieran schloß sich ein Luft- und Sonnenbad mit Turngerät und Brauseeinrichtung an. Das Ganze war seine »Bergwald-Kolonie«, die auf naturgemäßer Lebensweise aufgebaut war. In einer etwas abseits liegenden Hütte, deren Schilfwände mit Tuch verkleidet waren, befand sich sein »Mausoleum«, das einen Zinksarg mit vollständiger Verbrennungsausstattung, Aschenurne und sogar seinen Leichenstein enthielt. Später ließ er noch einen Tanz- und Vortragssaal errichten, den er, da es ihm wie immer an Geldmitteln fehlte, ebenfalls nur aus dünnen Brettern und Schilfrohr ausführen ließ, darüber ein geniales Pappdach ohne Bretterunterlage. Für gewisse Örtlichkeiten waren Wegweiser und Inschriften »Onkel Meyer« und »Tante Meyer« angebracht. Hier auf Tannhausen ging er fast immer in seiner Einsiedlertracht umher: barfüßig in einem langen weißen Gewande mit einem weitherabfallenden schwarzen Rundkragen, auf dem Kopfe eine schwarze Kappe. Zuweilen trug er auch sein dunkles »Waldgewand«, das an eine Mönchskutte erinnerte.

In der Nähe weitet sich an der offenen See die romantische Swantewitschlucht, unbestreitbar die schönste Stelle der Insel. Welch ein Blick von der hohen steilen Berghöhe auf die tief unten ans Ufer flutenden Wogen, auf die zerklüfteten Abhänge: hier dichtes Tannenholz, dort kahle Sandböschungen, darüber der Westwind fegt! Weithin das unendliche Meer! Und von fern schimmert Møns Klint mit seinen Kreidefelsen herüber. Ein Bild ergreifender packender Naturschönheit, wie es so leicht nicht wieder anzutreffen ist. Hier haben Amerikaner gestanden und begeistert erklärt, dies sei doch das Schönste, was sie in ganz Europa gesehen hätten!

Die Swantewitschlucht

In der Swantewitschlucht, etwas unterhalb des Bergsaumes errichtete Ettenburg ein Naturtheater und führte mit Hilfe einiger Künstler seine selbstverfaßten Dramen »Swantewits Fall«, »Hidde, die Fee des söten Lännekens« oder auch Szenen aus der »Iphigenie« und Grillparzers »Sappho« auf. Als Statisten wirkten einige Hiddenseer Fischer schlecht und recht mit. Ettenburg war hierbei Dichter, Regisseur, Schauspieler, Kostümschneider, ja sogar Theaterfriseur, alles in einer Person!

Es ist wohl verständlich, daß sein Beruf als Gastwirt unter dieser Vielseitigkeit leiden mußte. An den Tagen, an denen auf der Naturbühne gespielt wurde, war er für die Gäste seiner Bergwaldschänke unsichtbar, da er die Vorbereitungen für die Aufführung treffen mußte. Für die Bewirtung der Gäste hatte er ja seine Bedienten, denen er unbedingtes Vertrauen schenkte, waren sie doch seine »Mitarbeiter«. Sie arbeiteten zwar auch mit, aber oft genug auch zu Ettenburgs Schaden nur in ihre eigenen Taschen. Machte man ihn darauf aufmerksam, so erklärte er gelassen: »Die Hiddenseer sind alle ehrlich!« Auch in anderer Hinsicht waren in der Waldschänke einige sichtbare Mängel: die Sauberkeit ließ viel zu wünschen übrig. Die Gäste erhielten oft schlecht gespülte Tassen und Gläser, und ein Witzbold meinte, bei Ettenburg könne man nur gekochte Eier verzehren, da man ja die Schalen nicht mitäße.

Trotzdem fand Ettenburg guten Zuspruch, und er hätte seines Lebens froh werden können, wenn man ihn unbehelligt gelassen hätte. Zuerst kam er mit dem Hiddenseer Amtsvorsteher in Konflikt, der gegen ihn Strafmandate und Anzeigen erließ. Der Einsiedler wehrte sich seiner Haut, legte Berufung ein und beschwerte sich schließlich an höherer Stelle, bis nach mehrjährigem Kampf der Inselgewaltige weichen mußte. Aber auch vielen anderen mußte der Einsiedler, der Theaterstücke aufführte und sich und seine Bergklause mit bombastischer Reklame anpries, sonderbar erscheinen. Manche feinfühlenden Besucher des Berglandes hielten mit ihrem Urteil nicht zurück, und einige Schriftsteller, die erst seine Propaganda nach Hiddensee geführt hatte, übten an ihm und seinem Eremitentum herbe und teilweise vernichtende Kritik. Man nannte ihn ein »Original vom Ostseestrand«, den »heimlichen Dorfschulzen von Hiddensee«, einen »verschmitzten Klosterbruder« usw. In dem Roman »Einsamkeiten«, der größtenteils auf Hiddensee spielt, kommt er sehr schlecht weg. Die Verfasserin Clara von Sydow bezeichnet sein Waldpensionat als ein »phantastisches Etablissement«. Es wird dann in dem Buch weiter empfohlen, um den »*Spektakelwald*« mit seinem »*Oberpriester mit dem Klingklangpathos*« einen großen Bogen zu machen. Wahrlich, eine vernichtende Kritik! Es ist jedoch zu bedenken, mit welchen Schwierigkeiten Ettenburg, dem nicht die geringsten Geldmittel zur Verfügung standen, zu kämpfen hatte.

Wenn zu Frühjahrsanfang der Fremdenstrom nach der Insel noch nicht eingesetzt oder er im Herbst sich wieder verebbt hatte, gab es sicherlich viele Stunden und Tage, an denen über Tannhausen majestätische Ruhe lag. Dann guckte wohl nur ein guter Freund in das kleine Poetenstübchen, um mit dem Einsiedler, der gerne philosophierte und über nicht alltägliche Dinge sprach, sich anregend zu unterhalten. So mancher berühmte Mann hat im Laufe der Jahre die Bergwaldschänke aufgesucht und sich in Ettenburgs Fremdenbuch eingetragen. Dies wäre wohl nicht der Fall gewesen, wenn er tatsächlich so wenig ernst zu nehmen war, wie ihn Clara von Sydow in ihrem Roman hingestellt hat.

Wenn sie seine Wohnlauben als »Zigeunerzelte« und »Jahrmarktsbuden« bezeichnet, so bekennt sie damit nur, daß sie noch von alten Vorurteilen umfangen ist, während Ettenburg schon seiner Zeit weit vorausgeeilt war und in seiner Bergwaldkolonie etwas geschaffen hatte, was uns heute garnicht so fremd anmutet und fast das Gleiche darstellte, wie das heutige Wochenend- und Zeltleben unserer Wandervögel und Fußtouristen. Er predigte die Rückkehr zur Natur in einer Zeit, als man daran in Deutschland noch garnicht dachte; so setzte er sich auch für die Pflanzenkost ein, die in seiner Bergwaldschänke auf Wunsch verabfolgt wurde. Es gab andererseits auch einige, die ihn richtig einschätzten und Worte der Anerkennung fanden, wenn sie über Ettenburg berichteten. Es seien hier nur Arved Jürgensohn und Weckmann-Wittenburg angeführt. Andere Scribenten dagegen, die im Sommer auf Hiddensee geweilt hatten, glaubten nach ihrer Rückkehr in die Großstadt nichts Besseres tun zu können, als ihn in den Zeitungen herunterzureißen, und sandten oft dem Einsiedler die betreffende Nummer mit dem bewußten Artikel, den sie mit Blau- oder Rotstift markiert hatten, zu.

Ettenburg ließ sich dadurch nicht abschrecken und fuhr fort, sein Eiland bekannt und berühmt zu machen. Wenn wir heute die große Schar der Hiddenseer Badegäste, die fast jedes Jahr wiederkehren und immer neue Inselfreunde heranziehen, sehen, so kann man sich nur schwer in jene Zeit vor ungefähr dreißig Jahren zurückversetzen, als Hiddensee noch so gut wie unbekannt war. Konnten doch selbst die meisten der damaligen Stralsunder diesem Fleckchen Erde, das dazu noch Besitztum ihrer Heimatstadt war, nichts abgewinnen. Man muß aber bedenken, wie sie es kennenlernten und wie ein damaliger Ausflug vonstatten ging. Wenn der kleine Dampfer »Caprivi«, der gegen Mittag den Stralsunder Hafen verließ, nach zweistündiger Fahrt in Kloster angelegt hatte, ging es schnell von Bord. Dann durch sonnendurchglühten Sand auf direktem Wege, den kein schattenspendender Baum ziert, zur Berghöhe und in Tannhausen eingekehrt, wo schnell Getränke – die Bedienung ging mit Hiddenseer Langsamkeit vor sich – bestellt wurden. Inzwischen warf man einen Blick in des Einsiedlers Raritätenkabinett mit seinem Sarg, in dem er angeblich schlafen sollte. Schnell noch für einen Augenblick zur Swantewitschlucht, ob Møn zu sehen sei. Dann wieder etwas beschleunigt zum Dampfer, um nicht die Abfahrt zu versäumen. Bei einem solchen halbtägigen Ausfluge konnten die Stralsunder in der kurzen Zeit ihres Aufenthalts – es standen ihnen nur ungefähr drei bis vier Stunden zur Verfügung – Hiddensee nicht eingehend in Augenschein nehmen und seine Naturschönheiten in Ruhe auf sich wirken lassen.

Im übrigen vertraten damals die meisten Stralsunder fast dieselbe Ansicht, wie im Anfang die Hiddenseer und ließen nur Binz, Sellin, Göhren usw., wo man Hotels, Villen, Strandpromenaden, Kurkonzerte und vor allen Dingen auch »Vergnügungsstätten« – das war doch die Hauptsache – vorfand, als Badeorte gelten. Hiddensee, das mit diesen Segnungen der Kultur nicht aufwarten konnte, kam daher nach ihrer Meinung für einen längeren Erholungsaufenthalt nicht in Frage.

Hiddensee hatte in Ettenburg seinen Entdecker gefunden.

IV.

Welch seltsam Tönen dringt zu meinem Ohr,
Und scheucht den Schlummer mir von meinen Augen?
Mir war's, als klopft' es an mein Tempeltor!
Kommt man vielleicht, mein letztes mir zu rauben?
Doch nein! Dies ist mein stilles Hiddensee!
Den Wald, die Ostseewogen hör ich rauschen,
Das traute Lied, dem ich von meiner Höh'
Vergaß, viel hundert Jahre lang zu lauschen!
(Aus: »Hidde, die Fee des söten Lännekens«.)

Noch ein zweites Mal ging Eltenburg eine Ehe ein, doch auch diese wurde nach fünf Jahren wieder gesetzlich gelöst. Bei seinem oft aufbrausenden Temperament mußte es wohl schwer sein, auf die Dauer mit ihm auszukommen. Seine zweite Frau war Schauspielerin und hatte in seinem Hiddenseer Volksspiel »Swantewits Fall«, die »Helga« und in dem Märchenspiel »Hidde« die Fee verkörpert. Ettenburg hätte wohl besser daran getan, an Stelle einer Künstlerin eine mehr praktisch veranlagte Frau heimzuführen, die auch imstande gewesen wäre, sich wirtschaftlich zu betätigen und seinen Haushalt in Ordnung zu halten.

Aber wohl höher als das Gedeihen seines Gastbetriebes hielt er sein Spiel in der Swantewitschlucht. Oft fehlte es auch hier nicht an amüsan-

ten Episoden. Eines Vormittags hatte man in der Bergschänke einen Kücheneimer vergeblich gesucht. Am Nachmittag wurden auf der Naturbühne Scenen aus der »Iphigenie« aufgeführt. Ettenburg, im altgriechischen Gewande, stellte den Orest dar und sprach mit hocherhobener Hand feierlich die Goetheschen Verse:
»Noch einen! reiche mir aus Lethes Fluten
Den letzten kühlen Becher der Erquickung!«
Da wollte es der Zufall, daß er hinter dem kleinen Säulentempelchen, das die Naturbühne zierte, den vermißten Küchengegenstand erblickte, und ohne seine Stimme zu mäßigen, deklamierte er mit Pathos weiter:
»Da ist der Eimer. Nimm ihn fort!«
und reichte ihn seiner hinzueilenden Frau zum größten Ergötzen der Zuschauer.

Auch sonst berührten sich Tragik und Komik oft in Ettenburgs Leben. Als auch seine zweite Frau ihn verlassen hatte, wandte er seine ganze Zuneigung seinem Esel »Hansi« und einem großen grauen Kater »Pussi« zu. Beide folgten ihm oft auf Schritt und Tritt. Einmal nahm er den Kater auch mit nach Stralsund. Hier logierte er stets bei einem alten Freund aus Altefähr, der später ein Gasthaus in der Tribseerstraße übernommen hatte. Auch diesmal war er hier eingekehrt. Da er Verschiedenes in der Stadt zu erledigen hatte, seinen Kater aber nicht gut mitnehmen konnte, sperrte er ihn in sein Zimmer ein und trug seinen Wirtsleuten strengstens auf, die Stubentür nicht zu öffnen, sonst würde Pussi hinter ihm herlaufen. Die Wirtsleute versprachen es hoch und heilig; aber die Wirtin mochte wohl neugierig sein, was der Kater ohne seinen Herrn beginne, und guckte ins Zimmer. Pussi lag zusammengerollt auf dem Bett. Voller Zorn fuhr die Frau mit einem Besenstiel auf das Tier los, das erschreckt davonsprang. Als Ettenburg abends in den Gasthof zurückkam und nach seinem Pussi fragte, mußte der Wirt ihm kleinlaut gestehen, der Kater sei verschwunden. Aufgeregt lief Ettenburg im ganzen Hause umher, laut nach seinem lieben Pussi rufend. Da man ihn nirgends aufstöbern konnte, ließ sich Ettenburg eine Leiter geben und kletterte sogar auf das Dach, da er das Tier hier vermutete. Mit einem Mal brach die Leiter und Ettenburg fiel herunter, ohne allerdings Schaden zu erleiden. Doch der Kater blieb verschwunden, und Ettenburg mußte ohne seinen lieben Genossen die Rückfahrt nach Hiddensee antreten. –

Einige Tage später klagte ein Logiergast in demselben Gasthaus dem Wirt, daß er nachts durch eigenartige Geräusche gestört worden sei. Man untersuchte das ganze Zimmer und fand schließlich in der Matratze den verschwundenen Kater. Als er sich entdeckt sah, zog er sich unter Fauchen und Kratzen in die äußerste Ecke zurück. Erst als der Wirt seine beiden Hände mit Tüchern umwickelt hatte, konnte er das Tier hervorzerren und in einen Korb setzen. Dann benachrichtigte er den Einsiedler und fuhr selbst nach Hiddensee, um den Kater persönlich abzuliefern. Als der Dampfer in Kloster einlief, stand Ettenburg mit seinem Grautier schon am Bollwerk. Da sah er seinen Stralsunder Freund auf dem Vorderdeck stehen und rief ihm zu: »Hast du Pussi?« Als Antwort hob jener den Korb in die Höhe. Ettenburg konnte vor Aufregung garnicht das Anlegen des Dampfers abwarten und, als dieser ziemlich nahe dem Bollwerk war, wollte er hinübersetzen, sprang aber zu kurz und fiel ins Wasser. Das Schiff kam der Brücke immer näher, und Ettenburg geriet sogar in Gefahr, vom Dampfer erdrückt zu werden. Unter großer Mühe gelang es schließlich der Schiffsmannschaft und einigen Badegästen, die am Brückenkopf standen, Ettenburg dem feuchten Element zu entreißen und dem »söten Länneken« seinen Einsiedler zurückzugeben. Dann nahm er, naß wie er war, den Korb in Empfang, öffnete ihn, und Pussi sprang auf seine Schulter. So war das alte Kleeblatt: Ettenburg, der Einsiedler, Hansi, der Esel, und Pussi, der Kater, wieder beisammen.

V.

Ich bin zu Ende; die Träne mir quillt,
Erschau ich im Geiste, was sich hier erfüllt!
Denn geht es so weiter mit Hiddensees Strand,
Dann war einst, o Kaiser, dies herrliche Land!
Und Tausende kommen und wandern schon her,
Zu leichtern die Seele vom Leben oft schwer!
Ist doch die »Perle am Westenstrand«
Von Rügen – der Ostsee Helgoland:
Drum fleht jetzt sein Siedler zur Throneshöh':
Komm', Herzog von Pommern, schütz' Hiddensee!

Das Hiddenseer Hochland ist dauernd den Weststürmen und der Meeresbrandung ausgesetzt und alljährlich, besonders im Herbst, bröckeln von der Steilküste des Dornbusches große Teile Land ab und stürzen ins Meer. Ettenburg hatte sich daher in poetischer Form an seinen Landesherrn, den Kaiser, gewandt, damit irgendwelche Schutzmaßnahmen ergriffen würden. Auch ging er an die Öffentlichkeit und wies in seiner »Sturmflutmahnung« auf die großen Gefahren hin, die seinem geliebten Eilande drohten:

> Und du sollst, schönes Eiland vergehen,
> Verschwinden, du Hallig, im Wogenschwall?

Doch leider wurde nichts unternommen. Dagegen glaubte die Regierung, der Insel und seinen Bewohnern einen Dienst zu erweisen, wenn sie den althergebrachten Namen in Hiddens*oe* umwandelte. Die Einwohner hielten aber an der alten, ihnen von den Vorvätern überlieferten Schreibweise und Aussprache fest und nannten sich weiter Hiddens*eer*.

Ettenburg, der für alles Bodenständige ein tiefes Verständnis besaß, setzte sich dafür ein, daß auf Hiddensee die alten Heimatformen der Bauweise und des ursprünglichen Naturlebens gewahrt blieben, damit seine Eigenart nicht beeinträchtigt würde. Aus dem gleichen Bestreben trat er oft in seinen Vorträgen in althiddenseer Tracht auf, die der noch heute auf Mönchgut vorherrschenden ähnelte.

Hiddensee hatte Ettenburg den Seelenfrieden wieder gegeben, und sein ganzes Streben ging dahin, sich dankbar zu zeigen. Seiner unermüdlichen Propagandatätigkeit gelang es, die Insel der Vergessenheit zu entreißen und sie zu einem vielbesuchten Erholungsort umzuschaffen. Er führte auch die heute allgemein üblichen Namen »Flaggenberg«, »Hiddenseer Riviera«, »Walhalla« und »Swantewitschlucht« ein. Einen mächtigen Felsblock an der Steilküste des Hochlandes nannte er den »Bismarckstein« und versah ihn mittels Teer und Schlemmkreide mit dem Namen des Altreichskanzlers, einen etwas weiter liegenden kleineren Stein mit dem Namen des Grafen Zeppelin.

Jahre vergingen. Ettenburg weilte im Sommer als Einsiedler und Gastwirt auf Hiddensee, im Winter rezitierte er in den Großstädten aus eigenen Werken und pries die Schönheiten seines »söten Lännekens«.

Wenn der Herbst ihn von der Insel trieb, rief er ihr noch den Scheidegruß nach:

> Soll wirklich jetzt von dir nun scheiden
> Dein Einsiedler, mein Hiddensee?
> Soll deinen Wogenstrand ich meiden
> Und deiner Berge luft'ge Höh?
> Doch wo ich wandre, wo ich weile,
> Stets wendet sich zu dir mein Blick:
> Auf dir gewann ich – wie so viele –
> Den »Menschen« wieder mir zurück!

Durch sein fortgesetztes Bemühen wurde Hiddensee immer mehr bekannt, und die Zahl der Badegäste stieg von Jahr zu Jahr. Die Gastwirte konnten Erweiterungen vornehmen, die Fischer hatten durch Abvermieten von Zimmern an Badegäste einen guten Nebenverdienst, den sie wohl zu schätzen wußten, die Lietzenburg – das heutige Wahrzeichen von Kloster – entstand, und weitere Privatbauten folgten, aber dem Manne, der zu dieser ungeahnten Entwicklung hauptsächlich beigetragen hatte, dem vor allem der schnelle Aufschwung der Insel zu danken war, blieb der äußere Erfolg aus. Ja, man versagte ihm selbst auf der Insel jegliche Anerkennung. Kam man mit den Bewohnern ins Gespräch und wies sie darauf hin, daß sie doch ihrem Einsiedler unendlich dankbar sein müßten, so erhielt man oft als Antwort: »he is doch mall!« oder griff zu der Ausrede: »dat wier ok all soo kamen.«

Damit aber nicht genug. Dem Einsiedler blieb es nicht erspart, auf der Insel seine herbeste Enttäuschung zu erleben. Im Herbst 1909 wurde sein Pachtvertrag von der Eigentümerin der Insel, dem Heiliggeistkloster in Stralsund, nicht erneuert, denn ein anderer war gekommen und hatte das Vielfache der bisherigen Pachtsumme geboten, um ein modernes Waldhotel zu errichten. Wie bitter mußte der ideal veranlagte Ettenburg diesen nüchternen krämerhaften Geist empfinden, der doch in einem solchen Widerspruch zu ihrem »Hanseatentum« stand.

Nun stand er wieder vor der Frage: wohin? Da stellte ihm in letzter Stunde ein Freund Gelände in Vitte-Süd zur Verfügung. Er brach seine Baulichkeiten auf Tannhausen ab und siedelte nach dem Vitter Dünenstrand über, wo er sein neues Heim errichtete. Er nannte es nach einer treuen Toten »Einsiedelei Mathilde.«

> Wohl rauscht nicht mehr der Tannenwald
> Zur Klause mir herein;
> Dafür das Lied der Woge schallt
> Zu mir durchs Fensterlein!
> Und über mir, so lieb und traut,
> Die Lerche singt ihr Lied:
> Sie grüßt, wie ich, dich »Wellenbraut«,
> Und – alle Sorge flieht!

In der ersten Zeit hatte Ettenburg auch hier guten Zuspruch, denn viele alte Freunde, die das Verhalten der Stralsunder Klosterverwaltung mißbilligten, sahen es als ihre Ehrenpflicht an, ihn in seiner neuen Dünenschänke aufzusuchen. Auch neue Badegäste, die so viel Seltsames von dem Einsiedler gehört hatten, stellten sich ein, um ihn kennenzulernen und waren gewöhnlich sehr erstaunt, einen ganz vernünftigen Menschen, mit dem man angenehm plaudern konnte, anzutreffen.

Als der Krieg ausbrach und der Fremdenstrom auch nach Hiddensee sehr nachließ, versah er seine Schänke, in der nur alkoholfreie Getränke erhältlich waren, allein. Und jetzt war und blieb Ettenburg wirklicher Einsiedler, denn mit der Zeit geriet er langsam in Vergessenheit, und nur selten verirrte sich ein Neugieriger nach seiner abgelegenen Klause. Was tat's, waren doch Hansi, der Esel, und Pussi, der Kater, ihrem Herrn, der das dunkle Waldgewand mit dem weißen »Strandtalare« vertauscht hatte, in treuer Anhänglichkeit gefolgt. Wahrscheinlich wäre der Einsiedler, der von seiner Schänke und gelegentlichem Verkauf seiner nur im Selbstverlag erschienenen Dichtungen leben mußte, verhungert, wenn ihm jetzt einige Hiddenseer und andere gute Freunde, unter denen auch mancher Stralsunder war, nicht beigestanden hätten.

Jetzt, da er alt geworden, blieb er auch den Winter über auf der Insel. Doch da es ihm nun an Verkehr mit Gebildeten fehlte, wirkte diese ständige Abgeschlossenheit sehr ungünstig auf ihn ein. Er vernachlässigte offensichtlich sein Äußeres, was besonders denen ins Auge fallen mußte, die ihn einst als den vornehmen, feingebildeten Mann kennengelernt hatten. Hier hatte wohl der ständige Umgang mit den Fischern abgefärbt. Ettenburg kannte fast alle persönlich und duzte sich mit ihnen in dem heimatlichen Platt, das auch er im Laufe der Zeit erlernt hatte. Als Freund der See wußte er »besseres Wasser« wohl zu schätzen und verfiel leider einem schon früher gefröhnten Laster, dem Trunk. Aber wer will hier richten? Mußte der Mann, dem die vorher unbekannte Insel soviel zu danken hatte, nicht zu irgendeinem Trostmittel greifen, wenn er überall bei den Gastwirten und Fischern einen gewißen Wohlstand sah, der vordem nicht dagewesen war, und dann seine eigene gedrückt pekuniäre Lage in Vergleich zog!

VI.

Gott grüße Dich! Mein sötes Land
Im 26. Sommer!!
Einen *besseren* Gruß ich nirgends fand,
Bin Schlesier, aber nicht Pommer.
Doch ganz und gar gehört Dir mein Lieben,
Bist *tief* in meine Seele geschrieben,
Du einzig schönes, Du »sötes Land«
An Rügens schäumenden Westenstrand!
(Vitte-Süd, Frühling 1919.)

Im Jahre 1919 konnte Ettenburg auf einen fünfundzwanzigjährigen Aufenthalt in Hiddensee zurückblicken, doch es war einsam um ihn geworden und aus der Jubiläumsausgabe seines Reiseführers klingt ein Todesahnen. Er kränkelte, die Gicht und andere Leiden plagten ihn.

Im Oktober zog es ihn wieder einmal nach der alten Stadt am Sund. Krank und matt irrte er in den Straßen umher. Manche Vorübergehenden sahen ihn, wie er in seinem schwarzen Talar einherging, spöttisch an und ließen höhnische Bemerkungen fallen. Das krampfte sich sein Herz in bitterm Weh. Waren ihm die Stralsunder nicht eigentlich zu Dank verpflichtet? Ja, erst durch ihn war Hiddensee ein wertvolles Besitztum ihrer Stadt geworden. Aber der Mohr hatte seine Schuldigkeit getan, er kann gehen! Ja, er wollte gehen, aus dieser Welt scheiden, in der es nur

Undank gab, und er griff nach der Waffe in seinem Überrock. Doch die Hand mochte wohl zittern, der Schuß ging fehl und fuhr in ein Haus. In der sonst stillen Badenstraße wurde es lebendig, Fenster wurden geöffnet, Menschen eilten herbei, da flüchtete er in eine Gastwirtschaft. Auch ein Polizeibeamter tauchte auf, dem einer, der Ettenburg wohl kannte, erzählte, »de mall' Ettenburg har schaten un is dor ringahn« und wies auf die Kneipe. Der Beamte besprach sich mit einem noch hinzugekommenen Kollegen. Dann gingen sie zu einem in der Nähe wohnenden Arzt und baten ihn mitzukommen.

Ettenburg ließ ihn ruhig gewähren. Er war mit seinen Gedanken weit ab. Der Arzt verständigte die Beamten, die eine Droschke besorgten und darin den kranken Einsiedler ins Krankenhaus brachten.

Da Hiddensee zum Kreise Rügen gehört, war das städtische Krankenhaus nicht verpflichtet, ihn kostenlos aufzunehmen und hätte ihn nach Bergen überweisen können, aber auf eine Anfrage übernahm die städtische Klosterverwaltung die Kosten. Sie machte damit wieder gut, was sie ihm vor Jahren mit der Ausweisung aus dem Hiddenseer Bergwalde angetan hatte. Lange sollte der kranke Einsiedler nicht mehr leiden. Schon nach kurzer Zeit, am 30. Oktober 1919 schloß Alexander Ettenburg die müden Augenlider für immer.

Keine Todesanzeige folgte, kein Nachruf!

Und wenn der Vollmond über der Insel steht, dann steigt wohl die Fee vom Bergwalde zu der kleinen Inselkirche hernieder, um sein Grab zu schmücken, doch sie wird es nirgends finden, denn ein tragischer Zufall wollte es, daß nach Ettenburgs Einäscherung in Greifswald die Urne mit seiner Asche auf dem Postwege von dort nach Hiddensee verloren ging. So ging auch sein letzter Wunsch, einst auf dem kleinen Inselfriedhof in der geliebten Erde seines »söten Lännekens« zu ruhen, nicht in Erfüllung.

Jetzt sind zehn Jahre nach seinem Tode vergangen, viele seiner alten Freunde sind inzwischen auch verschieden. Wer kennt ihn noch von der neuen Generation.

Und geht noch weitere Zeit ins Land, dann wird er wohl ganz vergessen sein. Dann geht wohl auf des Dornbusches Höh' ein leises Raunen, und nur seine Tannen flüstern sich Ettenburgs Namen zu.

Hiddensee

Hett di de Welt watt dohn
Un dä di weh
Un will di nich verstohn,
Denn pack dien Leed un Krohm
Un goh noh Hiddensee,
Do warst du licht un free !

     Nikolaus Niemeier

NIKOLAUS NIEMEIER

Datt Leben und andere Sinnsprök

No Hiddensee

Hett di de Welt watt dohn
Un dä di weh
un will di nich verstohn,
Denn pack din Leed un Krohm
Un goh noh Hiddensee,
Do warst du licht un free.

*

Windstilln Obend an'n Vitter Bodden

De Himmel wied't sick wiet umher,
De Hüser duckt sich deep to Eer,
De Bodden speelt mit Obendrot,
De Welln, de plattert lies' ümt Boot.
Een Flüstern geiht um all de Hüs',
De deep un good in Freeden stoht,
Un een poor Görn, de blart noch lies',
Enn Wogen klappert meud de Stroot. –
De Welln, de plattert lies' ümt Boot. –
Um düsse Tid, dor slöppt de Dood,
Dor slöppt de Storm, dor slöppt de Not,
Un allns is still und lies' und good. –
Un Gott treckt ook vör Di denn Hot.

*

Sinnsprök

Doh dütt un doh datt,
Doch ümmer doh watt.

*

Watt sick ook deiht,
De Tid, de geiht.

*

Dien Schicksal is
Grod wie du büs.

*

Wenn man alles weet – is man nich mehr heet.
Wenn man allens kennt – is man to End.

*

De sülbe Tid kummt nie torüch,
Doch anner Lüd un anner Tüch.

*

Manch een wokt ers opp,
Wenn he doot is.

*

Hussprök

Kummst du to mi,
Kummst du to di.

*

De Not mutt sien
Un Moot mutt sien
Un Goot mutt sien
Un Brot mutt sien
Un dorto Sünnenschien.

*

An't Hus

Bedenk di still,
Denn segg: Ick will!

*

Leben is good,
Starben is doot.

*

Swattsnut

Uns Boot, datt heet »Swattsnut«,
Datt liggt inn Bodden still
Dor in datt greune Krut
Mit sine swatte Snut
As wie son Krokodill.

*

Dien Levensdoog

Denk an dien Freidenstid,
Wie wörst du still und riek.
Denk an dien Leidenstid,
Wie wardt dien Hart so wiet.
Denk an dien ganzes Leben,
Watt hett di Gott all gewen,
Watt hett di Gott all nohm'n,
Un doch kannst du bestohn,
Und doch schient di de Sünn
Un du kannst wieder find'n,
Un all dien Bloom, de bleuht
Un all dien Leed is seut,
Un all dien Doog sünd scheun
Un all dien Doog mött sien.
Un Gott, de nümmt di keen,
Denn all dien Doog sünd dien
In Glück un Leed un Pien.

*

Vunn Hartn to Hartn

Datt Hart, mien Jung,
Watt in uns klingt,
Is allns, mien Jung,
Watt alls uns bringt. –
Hör to, mien Jung,
Watt't Hart di segt,
Datt Hart, mien Jung,
Datt Hart hett recht.

*

Datt Leben

Datt entsteiht
Un vergeiht
Datt Leben.
Keener wullt recht geben,
Keener wullt recht nehmen,
Un doch möt wi't leben
Datt Leben.

*

Ut nicks bünn ick kohm,
To nicks mutt ick gohn
Een Footspoor loot bestohn,
Dor kann noch een noh gohn.

*

Allns heppt se mi nohm,
Doch keen vun mien Trohn.

Eduard von Winterstein

Stummfilm-Expedition nach Hiddensee 1913

Da die Filmproduzenten sehr bald einsahen, daß der Reiz des Films nicht in Zimmerdekorationen, sondern in Aufnahmen aus Gottes freier Natur liegt, begannen sie auch sehr schnell, sich das zunutze zu machen. Zuerst wurden die »Außenaufnahmen« in der nächsten Umgebung von Berlin gedreht, dann wurde die weitere Umgebung aufgesucht. Eine der beliebtesten Gegenden der ersten Filmzeit war »Rüdersdorf« – oder vielmehr: »Kalkberg«. Die abgebauten Tagebauwerke dort haben zu vielen Hunderten von Aufnahmen herhalten müssen, und in dem kleinen Gasthof von Henning im Dorfe Kalkberg fühlten sich viele Filmschauspieler – oder vielmehr Schauspieler, denn Filmschauspieler schlechtweg gab es ja noch kaum – bald wie zu Hause. Aber der Film wurde immer großartiger. Bald genügte die Umgebung Berlins nicht mehr, und man fing an, Expeditionen in schöne Landschaften auszurüsten, um dort Aufnahmen zu machen; um so größer wurde der Aktionsradius des Films, nachdem die Alpen abgegrast waren und die Nordsee, kamen Italien, Dalmatien, Spanien dran, und schließlich gingen sie bis Afrika und Asien. Für uns Schauspieler war das sehr angenehm, man machte schöne Reisen und wurde noch gut dafür bezahlt. Die Filmgesellschaft zahlte neben dem ausbedungenen Honorar noch Diäten für die Dauer der Reise. Das Tageshonorar erhielt man auf diesen Reisen natürlich nur für die Tage, an denen man beschäftigt war. Man konnte natürlich auf die Weise sehr schön reinfallen, wenn man wochenlang verreist war und wegen schlechten Wetters nicht gedreht werden konnte und man schließlich in 4 bis 6 Wochen Abwesenheit 3 oder 4 Dreh- also Honorartage hatte. Es wurden nun Versuche gemacht, diese Dinge tariflich zu regeln, aber so recht gelang das niemals. Natürlich konnte man auch Glück haben (z.B. früh am Morgen irgendeine kleine Passage zu drehen und dann für den ganzen Tag frei zu sein). Frei in der herrlichen Natur,

Der Schauspieler Eduard von Winterstein im Jahre 1905

man konnte die schönsten Touren machen – Herrgott, was konnte man alles. Ich selbst habe, ich muß es sagen, sehr schöne Reisen mit dem Film gemacht, habe ihm viel zu verdanken und bin ihm auch dankbar. Ich war einige Male auf Hiddensee, in Warnemünde, Heringsdorf, an der Nordsee (Helgoland), ich war öfters (Sommer und Winter) im Riesengebirge, in Krummhübel, in Schmiedeberg, ich war oft in den bayrischen Alpen, auch Sommer und Winter, in Garmisch, ich war verschiedene Male am Königssee, auch im Winter, bin zu Fuß über den gefrorenen See nach St. Bartholomäe gegangen, ich war am Wolfgangsee, in St. Gilgen, ich war zweimal in Dalmatien, in Spalato, ich war zweimal in Italien, und zwar ein ganzes Vierteljahr in Rom, das ich auf diese Weise besser kennenlernte als das die flüchtigen Touristen und Ferienreisenden vermögen.

Gleich im ersten Jahr meiner Filmtätigkeit lernte ich meine erste Filmexpedition dieser Art kennen. Mit dem Regisseur Joe May, der sich in der ersten Zeit des Stummfilms mit einigen großen Monumentalfilmen einen großen Namen gemacht hatte (später ging er nach Hollywood), drehte ich 1913 einen Film – »Das Fischermädchen von Manholm« –, seine Frau Mia May, auch ein Star des Stummfilms, spielte die weibliche Hauptrolle. Die ganze Organisation dieses Films war zu dieser Zeit – es war der totale Anfang des großen Films – eine große Sache.

Es war wohl eine Gesellschaft von 40 Personen, die eines Morgens von Berlin nach Stralsund fuhr, nach dem Hafen ging und dort den kleinen Dampfer »Lachs« bestieg, der den Verkehr nach Hiddensee besorgte. Er ging um drei Uhr nachmittags von Stralsund ab und war um sieben Uhr in Kloster, der Nordspitze der hingestreckten kleinen Insel. Dicht an der Landungsbrücke war eben ein nettes kleines Hotel gebaut worden, Hotel zum Dornbusch, dessen extra Gäste wir waren. Der Wirt hieß Gau, ein Name, den Gerhart Hauptmann, ein langjähriger und stetiger Gast der Insel, mit einer Veränderung des Anfangsbuchstabens in seiner herrlichen Komödie »Schluck und Jau« verewigt hat.

Wir hatten die Dekorationen für die Innenaufnahmen auch mitgenommen, die auf einem Platz in dem kleinen Fischerdorf Vitte aufgebaut wurden, so daß man in den Zimmern durch die Fenster den Hafen (daß das Wasser nur der Bodden war, konnte man nicht sehen) und die dort verankerte kleine Fischerflottille sehen konnte. Ein guter Einfall. Viele

Zaungäste gab es damals noch nicht auf der Insel, aber immerhin gab es eine ganze Anzahl von Zuschauern, die sich dort auf dem Platz ansammelten, lagerten und unserem merkwürdigen Tun zusahen. Die wenigsten allerdings hielten lange aus, denn es gibt tatsächlich nichts Ermüdenderes und auf die Dauer Langweiligeres als das Zusehen bei der Filmarbeit.

Dazu kommt bei freien Aufnahmen noch die Unsicherheit der Sonnenbeleuchtung, bei teilweise bewölktem Himmel muß man meist genau abpassen, wann die Sonne »frei« ist, worauf man oft lange, lange warten muß. Wenn ein blauer Fetzen am Himmel sichtbar wird, rechnet man sich aus, ob er wohl ausreichen wird – nun nicht etwa soundso viel Zeit, sondern soundso viel Meter (so lang die beabsichtigte Szene eben dauern soll), und wenn sich der blaue Fetzen der Sonne nähert, kommt das Kommando »Achtung«, und so wie die Sonne frei ist, beginnt der Kameramann zu kurbeln. Wir haben bei schlechtem Wetter oft tagelang so gewartet, öfters auch ohne dann einen einzigen Meter gedreht zu haben.

So ein Regisseur, der ja allerdings auch die Verantwortung für den ganzen Film trug, den er drehte, hatte natürlich innerhalb der Arbeit an »seinem Film« eine unbegrenzte Macht, er war ein kleiner König, und manche unter ihnen nutzten diese Macht auch weidlich aus. Ich meine nicht etwa in unrechter Weise, in Bereicherungsabsichten, dazu hatten sie kaum die Möglichkeit, das besorgten zur Genüge die Gehilfen, die sogenannten Hilfstruppen (heute Aufnahmeleiter genannt), die die Komparsen zu engagieren hatten, die in ihrem kleinen Bereich natürlich auch eine Macht besaßen, indem sie zum Beispiel die Komparsen, die sie auswählten, tributpflichtig machten. Mancher Hilfsregisseur soll sich von solchen Extraverdiensten ein Häuschen gebaut haben. Wie gesagt, in dieser Beziehung waren die Regisseure rein, finanzielle Korruption lag ihnen fern, aber der Machtdünkel trieb oft wunderbare Blasen. Ihr Wort galt, und wehe dem, der sich widersetzte, sie konnten einen schikanieren und ärgern bis zum Weißbluten, sie konnten einen, ohne daß man gebraucht wurde, 2, 3, 4, 6 Stunden rumsitzen und warten lassen, unter dem Vorwand, sie brauchen einen noch, damit man dann am Schluß der Aufnahmen, gewöhnlich aber gegen 7 Uhr erfuhr, daß man umsonst gewartet hatte. Nun ist das natürlich nicht so ganz schlimm, schließlich wird man ja für den Tag bezahlt, aber wie wir oft unter diesem endlosen und stumpfsinnigen Warten zu leiden hatten, ist manchem von uns noch in Erinnerung und war eben dann besonders schmerzhaft, wenn man die Absicht des Schikanierers fühlte.

Nach dieser kleinen Abschweifung kehre ich nach Hiddensee zu dem »Fischermädchen von Manholm« zurück. Es waren in diesem ersten »Außenfilm«, bei dem ich mitarbeitete, immerhin schon einige ganz nette Überraschungen, neue Erlebnisse und Abenteuer, die wir bestanden.

Es haben seitdem ganz andere Schauspieler weit größere Reisen mit interessanteren Ereignissen und Abenteuern erlebt, aber für die schreibe ich dieses ja nicht. Ich will denen, die den Film nur im Kino auf der Leinwand kennen, einmal vorstellen, was für Arbeit, was für Mühe, Sorgfalt und Ausdauer und was für Geld dazu gehört, um das zu schaffen, was sie für 50 Pfennig oder auch 2 Mark zu sehen bekommen. Daß wir die Innenszenen, die Interieurs, was man sonst im Atelier zu drehen pflegt, diesmal auf dem Platz in Vitte drehten, um den Blick auf das Wasser zu zeigen, erwähnte ich schon.

Für die weiteren Aufnahmen war von der Firma ein großer Fischdampfer gechartert worden, der nun für die Zeit der Aufnahmen zur Verfügung stand und später in der Nordsee eine Rolle spielte, aber auch hier bei Hiddensee in Erscheinung trat. Er fuhr die ganze Gesellschaft nach der Nordküste von Rügen, nach dem kleinen malerischen Fischerdorf Vitt, wo ein großer Teil der Aufnahmen zu drehen war. Hier stieß noch eine elegante weiße Segeljacht zu uns, die auch benötigt wurde. Es ist kaum zu schildern, welche Schwierigkeiten es uns brachte, die Jacht und in entsprechender Entfernung den Fischdampfer weit draußen auf der See im Objektiv in der gewünschten Stellung zusammen zu bringen. Der Aufnahmeapparat stand am Ufer – wenn die Aufnahme gedreht war, stellte sich heraus, daß die Lage der Jacht noch nicht ganz so war, wie der Regisseur es wünschte, nun mußte es wiederholt werden, die Jacht mußte wieder kreisen, bis sie die richtige Ausgangsstellung erreicht hatte. Mit einer Motorjacht wäre es natürlich sehr viel einfacher gewesen, aber der Wind für die Segel der Jacht stand in keinem Abhängigkeitsverhältnis zu dem Regiemeister und blies wie *er* wollte, sehr zur Entrüstung des Gewaltigen. Zwei Tage dauerte es, bis wir diese einfache Passage endlich richtig im Kasten hatten und diese Szene »gestorben« war, was der Fachausdruck für eine fertige Szene ist.

Daran schloß sich nun ein Erlebnis, das ein bißchen über das hinausging und leicht hätte eine böse Wendung nehmen können. Wie gesagt, hatte uns unser großer Fischdampfer nach Vitt gefahren, aber hatte uns nicht an unserem Landungssteg Kloster auf Hiddensee abholen können, der Bodden zwischen Rügen und Hiddensee hat eine so geringe Tiefe, daß größere Schiffe ihn nicht befahren können. Für den »Lachs«, der den Verkehr nach Stralsund besorgt, wurde nur eine ganz schmale Rinne freigebaggert. So brachten uns frühmorgens (um 7 Uhr) die Fischer mit ihren kleinen Fischerbooten hinaus auf die See bis zu der Stelle, wo unser Dampfer landete und uns aufnahm. Es war ausgemacht, daß wir aber abends 8 Uhr wieder an derselben Stelle sein sollten, wo uns die Fischer wieder abholen wollten. Natürlich hielt sich der Regisseur nicht an die Verabredung, und wir trafen erst abends 10 Uhr – es war schon fast dunkel – an dem Verabredungsplatz ein, wo die Fischer mit ihren Booten längst wieder nach Hause gesegelt waren, da sie uns nicht mehr vermuteten. Hier war guter Rat teuer. Es war dunkel, obendrein fing es zu regnen an, der Fischdampfer hatte keine Kajüten, wir hatten zirka 40 Personen, darunter 4 Frauen und 8 Kinder an Bord, die nun alle im Regen frierend auf Deck herumsaßen oder lagen, und dabei die ganze Nacht vor uns.

Plötzlich entdeckten wir ein großes Schiff, das unweit verankert lag, es entpuppte sich als ein Beiboot der Kaiserlichen Marine. Unser Regisseur May und der ebenfalls anwesende Autor des Films, der Romanschriftsteller Schirokauer, fuhren in einem kleinen Boot hinüber, um von ihm etwa Hilfe zu holen, sie kamen aber unverrichteter Sache zurück mit der Nachricht, daß der Kapitän ohne genaue Kenntnis der Fahrrinne in dem seichten Wasser auch nicht helfen kann, aber er schickte uns wenigstens einen Packen Capes für die Frauen und Kinder zum Schutz gegen den Regen herüber. So erwarteten wir die Morgendämmerung, dann fuhren zwei Mann im Boot hinüber zur Küste, eilten nach dem nächsten Telefon und alarmierten die Reederei des »Lachs«, die uns dann, es war inzwischen 8 Uhr geworden, den »Lachs« schickte, um uns aus unserer unangenehmen Lage zu befreien. Der »Lachs« fuhr uns an den Landungssteg von Kloster, und um 10 Uhr lag alles in den Betten. Als die Aufnahmen auf Hiddensee beendet waren, fuhren wir alle wieder nach Stralsund und von da aus mit der Bahn nach Hamburg und dann per Schiff nach Helgoland, wo die weiteren Aufnahmen stattfinden sollten und wo wir unseren Fischdampfer wiedertrafen, der inzwischen durch den Kaiser-Wilhelm-Kanal ebenfalls nach Helgoland gedampft war. Sehr reizvoll und von großem Interesse für mich war eine Fahrt, die ich mit unserem Fischdampfer hinaus auf die hohe See machte, wo das große Schleppnetz ausgeworfen und nach ungefähr 3 bis 4 Stunden eingeholt wurde. Wann kommt ein Berliner dazu, so etwas zu erleben! Als denn das gefüllte schwere Netz an Bord hochgezogen wurde mit seiner silbrigen zappelnden Ladung, wurde es geöffnet, und 14 Zentner Fisch schleuderten auf das Deck, 14 Körbe voll, jeder einen Zentner fassend, und zwar ein Zentner Steinbutt und Seezungen, das übrige hauptsächlich Schellfische, Schollen und Tintenfische. Wir suchten uns die schönsten Steinbutte und Seezungen aus, das übrige wurde der Marinebesatzung von Helgoland übergeben. Abends hatten wir dann in Helgoland ein famoses, herrliches Fischessen, was uns gar köstlich schmeckte.

Mit einer unglücklichen Sturmaufnahme schloß die ganze Arbeit des Films, es wurde alles abgeblasen, und wir fuhren wieder mit der »Cobra« nach Hamburg und per Bahn nach Berlin zurück. Die Filmgesellschaft war um ein paar Tausend Meter unbrauchbaren Films und eine große in viele Tausende gehende Minusrechnung, wir aber um eine schöne Zeit, viele Erlebnisse und Erfahrungen reicher. Ich habe in den Jahren noch viele Erfahrungen gemacht, in schönen Gegenden und Ländern, habe viele Eindrücke fürs Leben gesammelt, mein Wissen und meine Kenntnisse bereichert, und ich bin meinem Schicksal dankbar, daß es mir vergönnt war, durch den Film (auf solch bequeme Weise) ein schönes Stück Welt kennenzulernen, was ich ohne ihn nie gekonnt hätte. Ich sagte: bequem, und das war's auch. Alle die vielen Dinge, die zum Reisen gehörten und es behagten, fielen bei diesen Filmreisen fort. Man, dieser »Man« war der Reiseleiter der betreffenden Filmgesellschaft, setzte die Züge und ihre Abfahrtszeiten fest, besorgte Schlafwagen oder reservierte Coupés oder ganze Wagen, machte Quartier, man reiste wie ein Fürst.

CHRISTINE KNUPP

Landschaftsmaler entdecken die Insel

Rügen und das benachbarte Hiddensee nehmen unter den Landschaften der norddeutschen Küste eine Sonderstellung ein: ihre Entdeckung fällt für die Landschaftsmalerei um 1800 mit deren Blütezeit in der Romantik zusammen.

Die Vielgestaltigkeit von Deutschlands größter, der Küste von Pommern vorgelagerter Insel, die allerdings bis 1815 schwedisch war – leuchtend weiße, von Buchenwald bedeckte Kreidefelsen an der Ostküste, Steilküsten, durch flache Landzungen mit ihr verbundene Halbinseln und dazwischen ruhige Buchten und Bodden – bewirkte, daß seitdem die Maler wechselnder Stilrichtungen auf ihr jeweils die Motive fanden, die ihren künstlerischen Absichten gemäß waren.

Der erste Höhepunkt der Rügendarstellung kam mit den Dresdener Romantikern. In bewußter Abkehr von der Italiensehnsucht seiner Zeitgenossen unternahm Caspar David Friedrich seit 1801 immer wieder, zuletzt 1826, Studienreisen nach Rügen, das ihm wohl schon seit seiner Jugend in Greifswald vertraut war. Die zahlreichen Zeichnungen, die besonders in der Frühzeit entstanden – bevorzugt Darstellungen des Meeres und des in die Tiefe führenden Küstensaumes bei Arkona, der Kreidefelsen und alter Eichen und Hünengräber als Zeugen nordischer Vorzeit.

Von Philipp Otto Runge – 1806 auf Rügen – der für die Kapelle von Vitt das Altarbild schuf »Christus auf dem Meere wandelnd«, sind Landschaftsdarstellungen nicht überliefert. Zunächst waren die Künstler, die Rügen zu Studienzwecken aufsuchten, fast sämtlich Pommern. Bald kamen die Maler auch von weiterher, gleichzeitig begann das Bad Putbus, dessen große Zeit zwischen 1820 und 1840 lag, das Publikum anzuziehen. Als sehenswert und romantisch galten vor allem die Kreidefelsen von Stubbenkammer auf der Halbinsel Jasmund, sie malte auch Karl

Landschaft zwischen Vitte und Neuendorf

Wiesen bei Vitte

Friedrich Schinkel, der 1821 und 1835 in Bauaufträgen auf Rügen war. Der zwischen Romantik und Realismus stehende Karl Blechen verbrachte 1828 noch vor seiner Italienreise einen Studiensommer dort, in dem die locker und vehement gemalte Ölskizze eines Kreidefelsens entstand.

Und Friedrich Preller d.Ä., der mehr als 100 Rügenbilder gemalt hat, schrieb 1847 nach dem dritten Aufenthalt: »Ich werde meine Studien wohl in Zukunft hier machen, denn reicher habe ich nie ein Land gesehen, selbst Italien nicht, obgleich in ganz anderer Weise.« Preller schätzte auch das rauhere Hiddensee, »denn dort haben wir die Stürme aus erster Hand«. Mit Vorliebe hielt man sich im Herbst hier auf, wenn der Himmel bedeckt und stürmisch war und das Laub sich verfärbte. Neben den pittoresken Themen, die die Romantik bevorzugt hatte, entdeckten die Maler nach der Jahrhundertmitte die anspruchsloseren – zwar hatte auch Preller schon die ärmlichen, an den Boden geduckten Fischerhäuser von Rügen und Hiddensee dargestellt, dabei aber die Ärmlichkeit gleich wieder pathetisch gesteigert.

So verbrachte Walter Leistikow 1886 den Sommer auf Rügen (zwei Jahre später war er auch auf Hiddensee) und malte den Blick über das Dorf Vitt auf das Kap Arkona als weite Sommerlandschaft von hohem Standort, mit an den Hang geschmiegten Häusern und kleinen Staffagefiguren, über der nur ein schmaler Streifen Himmel sichtbar wird.

Um 1900 trat schließlich das westlich von Rügen gelegene Hiddensee stärker ins Gesichtsfeld der Landschaftsmaler. Hier gab es weder Kreidefelsen noch Wälder, nur das Meer mit einer für die Ostsee ungewöhnlich starken Brandung, die armen Fischerdörfer Neuendorf, Vitte und Kloster und im Norden die Steilküste der einzigen Erhebung, des Dornbusch.

Gustav Schönleber, der 1875/76 die norddeutsche Küste bereiste, um Studien für die Illustrationen des Prachtwerks »Küstenfahrten an der Nord- und Ostsee« zu machen, hielt als einer der ersten den herben Reiz der abgelegenen, nur vereinzelt von Badegästen aufgesuchten Insel in Zeichnungen und Gemälden fest, die den weiten Blick über die Steilküste aufs Meer wiedergeben. Ihn reizte die Darstellung des Flimmerns von Luft und Wasser – und das Licht ist es vor allem, das die Maler an Hiddensee rühmten. So ist es nicht verwunderlich, daß gerade die

Generation der Freilichtmaler sich von den inzwischen bekannten Orten auf Rügen dorthin zurückzog.

Doch waren, wie bei der Entdeckung Rügens, auch bei der von Hiddensee Schriftsteller und Maler zugleich beteiligt. 1885 machte Gerhart Hauptmann, der damals noch zwischen Bildhauerei und Dichtkunst schwankte, bei einem Rügenaufenthalt einen Abstecher nach Hiddensee – in Gesellschaft eines Malers, seines Freundes Hugo Ernst Schmidt. Als er, inzwischen berühmt, die Einsamkeit suchte, die andernorts verloren schien, kehrte er 1896 und in den folgenden Jahren und dann seit 1915 regelmäßig wieder. 1931 bezog er sein Haus »Seedorn«, das heute Gedenkstätte ist, 1946 wurde er auf Hiddensee begraben.

Kurz nach der Jahrhundertwende wurden die ersten Künstler auf der Insel ansässig, wenn auch nur für den Sommer. Eine Schlüsselfigur der sich nun bildenden Gruppe von Malern, Schriftstellern, Theaterleuten und Musikern war Oskar Kruse-Lietzenburg, von aller Welt »Onkel Os« genannt. Erst mit 42 Jahren hatte der vermögende Kaufmann sich der Malerei zugewandt und noch ein regelrechtes Studium absolviert. Wohl 1902 zum erstenmal auf Hiddensee, ließ er sich 1904/05 in Kloster in beherrschender Lage die »Lietzenburg« erbauen, das erste und zugleich größte Künstlerhaus der Insel, das vielen Gästen Platz bot, unter ihnen Gerhart Hauptmann und Max Reinhardt. Die gleiche Begeisterung hatte auch die Maler Felix Krause und Harold Bengen erfaßt, die sich etwa seit 1905 regelmäßig einfanden. Einen Aufsatz über Hiddensee in Westermanns Monatsheften im Jahre 1907 illustrierte Krause mit Bildern seiner Freunde Oskar Kruse, Harold Bengen, Walter Helbig und der Malerin Elisabeth Büchsel aus Stralsund, die die Insel 1904 für sich entdeckt hatte und ihr ein neunzig Jahre langes Leben hindurch treu blieb. Diese Bilder sind Beispiele einer sich dem Impressionismus nähernden Freilichtmalerei in lichten Tönen und mit bewußt anspruchslosen Motiven: Dorfhütten, ein Dünenausschnitt, der wandelbare Himmel über einem schmalen Streifen Land und Wasser.

Auch andere Malerinnen fanden sich schon früh ein und kamen immer wieder, so Katharina Bamberg und Julie Wolfthorn, die dem Impressionismus nahestanden. In Bengens Arbeiten vollzieht sich um 1909 der Wechsel zu den Ausdrucksmitteln des Expressionismus, 1910 gehörte er zu den Mitbegründern der Neuen Sezession.

Ein Sezessionsmitglied der ersten Stunde war auch Moritz Melzer. 1911 stellte er dort drei Bilder aus Neuendorf aus, spannungsvolle Kompositionen in einer eigenwilligen Spielart des frühen Expressionismus. Eines davon, »Fischerboote am Strand«, gibt das Sujet in Aufsicht und kühner Überschneidung, die Formen sind mit harten Konturen umrissen, Topographisches tritt ganz zurück.

Die Expressionisten der »Brücke« zog Hiddensee nicht an, sie suchten einsamere Orte auf, die noch nicht von Malern entdeckt worden waren. Nur Erich Heckel verbrachte 1912 den Sommer dort. In den verschiedensten Techniken gestaltete er auch hier die zentralen Themen seines Schaffens: Meer und Steilküste und den Menschen in freier Landschaft, Badende und Gruppen von Akten am Strand.

Die Möglichkeit, am einsamen Strand der Nordwestküste nackt zu baden, machte in der Zeit der nach Geschlechtern getrennten Badeanstalten einen der besonderen Reize Hiddensees aus. Den Malern bot sich ein Bild des paradiesischen Einklangs mit der Natur, und Gerhart Hauptmann bemerkte später zu seinem 1916 begonnenen Roman »Die Insel der Großen Mutter«: »Ich hätte sie wohl nie geschrieben, hätte ich nicht jahrelang auf Hiddensee die vielen schönen, oft ganz nackten Frauenkörper gesehen und das Treiben dort beobachtet.«

Zu den Malern, die vor dem Ersten Weltkrieg Hiddensee aufsuchten, gehörten auch der Dresdener Otto Lange, noch vor seiner Hinwendung zum Expressionismus, und der junge Richard Seewald, für den noch während der Schulzeit die erste Begegnung mit der Kunst im Kreis von Oskar Kruse stattfand.

Seit 1912 besaß der Künstlerkreis auf Hiddensee ein weiteres geistiges und gesellschaftliches Zentrum mit dem Haus des Architekten Hermann Muthesius und seiner Frau Anna, einer Musikerin, einem umgebauten Fischerhaus. Auch nach seinem Tod blieb sie, bis in die Jahre nach dem Zweiten Weltkrieg, der Mittelpunkt für eine Schar von Gästen. Muthesius und seine Söhne betätigten sich auch malerisch.

Neben Hiddensee wurde auch Rügen weiter von Malern aufgesucht. Lyonel Feininger hielt sich zwischen 1891 und 1907 häufig auf Mönchgut auf; am Ende dieser Zeit vollzog sich seine Hinwendung zur Malerei.

Der Erste Weltkrieg ließ auch im Schaffen der Maler auf Hiddensee eine Zäsur entstehen. Die revolutionären Tendenzen unmittelbar nach dem allgemeinen Zusammenbruch fanden ihren Stoff im Leben der Städte. Als man sich wieder der Landschaft zuwandte, hatte ein Wandel stattgefunden. Die Maler, die als Expressionisten begonnen hatten, kehrten zu größerer Naturnähe zurück, die dargestellten Gegenstände gewannen wieder plastisches Volumen, Formen und Farbigkeit beruhigten sich.

Fast zeitlos wirken die stimmungsvollen Blätter des Graphikers Emil Orlik aus der 1920 herausgegebenen Lithographien-Folge »Hiddensee« oder die mit zarten, nervösen Linien umrissenen, hintereinandergeschichteten Erhebungen des Dornbusch in der Radierung »Leuchtturm auf Hiddensee«.

Als einer der wenigen konsequenten Nachfolger des Pointillismus ist Ivo Hauptmann, der älteste Sohn Gerhart Hauptmanns, ein Sonderfall. In den 1920 und 1921 entstandenen späten Beispielen seiner an Signac orienierten Malweise, wie dem »Strand am Meer« sind Steilküste, Meer und Himmel in ein Mosaik leuchtender Farbtupfen zerlegt. Kurz darauf wandte er sich einer unmittelbaren Sicht der Hiddensee-Landschaft zu, die er auch in den dreißiger Jahren noch häufig malte.

Dem Kreis der Brücke-Maler, insbesondere Heckel, waren die jüngeren Berliner Max Kaus und Walter Gramatté eng verbunden. Kaus, der 1922/24 auf Hiddensee war, hat in diesen Jahren neben der reinen Landschaft das Thema des Menschen in der Natur bevorzugt. Neben Gemälden und Aquarellen in leuchtenden, harmonischen Farben entstand eine gedämpftere Serie großer Lithographien.

Den etwa gleichzeitig entstandenen Landschaften Gramattés gibt der weite Blick von hohem Aussichtspunkt und der vom Meer gebildete, gewölbte Horizont den Eindruck fast unendlicher Weite. In einem gewissen Kontrast dazu stehen in seinem Bild »Auf Hiddensee (Nach dem Regen)« die nah gesehenen, von Bildrand überschnittenen Dorfhütten des Vordergrundes. In der weichen, malerischen Stimmung der Landschaft unter einem Regenschauer und der verhaltenen, auf Grün, Rostrot und Grau beschränkten Farbigkeit sind diese Gegensätze zusammengenommen. Für Gramatté bedeutete die Überschaubarkeit und Vertrautheit Hiddensees einen Ruhepunkt in seinem kurzen und unruhigen Leben.

Wie Kaus und Gramatté waren die meisten der Maler, die in den zwanziger Jahren auf Hiddensee ihre Studien machten, ihrer Generation entsprechend aus dem Expressionismus hervorgegangen, unter ihnen August Wilhelm Dressler, Ernst Fritsch, W. Robert Huth, Bruno Krauskopf, Wilhelm Kohlhoff, Wolf Röhricht und als ständiger Hiddenseebesucher der Aquarellmaler Albert (Ali) Klatt. Die meisten von ihnen waren Mitglieder der Berliner Sezession, und nicht wenige sollten später zu den Lehrern der Berliner Hochschule für bildende Künste gehören; so hatte Hiddensee als Studienort für die Berliner Maler dieser Zeit etwa die Bedeutung wie Rügen für die Düsseldorfer im letzten Viertel des 19. Jahrhunderts.

Einer der bekanntesten Berliner Maler der Zeit war Willy Jaeckel. 1907 war er zum erstenmal auf Hiddensee, seit 1925 kam er jeden Sommer, und seit 1938 besaß er ein eigenes Haus, wiederum ein Zentrum für seine Freunde und Schüler. Seine Hiddenseelandschaften sind von Ruhe, Weite und starker Vereinfachung der Formen geprägt. In dem 1925 entstandenen Gemälde »Regenbogen auf Hiddensee« ist ein Augenblickseindruck in einen Bildaufbau von großer Klarheit verwandelt.

1927 sah Alexander Kanoldt die Landschaft mit den Augen der neuen Sachlichkeit; in seiner Lithographienfolge »Hiddensee« erscheint die Steilküste als plastische, kristalline Form ohne jede Zutat. Im gleichen Jahr war George Grosz zusammen mit dem Kunstkritiker Eduard Plietzsch auf der Insel. Der Hamburger Otto Rodewald, der in den späten zwanziger Jahren eine eigentümlich wuchernde Spielart des magischen Realismus entwickelt hatte, war Anfang der dreißiger Jahre mehrfach dort und zeichnete eine Gruppe von Fischerhäusern im Schutz des Dornbusch mit wahrer Versessenheit aufs Detail. Ewald Mataré, ursprünglich ja als Maler ausgebildet, setzte die Landschaft in Farbholzschnitten in geometrische, fast bis zur Abstraktion getriebene Formen um; vor allem aber interessierten ihn die Kühe – das Generalthema seiner Plastik – die auf dem Gellen im Süden Hiddensees halbwild sich selbst überlassen waren.

Wie sehr Hiddensee zum Malen verlockt, oder das Vorbild der vielen Maler, ist daran abzulesen, daß auch prominente Schauspieler wie Otto Gebühr und Asta Nielsen, die Häuser dort besaßen, sich im Malen versuchten. In den dreißiger Jahren wird die Schar der Maler fast unübersehbar. Schüler und Schülerinnen von Willy Jaeckel kamen aus Berlin, aus

Hamburg mehrfach der Bildhauer Hans Ruwoldt, der die Landschaft in kraftvollen, plastischen Formen zeichnete, mit ihm Fritz Kronenberg und Emil Maetzel; Heinrich Graf Luckner war Gast Gerhart Hauptmanns, Gory von Stryk Gast Willy Jaeckels. Hans Hubertus von Merveldt – und wie er wohl viele andere – suchte 1939/40 hier Ersatz für die unerreichbar gewordene Landschaft des Südens.

Nach den Einschränkungen, die den Künstlern durch die Kulturpolitik des Dritten Reiches auferlegt wurden und die besonders die Generation der Expressionisten trafen, brachte der Zweite Weltkrieg für die meisten das Ende der sommerlichen Studienaufenthalte.

In den ersten Jahren nach 1945 kehrte ein kleiner Teil der alten Hiddenseefreunde wieder. Heinrich Heuser malte »Fischer Gau's gute Stube« wie eine Erinnerung an alte Zeiten. Die aus Krieg und Kriegsgefangenschaft zurückgekehrten Jüngeren, wie Helmut Thoma, und die ganz Jungen, die erst am Beginn ihrer Studien standen, Carl Heinz Kliemann, Hans Sperschneider, suchten in der Einsamkeit der Landschaft zu sich selbst und zu einer neuen Orientierung zu finden.

Und die in Ausstellungen gezeigten Bilder älterer und jüngerer Maler bewiesen, daß Rügen und Hiddensee, wenn auch die Zeit der Künstlerkolonien lange zurückliegt, ihre Anziehungskraft auf die Künstler noch immer nicht verloren haben.

»Gute Verpflegung – reelle Preise«
Anzeigen aus Neuendorf und Vitte

Von Fremdenbüchern – Dampferfahrplänen – Badezellen – Kolonialwaren – Logierzimmern und frischen Backwaren frei Haus

In Hiddensee, das wußt ich genau,
Wohn ich bei Schluck oder wohn ich bei Gau.
Diesmal wars Gau, das nächste Mal, Schluck,
Kehr ich noch einmal nach Vitte zuruck.
(Eintragung eines Badegastes ins Fremdenbuch)

STRALSUND

Alleinige Verbindung
von **Stralsund** nach
Hiddensee, Vitte und Kloster
mit Post= und Salon=Dampfer „Caprivi"
Kapitän Gau

Fahrplan
15. Mai bis 15. September

Werktäglich:	Sonntags v. 15. Juni ab:
ab Stralsd. 3.30 nachm.	ab Stralsd. 2.15 nachm.
ab Vitte . . 5.45 „	ab Vitte . 4.30 „
an Kloster 6.15 „	an Kloster . 5.15 „
ab Kloster . 7.30 vorm.	ab Kloster . 7.30 vorm.
ab Vitte . . 8.15 „	an Vitte . . 8.15 „
an Stralsd. 10.30 „	an Stralsd. 10.30 „

Genossenschafts-Reederei Hiddensee
e. G. m. b. H.
in Vitte, Kreis Rügen.

.... Restaurant an Bord. ....

DAMPFER-FAHRPLAN
Stralsund — Neuendorf — Breege a / Rügen

Vom 1. Mai bis 15. Juni ab Stralsund Dienstag, Donnerstag, Sonnabend, 3½ Uhr nachmittags

Vom 16. Juni bis 31. August ab Stralsund an den Werktagen 3½ Uhr nachmittags

Vom 1. September bis Schluß der Schiffahrt Mittwoch und Sonnabend ab Stralsund 3 Uhr nachmittags

Reederei A. PRÄTZ. STRALSUND

Ostseebad NEUENDORF a. Hiddensee

Neuendorf auf Hiddensee

Tägl. Dampterverbindg nach u. von Stralsund (2 Std. 25 km)
5 Minuten vom Dampfersteg der Reederei A. PRATZ

Gasthof am Meer

**Aufmerksame Bedienung. Fachmännische Leitung.
Gute Verpflegung.** Vorgarten. **Großer Saal.
Allgemeiner Treffpunkt der Hiddenseer Badegäste**

Kaffee, Tee, Chocolade, stets frische Kuchen / Zeitungen

Neuendorf ist ein höchst reizvolles. **einzigartiges echtes Fischerdorf**, ein zum Ausruhen besonders geeigneter kleiner Badeort mit etwa 60 Wohnhäusern und 260 Einwohnern, auf einer Landenge im Süden Hiddensees malerisch u. idyllisch gelegen, mit **völlig staubfreien**, rasenbewachsenen **Straßen**, durch Steindämme geschützt vor Sturmfluten, mit 2 Wäldchen in der Nähe, mit **steinfreiem, unentgeltl. benutzbarem Badestrande** und mit eigenartigen Fischerhäusern. Dazu Post, Telephon, Telegraph, Kaufleute am Ort. Von **Vitte** 1 Stunde, von **Heiderose** ½ Stunde, von **Kloster** 1½ Stunden entfernt. Hier in Neuendorf wurde 1872 der berühmte altnordische **Hiddenseer Goldschmuck** gefunden.

Inhaber des Gasthofs: ALFRED FREESE.

Fernruf: Nr. 14 Amt Vitte im Hause (Nr. 10 im Ortsplan)

☞ Neuendorf auf Hiddensee ☜

Haus Hugo Witt

(Nr. 11 auf dem Ortsplan)

empfiehlt

neuerbaute, zeitgemäß eingerichtete

Sommerwohnungen

dicht am Badestrand mit eigenem Zelt.

Balkon mit herrlicher Fernsicht auf Land und Meer.

Kolonialwarenhandlung i. Hause

Verkauf aller Lebens- und Genußmittel
Frisches Obst u. Gemüse :: Räucherfische

Strandkorbvermietung :: Fuhrwerk

Besitz.: **Hugo Witt**, Kaufmann.

Ostseebad HEIDEROSE a. Hiddensee (Vitte)

Ostseebad Heiderose auf Hiddensee (Vitte)

Gasthaus „Zur Heiderose"

Fernruf Vitte 16 / **PAUL KRÜGER** / Fernruf Vitte 16

Ruhige Lage in der Heide an Dünen und Meer.
Groß. schattiger Garten - Speisesaal mit Veranda.
Gute bürgerliche Verpflegung. — Solide Preise.

Die Welt mit ihrem wirren Treiben,
Macht sie dich oft so müd und leer.
Dann möcht ich als Rezept verschreiben,
Fahr nur zur Heiderose her.
Sie wird Gesundheit, Kraft dir geben.
Der stillen Heide Einsamkeit,
Des Meeres ewig gleiches Streben
Bringt Mut und neue Schaffensfreud.

(Fremdenbuch)

Anzeigen
aus Vitte
auf Hiddensee

Ostseebad VITTE auf Hiddensee

Hotel zur Ostsee
Erstes und ältestes Haus am Orte

Treffliche geschützte Lage am Außenstrande
Hausdiener an der Landungsbrücke
25 geräumige hohe Zimmer – Prächtige Aussicht von den oberen Räumen
Grosser Speise- und Gesellschaftssaal
mit vorgebauter Veranda / Lesezimmer
Großer Restaurationsraum
Volle Pension mit Zimmer von 6 M an
Badezellen zu kostenfreien Seebädern a. Strande
Gute Verpflegung, reelle Preise.

Besitzer: **Ernst Freese.**
Fernsprecher Amt Vitte Nr. 3.

Ostseebad VITTE auf Hiddensee

Strandhotel
Pensionshaus I. Ranges

(Nr. 58a auf dem Plan)

Direkt am Meer. Zwei Minuten von der Dampferanlegestelle. Vornehmes ruhiges Haus, der Neuzeit entsprechend eingerichtet, sehr geräumige hohe Zimmer mit Balkon und herrliche Aussicht auf die See. — Korbmöbel — Großer Verandasaal zum Speisen
Volle vorzügliche reichliche Verpflegung

Tel.: Amt Vitte 12   Besitzerin: Frau A. Sponholz

Gasthaus Schluck - Vitte
direkt am Meer gelegen
Freundliche ein- und zweibettige Zimmer
mit herrlicher Aussicht aufs Meer
Gut bürgerliche Küche!
Kolonialwarengeschäft im Hause

Ostseebad VITTE auf Hiddensee

Zur Post
Logierhaus / Pension / Restauration

Unmittelbar am Dampfersteg gelegen. **25 Zimmer (40 Betten).** Balkons. Angenehmer ruhiger Aufenthalt mit schöner Aussicht: auf Bodden und See. Behagliche Wohnzimmer. Bibliothek. Musikzimmer. **Geschützte Glasveranda** zum Speisen (Wasserseite). **Lawn-Tennisplatz.** Staubfreie Luft. **Seebäder kostenlos. Gute Weine, wohlgepflegte Biere. Gute Küche.**
Besitzerin: Frl. **M. Nehls.**

Privat=Pensionat

gelegen am Norderende von Vitte (Nr. 14), 1 Minute vom Badestrand entfernt, Aussicht auf See und Bodden, empfiehlt sich allen Badegästen. Gute Verpflegung und guter bürgerlicher Mittagstisch. Eigene Viehwirtschaft. Badezellen zur kostenlosen Benutzung.
Massives gutes großes Steinhaus
WALD. SCHWARTZ
Müller= und Bäckermeister

Haus Gau / Dorfstraße 75

Vortrefflich eingerichtete Fremdenzimmer mit **guten Betten** zum Preise von 8—16 M wöchentlich. Schöne **Familienwohnungen** mit Küchen. Glasveranda u. Lauben. 2 Min. vom Badestrande. **Prächtige Aussicht** ringsum über das offene Meer und die Binnengewässer. Eigene **Badehütten** zur **unentgeltlichen Benutzung. Eigenes Fuhrwerk.** Gepäck wird abgeholt. Angenehmes Wohnen.

Kaufmann **Willy Kaiser.**

Ostseebad VITTE auf Hiddensee

Kaufhaus Fritz Gau

Inhaber: WILLY KAISER
Dorfstraße 75

im Mittelpunkt des Verkehrs, 2 Minuten vom Badestrande, 8 Minuten vom Dampfersteg und vom Nord- u. Südende von VITTE

Ältestes und größtes Geschäft im Orte

Reichhaltiges Lager von
Kolonialwaren und Konserven
Aufschnitt und Räucherwaren
Feinkostleckereien u. Südfrüchte

Größte Auswahl in
Badeartikeln, Andenken, Wirtschaftsartikeln
Spazierstöcken, Zigarren, Zigaretten, Weinen
Obst und Gemüse täglich frisch

Strandkörbe mit Liegestühlen zu vermieten.

Fernsprecher:
Amt Vitte 23

HUGO WOLLNER

Aeltestes Saisongeschäft auf Hiddensee
(1 Minute v. der Landungsbrücke neben Strandhotel in Vitte)

Photo=Artikel, =Arbeiten und =Aufnahmen
Konfitüren, Obst, Gemüse, Badeartikel, Schuhe
Bernstein=, Spielwaren, Andenken, Bücher, Zeitschriften
Zeitungen, Zigarren, Zigaretten, Tabake
Ansichtspostkarten, Strandkörbe

Ostseebad VITTE auf Hiddensee

Vitte a. H., Dorfstr. 50a

Walter Freese

Größtes Geschäft am Orte
(gegenüber dem Hotel zur Ostsee)

Kolonialwaren und Delikatessen
Konserven ✥ Aufschnitt ✥ Räucherwaren
Täglich frisches Gemüse und Obst
Badeartikel ✥ Zigarren und Zigaretten

Elegante Logierzimmer
in nächster Strandnähe, gegenüber dem Ostseehotel
Eigene Lichtanlage / Strandkörbe zu vermieten
Fernsprecher Amt Vitte Nr. 24

Besuchen Sie
die

Vitter Buch- und Kunststube

WERNER SCHÜMANN

Kunstgewerbe :: Das schöne Buch
Gemälde :: Graphik
Zeitungen :: Zeitschriften
Leihbücherei

Auskunftsstelle für den W. V.

Ostseebad VITTE auf Hiddensee

Hiddensoer Künstlerinnenbund
Kunstausstellung / Gemälde / Skizzen / Graphik
Motive von Hiddensoe und der Waterkant
Vitte in der blauen Scheune

Geöffnet Mittwoch und Sonntag von 4-6 Uhr. Sonst nach
Meldung in der benachbarten Villa. Eintritt 25 Pfennige.

Richard Niemann
Herren- und Damen-Frisör
Vitte, Ecke Schulweg
gegenüber dem Ostseehotel
Champonieren, Ondulieren, Frisieren, Toiletteartikel
Ab 1925 neben dem Postamt

Erich Kasten
Brot- und Kuchenbäckerei
Vitte - Süderende
Täglich frische Brötchen sowie sämtl. Konditoreiwaren
Bringe Brot: Dienstag und Freitag nach Neuendorf
Montag und Donnerstag nach Kloster-Grieben

Karl Rohde
Brot= und Feinbäckerei
Vitte, gegenüber der Post

*Täglich frische Backwaren & Bestellungen werden prompt besorgt
Bringe frische Backwaren täglich nach Kloster-Grieben
zweimal wöchentlich nach Neuendorf*

Arnold Gustavs

Gerhart Hauptmann und Hiddensee

Der Schauplatz von »Gabriel Schillings Flucht« ist Hiddensee. Die Namen des Scherzspiels »Schluck und Jau« sind von Hiddenseer Fischern genommen. Auf der Insel hat Hauptmann große Teile der »Versunkenen Glocke« seiner späteren Frau Margarete Marschalk in die Feder diktiert. Hier hat er 1940 »Iphigenie in Delphi« in vier Wochen in einem Zuge fertiggeschrieben. Hier ist er schließlich heimisch geworden, als er 1929 das Haus »Seedorn« erwarb und sich ein wunderbares Arbeitszimmer bauen ließ, das nun wie ein Dornröschenschloß verborgen liegt. Und hier ruhen auf dem schlichten Inselfriedhof seine sterblichen Überreste. Gerhart Hauptmann und die von ihm so geliebte Insel Hiddensee sind nur in einem Atem zu nennen.

Am 29. Juli 1885 hat Hauptmann zum ersten Male Hiddenseer Boden betreten. Er befand sich zusammen mit seinem Bruder Carl und dessen Frau Martha, geb. Thienemann, sowie seinem Freunde Hugo Ernst Schmidt auf einer Rügenreise und hat dann wohl allein einen Abstecher nach Hiddensee gemacht, wo er in Kloster in dem alten Gasthofe von Schlieker wohnte. Diesem kurzen Aufenthalt verdankt das Gedicht »Mondscheinlerche« seine Entstehung.

Dann allerdings währte es elf Jahre, bis er die Insel wieder aufsuchte. Im Sommer 1896 weilte er in Vitte und wohnte in dem einfachen Gasthause von Freese, jetzt »Hotel zur Ostsee«, in einem kleinen einfenstrigen Zimmer gleich rechts vom Hausflur. In diesem Zimmer diktierte er Margarete Marschalk große Teile seiner »Versunkenen Glocke«. Damals habe ich, während ich mich als 21jähriger Student auf der Insel aufhielt, die beiden hin und wieder zusammen spazierengehen sehen. Er groß, schmal, mit durchgeistigtem Gesicht; sie an seiner Seite knabenhaft schlank, geschmeidig und elastisch, mit dem ganzen Liebreiz der Jugend und Schönheit. Ein Bild, das sich mir unvergeßlich eingeprägt hat,

Der Dichter Gerhart Hauptmann mit seinen drei Söhnen aus erster Ehe – Ivo, Eckart und Klaus – auf Hiddensee im Jahre 1906

obwohl ich damals kaum etwas von der Bedeutung Hauptmanns wußte und nicht ahnen konnte, daß ich ihm später in langjähriger Freundschaft verbunden sein würde.

Es war jene Zeit, in der sich die Ehekrise Hauptmanns verschärfte und sich die Trennung von seiner ersten Frau Marie, geb. Thienemann, der er später in seinen Werken so oft ein Denkmal der Liebe setzte, anbahnte. Auch 1897 bis 1899 verbrachte Hauptmann die Sommer auf Hiddensee. Im Jahre 1901 wohnte er mit seinen drei Söhnen Ivo, Eckart und Klaus in der Pension von Theodor Nehls in Vitte.

Dann trat eine längere Pause ein. Erst 1917 kehrte Hauptmann wieder nach Hiddensee zurück und kam dann fast Jahr für Jahr wieder, zunächst in die Lietzenburg des Malers Oskar Kruse, denn dieses geräumige Künstlerheim bot einen angemessenen Rahmen für die vielen Gäste, die ihn aufsuchten und die überhaupt nur um seinetwillen auf die Insel kamen. 1921 bezog er die erste Etage der Hotelpension Frau von Sydows

»Haus am Meer«, wo er einige Sommer wohnte, 1924 gleichzeitig mit Thomas Mann. Da er aber immer mehr nach Einsamkeit verlangte, mietete er schließlich das der Gemeinde Kloster gehörende Haus »Seedorn«, bis er es als Eigentum erwarb und im Winter 1930/1931 durch den Architekten Arnulf Schelcher den Erweiterungsbau ausführen ließ, der in der Hauptsache ein gewaltiges Arbeitszimmer enthält und durch einen Kreuzgang mit dem alten Hause verbunden ist.

Dort hat Hauptmann alljährlich arbeitsreiche Sommerwochen verlebt, meist in den Monaten Juli bis September. Als er 1932 zur Goethefeier in Amerika war, besuchte er uns sogar zweimal, im Frühjahr gleich nach der Rückkehr aus Amerika, und im Laufe des Sommers noch einmal. Zum letzten Male weilte der Dichter 1943 auf der ihm mehr und mehr ans Herz gewachsenen Insel, damals schon ein von mancherlei Gebrechen geplagter Mann, obgleich geistig völlig frisch. Am 12. September dieses Jahres war er zum letzten Male im Gottesdienst, den er jeden Sommer einige Male besuchte, und nahm an der feierlichen Einweihung der neueingebauten Orgel teil. Dann kehrte er erst als ein toter Mann zurück, um auf dem stillen Inselfriedhof seine letzte Ruhestätte zu finden.

Das eigenartige, einmalige Antlitz, das die Welt auf Hiddensee trägt, hat Gerhart Hauptmann immer wieder angezogen. Felix Krause, der im ersten Jahrzehnt unseres Jahrhunderts fast alljährlich nach Hiddensee kam, hat einmal ein Bild gemalt, dem er den Namen »Ein blauer Tag auf Hiddensee« gab. Man blickt über die Salzweide südlich von Kloster auf die in der Ferne verschwimmende Silhouette von Vitte; darüber einige rosig beleuchtete Wolken und ein hoher, blauer Himmel. Dieses hohe Firmament, das besonders eindrucksvoll erscheint, wenn man von den Hügeln des Dornbusches nach Süden schaut, ist eine eigentümliche Schönheit von Hiddensee, die immer wieder von neuem ergreift, wie der Blick über die menschenleere Wasserfläche. Man kann den ganzen Zauber dieser Insel kaum besser wiedergeben, als es Hauptmann selber in »Gabriel Schillings Flucht« getan hat: »Diese Klarheit! Dieses stumme und mächtige Strömen des Lichts! Dazu die Freiheit des Wanderns über die pfadlose Grastafel. Dazu der Salzgeschmack auf den Lippen. Das geradezu bis zu Tränen erschütternde Brausen der See.«

Gerhart Hauptmann brauchte, wie er seinen Freunden oft bekannt

Gerhart Hauptmann am Strand von Hiddensee im Jahre 1899

hat, den Ortswechsel für sein Schaffen. Spürte er, daß der Strom seines Geistes am Versiegen war, packte er seine Koffer und fuhr an einen anderen Ort. Und siehe da, die Quelle begann wieder zu sprudeln. So hatte sich im Laufe der Jahre ein gewisser Turnus herausgebildet, dem neben regelmäßigen Aufenthalten im Riesengebirge, im »Wiesenstein«, der Winteraufenthalt in Italien und der Sommerbesuch auf Hiddensee das feste Rückgrat gaben.

Auch auf Hiddensee rollte sich Hauptmanns Tageslauf wie überall gleichmäßig ab. Frühmorgens zwischen sechs und sieben ging er an den Strand zum Baden, meist von seiner Gattin begleitet. Nach dem Frühstück ein langer Spaziergang durch den Wald oder über die Hügel, mit einem Notizbuch in der Hand, sein Produktivspaziergang, bei dem er meditierend das Nachmittagsdiktat überlegte. Nach dem Mittagessen ein langer Mittagsschlaf. Um 5 Uhr war Teestunde, wobei Hauptmann Kaffee trank, der seine Gedanken besser ins Rollen brachte. Dann arbeitete Hauptmann etwa zwei bis drei Stunden ununterbrochen. Unterdessen mußte absolute Ruhe im Hause herrschen. Gäste wurden nicht angenommen. Hauptmann hat seinen näheren Freunden oft gesagt, daß er bei seinen Arbeiten nur das Medium sei. Er befindet sich in einer Art Trancezustand, und es sei, als ob ihm ein anderer zuspräche, was er dann durch das Diktat weitergab. Jedenfalls ein phänomenales Walten der Phantasie, das den wirklichen Dichter kennzeichnet und ihn weit hinaushebt über die große Masse der »Schriftsteller«.

Der Abend gehörte der Geselligkeit. Kaum ein Tag verging, an dem nicht des Abends Gäste bei Hauptmann versammelt waren. Dann wurde in dem kleinen intimen Raum vor dem Arbeitszimmer, in dem auch gegessen wurde, bei einem guten Glas Wein geplaudert. Die Weihe des Raums wurde durch ausgewählte Kunstwerke erhöht. In der einen Ecke stand auf einem hohen Postament eine Buddhastatue aus vergoldeter Bronze. An der Wand hing ein kostbarer persischer Figurenteppich. In der anderen Ecke sah man eine Arbeit des Stralsunder Gelbgießers Klingenberg, eine Ansicht der Stadt Stralsund. An dem runden Tisch hatte Frau Hauptmann ihren Stammplatz in einem hohen Ohrensessel. Ihr gegenüber saß der Hausherr. Und zwischen beiden standen auf jeder Seite nur noch zwei Stühle, weil meist nur ein kleiner Kreis von vier Gästen anwesend war; eine sehr glückliche Zahl, die ein zielloses

Durcheinanderschwirren der Unterhaltung verbot, zumal alle auf das Wort des »Meisters« lauschten.

Das war die Stunde, in der Gerhart Hauptmann sein Herz öffnete und alle Höhen und Tiefen der Menschheitsgeschichte und des Geisteslebens durchmessen wurden. Ein köstlicher Genuß war es jedesmal, wenn Hauptmann aus seinem Leben oder über das Entstehen seiner Werke erzählte, oder gar in seiner dramatischen Vortragskunst aus irgendeinem noch unveröffentlichen Manuskript vorlas. Da Hauptmann gern einem guten Weine zusprach, dehnten sich diese Symposien oft bis weit nach Mitternacht aus und wurden bisweilen auch wohl einmal dionysisch übersteigert. Ich besinne mich noch auf einen Abend, an dem der schwedische Lautensänger Scholander zugegen war und Lieder sang. Hauptmann sagte wohl über diese Abende, er müsse auf diese Weise einen Schleier über den Tag ziehen, damit ihn die Gestalten desselben nicht noch im Traume bedrängten.

Frau Margarete, die zweite Gattin Gerhart Hauptmanns, ist die merkwürdigste Frau, ich könnte fast sagen, der eigenartigste Mensch, der mir in meinem langen Leben begegnet ist. Wenn man sie als Totalität zu betrachten versucht, so kann man sich wohl erklären, daß dieses damals zu allem anderen noch junge Menschenkind einen so faszinierenden Eindruck auf Hauptmann gemacht hat, daß sie ihn sozusagen gefangennahm und er nicht mehr von ihr loskam.

Es ist schwer, diesen Gesamteindruck, den Margarete Marschalk machte, in Einzelheiten zu zerlegen und sich über das klar zu werden, was den fesselnden Reiz ihres Wesens ausmachte. Zunächst vielleicht das fabelhafte Temperament, über das sie verfügte. In ihren jungen Jahren muß ein sprühendes Leben von ihr ausgegangen sein, das sie in glühenden Funken um sich warf. Dazu kam eine Klarheit des Verstandes und eine erstaunliche Klugheit, wie sie nur selten dem weiblichen Geschlecht eigen sind. Dieses beides möchte ich als die Brennpunkte bezeichnen, um welche ihr Leben schwang. Beides vereint hat Gerhart Hauptmann bezwungen, so daß ihm die Geliebte seiner Jugend nichts mehr war.

Zweierlei war Margarete ihrem Manne nicht: sie ist Hauptmann nie eine gute Hausfrau gewesen. Das lag ihr nicht. Und Hauptmann ver-

Gerhart Hauptmann und seine zweite Frau, Margarete Marschalk, mit Gästen auf Hiddensee

mißte das bisweilen. So sagte er einmal: »Wenn meine Frau sich doch mal in der Küche sehen ließe!« Immer gab er, wenn Gäste da waren, nicht sie das Menü an. Ich glaube freilich, daß es ihm Spaß machte. Frau Margarete war überhaupt mehr und mehr darauf angewiesen, gute Dienstboten zu haben, da ihr Sehvermögen infolge eines Risses der Netzhaut ganz gering war.

Und was sie als zweites auch nicht war: sie war nicht seine Muse, wenn man so sagen soll, das heißt, sie hatte keinen direkten Einfluß auf seine schaffende Arbeit. Sie war ihm nicht Anregerin, was die erste Frau auch kaum war. Hauptmann brauchte eine Muse in diesem Sinne auch nicht, weil die Quelle der Poesie in ihm selber übergenug und reich sprudelte. Aber doch war seine Margarete ihm unentbehrlich, schon dadurch, daß sie da war und um ihn war.

Und auch abgesehen davon, hat sie viel für ihn getan. In späteren Jahren hat Hauptmann sich darüber geäußert: »Sie hat mir gedient und geholfen. Ohne ihre Hilfe hätte ich diese Weltgeltung nicht bekommen.« Margarete verstand zu repräsentieren. Und nicht nur das; sie verstand es, die Menschen zu nehmen und ihren Wünschen gefügig zu machen. Hauptmanns Erfolg in den außerdeutschen Ländern ist nicht ohne ihre Mitwirkung zustande gekommen. Sie hat ihm gedient, auch bei geselligen Unterhaltungen, besonders bei den abendlichen Symposien, mit ihrem erstaunlichen Gedächtnis. Wenn Hauptmann ein Name oder irgendein Begriff fehlte, so wandte er sich fragend zu ihr, wenn sie nicht schon vorher eingriff. Oft sagte er nur: »Gretchen!«, indem er die Hand bittend über den Tisch reichte. Und sie wußte stets, was er wollte, reichte ihm auch wohl dann und wann über den Tisch ihre Zigarette, damit er, der an sich Nichtraucher war, seine Altersmüdigkeit überwinde.

Man darf daraus jedoch nicht schließen, daß sie ihn beherrschte. Sie gehorchte ihm. Wenn es nötig war, in Demut und sofort. Denn er konnte zu ihr auch wohl einmal scharf werden, wenn ihm ihr Benehmen nicht gefiel. Bei Max Kruse in der Lietzenburg war abends ein geselliger Kreis versammelt, zu dem auch Hauptmanns vom »Haus am Meer« herübergekommen waren. Die Fröhlichkeit war schon zur Ausgelassenheit gesteigert. Margarete hatte sich auf eine Tischkante gesetzt und sang mit einigen jungen Leuten zusammen ein italienisches Liedchen, das anscheinend nicht weit von einem Gassenhauer entfernt war. Hauptmann war das unangenehm. Er verzog die Augenbrauen und schaute sie an. Als sie auf diese Gebärde nicht achtete, sagte er kurz: »Gretchen, komm!« Sie verstummte sofort und ging mit. Sie war eben, wie sie sich in den Briefen an ihn unterschrieb, sein »Eigentum«.

Ich rechne es zu dem Reichtum meines Lebens auf Hiddensee, daß ich mit Gerhart Hauptmann mehr als drei Jahrzehnte in Freundschaft verbunden war. Wir waren jeden Sommer, den er auf unserer Insel verbrachte, mehrfach und ausgiebig zusammen, und als mich mein an der See erworbener Rheumatismus hin und wieder nach Warmbrunn führte, war ich regelmäßig einmal sein Gast auf dem Wiesenstein in Agnetendorf. So darf ich mir wohl ein Urteil über den Menschen und die Persönlichkeit erlauben. Über ihn als Dichter mögen Berufenere urteilen. Ich habe mich stets darauf beschränkt, mich an den Werken, die er dem deutschen Volke geschenkt hat, zu erfreuen.

Er war ein ungemein fleißiger Mann, fleißig im Aufnehmen und gleicherweise im Schaffen. Wie vieles hatte er gelesen! Und zwar mehrfach gelesen, mit dem Blaustift und dem Rotstift in der Hand! Und er war – das mag manchem unwahrscheinlich klingen, aber es entspricht der Wahrheit –, er war ein durchaus bescheidener Mann. Gewiß durfte er sich seines Wertes bewußt sein, und das war er auch. Doch in wohltuendem Unterschiede zu allerlei jüngeren Literaten, die man auf Hiddensee erlebte, redete er wenig von seinen Werken und von dem, was er gerade vorhatte. Man unterhielt sich mit ihm ebenso zwanglos wie mit jedem anderen. Nur, daß die Unterhaltung sehr bald auf ein hohes Niveau kam. Und endlich: er hatte eine herzliche und liebenswürdige Art des Umgangs an sich, an der nichts Gemachtes war. Es kam aus dem Innersten seiner Seele. Der Dichter des Mitleids hatte Verständnis für jedes Menschenleben.

Am 6. Juni 1946 schlossen sich seine Augen für immer, diese Augen, die so freundlich blicken konnten, aus denen aber auch, wenn sie Schmach und Unrecht sahen, feurige Blitze schossen. Als wir die Nachricht von seinem Tode zuerst durch die Presse erfuhren, fragten wir uns, wo Gerhart Hauptmann seine letzte Ruhestätte finden würde. Auf seinem von ihm so geliebten Wiesenstein in Agnetendorf war es nach Lage der politischen Verhältnisse nicht möglich. Zudem hatte Hauptmann seinen Freunden oft gesagt: »Wenn ich nicht fürchten müßte, meine lieben Schlesier zu kränken, so möchte ich wohl auf diesem stillen Inselfriedhof meinen letzten Schlummer tun.« Er dachte an Hiddensee. Und so ist es auch geworden. Es währte jedoch bis Ende Juli, ehe seine Leiche nach Stralsund überführt werden konnte.

Am 25. Juli traf der Sonderzug mit dem Sarge in Stralsund ein. Am Tage darauf kam Frau Hauptmann mit einem Schnellboot nach Hiddensee, um alles Nähere wegen der Beisetzung zu besprechen.

Die Kirchgemeinde schenkte der Familie Hauptmann einen schönen und geräumigen Platz. Nachdem am 27. Juli im Löwenschen Saal des Stralsunder Rathauses in einem Festakt die Bedeutung Hauptmanns gewürdigt worden war, auf dem höchste Stellen der deutschen Verwaltung und der sowjetischen Kulturstelle sprachen, wurde der Sarg durch die dicht mit Menschen gefüllten Straßen gefahren und mit dem Sonderdampfer »Insel Hiddensee« nach Kloster gebracht. Hiddenseer Fischer trugen den Sarg vom Bollwerk bis ins Arbeitszimmer. Hiddenseer Fischer hielten auch die Ehrenwache in der Nacht am Sarge und trugen ihn am Morgen zum Friedhofe. An der Pforte des Friedhofes übernahmen deutsche Dichter den Sarg, brachten ihn in die Kirche und dann zum Grabe.

Es hat schwerlich jemals eine Beerdigung auf dieser einsamen Insel stattgefunden, bei der so viele Menschen zugegen waren. Die Kirche konnte die Menge nur zum kleinsten Teile fassen. Viele, viele standen vor der Kirchentüre und auf dem Friedhof. Auch die Funkreportage war zur Stelle sowie Pressevertreter mit Filmkameras. Eigentlich wollte Gerhart Hauptmann vor Sonnenaufgang beerdigt werden, wie einst sein Vater Robert Hauptmann. Die Photographen hatten aber am Tage vorher geltend gemacht, daß sie im Dämmern keine Aufnahmen machen könnten. So war gerade hinter den Bäumen von Grieben die Sonne emporgestiegen, als man den Sarg einsenkte.

Ich hielt meinem alten Freunde die Trauerrede über II. Korinther 12, Vers 4: »Ich kenne einen Menschen, der ward entzückt in das Paradies und hörte unaussprechliche Worte, welche kein Mensch sagen kann.« Dieses waren die letzten Worte, die Hauptmann in dem Neuen Testament gelesen hatte, das er seit seiner Jugendzeit ständig bei sich führte. Er hatte zu der ihn pflegenden Schwester gesagt: »Wie schön dieses Wort vom Paradies! Streichen Sie das bitte rot an!«

Am Grabe verlas Otto Gebühr eine Ansprache, in der er Hauptmann dankte, daß er den Schauspielern große Rollen geschrieben hatte. Unser jetziger Präsident der Deutschen Demokratischen Republik, Wilhelm Pieck, feierte ihn in einem kurzen Nachruf als den Sozialrevolutionär. Alfons Steiniger rief ihm das Wort Goethes »Wanderers Sturmlied« nach, das Hauptmann seinem Erinnerungsbuche »Das Abenteuer meiner Jugend« vorangestellt hatte: »Wen du nicht verlässest, Genius!« Und im Namen der Hiddenseer sprach Kantor Berg herzliche Worte.

Frau Margarete Hauptmann trat als Letzte an die Gruft, streute aus einem Beutelchen Erde vom Wiesenstein über den Sarg und machte immer wieder das Zeichen des Kreuzes über der Gruft und warf dem im Sarge Schlummernden Handküsse zu, während das Grab allmählich gefüllt wurde. Sie hatte gebeten, daß sich alle Umstehenden entfernen möchten. Sie wollte allein sein mit den sterblichen Überresten des Mannes, dem ihr ganzes Leben gehört hatte, als dessen »Eigentum« sie sich in den Unterschriften ihrer Briefe an ihn bezeichnet hatte.

Der Grabstein des Dichters auf dem Inselfriedhof in Kloster

So ruht er nun auf unserem Friedhof. Die drei Wünsche, die er immer wieder seiner Umgebung eingeprägt hatte, sind erfüllt worden: eingehüllt ist er in die Mönchskutte, die er einmal in einem Franziskanerkloster in Santa Margharita erworben hatte. Unter seinem Haupte liegt ein Exemplar des »Großen Traumes«, des Dichtwerkes, das ihn jahrzehntelang beschäftigte und ihm besonders lieb war, geschrieben in wundervollen Terzinen. Seine Hände sind gekreuzt über dem Neuen Testament, auf dessen erstes Blatt Hauptmann in späteren Jahren eintrug: »Dies Buch war mein ständiger Begleiter auf den Feldern von Lederose, als ich Landwirtschaft trieb, und ist Zeuge meines schweren religiösen Ringens gewesen vor mehr als 54 Jahren.«

Es tauchte wohl der Gedanke auf, ob man diese Kostbarkeit nicht dem deutschen Volke erhalten sollte. Aber schließlich hat man sich doch dem strikt ausgesprochenen Wunsche des Dichters gebeugt. So ist dieses Büchlein mit ihm der Verwesung überantwortet worden.

Im Herbst 1949 wurde nach manchen Erwägungen über die Kennzeichnung der Grabstätte des Dichters zu Häupten des Grabhügels ein gewaltiger Granitblock aufgerichtet. In seiner Urtümlichkeit ist dieser Block ein treffendes Sinnbild der dichterischen Urkraft Hauptmanns.

Und zwei Jahre später, während derer zahllose Menschen in stummer Ehrfurcht vor diesem noch namenlosen Stein auf unserem kleinen, erhöhten Friedhof gestanden haben, der durch seine sauber geschnittenen Hecken ein würdiger Garten des Gedenkens an unsere Toten geworden ist, im Sommer 1951, wurde der Stein enthüllt.

Zu Häupten des Grabes steht ein Tännchen, das Frau Hauptmann aus dem Park des Wiesensteins aus Agnetendorf mitgebracht hatte und das so eine Verbindung herstellt zwischen seinem von ihm so hochgeschätzten Wohnhaus und seinem letzten irdischen Hause. Der Hügel ist mit Efeu überwachsen; auch der Efeu hat seine Beziehung. Als Hauptmann zur Goethefeier in Amerika weilte, überreichte der Präsident der Washingtoner Universität, Herr Marvon, ihm am 8. März 1932 einen Ableger eines von Washington selbst gepflanzten Efeus. Diesen Ableger setzte Hauptmann an der Terrasse des Hauses Seedorn in Kloster ein und freute sich stets an seinem üppigen Gedeihen. Nun hat er die Ranken zum Bepflanzen des Grabes gegeben. So ist auch hier ein Band gesponnen zwischen Hauptmanns Lebensraum und seinem Todesraum.

»Haus Seedorn« in Kloster, die heutige Gerhart-Hauptmann-Gedenkstätte

Die Inselkirche in Kloster

GERHART HAUPTMANN

Durch des Äthers blaues Schweigen ...

August 1896
Von Tag zu Tag werden wir frischer, heiterer, sorgloser. Wir verändern uns. Oder ist diese Auffassung oberflächlich? Wir leben im Tag, wir leben im Augenblick, der größe Teil unseres Kummers, unserer Sorgen kann nicht an uns heran. Wiese und Meer! Meer und Wiese und Wind! Wind, Sturm und ewig brandende, rauschende, donnernde Flut! Lerchen am Tag, Lerchen zuweilen im Vollmond des Nachts! Schwarzweiße Rinder, im Freien angepflöckt, die abends den Fischer rufen, der, blondbärtig, meeresfarben geäugt, sie schweren Schrittes nach der strohgedeckten Fischerkate bringt. Diese Eindrücke zwingen die Seele zur Einfachheit. Alles Gekünstelte, alles Städtisch-kulturell-aufgedrängte fällt von ihr ab. Das ist das Gesuchte, das ist das Gesunde. Aber eingeschläfert sind darum unsere Nerven nicht. Im Gegenteil, sonderbar aufgestört.«

Juli 1897
»Was hat uns die Sucht nach dem Meer eingeflößt? Der Wunsch, Leib und Seele zu baden, Trauer, Sorge, Schmerzen, Ängste befreiend abzuspülen... Unter diesen Schallwogen bleibt nichts, was an Lust und Weh in der Seele liegt, unaufgewühlt.«

1899
»Hiddensee ist eins der lieblichsten Eilande, nur stille, stille, daß es nicht etwa ein Weltbad werde!«

1912
»Ich habe jetzt wieder Stunden erlebt, die unvergleichlich sind. Diese Klarheit! Dieses stumme und mächtige Strömen des Lichtes! Dazu die

Freiheit im Wandern über die pfadlose Grastafel. Dazu der Salzgeschmack auf den Lippen. Das gerade bis zu Tränen erschütternde Brausen der See ... Dieses satte, strahlende Maestoso, womit sie ihre Brandungen ausrollen läßt. Köstlich!«

Spätsommer 1916
»Ich hätte sie («Die Insel der Großen Mutter», die Hrsg.) wohl nie geschrieben, hätte ich nicht jahrelang auf Hiddensee die vielen schönen, oft ganz nackten Frauenkörper gesehen und das Treiben dort beobachtet.«

Juli 1919
»Mondnacht am Meer. Eine vollkommene Klarheit und Stille. Bei Wegfall aller kleinen Einzelheiten und der meisten Farben magische Schönheit der Linie und Form. Man ist gleichsam versunken in einen glanzvollen Nachtfrieden. Das Meer dehnt sich und glitzert in einer verlockenden Ruheseligkeit. Stille und Glanz gewinnen mehr und mehr etwas magisch Betörendes. Eigne Müdigkeit drängt sanft zur Ruhe. Man möchte ins Meer hineingehen und sich willenlos wohlig ihm überlassen. Sind es die Lichtkräfte des Mondes in der selig befriedigten Unendlichkeit der See, die einen sanft-seligen Tod vorspiegeln? oder was sonst? Man will den Schlaf nicht, man will das Bett nicht. Beides erscheint hart materiell, erscheint grob, verglichen mit jenem Eingehen, jenem tiefsten Vergehen in Schönheit, zu dem man hingezogen wird. Nichts hält eigentlich mehr, an nichts haftet man. Jede Fessel der Welt ist zerschmolzen. Warum sich aufs neue anknüpfen, anbinden, anfesseln, fragt man sich, um vielleicht eines Tages auf dem Operationstisch oder nachher im Bett in Angst und Verfinsterung gewaltsam und widerwillig zu enden. Hier ist völliger Einklang mit der Natur und dem Tode.«

September 1923
»Der ›Sanddorn‹ von Hiddensee, zweigeschlechtlich. Will man Früchte, so müssen zwei Sträucher nebeneinanderstehen, also eine freie Ehe bilden.

Der Sanddorn kommt im Riesengebirgssand gut fort, er braucht Licht und Sonne. Sonst hart und anspruchslos.

Hippophae, -phao nannten ihn die Griechen. Er festigte den Strand und verletzte die hindurchgerittenen Pferde. Der botanische Namen des Strauches ist heute noch: Hippophae rhamnoides, ›dorniger Pferdetöter‹.«

August 1935
»Wir lieben alle, Einheimische sowohl wie Gäste, die Ostseeperle Hiddensee, die so unendlich vielen Menschen im Laufe dieser verflossenen fünfzig Jahre Gesundung, Verjüngung und Freude gebracht hat. Möchte das so allgemein geliebte Eiland allen die Unbefangenheit seines eigenen Herzens bewahren und allen Liebenden die gleiche Liebe fernerhin entgegenbringen. Die Geschichte Hiddensees während der letzten fünfzig Jahre zu schreiben, wäre eine lohnende Aufgabe. Sie würde das Antlitz der Insel, die äußerlich immer dieselbe scheint, in einer ständigen Wandlung zeigen. Der erste Eindruck, den man von ihm empfing, war der von Weltabgeschiedenheit und Verlassenheit. Das gab ihm den grandiosen und furchtbaren Ernst unberührter Natur und dem Menschen, der in dieses Antlitz hineinblickte, jene mystische Erschütterung, die mit der Erkenntnis von den Grenzen seines Wesens und der menschlichen Kultur überhaupt verbunden ist. Ich habe ein Dichtwerk verfaßt, es heißt »Gabriel Schillings Flucht«. Als ich hier Wesensteile dieser Dichtung erlebte, hatte die Insel noch diese Physiognomie: heut hat sie eine ganz andere angenommen, zum mindesten während der Sommerzeit. Dampfer tuten, Segel- und Dampfjachten legen in Kloster und Vitte an und die Flugzeuge brausen fast ununterbrochen über Wiesen und Dächern ... ich habe auch in der zweiten Periode der halbhundertjährigen Inselgeschichte das meiste miterlebt. Und ich darf sagen, daß ein Stück deutscher Geistesgeschichte damit verbunden ist. Unter den Gästen von Hiddensee haben sich, abgesehen von den schönen und schönsten Frauen, Dichterinnen, Dichter, Maler, Bildhauer, Musiker, Schauspieler und sonstige Künstler ohne Zahl befunden. Männer klangvollster Namen auch aus allen Gebieten der Wissenschaft. Hiddensee war das geistigste aller deutschen Seebäder. Möchte ihm das ins Bewußtsein treten und von dem Eiland festgehalten werden als ein dauernder Ruhm. Möge sich die schlichte Armut seines Wesens und seiner Linien auf alle seine Bewohner und Gäste übertragen und einen Ausdruck seiner altehrwürdigen Fischer- und Schifferbevölke-

rung seelenwäscherisch weiter wahrmachen; denn, wie Goethe aufnotierte: ›Liebes gewaschenes Seelchen‹ ist ein Ausdruck der Fischer auf Hiddensee.«

>Juni 1941
>»Durch des Äthers blaues Schweigen
>geht Bewegung grüner Bäume,
>und ein Rauschen in den Zweigen
>mischt sich in der Brandung Schäume.
>Und ein kleiner Vogel kündet
>alles dies mit seinem Liede,
>das in meinem Herzen mündet;
>und so blüht um mich ein Friede.«

September 1943
»Ich bin nun wieder hergestellt – bis zu meinem Tode.«

1946
»Wenn ich nicht fürchten müßte, meine guten Schlesier zu kränken, so möchte ich am liebsten auf diesem schlichten Friedhof von Hiddensee meinen ewigen Schlaf schlafen.«

KATIA MANN

Das Ganze war etwas verdrießlich

Wir hatten ein ziemlich offenes Haus in München, und viele befreundete Menschen verkehrten dort mehr oder weniger häufig. Es fiele mir heute schwer, sie alle namentlich aufzuzählen – Hesse, Hofmannsthal, Hauptmann, Josef Ponten, Bruno Frank, Ernst Bertram, Gide, Wedekind, Heinrich Mann, Bruno Walter, Gustav Mahler, Furtwängler und viele, viele andere; sonst korrespondierte man oder begegnete sich auf Reisen im In- und Ausland.

Solange wir in Deutschland lebten, unternahm mein Mann sehr viele Vortragsreisen, innerhalb Deutschlands, was uns oft lange trennte, denn einmal war ich wegen der Kinder schwer abkömmlich, zum anderen aus Krankheitsgründen oft selbst lange fort, und außerdem interessierten mich diese Tournees auch nicht so sehr. Auf seinen Auslandsreisen habe ich ihn immer begleitet. Wir waren mehrmals in Venedig und Wien im Laufe dieser Jahre, dann in Holland, in England, in Paris, worüber Thomas Mann die »Pariser Rechenschaft« schrieb, und an vielen Plätzen Europas zusammen, und natürlich war ich im Nobelpreis-Jahr 1929 in Stockholm dabei.

Er reiste gern, und ich, sofern ich nicht Sorgen wegen der Kinder, meiner Eltern und um des Haushalts willen hatte, auch. Wien liebten wir beide, und damals hatte es wirklich noch einen Dichterkreis. Wir kannten sie alle. Hofmannsthal, dem wir schon von München her befreundet waren; Schnitzler, der etwas sehr Vertrauenerweckendes und Verständnisvolles hatte. Vielleicht kam es daher, daß er von Beruf eigentlich Arzt war. Mein Mann mochte ihn sehr gern, und ihn interessierten immer wieder Einzelheiten an allen seinen Büchern. Besonders »Leutnant Gustl« ist doch wirklich eine vorzügliche Novelle. Dann Beer-Hofmann, den ich selbst nicht sehr gut gekannt habe. Musil kannten wir persönlich nicht. Mein Mann hat nur bald als einer der ersten sehr hübsch über den

Katia Mann, Ehefrau von Thomas Mann, mit ihren Kindern Klaus, Erika, Golo und Monika im Jahre 1916

»Mann ohne Eigenschaften« geschrieben, und Musil hat es ihm damit gedankt, daß er in späteren Jahren äußerst schnöde über Thomas Mann schrieb.

Hofmannsthal schätzte mein Mann sehr. Vielleicht hat er ihn von den zeitgenössischen Autoren seiner und unserer Generation sogar höher gestellt als Hermann Hesse, den er ganz besonders gern hatte. Es ist schwer zu sagen. Aber ich glaube doch, daß ihm Hesse der liebste war. Thomas Mann hatte schon den »Demian« mit aufmerkendem Interesse gelesen.

Anfang der zwanziger Jahre haben wir Hesse in München kennengelernt. Er besuchte uns mit Ninon Dolbin, seiner späteren Frau. Wir waren sehr gute Freunde. Mein Mann fand ihn persönlich so besonders sympathisch. Hesse hatte eine Art drolligen guten Menschenverstand, sehr viel Sinn für Humor, was mein Mann immer liebte, und er unterhielt sich gern, plauderte gern.

Das »Glasperlenspiel« hat mein Mann doch als brüderliches Buch zum »Doktor Faustus« empfunden. Ich kann es nicht ganz so sehen. Die enorme Verwandtschaft, wie er sie gefunden haben will, sehe ich gar nicht. Nun, er hat Hesses Sachen sehr geschätzt und hat ihm auch über das Mitspracherecht, das er als ehemaliger Preisträger besaß, den Nobelpreis verschafft. Er hat immer wieder darauf insistiert, der Preis müsse an Hermann Hesse vergeben werden.

René Schickele hat Thomas Mann gern gehabt, auch gern gelesen. Bruno Frank war sein Freund, und er wußte sein Talent zu schätzen. Werfel hat er auch menschlich sehr gern gehabt und schätzte ihn, Stefan Zweig nicht so. Von Gerhart Hauptmann hat er sehr viel gehalten, aber mehr vom Dramatiker als vom Romancier Hauptmann. Hauptmann! Gott ja, er war prachtvoll. Wir sahen ihn häufig. Thomas Mann kannte ihn schon von früher her, in Berlin bei S. Fischer hatte er ihn gesehen, und ich erinnere mich hauptsächlich an unsere Begegnungen in Bozen, München und auf Hiddensee.

In Bozen waren wir zwei Wochen zusammen. Hauptmann machte meinem Mann großen Eindruck durch seine sonderbare, etwas undeutliche Art. Er hatte dieses irgendwie nicht ganz Zulängliche. Er brachte die Sachen nicht ganz heraus, die er sagen wollte. Er war eine Persönlichkeit. Mein Mann hat es bei dieser Gelegenheit bemerkt und mir dann, wie wir noch in Bozen waren, gesagt: Weißt du, ich war doch nie sicher, mit wem Madame Chauchat nach Davos zurückkommen sollte. Sie muß ja mit einem Begleiter zurückkommen, aber mit wem? Jetzt weiß ich es.

Dann habe ich schon gemerkt, wen er meinte. Dieses Abgebrochene in seiner Redeweise, und diese zwingenden Kulturgebärden, wie Mynheer Peeperkorn im »Zauberberg« sie dann hat, hatte Hauptmann tatsächlich. Margarete, Hauptmanns Frau, hat später einmal zu mir gesagt, diese Figur sei sicher das schönste Monument für Gerhart. Mein Mann fand ihn schon sehr eindrucksvoll. Es ging etwas von ihm aus.

Er war gleich überaus zutunlich und nett zu mir. Ich weiß noch, ich wollte, daß wir nach München zurückführen, weil die beiden jüngsten Kinder noch sehr klein waren und ein neues Kinderfräulein gekommen war. Ach Gott, Tommy, sagte ich, jetzt sollten wir wirklich nach Hause fahren.

Darauf sagte Margarete ganz empört: Also wirklich, Gerhart, wenn du gern wo wärest, würde ich niemals darauf bestehen, daß ich abreisen möchte.

Darauf Hauptmann: Aber Margarete, denk doch an die Kinder, an die Kleinen.

Er verstand das vollkommen und war sehr von mir eingenommen in Bozen. Wir gingen einmal paarweise zusammen nach Hause. Mein Mann ging mit Margarete, Hauptmann mit mir, und war da etwas zudringlich, sagte aber nachher zu meinem Mann: Wissen Sie, wenn ich mit Ihrer Frau gehe – das hat mich so aufgeregt.

Ich stand immer sehr freundlich mit ihm.

Unsere Nachbarschaft in Hiddensee war etwas ärgerlich, weil Hauptmann doch der König von Hiddensee war. Er hatte uns sehr geraten, dort hinzukommen. Nun war er aber dermaßen eindeutiger König, daß für uns dort wenig Aufmerksamkeit abfiel. Wir wohnten im »Haus am Meer«, »seinem« Haus, hatten aber mit den übrigen Gästen im Speisesaal zu essen und bekamen sehr mäßiges Essen, wohingegen Hauptmann köstliche Speisen auf die Zimmer hinaufgetragen wurden. Das Ganze war etwas verdrießlich.

Als er wieder einmal in München war, fuhren wir alle – Hauptmann, meine Schwägerin Frau Julia Löhr, die sehr etepetete war, und wir – in unserem Wagen, einem ziemlich großen Auto, nach Hause. Hauptmann war so ein bißchen überkandidelt, weil er wie gewöhnlich getrunken hatte, und wie meine Schwägerin ausstieg, sagte er ihr: Auf Wiedersehen, gute Frau.

Das hat sie sehr beleidigt. Sie sagte zu ihrem Bruder: Ich meine, »gute Frau« pflegt man doch nur der Putzfrau zu sagen, findest du nicht auch?

Sie war sehr auf gute Manieren aus, auf Lübecksche Art. Mein Mann hat sie auch etwas im »Faustus« geschildert mit einer der beiden Schwestern Rodde.

Als Hauptmann siebzig Jahre alt wurde, hat er diesen Geburtstag ein Jahr lang von Stadt zu Stadt gefeiert, und eines Tages war eben auch München an der Reihe.

Wir hatten erst ein Essen in kleinem Kreise, Max Halbe, seine Frau und wir nahmen dran teil, der Champagner floß in Strömen, und Hauptmann war im besten Zuge. Da passierte es, daß er um ein Haar mit meinem Mann Brüderschaft getrunken hätte, denn er fing an: Also, Herr

Mann – ich meine – wir beide, wir sind doch – wir sind doch Brüder, da könnte man doch – nicht wahr?

Kurzum: genug!

Er hat es nicht zu Ende gesagt. Aber da war er prächtig. Sie haben sich nicht geduzt.

Dann hat er immer solche Reden geführt: Also, ich meine, Krieg? Krieg? Abscheulich! Aber ich muß sagen: Krieg!

So ging es bis gegen sechs Uhr nachmittags; dann fuhren wir nach Hause, um uns umzuziehn. Für den Abend war eine Festvorführung der »Ratten« zu Hauptmanns Ehren angesetzt, und zuvor sollte Richard Billinger, ein Dichter bäuerlicher Herkunft, der ein Stück namens »Rauhnacht« geschrieben hatte, einen Vorspruch sprechen. Billinger wurde später von den Nazis eingesperrt, und wenn man ihm etwas schicken wollte, wurde verlangt, daß man als Grund der Haft widernatürliche Unzucht angab.

Billinger konnte mit seiner Rede nicht anfangen, der Vorhang konnte nicht hochgehen, alles wartete, denn, wer nicht kam, war Hauptmann. Die Vorstellung sollte um acht Uhr beginnen, doch der Gefeierte kam und kam nicht. Er schlief nach der Orgie. Schließlich erschien er mit halbstündiger Verspätung, und dann kam es doch noch zu einer sehr guten »Ratten«-Aufführung. Wir saßen mit ihm in der Loge, und er war wieder einmal sehr zudringlich und sehr nett. Er hatte ein kleines Faible für mich. Späterhin hat sich keine Gelegenheit mehr gefunden, ihn wiederzusehen. Zeitumstände, unterschiedliche Anschauungen sprachen dagegen. Wir emigrierten, mein Mann hatte gar keine Möglichkeit, sich nicht von Nazi-Deutschland zu distanzieren, Hauptmann blieb.

Der Zufall führte beide noch einmal in Zürich zusammen, aber es bestand auf beiden Seiten kein Bedürfnis nach einem Treffen. In einem Geschäft, dem »London House« in der Zürcher Bahnhofstraße, probierte mein Mann im oberen Stock einen Anzug, als der Verkäufer kam und fragte: Wissen Sie, wer unten ist? Herr Gerhart Hauptmann. Möchten Sie ihn sehen?

Mein Mann sagte: Ach, da wollen wir vielleicht doch etwas andere Zeiten erwarten.

Worauf der Verkäufer ihm erwiderte: Genau das hat Hauptmann auch gesagt.

Sein Tod ist meinem Mann trotzdem nahegegangen. Die Frau hat uns in Gastein einmal den Hergang erzählt, wie die Russen Agnetendorf besetzten, das Haus verschonten und ihnen wegzufahren gestatteten. Es war ein Tod unter sehr traurigen Umständen, obwohl, so traurig die Umstände waren, alles viel schlimmer hätte sein können.

»Beliebter Sommeraufenthalt gebildeter Kreise«
Anzeigen aus Kloster und Grieben

Von guten Betten und feiner bürgerlicher Küche –
Soliden Preisen – Ungestörter Nachtruhe –
Hausdiener am Dampfer – Herrlicher Fernsicht und
empfehlenswertem Aufenthalt

> Höhenkranz und grüne Triften,
> Wo die hellen Häuser stehen,
> Zweite Heimat unsrer Herzen:
> Auf ein frohes Wiedersehen!
> *(Eintragung eines Badegastes ins Fremdenbuch)*

Ostseebad KLOSTER auf Hiddensee

Anzeigen aus KLOSTER auf Hiddensee

„Strandhalle"
und Erfrischungsraum
direkt am Bollwerk
Kalte und warme Getränke
Bekannten guten Kaffee
Annahme von Gepäck
Bes. **H. Gottschalk.**

Badeverwaltung
für Kloster und Grieben:
Haus „Meeresstille"
(Nr. 6 a. d. Ortsplan)
Auskunft   **Wohnungsnachweis**

Ostseebad KLOSTER auf Hiddensee

„Hotel Hitthim"

Vornehmes Hotel
Feine Pension :: Touristenheim
Gegründet 1910

Schöne Lage auf dem alten Klostergrunde, unmittelbar am Wasser beim Dampferlandeplatz, am Fuße des romantischen Dornbuschhochlandes, mit herrlicher Aussicht weithin aufs offene Meer und die Binnensee. — **Über 30 Fremdenzimmer.** Große Glasveranda und gedeckte Terrasse. Hübscher **Garten** mit Lauben. Unterhaltungs- u. Lesezimmer. Bücherei. Zeitungen. Kostenfreie Seebäder in eigenen Badehäusern am Badestrande. Warme Wannenbäder. **Ruder- und Segelboote.** Wasserleitung und Kanalisation. **Stets gute helle Beleuchtung.** Zahlreiche **Balkons** und **Loggien** an den Zimmern mit prächtigen Ausblicken. **Gute Betten.** Ungestörte Nachtruhe **Feine bürgerliche Küche.**
Solide Preise.
Verpflegung reichlich und gut.
Beliebter Sommeraufenthalt gebildeter Kreise
Hausdiener am Dampfer.
Fernsprecher: Amt Vitte Nr. 8.

Bes.: **C. Haeckermann.**

Ostseebad KLOSTER auf Hiddensee

Hotel zum Dornbusch

Stattlicher Neubau mit allem zeitgemäßen Zubehör. Schön am Wasser gelegen, auf dem uralten Mühlberge. — Kaum 2 Minuten vom Dampferbollwerk. Umgeben von hohen alten Bäumen.

Prächtige Gartenterrassen und herrliche Aussicht auf Bodden und Ostsee.

Vornehme Einrichtung und Ausstattung. Zimmer in allen Größen mit Balkons und Loggien zu soliden Preisen. Großer Speise- und Gesellschaftssaal, Diele, Zeitungszimmer, Unterhaltungsräume. Gute Betten. Bekannte gute Küche. Beköstigung auch für Nichtpensionäre.

Eigenes Badehaus am Außenstrande (6 Min.) zur unentgeltlichen Benutzung.
Auch Badezimmer im Hause.

Angenehmer Aufenthalt zum Nachmittagskaffee auf den Terrassen.
Eigenes Pferd. Hausdiener am Dampfer.

Besitzer: **Paul Gau.**

Fernruf Amt Vitte Nr. 7.

Ostseebad KLOSTER auf Hiddensee

Bergwaldhotel
ZUM KLAUSNER
mit seinen einzig schönen Blockhäusern
Klaus und Erika.
Der Glanzpunkt der Insel
Herrlich gelegen auf dem romantischen Hochland.
**Geschmackvoll eingerichtete Zimmer
Gute Betten   Volle Pension
Feinste bürgerliche Küche**

Beköstigung auch an Nichtpensionäre
Gespann zu jedem Dampfer am Bollwerk

Fernsprecher Amt Vitte Nr. 4   Emil Hirsekorn

Hotel „Wieseneck"
mit
Kloster-Café und Konditorei
Unmittelbar am Badestrand gelegen, herrliche
Fernsicht über Meer und Insel.
**Geschmackvoll eingerichtete Zimmer
Gute Betten.   Feinste bürgerl. Küche**

Beköstigung auch für Nichtpensionäre.
Hausdiener am Dampfer. Fernruf Amt Vitte 5.
Emil Hirsekorn.

Ostseebad KLOSTER auf Hiddensee

Auf dem Ortsplan von Kloster Nr. 17

Erstklassige Pension
„Haus am Meer"

(von Sydow)

Ostseebad Kloster auf Hiddensee
(über Stralsund)

Fernruf Amt Vitte 10 — Telegr.-Adr.: Sydow Kloster-Hiddensee

Am Wald und hoch über dem Badestrand gelegen.
Schönste Aussicht über Meer und Insel. — Unentgeltl. Baden im eigenen Badehause. — Die Grundstücksgrenze ist unmittelbar der Ostseestrand. — **Sportspiele auf grüner Wiese a. Waldrand.**
Große, modern eingerichtete Zimmer. — Gute Betten.
Warmwasserheizung; W. C.

Große Speiseveranda — gespeist wird an kleinen Tischen. —
Loggia, Gesellschaftsräume. Bibliotheks- und Lesezimmer, Musikzimmer, Wohn- u. Schreibzimmer, Speisezimmer, Wohndiele
Feine Küche.
Eselführwerk am Dampfer.
Elektrische Lichtanlage für Hiddensee in Vorbereitung.

Kloster Pension zur Post **Kloster**
Hiddensee   **Hiddensee**

liegt im Mittelpunkt des Ortes. Sonnige erstklassig möbl. Zimmer. Anerkannt gute bürgerliche Küche. Eigene Badehütte. Seebäder unentgeltlich.

                                                            Besitzer: **Albert Matthias.**

Fernsprecher: Amt Vitte

Ostseebad KLOSTER auf Hiddensee

Landhaus Dittmann

Neubau, angenehme Zimmer, Badehaus am Strand

Kaufladen in Feinkost, Wein- und Butterhandlung, Andenken, Badeartikel, Schreibwaren und Drogen.

Agentur der Rostocker Bank. / Fernruf: Vitte 25.

Landhaus Lamparski

Erbaut 1921

Freundliche ein- und zweibettige Zimmer
ohne Küchenbenutzung
5 Minuten v. Badestrand

Waschanstalt Lamparski

Annahme v. sämtlicher Haus- und Leibwäsche

Schnelle und prompte Bedienung

Einzige Wäscherei in Kloster

Ostseebad KLOSTER auf Hiddensee

Landhaus Schlieker

**Freundliche ein- und zweibettige Zimmer
sowie eine eingerichtete Sommerwohnung mit Küche.**
4 Minuten vom Badestrand.
Freie Benutzung des Badehauses.
Vermietung von Strandkörben

Näheres durch:

Malte Schlieker und Heinrich Schluck

Kloster auf Hiddensee.

Baugrund=stücke

in schönster Lage — mit Waldbestand und Seeblick zu verpachten oder zu verkaufen.

Professor **Max Kruse,**
Lietzenburg, Hiddensee

Anzeigen von Grieben a. H.

Ostseebad GRIEBEN b. Kloster a. Hiddensee

Restaurant und Logierhaus „Hiddensoe"

15 Minuten von der Landungsbrücke KLOSTER. Grieben, idyllisch am Abhange des teilweise mit herrlichem Tannenwald bedeckten Hochlandes gelegenes Fischerdorf. — Die Ruhe und Einsamkeit bieten Erholungsbedürftigen einen äußerst empfehlenswerten Aufenthalt.

---

*Badegelegenheit
am Ost- und Weststrand.
Klimatisch hervorragend.
Malerkolonie.
Große luftige Zimmer.
Mit und ohne Pension.
Vorzügliche Küche.
Beste Referenzen.
Touristenlogis.
Segelgelegenheit.*

Fuhrwerk an der Landungsbrücke Kloster.

Frau Gustel Kollwitz
Fernsprecher: Amt Vitte

Ursula Herking

Ein verlorenes Paradies

Wenn man von Berlin nach Stralsund fuhr, war das Ziel unserer Vorfreude die Insel Hiddensee. Von Stralsund ging einmal am Tag ein weißer asthmatischer Dampfer dorthin.

Schriftsteller, Bühnenkünstler, Regisseure, Filmproduzenten, junges Schauspielschulvolk, Architekten, Maler, alles, was man so unter »musischen Menschen« versteht, und natürlich auch jene, die sich gern als solche verstanden wissen wollten, fuhren in den Sommerferien nach Hiddensee. Playboys gab es damals noch nicht, »in« oder »out« sein auch nicht. Kein Prominentencafé und schon gar keine Bar. Keine Rubrik in irgendeiner Zeitung berichtete darüber, wer gerade wen »vernascht« hatte. Man baute Burgen im Sand, aber ohne Fahnen, man spielte oben auf den Wiesen der Villa Kruse Boccia, jeder sprach mit jedem. Niemand zeigte auf Prominente: Sieh mal, dort schreitet Gerhart Hauptmann (in der Tat: er ging nicht, er schritt!) oder dort geht Otto Gebühr oder da sitzt Jürgen Fehling mit Joana Maria Gorvin. Man war einfach nett zueinander.

Wenn der Dampfer kam, versammelte sich alles am kleinen Hafen, um zu schauen, wer so alles ankam; man machte seine Witzchen, trank bei Ede in seiner Bretterhütte einen Bommerlunder mit Pflaume und freute sich, wenn die Sonne schien. Gegen acht Uhr abends kam, hinter einem alten Gaul, ein Leiterwagen die Dorfstraße entlanggezuckelt. Der Fischer verkaufte vom Wagen herunter frisch geräucherte, noch warme Aale. Ein Aal kostete achtzig Pfennig bis zu einer Mark fünfzig. Das war ein Hochgenuß und oft unser einziges Essen am Tag. Wir wohnten in winzigen Zimmern, wenn wir Glück hatten, oder auch in einer Holzbude. Hiddensee, das war das Paradies für uns.

Otto Gebühr, berühmt geworden durch seine Rolle als »Alter Fritz« in vielen Filmen, mit seiner jungen Frau Doris, sang manchmal Lieder zur

Laute und erzählte »Schnacks«. Jeder, der gerade da war, hörte zu, niemand wurde vertrieben. Ganz und gar exzentrisch kam uns Otto Falckenberg vor, der Intendant der Kammerspiele in München. Er schlief am Tag und kam erst, wie die Nachtvögel, wenn es dunkelte, zum Vorschein. Dann sah man seine lange Gestalt mit dem übersensiblen Gesicht allein am Strand entlanggehen, und niemand hätte gewagt, ihn anzusprechen. Die wunderschöne Mira Hauser, die Frau des von allen Mädchen angeschwärmten Düsseldorfer Malers, hielt zwanglos Hof in ihrer Sandburg.

Wir durften an allem teilnehmen, ohne daß irgend jemand nach Geld, Rang oder Namen fragte. Ich glaube, daß es diese Art der ungezwungenen Freundlichkeit, der selbstverständlichen Natürlichkeit, nicht mehr gibt. Ich verkläre es bestimmt nicht in der Erinnerung. Sich an den oder jenen Prominenten heranzumachen, um vielleicht Kapital daraus zu schlagen, mit dem oder jenem unbedingt gesehen werden zu müssen – alle diese Dinge, die heute so wichtig zu sein scheinen, gab es einfach nicht, und wenn es doch mal einer versuchte, fuhr er nach kurzer Zeit, angeekelt von diesem so »albern natürlichen Kunstgesindel«, wieder ab. Wir Jungen waren ja damals wirklich fast ohne Geld und gerade erst am Anfang. Plumpe Vertraulichkeiten kamen nie auf, trotzdem waren alle eine große Familie. Wahrhaftig ein Paradies – ein verlorenes. Aber wie schön, daß ich es erleben durfte.

CARL ZUCKMAYER

Sie haben mich ganz gewonnen ...

Am schlimmsten ließ sich der Aufruhr gegen der »Fröhliche Weinberg« in meiner rheinhessischen Heimat an, der ich ein Liebeslied hatte singen wollen. Doch war ich daran nicht ohne Schuld. In meinem Drang, der Natur nahzukommen, wozu vor allem, als poetische Substanz, die Echtheit des Sprachklangs gehörte, hatte ich unbefangen und unbedenklich Eigennamen benutzt, die es wirklich gab, die ich von meiner Kindheit her im Ohr hatte, deren Träger dort lebten und allgemein bekannt waren. Ich selbst kannte keinen davon persönlich, wußte nichts über ihre private Existenz, und nichts lag mir so fern, wie »Modelle aus der Wirklichkeit« zu nehmen, tatsächliche Geschehnisse abzuschildern oder lebende Personen zu karikieren. Handlung und Figuren meines Stücks waren frei erfunden... Ich mußte den Zorn und die Empörung meiner Heimat auf mich nehmen.

Thomas Mann, den ich damals nach einer Lesung aus seinen Werken in Mainz kennenlernte, sagte mir, das gehe jedem so, der sich unterfange, seine heimische Welt ohne Retusche darzustellen: die Menschen möchten sich nicht so sehen, wie sie sind, sondern wie sie zu sein wünschen. Er selbst sei fünfundzwanzig Jahre lang der ungeratene Sohn von Lübeck gewesen. Später werde man dann einmal zum Ehrenbürger ernannt.

So ist es schließlich auch gekommen.

Damals aber, als das Mainzer Stadttheater die Aufführung wagte, ging es wild zu. Die rheinhessischen Winzer veranstalteten Protestmärsche durch die Stadt, bei denen Schilder herumgetragen wurden mit aufreizenden Versen wie:

»Carlche komm nach Nackenheim,
Du sollst uns hoch willkommen sein!
Wir schlagen krumm und lahm Dich all

oder:
>Und sperrn Dich in de Schweinestall,
Denn da gehörste hi'!«

»Nackenheim umkränzt von Reben
Mußt Dein letztes der Steuer geben,
Und zum Spott noch obendrauf
Führt man den ›Fröhlichen Weinberg‹ auf!«

Meine unschuldigen Eltern mußten die Rolläden herunterlassen, da zu befürchten war, man würde ihnen die Fenster einschmeißen. Viele Weinhändler hatten in der Kapselfabrik, die noch mit meinem väterlichen Namen verbunden war, die Bestellungen abgesagt. Es hieß auch, das Theater solle gestürmt werden, und alle Zugangsstraßen wurden von einem Polizeikordon abgeriegelt, den nur die Besitzer von Eintrittskarten passieren konnten: nicht ohne Stolz berichtete die Presse, seit dem Besuch des russischen Zarenpaares in Mainz im Jahre 1900 sei ein solches Polizeiaufgebot nie mehr gesehen worden.

Im Theater aber geschah nichts weiter, als daß eine Anzahl von Leuten, die verschiedener Meinung waren, einander ohrfeigten. Eine Zeitlang konnte ich kaum ein Morgenblatt aufschlagen, ohne von einem neuen »Krach um Zuckmayer« zu lesen. Auch ein Gotteslästerungsprozeß wurde mir, wegen eines in einer Zeitschrift abgedruckten Gedichtes, von einem evangelischen Konsistorium angehängt, den ich aber mit Glanz gewann: das Gericht erkannte, daß »der Naturlyrik des Autors religiöses Gefühl nicht abzusprechen und daß von einer Lästerungsabsicht keine Rede« sei. George Grosz, der solche Prozesse gewohnt war, ernannte mich zum Ehrenmitglied des »Vereins gläubiger Gotteslästerer«.

Das ging vorüber, der Frühling kam, wir bezogen als Mieter ein Häuschen auf der Insel Hiddensee, das uns natürlich der alte Elias verschafft hatte. Dort hatte ich eine der großen Begegnungen meines Lebens.

Unser Garten grenzte an das geräumige Grundstück, auf dem Gerhart Hauptmanns damaliges Landhaus stand. Als wir nach Hiddensee kamen, war es geschlossen, er pflegte die frühe Zeit des Jahres in Italien oder im Tessin zu verbringen, und auch dann war es ungewiß, ob er an die Ostsee oder in sein heimisches Agnetendorf nach Schlesien gehen

Carl Zuckmayer mit seiner Ehefrau Alice und seinen beiden Töchtern im Jahre 1930

werde. Aber eines Tages wurden die Läden des Hauses aufgemacht, die Betten gelüftet, und im Wirtshaus von Kloster sagte der Gastwirt Gau, der stolz darauf war, daß sein Name mit kleiner Veränderung in der Komödie »Schluck und Jau« vorkam: »Unser Hauptmann kommt.«

Das Wirtshaus lag dem Landeplatz des Dampfers gegenüber, und ich saß dort gerade beim Abendschoppen, als er ankam. Es regnete, der Wind pfiff. Ich sah ihn durchs Fenster der Gaststube, wie er den Dampfer verließ, allein, während seine Frau und sein Personal sich noch um das Gepäck kümmerten, und mit großen Schritten in der Richtung zu seinem Haus davonging. Er trug einen weiten, capeartigen Mantel und hatte einen Schlapphut in die Stirn gezogen, der rechts und links seine weißen Haare freigab: eine mächtige Gestalt – man mußte unwillkürlich an die Asen der Edda, an den Wanderer Wodan denken.

Von der kleinen Veranda, auf der ich arbeitete, sah ich ihn dann öfters in der Frühe auf der großen Wiese seines Grundstücks auf- und abgehen. Natürlich dachte ich nicht daran, mich ihm auf irgendeine Weise bemerkbar zu machen. Ich verlegte sogar meinen morgendlichen Badeplatz um einige hundert Meter bis hinter den nächsten Dünenhang – es gab um diese Jahreszeit fast keine anderen Leute am Strand –, um ihn nicht zu stören, wenn er, fast immer allein, in das noch herrlich kalte Meerwasser tauchte.

Dann aber lud uns die Besitzerin der bekannten Pension »Seedorn«, in der Hauptmann früher gewohnt hatte, gemeinsam zum Abendessen ein, wie sie sagte: auf seinen Wunsch.

Gerhart Hauptmann war damals dreiundsechzig – heute würde ich das recht jung finden, in dieser Zeit war er für uns ein sehr alter Herr.

Es ging auch etwas von ihm aus, was ihn für unsere Generation zunächst älter machte, als er war: bei aller Herzlichkeit, bei aller Natürlichkeit im Umgang und in der Haltung, eine enorme Distanz, als hause er einsam auf einem unzugänglichen Gipfel oder sei bereits den Unsterblichen zugesellt. Auch dies hatte nichts Unnatürliches, nichts Absichtsvolles, es war darin keine Spur von Pose, es gehörte zu ihm wie seine machtvolle Erscheinung und sein herrlicher Kopf, der ihn von allen anderen Menschen unterschied. Man sprach oft fälschlich von seinem »Goethekopf« – ich glaube, Goethe sah ganz anders aus. Bei aller klassischen Schönheit seiner Züge hatte Hauptmann etwas von einem Rübezahl, einem Elementargeist, auch von einem apostolischen Märtyrer, der dem Rost und den Pfeilen entgangen war, sie aber schon verspürt hatte – von einem antiken Dämon, der seine Schatten mit Menschenblut nährt, einem stets von mystischen Wolken umbrodelten Magus, einem tragischen Dionysos – und noch dazu ein wenig von einem Schmierendirektor. Dieser letztere Zug war vielleicht sein menschlichster, sein liebenswertester, sein naivster, sein persönlichster, sein unvergeßlichster; denn er entsprang ganz und gar seiner ursprünglichen Natur und seiner durch keine intellektuellen Anstrengungen zu brechenden großartigen Einfalt. Wenn er so daherkam, zu einer Premiere, zu einer Feier, zu einer Zusammenkunft unter Freunden, war um ihn eine unprätentiöse Würde, aber auch immer, speziell zu später Nachtstunde, ein Hauch von jenem Hassenreuther aus den »Ratten«, auch eine Lust an dessen Habitus, Humor und Redensarten, wohinter er, was eigentlich in ihm vorging und ihn beschäftigte, mit souveräner Schauspielerei verbarg.

Für mich war und ist er die größte Dichtergestalt des Jahrhunderts, selbst wenn er nichts als die Monologe des »Michael Kramer« geschrieben hätte. Das hatte ich erst begriffen, als ich aus dem Rauch der Nachkriegschaotik und des expressionistischen Überschwangs heraus zu einer klaren Wertsetzung gekommen war. Jetzt, zur Zeit dieser ersten Begegnung, empfand ich ihn als Erzvater und Legende, Mythos und brennende Wirklichkeit zugleich. Daß es in seinem Schaffen ein Auf und Nieder gab, Flachland, Untiefen und Hochgebirge, tat seinem königlichen Reichtum keinen Abbruch. Solche »Dichter-Könige« werden heute mit einem abschätzigen Lächeln betrachtet, weil es sie nicht mehr gibt und wohl auch nicht mehr geben wird, bis die Zeit sie wieder fordert und hervorbringt. Schon damals war er einer teils sachlich begründeten, teils hämisch abwertenden Kritik konfrontiert, die sich auch auf seine Persönlichkeit bezog. Doch ich erinnere mich, wie Peter Suhrkamp, ein Mann von ganz verschiedener Wesensart, als in einer Literatengesellschaft über Hauptmanns »fürstliche Hofhaltung« gemäkelt wurde, zurechtweisend sagte: »Aber er *ist* doch ein Fürst!«

Jetzt kam er mir, als wir zur festgesetzten Stunde eintraten, mit einem Glas Champagner in der Hand entgegen und begrüßte mich mit einer so ungezwungenen, großmütigen Kordialität, daß der Bann ehrfürchtiger Beklommenheit, mit der wir gekommen waren, sich sofort verflüchtigte. Er liebte es, wenn er in Weinlaune war, von Begegnungen zu erzählen, die ihn in seinem Leben beeindruckt hatten: an diesem Abend entwarf er Gestalt und Eigenart Gustav Mahlers, mit einer solchen Plastik und Intensität, daß man glauben mußte, man habe ihn selbst gekannt. Tief in der Nacht holte er das schmale Bändchen meiner damals gerade erschienenen Jugendgedichte, »Der Baum«, aus der Tasche und las zwei Stücke daraus vor, die er zum Teil, das Buch senkend, auswendig sagte. Sein sprachliches Gehör und Gedächtnis waren unerklärlich. Ein Gedicht, sagte er, muß man nach dem ersten Lesen, wenigstens strophenweise, im Kopf haben, sonst ist es nichts wert.

Als wir in der Frühdämmerung zusammen heimgingen, empfand ich ihn nicht mehr als einen sehr alten, mich nicht mehr als einen allzu jungen Mann. Er hatte, durch sein vitales Dasein, eine Mitte geschaffen, in der sich die Generationen berühren konnten.

Später erhielt ich von ihm aus Agnetendorf einen Brief, der mich mehr ermutigte als jeder äußere Erfolg; ich setze, zur Ausrundung seines Bildes, ein paar Zeilen daraus hierher:

»Lieber, verehrter Herr Zuckmayer,
Sie haben mich ganz gewonnen. Nicht nur durch das unmittelbare Leben, das in Ihren Gestalten pulst, sondern auch durch Ihre kühnen Gedichte und Ihre glühende Eigenkraft.
- - -
Ich empfehle Sie dem besten Stern, der über dem Geschicke der deutschen Dichtung leuchtet.
Seien Sie vielmals gegrüßt, mit wärmsten Wünschen für Arbeit und Leben!
            Ihr Gerhart Hauptmann.«

Ermutigung konnte ich damals brauchen. Eine neue Phase des Lebens und der Arbeit hatte begonnen – nicht die leichteste. Der Lärm um den »Fröhlichen Weinberg«, den ich überschätzt, in Lob und Tadel mit falschen Maßen gemessen fand, hatte mich eher verstört als befriedigt. Jetzt galt es zu beweisen, mir selbst vor allem, daß es sich nicht um eine »Eintagsfliege«, einen Zufallstreffer gehandelt hatte – und ich wußte, daß man mit gespitzten Pfeilen bereitstand, um mich von dem Hochsitz, auf den ich mich gleichsam verflogen hatte, wieder abzuschießen. Nichts ist schwerer für einen jungen Autor, als sich nach einem Sensationserfolg zu behaupten.

Doch handelte es sich nicht nur um die Behauptung auf dem Theater und in der Literatur. Der Krach um den »Fröhlichen Weinberg« war nicht einfach ein Schildbürgerkrawall gewesen, über den man sich hätte lustig machen können. Er hatte die bösen, unversöhnlichen Fratzen enthüllt, das verzerrte Gesicht einer nach Haß und Rache lüsternen Rückständigkeit, die im Begriff war, das deutsche Volk um seine beste und hoffnungsvollste Zeit zu betrügen, seiner freien Zukunft das Grab zu schaufeln. All das war schon damals im Gang – getarnt, verborgen, aber unablässig hetzend und wühlend. Wir spürten, wenn wir das auch noch nicht klar erkannten oder geglaubt hätten, daß wir auf Galgenfrist lebten, daß die gute Zeit, die jetzt vor uns lag, bedroht und bemessen war. Die Totenuhr tickte für die deutsche Republik, die gerade erst aus der Agonie des Notstandes erwacht war. Die schlimme Zeitflut war schon im Steigen – eines Tages würde sie uns bis zum Halse stehn. Um so dringlicher war es, was man jetzt machte, gut zu machen, und einen festen Stand zu gewinnen, bevor uns der Boden unter den Füßen weggespült würde. Jetzt hieß es, die Stunde zu nutzen und nichts zu vergeuden.

Ankunft im Hafen von Vitte, in der Mitte die Schauspieler Otto Gebühr, Asta Nielsen und Grigori Chmara

Asta Nielsen

Zum Abschied flog das Seidentaschentuch ins Meer ...

Nachdem ich mich überwiegend dem Theater gewidmet hatte, konnte ich meine Sommer verbringen, wie es mir gefiel.

Auf Hiddensee, einer Insel westlich von Rügen, schaffte ich mir ein kleines Landhaus an, in dem ich – oft vier Monate lang – herrliche Ferien genoß. Schon die Reise dorthin erschien mir wie ein Märchen. Welch beschwingtes Gefühl hatte ich, wenn ich an einem strahlenden Maientag durch das reizende, gemütliche provinzielle Stralsund bummelte und die letzten Einkäufe für den Haushalt machte, ehe das Schiff mich über das blaue Wasser weiterbrachte, wo die Möwen uns während der zweistündigen Überfahrt zu Hunderten begleiteten. Eine halbe Stunde bevor wir anlegten, konnte ich bereits mein rundes Paradies entdecken, das »Karusel«, das auf seine Gäste wartete. Gewöhnlich landete meine Schwester ein paar Tage nach mir und blieb dann auch einige Zeit. Das Klima auf der Insel war rauh, aber ihr Herz ertrug es erstaunlich gut. Während der ersten Jahre badete sie sogar in der Ostsee, dann bekam sie jedoch in einem Sommer im kalten Wasser blaue Lippen und Wangen und mußte es aufgeben. Aber die Insel bot ja noch andere Freuden.

Unter einem unfaßbar hohen und blauen Himmel, in Licht und Farben getaucht, die hier noch leuchtender waren als an anderen Orten des Nordens, die ich kenne, liegt die schmale, kleine Insel wie eine Oase in der Ostsee. Auf den weiten Wiesen grasten zwischen Häusern und Menschen Hunderte von Kühen, und im Schilf vor meinen Fenstern wachten die Reiher regungslos und reckten den Schnabel senkrecht in die Höhe, wenn sich jemand näherte. Die Nordseite der Insel endete in hohen, bewachsenen Steilufern, die sich an eine wogende Landschaft von Hügeln anschließen, die Seite an Seite wie mächtige Elefantenrücken ruhen und den Gedanken auf ein ausgetrocknetes Meer lenken, wenn sie nicht von knallrotem Mohn, blauem Fuchsschwanz oder

Die Schauspielerin Asta Nielsen vor ihrem Sommerhaus »Karusel« in Vitte

Blick vom Asta Nilsen Haus zum Bodden – eine Aufnahme der Künstlerin aus den zwanziger Jahren

gelbblühendem Ginster bedeckt sind. Schafherden tauchten plötzlich aus den Tälern auf, und es konnte geschehen, daß gegen Abend ein Fuchs durchs welke Gras strich und im Walde verschwand, wo die Eulen ganz still saßen und furchtlos aus den duftenden Tannen herunterblickten, deren Kronen, vom Sturm gebeugt, alle in eine Richtung zeigten. Die Südspitze ist ganz flach und spitz, mit herrlichem Sandstrand und dem hübschesten kleinen Dorf, dessen Häuser in weißen Reihen auf grünen Wiesen stehen.

Ich selber wohnte in der Mitte der Insel, an der landschaftlich am wenigsten schönen Stelle. Dort war sie aber so schmal, daß auf der einen Seite, nur zwei Minuten vom Hause, die Ostsee über den Strand spülte, während das Wasser, das die Insel von Rügen trennt, auf der anderen Seite fast unmittelbar bis ans Haus reichte.

Das Dorf, in dessen Nähe ich wohnte, ist die »Hauptstadt«. Strohgedeckte Fischerhäuser wechseln ab mit übermodernen Architektureinfällen. Die kräftige, einfache Natur ist imstande, alles in sich aufzunehmen und alle Gegensätze in wunderbarer Harmonie zu vereinen. Der Duft von frischgeräuchertem Fisch mischte sich mit der Meeresluft und dem Hauch trocknen Grases und geteerter Netze, und Fischerkinder strampelten in Kinderwagen und lutschten an einem wohlschmeckenden Schnuller, einem soliden Spickaal.

Kein störendes Geräusch drang bis hierher. Autos waren auf der Insel verboten. Nur der Arzt durfte ein Motorrad benutzen, das den einzigen Laut von sich gab, der neben dem Töffen der Fischerboote an die mechanisierte Welt erinnerte. Sonst hörte man nur den Möwenschrei und das Brausen der ruhelosen See.

Eines Tages kam eine hohe, kräftige Gestalt in kurzen Kniehosen und blauer bayrischer Leinenjacke gemächlich über das sonnenflimmernde Feld auf mein Haus zu. Es war der Dichter Gerhart Hauptmann, der mir als erster seinen Besuch machte. Sein Gang war jung und elastisch trotz seines hohen Alters, und das Haupt trug er hoch erhoben. Sein weißes Haar stand wie ein Wolkenhauch vor dem blauen Himmel. Er hatte schon seit vielen Sommern auf der Insel gelebt und an einigen seiner berühmten Schauspiele geschrieben. Jetzt kam er mit seiner Frau, die man wegen ihrer Frisur oft mit mir verwechselte, um mich für den nächsten Tag zum Essen zu bitten.

Jeden Abend versammelte er eine Schar literarischer Sommergäste und anderer Künstler um seinen Tisch. Große Schalen mit Obst standen auf der Tafel, und ausgesuchte Weine aus seinem berühmten Keller perlten in den Gläsern. Seine Rede war ruhig und einfach und widersprach ein wenig dem Prunk, der ihn umgab. Er reiste beispielsweise nicht wie andere Sterbliche gemeinsam mit anderen Reisenden auf die Insel. Das Schiff, im Flaggenschmuck, brachte ihn allein mit seiner Familie hierher, was ein wenig übertrieben erscheinen mag, aber vielleicht von der Schifffahrtsgesellschaft ausgedacht war.

Er gefiel mir außerordentlich gut. Er sprach mit großer Einsicht über jedes Gebiet, ab und zu verlor er den Faden, aber seine Frau half ihm mit großem Geschick, ihn wiederzufinden. Er schlug mir vor, seine »Rose Bernd« zu spielen, worüber ich meine Verwunderung äußerte, da er sie im Stück selber als ein kräftiges Bauernmädchen mit blonden Zöpfen festgelegt habe.

»Auf so etwas soll man sich nicht versteifen«, antwortete er. »Man kann sie ebensogut etwa als polnisches Mädchen darstellen, das wäre eine interessante Neufassung.«

Ich stimmte nicht mit ihm überein, und im Laufe der Unterhaltung schlug ich ihm »Elga« vor. Diese Rolle, fand ich, läge mir weit näher, und in der kommenden Spielzeit wählte man dieses Stück für mein Gastspiel im Hamburger Schiller-Theater. Es kam jedoch nicht dazu, weil wir uns nicht über den Zeitpunkt einigen konnten.

Die Tage verbrachte ich meistens mit meiner Schwester zusammen in der Hollywoodschaukel vor dem Hause. Ihr Herz vertrug keine liegende Haltung, sie saß auf dem Polster, während ich mit angezogenen Knien lag, so daß ich ihr den Rücken stützen konnte.

Sie liebte alle Menschen, und alle liebten sie, und sie liebte das Leben in meinem Hause, das allmählich zum Sammelpunkt für Maler, Schriftsteller und Schauspieler wurde, die sich auch Hiddensee für ihre Ferien ausgesucht hatten.

Im allgemeinen fanden sie sich gegen drei Uhr ein. Dann stellten wir Tische und Stühle ins Gras, etwas anderes gab es nicht um mein Haus. Das Mädchen lief mit Kaffeekannen ein und aus; es gefiel ihr, daß die mit Kringeln des Insel-Bäckers gefüllten Schalen sich so rasch leerten. Einige Gäste blieben hin und wieder zum Abend. Räucheraal und Flundern

Blick vom Balkon des Asta Nielsen Hauses zum Bodden – der erste Zeppelin

Asta Nielsen mit dem Schauspieler Heinrich George vor ihrem Haus in Vitte

waren Hauptbestandteil der Mahlzeit. In dieser Gegend war alles so einfach. Nach dem Essen versammelten wir uns am Kamin um die große Kupferbowle, in der Waldbeeren in frischem Sekt und Mosel Greifen spielten, und die Unterhaltung hub an.

Die Kunstwelt wurde von allen Seiten beleuchtet und erhielt ihren blauen und roten Stempel. Jeder hatte seine ausgesprochen persönliche Ansicht, und keiner hielt damit hinter dem Berg. Besonders die Münchener Künstler lösten sämtliche Probleme der Welt: Der Dichter Ringelnatz veranschaulichte im Handumdrehen mit Hilfe von Streichhölzern, wie die Pyramiden in der Wüste erbaut wurden, und der Bildhauer Martin Möller bedauerte, nicht zur Zeit Benvenuto Cellinis zu leben, in der man umfangreich von Dolchen und Gift Gebrauch machte, um sich Nebenbuhler vom Halse zu schaffen. Ringelnatz, der damals einer der genialsten Dichter Deutschlands war, hielt »La Paloma« für das beste Musikstück der Welt und Chaplin für größer als Shakespeare.

Ich hatte Ringelnatz durch Paul Wegener kennengelernt. Zwar hatte ich damals den Namen schon gehört, aber nie etwas von ihm gelesen, und da er gerade in dem literarischen Kabarett »Schall und Rauch« auf-

Asta Nielsen in den Ferien auf Hiddensee

trat, das Max Reinhardt ins Leben gerufen hatte, beschlossen wir, in voller Familienstärke Ringelnatz zu besuchen. Paul Wegener war voll des Lobes über Ringelnatz' Genialität, und er übertrieb keineswegs.

Ringelnatz sagte in Matrosenuniform eigene Gedichte auf, mit einem vollen Glas in der Hand. Bei seinem Auftreten schimmerte mir von seiner nackten Brust ein blaugemaltes, von einem Pfeil durchbohrtes Herz mit meinem Namen entgegen, und über diese Brücke, die er mit seinem stummen Gruß zu mir schlug, fand meine Begeisterung bald den Weg zu ihm.

Auszüge aus Asta Nielsens unveröffentlichtem Tagebuch:

Hiddensee, 18. Mai 1929
... Ich habe heute Antwort auf unsere Einladung bekommen. Ringelnatz und Frau kommen hierher auf drei Wochen. Wir freuen uns sehr und haben sofort angefangen, das Gastzimmer in Ordnung zu bringen und die Erde um das Haus von Steinen zu reinigen, es ist eine Riesenarbeit, aber alles soll recht freundlich sein, wenn sie kommen, wir wollen Gras sähen, und mir ist die Idee gekommen, einen Garten zu machen, wo nur Bäume wachsen sollen, die unsere Freunde einpflanzen. Ich werde deshalb Ringelnatz bitten, einen kleinen Baum mitzubringen, der soll der erste sein.

Hiddensee, Juni 1929
... Wir haben Glück gehabt. Unser Haus ist schon umgeben von einem hellgrünen Grasteppich, die Arbeit hat sich gelohnt. Himmelblaue Decken sind aus Stralsund für die Gastbetten gekommen. Im Keller ist Pilsner und Korn aufgelagert, unsere Gäste können kommen.

Hiddensee, 10. Juni 1929
... Sie kamen heute mittag an. Schon vom Dampfer heraus rief Ringelnatz zu uns: »Ach, habt ihr eine Ahnung, was wir mit eurem Baum durchgemacht haben!« Dabei sah er sterbend aus. In Gedanken sah ich im Lastraum einen mächtigen Baum und dachte, wenn der nur nicht zu viel Sonne vom Haus wegnimmt. Das Schiff legte an. Menschen flogen

Vor ihrem Sommerhaus in Vitte

einander in die Arme, Koffer und Kisten wurden an Land gebracht, ich sah aber keinen Baum. Ich wollte nicht fragen – sie hatten dann natürlich einen kleinen Baum im Koffer.

Hiddensee, 11. Juni 1929

Es war ein Tag voll Überraschungen. Als wir heute morgen zum Strand gingen, blieben unsere beiden Gäste zu Hause. Ich ahnte, daß etwas Großes geschehen sollte, denn sie erkundigten sich genau darüber, wie lange wir wegbleiben wollten, also die Bepflanzung sollte vor sich gehen.

Wer schilderte unseren Schrecken, als wir mittags zurückkehrten. Unser reizender Grasgarten war völlig vernichtet. Es war dem Ehepaar geglückt, alle (und noch mehrere) von uns mit großer Mühe weggebrachten Steine wieder in den Garten zu schleppen, Steinhaufen thronten zwischen gähnenden Löchern, steinerne Wege liefen wie Schnittwunden über das junge Gras, unser geliebter Garten sah aus wie ein Stückchen Erdbeben, und mitten in der Verwüstung standen stolz lächelnd unsere sieghaften Gäste. Wie ich aussah, weiß ich nicht, meines armen Mannes Ausdruck war unheimlich. Nun, sagte Ringelnatz mit Würde, können die Bepflanzungen vor sich gehen. Sein holdes Weib übergab ihm eine Liste, griff eine Tasche mit diversen winzigen Paketen und warf sich auf die Knie neben den nächstgähnenden Krater. Sie entnahm den Paketen etwas mit zwei Fingerspitzen, streute es in die Tiefe und schaufelte mit beiden Händen Erde darüber, bis es einem Kindergrab ähnlich wurde. Ringelnatz las ergänzend aus der Liste: »Kümmel, für euren Korn.« Und so arbeitete Muschelkalk sich schweißtriefend durch die Ausgrabungen, während Ringelnatz las: »Zwiebeln, für eure Wurst, Datteln für den Nachtisch, Zitronen zum Nikolaschka und Paranüsse für Eure eventuellen Kinder.« Und als auf diese Weise unser Garten sich in einen Kinderkirchhof umgewandelt hatte, sagte Ringelnatz in vollem Ernst: »Ja, wenn man es schön haben will, muß man sich eben ein bißchen Mühe geben.«

Hiddensee, 12. Juni 1929

Heute morgen verließ Ringelnatz das Haus in Badehosen, knallrote Badeschuhe, ein gelbes Tuch um den Kopf und eine bunte Tasche auf dem Bauch für Bernsteine, die er zu suchen beabsichtigte. Muschelkalk

Asta Nielsen und Joachim Ringelnatz auf Hiddensee im Jahre 1929

war auch in voller Badeausrüstung. Während sie weg waren, arbeitete das ganze Haus darauf, unseren Garten wieder menschlich zu machen, diesmal wurden die Steine aber an eine Stelle hingebracht, wo das Ehepaar sie nicht so leicht wiederfinden konnte.

Gegen Abend erschien Ringelnatz wieder, aber todmüde vom Bernsteinsuchen. Es ist wohl überflüssig zu bemerken, daß er nicht einen einzigen gefunden hatte. Dagegen erzählte er, er habe phantastische Steine im Sande gefunden, da sie aber zu groß waren und zu weit weg lagen, um sie selber zu schleppen, hatte er nur Stöcke dabei gepflanzt, damit Muschelkalk sie am nächsten Morgen finden und nach Hause schleppen konnte.

Hiddensee, 13. Juni 1929
Leider ist Muschelkalk ein gehorsames Weib, sie hat alle die Steine geholt und im Gastzimmer aufgestapelt, wenn nicht die himmelblauen Betten sich zwischen die Steinhaufen hätten behaupten können, hätte ich das Zimmer nicht wiedererkannt.

Hiddensee, 16. Juni 1929
Ringelnatz sucht immer noch Bernsteine, das einzige, was er aber gefunden hat, ist eine Kneipe, wo man guten Korn bekommen kann, und ein Hotel, das besseren Kaffee macht als wir.

Hiddensee, 20. Juni 1929
... Wo Ringelnatz ist, ist man nie sicher. Entweder steht meine Seife auf vier hohen Beinen, oder die Brötchen auf dem Mittagstisch quietschen, oder die Pfirsiche kommen auf den Tisch mit Straußenköpfen aus Papier und einer Gänsefeder als Schwanz. Er taucht in den merkwürdigsten Sachen auf. Zum Beispiel spazierte er heute herum mit einer Baskenmütze kokett angebracht auf dem einen Ohr. Die Mütze hatte er gestern abend, sagte er, zur Erinnerung an eine schöne, junge Dame auf dem Hotelball geschenkt bekommen. Übrigens trank er gestern abend Brüderschaft mit vier Fischern an der Schenke, und auf dem Heimweg war er zu klug, um mit uns anderen den gewöhnlichen Weg nach Hause zu gehen, er wußte einen viel besseren. Er kam zwei Stunden später als wir nach Hause, bis zur Taille durchnäßt, nachdem er in einen Sumpf hineingeraten war.

Hiddensee, 24. Juni 1929
... Die Sache mit der Baskenmütze bekam ein Nachspiel. Die Dame hat sie zurückverlangt, weil eine Goldnadel sich darin befinden sollte. Da Ringelnatz aber inzwischen irgendwo die Mütze vertauscht hat, Baskenmützen sind doch einander wie Flöhe ähnlich, hat er ein schönes Gedicht an die Frau geschrieben und ihr das heute persönlich gebracht. Groß war aber seine Überraschung, als die Frau eine ganz andere war, als er sich zu erinnern glaubte, aber das Gedicht paßte immerhin, und die Sache war gerettet.

1. Juli 1929
Heute reisten unsere Gäste nach dem Festland zurück. Muschelkalk und ich unterdrückten beim Abschied eine kleine Träne, Ringelnatz dagegen war so froh, von der Natur wieder fliehen zu können, daß er vor Freude sein neues großes Seidentaschentuch als Abschied ins Meer fliegen ließ ...

Ringelnatz war kein Rezitator im eigentlichen Sinne des Wortes, aber die Stimmung, die seine Person ausstrahlte, und das verschleierte, eintönige Organ, das in sonderbarem, singendem Rhythmus seine genialen Verse aufsagte – begleitet von kaum angedeuteten, aber sehr bezeichnenden Bewegungen mit den knochigen Händen –, waren von solcher Wirkung, daß sie die Zuhörer – wohlgemerkt diejenigen, die ihn verstanden – in Ekstase versetzten.

Ringelnatz hatte in seinem Leben fast alles gemacht, aber am meisten war er wohl zur See gefahren. Seine berühmteste Gedichtsammlung war »Kuddel Daddeldu«. Sie handelt von dem Matrosen, der in den Häfen an Land geht und seine Mädchen besucht. Im Vaterland hat er eine feste Braut, der er die unmöglichsten Raritäten aus fernen Zonen mitbringt. Im übrigen säuft er sich sternhagelvoll. Kuddel Daddeldus Dichter trug seine oft makabren Gedichte gleichfalls keineswegs immer in nüchternem Zustand vor, und was sein Privatleben in dieser Hinsicht bot, läßt man besser unberührt. Ringelnatz war klein und unwahrscheinlich mager. Auf den ersten Blick schien sein Gesicht von einer mächtigen Don-Quichote-Nase beherrscht zu sein, sah man aber näher hin, wich alles in seinem Antlitz, ja beinahe seine ganze Gestalt, hinter einem Paar großer, dunkelblauer Augen zurück, die so schön waren, wie ich es kaum jemals erlebt habe. Zwischen der vorspringenden Nase und einem bleichen Kinn schien der Mund eingefallen. Das war er jedoch gar nicht. Die Lippen wölbten sich wehmütig und kräuselten sich ununterbrochen bei den ständig wechselnden Gemütsbewegungen, die sein Inneres durchjagten.

Seine Gedichte sind außer in den deutschsprachigen Ländern kaum bekannt. Ihre Einmaligkeit ist so groß, daß sie sich nur unvollkommen übertragen lassen würden.

Ringelnatz blieb der ewige Primaner. Es konnte passieren, daß ein Miniaturmatrose, ein Bild von ihm selber, ausgeschnitten und auf Pappe geklebt, mitten auf der Treppe stand und einen empfing, wenn man zum Atelier hinaufkletterte. Und wenn sich die Tür öffnete, lief man Gefahr, daß einem abgeblühter Löwenzahn ins Gesicht gepustet wurde oder kleine zottige Mäuse einem über die Füße liefen. Als Künstler ein Genie, war Ringelnatz als Mensch unfertig, gegensätzlich, aber völlig unsentimental. Seine Ansichten waren verblüffend wertlos, und sein Geschmack so primitiv, daß man oft an seiner Echtheit zweifelte. Aber wir liebten ihn über alle Maßen. 1933 vollendete er sein fünfzigstes Lebensjahr. Seine Freunde fanden sich im Hotel Eden zu einer Art Empfang ein. Paul Wegener huldigte ihm in einer schönen Rede, wonach ich ihm einen kleinen Lorbeerkranz aufs Haupt drückte. Dann las er eigene Gedichte vor. Der Abend endete in der exklusiven Bar bei Pelzer Unter den Linden, aber »die neue Zeit« lastete schon auf seinem Gemüt. Die Spießbürger, die damals wahre Triumphe feierten, besonders in der Provinz, hatten jetzt eine willkommene Gelegenheit, mit dem Genie und dem Bohemien Ringelnatz abzurechnen, von dem sie niemals auch nur einen Deut begriffen hatten. Sie erblickten in ihm nur den Trinker, den Matrosen mit dem Glas in der Hand, den Mann, der keinerlei »Ismen« anzugehören wünschte.

Jetzt saßen die Spießer oben, und wer ihnen nicht gefiel, erhielt einen Fußtritt.

Den größten Teil seines Lebens hatte er in Kneipen zugebracht. Die daraus entstandene innere Einstellung sorgte nicht gerade dafür, daß er den Mund hielt. Seine Lebensgrundlage, das Kabarett, verschloß sich ihm. Die Verbitterung, die sich seiner bemächtigte, trug sicher dazu bei, eine schleichende Kehlkopferkrankung zu fördern, und nach einigen Monaten unsäglicher Qualen sagte Kuddel Daddeldu der Welt Lebewohl.

Doch zurück nach Hiddensee.

Wenn die Wogen der Diskussion über den Häuptern der Künstler zusammenzuschlagen drohten, stellten wir das Grammophon an. Mit einemmal waren alle auf den Beinen. Pyramiden und Benvenuto sanken ins Meer, Tische und Stühle wurden an die Wand geschoben, und jeder ergriff seines Nächsten Weib. Nirgends war man so jung, so froh und so frei wie auf dieser schönen Insel. Aber ach, wir hatten 1933, und die Stimmung verwandelte sich.

Die dunkelhaarigen, intellektuellen Künstlertypen wurden von kräftigen blonden Männern und breithüftigen Frauen mit Gretchenfrisur abgelöst. Die stampften großspurig und laut über Felder und Wege und lachten schallend und herausfordernd.

Kleine Jungen in braunen Hemden marschierten gruppenweise über die Insel, erhitzt und überanstrengt vom strammen Trampeln in der Sonnenglut. Es geschah, daß der eine oder andere ohnmächtig umfiel. Mußte das sein? Auf! Übung macht den Meister! Man holte ein Glas Wasser, und der Marsch wurde fortgesetzt.

Flugzeuge rasten dröhnend über die Dächer. Geleise wurden über die Insel gelegt, und Lokomotiven donnerten darüber. Schiffe kamen, beladen mit eisernen Fässern.

Was enthielten sie?

Und wo blieben sie?

Die Nordküste sollte verbreitert werden, erzählte mit eine Fischersfrau. Aha, darum wurde also der Weststrand vermessen! Die neue Zeit hatte von der Insel Besitz ergriffen. Ich hatte dort nichts mehr zu suchen.

JOACHIM RINGELNATZ

Hafenkneipe

Asta Nielsen weiht einen Pokal

Du irrst, Asta, wenn du denkst:
Dieser Pokal sollte dein sein.
Du sollst ihn nur einweihn,
Daß du ihn mir schenkst.

Der ich gestern wieder einmal
Vor deiner Kunst glühte,
Trinke nun künftig aus diesem Pokal
Deinen Kuß und deine Güte.

Denn das Herz ist durstiger als Kehle.
Glas zerbricht einmal. Menschenfleisch stirbt.
Deine große Barfußmädchenseele,
Asta, ewig lebt sie, webt und wirbt.

Insel Hiddensee

Kühe weiden bis zum Rande,
Großer Tümpel, wo im Röhricht
Kiebitz ostert. – Nackt im Sande
Purzeln Menschen, selig töricht.

Und des Leuchtturms Strahlen segnen
Eine freundliche Gesundheit.

Andrerseits: Vor steiler Küste
Stürmen Wellen an und fliehen. –
Nach dem hohen Walde ziehen
Butterbrote und Gelüste.

Fischerhütten, schöne Villen
Grüßen sich vernünftig freundlich.
Steht ein Häuschen in der Mitte,
Rund und rührend zum Verlieben.
»Karusel« steht angeschrieben
Dieses Häuschen zählt zu Vitte.

Asta Nielsen – Grischa Chmara,
Unsre Dänin und der Russe –.

Auf dem Schaukelpolster wiegen
Sich zwei Künstler deutsch umschlungen. –

Gar kein Schutzmann kommt gesprungen. –
Doch im Bernstein träumen Fliegen.

Um die Insel rudern, dampfen,
Treiben, kämpfen Boote, Bötchen.

Steine am Meeresstrand

Steine schaumumtollt,
Zornig ausgerollt
Über Steine. –
Freiheit, die ich meine,
Gibt es keine.

Stille nun. Entbrandet
Ruht ihr, feucht umsandet,
Unzählbar gesellt,
Von der Zeit geschliffen
Oder kampfentstellt. –
Alle von der Welt
Lange rauh begriffen,
Schweigt ihr. – Ihr begreift die Welt.

Wie ich euch sortiere,
Spielerisch verführt:
Früchte, Götzen, Tiere,
Wie es Phantasie so legt,
Habt ihr in mir aufgerührt,
Was seit Kindheit mich bewegt.

Spitze, trübe, glatte, reine,
Platte, freche, winzig kleine,
Ausgehöhlte, fette Steine,
Plumpe, schiefe, trotzig große –

Ja ihr predigt ernst wie froh,
Meistens simpel, oft apart,
Weit umgrenzte, willenlose
Freiheit. – Predigt ebenso
Fromm wie hart.

Kindersand

Das Schönste für Kinder ist Sand.
Ihn gibt's immer reichlich,
Er rinnt unvergleichlich
Zärtlich durch die Hand.

Weil man seine Nase behält,
Wenn man auf ihn fällt,
Ist er so weich.
Kinderfinger fühlen,
Wenn sie in ihm wühlen,
Nichts und das Himmelreich.

Segelschiffe

Sie haben das mächtige Meer unterm Bauch
Und über sich Wolken und Sterne.
Sie lassen sich fahren vom himmlischen Hauch
Mit Herrenblick in die Ferne.

Sie schaukeln kokett in des Schicksals Hand
Wie trunkene Schmetterlinge.
Aber sie tragen von Land zu Land
Fürsorglich wertvolle Dinge.

Wie das im Winde liegt und sich wiegt,
Tauwebüberspannt durch die Wogen,
Da ist eine Kunst, die friedlich siegt,
Und ihr Fleiß ist nicht verlogen.

Es rauscht wie Freiheit. Es riecht wie Welt. –
Natur gewordene Planken
Sind Segelschiffe. – Ihr Anblick erhellt
Und weitet unsre Gedanken.

Land in Sicht

Matrosensang

Kameraden, vorbei ist das Fasten,
Ich sehe den Leuchtturm durchs Glas.
Schon flattern um unsere Masten
Die Möwen. Im Wasser schwimmt Gras.

Schon steigen die Türme vom Hafen
Wie Kräuterkäse grün aus dem Grau.
Old sailorboys, heute nacht schlafen
Wir alle an Land bei der Frau.

Vielleicht noch tanzen wir heute
Und saufen, soviel uns behagt.
Wir haben als Fahrensleute
So lang dem Vergnügen entsagt.

Hei ho! Macht euch sauber, Matrosen!
Bald tritt auf den Kampfplatz der Stier.
Die besten Hemden und Hosen
Warten steif auf die Mädchen auf dem Pier.

Schon seh ich die Tücher sie schwenken.
Denn jeder von uns ist ein Held
Und naht sich mit Auslandsgeschenken.
Hei ho! Heut abend rollt Geld!

Schiff 1931

Wir haben keinen günstigen Wind.
Indem wir die Richtung verlieren,
Wissen wir doch, wo wir sind.
Aber wir frieren.

Und die darüber erhaben sind,
Die sollten nicht allzuviel lachen.
Denn sie werden nicht lachen, wenn sie blind
Eines Morgens erwachen.

Das Schiff, auf dem ich heute bin,
Treibt jetzt in die uferlose,
In die offene See. – Fragt ihr: »Wohin?«
Ich bin nur ein Matrose.

So ist es uns ergangen

1933

So ist es uns ergangen.
Vergiß es nicht in beßrer Zeit! –
Aber Vöglein singen und sangen,
Und dein Herz sei endlos weit.

Vergiß es nicht! Nur damit du lernst
Zu dem seltsamen Rätsel »Geschick«. –
Warum wird, je weiter du dich entfernst,
Desto größer der Blick?

Der Tod geht stolz spazieren.
Doch Sterben ist nur Zeitverlust. –
Dir hängt ein Herz in deiner Brust,
Das darfst du nie verlieren.

Max Kruse

Die versunkene Zeit

Bilder einer Kindheit im Käthe-Kruse-Haus
und im Hiddensee-Haus, der »Lietzenburg«

Herkunft

Bad Kösen ist eine kleine Stadt in Mitteldeutschland. Dort wurde ich geboren, 1921. Der Erste Weltkrieg war seit drei Jahren Vergangenheit. Für mich blieb er stets nur eine Legende. Er hätte auch im Mittelalter gewütet haben können oder noch früher, zur Zeit der Völkerwanderung. Für meine Mutter, für meinen Vater und sogar für die ältesten Geschwister war er fast noch Gegenwart. Er saß ihnen – vor allem mit seinen Hungerzeiten und den Kohlrübensuppen – noch im Nacken und im Sinn.

Ich wußte nicht, daß es den Menschen schlecht gehen konnte. Ich lernte es so bald auch nicht aus eigener Erfahrung. Wenig ist nachteiliger für die menschliche Entwicklung als das Fehlen von Zwang, sich gegen Not behaupten zu müssen; als der Mangel an Mangel; als der Mangel an Übungen des Ertragens und des Überwindens.

Meine Eltern waren das, was man in unserer Gesellschaft »berühmt« nennt. Vor allem war es meine Mutter, während der Vater seine große Zeit bereits hinter sich hatte. Ihr Ruhm strahlte auf mich über. Ich nahm ihn wie selbstverständlich für mich in Anspruch. Das Kind fühlte sich auserlesen. Spätere Enttäuschungen wurden so programmiert.

Ich kam im Bett meiner Mutter zur Welt. Und sie behielt mich dort – angeblich über ein Jahr. Sie sagte, sie habe mich auch über ein Jahr lang gestillt. Schließlich wurde das sogar ihrem gutherzigen alten Hausarzt zu viel. »Na, Frau Professor«, riet er, »nu setzen Sie den Maxel mal ab.«

Mein Vater kannte seine Käthe wohl besser. »Geben Sie's auf, Herr Sanitätsrat, die beeden kriegen Sie nich auseinander.«

Meine Mutter kokettierte mit dieser Geschichte. Sie erzählte sie oft, sogar den Fremdesten. Auch in meiner Gegenwart. Dann schämte ich mich.

Eine andere Lieblingsgeschichte meiner Mutter war, wie ich zu meinem Namen kam. Ich heiße nach meinem Vater, Max. Sie hatte schon sieben Kindern einen Namen gegeben, sechs lebenden, einem tot geborenen. Ich sollte – nach dem Willen meiner Eltern – das letzte sein. »Und der soll Max heißen«, bestimmte sie, schon als sie mich noch trug. Meinem Vater war das nicht recht. Einen zweiten Max Kruse wollte er nicht. Er wehrte sich. Vergebens. Seine Hoffnung war, daß ich ein Mädchen würde.

»Dann nenn ich sie Maximiliane«, erklärte meine Mutter. Da gab er es auf.

Das Bett meiner Mutter war breit und braun. Massive Holzwände am Fußende und am Kopf. Vier gedrechselte Säulen, von Zwiebeln gekrönt.

An der Tapete kletterten Rosen empor.

Vor dem Fenster stand eine hohe Birke, alles Licht kam durch das Filigran ihrer Äste, durch das helle Grün ihrer Blätter.

Und an den Wänden hingen viele Bilder. Über der Kommode tummelte sich Arnold Böcklins Wassermann im Spiel der Wellen, umringt von barbusigen Seejungfrauen. Da gab es Aquarelle. Landschaft, von meiner Mutter gemalt, und Kinderszenen: Bäumchen, Schäfchen, kleine Mädchen. Die hatte alle die Mutter mit Wolle gestickt und sie war stolz darauf.

Ich war also das achte Kind. Doch das Tote zählte man bald nicht mehr mit. Das siebente blieb ich, und immer das Nesthäkchen.

Die Mutter war da schon 38 Jahre alt. Mein Vater sogar 68. Für mich war er nie das, was man einen Vater nennt. Sogar für einen Großvater wäre er schier zu alt gewesen. Er war eine Art Sagengestalt, Wotan vielleicht, mit seinem langen, grauen Bart und dem brummig-verschlossenen Wesen.

So sah ich ihn: schweigend in der Stube hin und her stapfend. Oder schweigend im Ohrensessel sitzend. Und meist einen Stumpen rauchend, von dessen Saft sich sein Bart dicht unter der weichen Unterlippe gelb verfärbte.

Die Puppenherstellerin Käthe Kruse und ihr Mann, der Bildhauer und Maler Max Kruse, im Kreise seiner Kinder aus erster Ehe sowie der gemeinsamen Kinder, im Jahre 1931

Er starrte vor sich hin. Manchmal trommelten seine kräftigen Finger – die Finger einer Bildhauerhand – Rhythmen auf die Armstützen.

Er war ein Patriarch. Acht – oder also sieben – Kinder hatte er aus seiner zweiten Ehe, vier schon aus der ersten. Er fand es notwendig, sich fortzupflanzen. Was später aus den Kindern wurde, bekümmerte ihn wenig. Daß sie alle hochbegabt waren und sich daher schon durchsetzen würden, war seine feste Überzeugung.

Dazu brauchten sie eigentlich sogar nicht einmal etwas zu lernen. Denn: »Genies setzen sich immer durch!« Und: »Auf der Akademie trägt man seine Begabungen zu Grabe!«

Ich höre ihn das noch sagen mit seiner tiefen, knurrenden Stimme, die keinen Widerspruch duldete.

Im Prinzip war meine Mutter wohl derselben Ansicht. Ihre eigene Lebensgeschichte lehrte sie das gleiche. Aber sie war immerhin so vorsichtig, ihre ersten Kinder auf Schulen zu schicken. Bei mir versuchte sie lange, das zu umgehen. Es gelang ihr so ziemlich. Ich habe wohl die ungeordnetste Schulbildung, die man sich denken kann. Wenn ich heute davon erzähle, genieße ich Heiterkeitserfolge. Aber könnte ich mein Leben zurückdrehen, möchte ich es anders machen.

Die Mutter

Als ich – der Jüngste – geboren wurde, lag schon ein reiches Leben hinter meiner Mutter. Sie hatte eine »Weltfirma«. Die Firma war klein, ihr Name war groß, unverhältnismäßig groß. Da blieb immer eine Diskrepanz, die sie mit ihrer Persönlichkeit ausfüllte.

Außerdem hatte sie sieben Kinder. Sie war mehr als beschäftigt. Auch der Vater brauchte sie mehr und mehr, er war ihr keine Hilfe, sondern das Gegenteil, ganz natürlicherweise.

Aber ohne ihre Kinder hätte sie andererseits die Firma auch nicht gehabt, nicht ihre Aufgabe, nicht ihren Ruhm.

Die Geschichte, wie sie zu ihren Puppen kam, mußte immer und immer wieder berichtet werden. Bei jedem Interview, in allen Zeitungen, im Rundfunk. Bei jeder Gelegenheit. Auch wir Kinder mußten sie erzählen, sie verfolgte und verfolgt uns bis ins Alter.

Die Mutter war nicht groß, eine kleine, eine zierliche Frau. In meiner Kindheit hatte sie Zöpfe, die sie in der Mitte des Scheitels zusammenrollte, kunstvoll und geschickt. Da trug sie dann ein kleines geflochtenes Krönchen, eine Art Nest. Die »Schnecke« nannte sie diese Frisur.

Wenn ich morgens aufwachte, stand sie oft am Waschtisch. Da schlief ich zwar schon in einem eigenen Bett, aber mit ihr im selben Zimmer. Es war so schmal, daß das Kopfende meines Bettes von einem Waschtisch verdeckt wurde, das Fußende von dem Kleiderschrank. Doch erzeugte diese Enge das Gefühl großer Geborgenheit. Hier konnte ich mich verkriechen, wie in einer Höhle.

Aber je älter ich wurde, je öfter kam es vor, daß meine Mutter noch in ihrem breiten Bett am Fenster lag und schlief, wenn ich erwachte. Sie war eine Nachtarbeiterin. Sie saß im Nebenzimmer, am Schreibtisch, wenn das ganze Haus dunkel und still war, wenn niemand sie störte, kein Telefon, kein Mensch, nur die Kuckucksuhr beruhigend tickte. Dann machte sie sich Notizen fürs Diktat; schrieb ihre zahllosen Zettelchen mit Anweisungen für die Mitarbeiter in der Werkstätte; bearbeitete Katalogtexte; klebte ausgeschnittene Puppenfotos zu Prospektentwürfen zusammen; verfaßte Artikel und Radiovorträge.

Unermüdlichkeit, eine bis zur Penetranz gesteigerte Akribie, überschäumende Vitalität und Herzlichkeit hatten sie zu dem gemacht, was sie war.

Ihre Begabung allein hätte kaum genügt.

Aus warmem Sand und alten Handtüchern schuf sie die ersten drolligen Geschöpfe. Man schrieb 1905. Da war sie 23. 1910, mit 28, wurden ihre Puppen in Berlin ausgestellt, im Warenhaus Tietz, »Spielzeug aus eigener Hand«: die Käthe-Kruse-Puppen. Die Presse fand, sie wären das Ei des Columbus »warm, weich, natürlich, unzerbrechlich«. Es folgten Aufträge. Es folgten schüchterne Versuche einer Herstellung, mit Nähnadel und Faden zunächst in Vaters Berliner Bildhaueratelier. Später – schon etwas handwerklicher – in Bad Kösen an der Saale.

Dort lebte sie dann mit ihren sieben Kindern, die sie rasch nacheinander »Mimel-Fifel-Hanne-Michel-Jochen-Friedebald- und Maxel« rief. Hier arbeitete sie. In der Werkstätte hatte sie siebzig Mitarbeiter, dreißig Heimarbeiter dazu. Ihre Puppen wurden fast in alle Welt verkauft, nach den USA, nach England, Holland, Skandinavien und in die Schweiz. Sie wurden nachgeahmt. Sie prozessierte, sie gewann vor dem Reichsgericht, es gab das grundlegende »Kruse-Urteil«, das eine besondere Art des Kunstschutzes begründete.

Sie war eine der bekanntesten Frauen Deutschlands und blieb es länger als irgendeine andere. Sie wurde in gewissem Sinne stilbildend.

In ihrer Aura wuchsen wir auf. Um sie war immer etwas los: Zeitungsartikel, Interviews, Rundfunkvorträge, es riß nicht ab. Ihr Ruhm kam nicht nur von ihren Puppen, er resultierte ebenso aus ihrer Natur. Ein großer Schriftsteller mag seinen Kreis haben, seine Gemeinde, diese Frau aber kannte damals jeder. Sie wurde verehrt von Fleischermeistersgattinnen, die ihre Puppen aus Schweineschmalz im Schaufenster nachbildeten. Sie erhielt Tausende von Dankesbriefen. Auch einen von der kleinen Elisabeth, die später Königin von England wurde. Mit ihren Puppen spielte der Kinderstar Shirley Temple, ihre Puppen erwähnte Thomas Mann, wenn er eine bürgerliche Kinderstube schilderte – und sehr viel später Günter Grass.

Ich glaube, wir Kinder fühlten uns alle wie von Goldglanz umgeben. Und oft hat man mich später gefragt, ob es denn ein Glück sei, so bekannte Eltern zu haben. Ich glaube das nicht. Für meine älteren Geschwister war es vielleicht noch schwieriger, als für mich, denn sie waren ja viele Jahre länger dem übermächtigen Einfluß ausgesetzt.

Meine Mutter regierte ihr Familien-Empire wohl so ähnlich wie die Königin Victoria. Es führte kein Weg an ihr vorbei. Sie ebnete alle Wege – aber sie verschloß sie auch wieder. Sie breitete ihre Hände über und unter alles. Immer fand sie für ihre Kinder Gründe, warum es für diese besser, warum es richtiger war, heimzukehren – zu ihr.

Der Vater

Den Vater verglich meine Mutter gern mit Leonardo da Vinci. Er sah ihm auch wirklich ähnlich, vor allem seinem wunderbaren Altersbild; dem zerfurchten Gesicht mit dem wuchernden Bart. Auch die forschenden, prüfenden Augen glichen sich.

»Und, wie Leonardo da Vinci«, meinte die Mutter, »ist er ein Universalgenie.«

Unser Vater war Bildhauer, Maler und Zeichner. Begonnen hatte er als Ingenieur. Erfinder blieb er sein Leben lang. Er konstruierte eine »Bildhauerkopiermaschine«, die jede Plastik in jedem beliebigen Material und in jeder beliebigen Vergrößerung oder Verkleinerung mehrmals gleichzeitig kopieren konnte.

Die bedeutendste »Erfindung« des Vaters, diejenige, die bis in die heutige Zeit wirkt, war die Umgestaltung des Bühnenbildes. Max Reinhardt trat an ihn heran – 1902 – im Berliner Kaffee des Westens, dem sogenannten Kaffee Größenwahn. Er suchte »eine Sensation« für die geplante Eröffnung des Neuen Theaters am Schiffbauerdamm. Der Vater entwikkelte seine Pläne: »Man muß aus der Dekoration ein Bühnenbild machen, mit richtigen Lichtern und Schatten, man muß die ganze Bühne in Plastik umsetzen –«

Max Reinhardt bat den Vater, die Ausstattung für Oscar Wildes »Salome« zu übernehmen.

Übrigens war auch Richard Strauss so beeindruckt, daß er daraufhin die »Salome« komponierte. Einige hundertmal ging die Aufführung über die Bühne.

Ein anderes: Ähnlich wie Leonardo da Vinci wollte auch mein Vater den Menschen durch Muskelkraft in die Luft erheben. Er konstruierte eine Flugmaschine – in den ersten Jahren dieses Jahrhunderts. Er zeichnete und bastelte. Auf den sanften Hügeln der Insel Hiddensee trug er die Modelle in den Wind. Sie sahen so ähnlich aus wie Mühlräder: es waren übereinander angeordnete, stoffbespannte Flügel. In der Mitte sollte der »Luftschiffer« sitzen. Der Vater erhielt sogar ein Patent, der Aeroclub interessiert sich – dann kam der Motorflug auf, des Vaters Ideen waren überholt.

Doch sann und grübelte er immer. Sein ganzes Leben. Noch an einem seiner letzten Weihnachtsabende, als der Uralte im Lehnstuhl saß und den italienischen Tenor Benjamino Gigli aus dem Grammophon singen hörte, erklärte er mir, daß diese Wiedergabe technisch viel zu wünschen übrigließe.

Er entwarf mit in die Luft zeichnenden Händen eine riesige Glocke, eine Kuppel, die man über die Sänger und die Instrumente stülpen müßte: »So groß, siehst du, so groß! Und da oben . . .«, er zeigte hinauf zur Zimmerdecke, wo der Kronleuchter mit seinen Prismen funkelte, »da oben, in einer Art Laterne, also wie im Petersdom zum Beispiel, da müßte das Mikrophon angebracht sein.«

»Und warum, Herzblatt, machst du das nicht?« fragte ich ihn.

»Ach . . .«, antwortete er und blies mir den Qualm seines Stumpens ins Gesicht.

Ich kann mich nicht an viele derartige Unterhaltungen mit meinem Vater erinnern. Er stand für mich schon zu fern, am Rande des Lebens, sehr weit entrückt.

Als er geboren wurde, schrieb man 1854. Seine Großeltern lebten im preußischen Stettin. Er kam in Berlin zur Welt, dort wuchs er auch auf.

Und Berlin war damals noch fast wie ein Dorf, Sand auf allen großen Plätzen, Sand auch vor den Toren. Milch- und Gemüsewagen, mit Pferden, Hunden oder Eseln bespannt, kämpften sich allmorgendlich über die Tempelhofer Chaussee zum Halleschen Tor. Da wurden die Heuwagen von den Steuerbeamten mit langen, eisernen Spießen »nach Contrebande« untersucht.

Jedenfalls – ganz anders als die Mutter – erlebte mein Vater eine glückliche Kindheit in einer kleinen, miteinander innig verbundenen Familie, die ihm immer als Ideal vorschwebte. Zwei Geschwister hatte er, beide älter. Sein Bruder Oskar war fast fünfzig Jahre lang Kaufmann, ehe er seine Begabung für die Malerei entdeckte. Er kam zu bescheidenem Ansehen, verpulverte all sein Geld im Bau der Lietzenburg auf der Insel Hiddensee, war ein gemütvoller, ein wenig naiver Mann und der blendendste Erzähler, den Berlin hervorgebracht hat. Wenn er erzählte, kam er vom Hundertsten ins Tausendste. Der Berliner Kulturkritiker Paul Fechter beschrieb ihn so:

»Er gehörte zu den bei uns nicht eben häufigen Talenten des unmittelbaren Erzählens aus einer blühenden, spielenden, ständig nachwachsenden Phantasie. Er begann mit irgendeiner Belanglosigkeit des nahen Tages, der Wirklichkeit, kam von ihr aus ins Unwirkliche, Spielerische, Groteske, Phantastische, spann seinen Faden unbekümmert um alle Einwände vom Realen aus weiter und weiter, so daß die Zuhörer immer tiefer in seinen Bann gerieten und stundenlang diesen Gebilden aus Ironie und Märchen, Witz und Grausen, Lächerlichkeiten und gelegentlichem Ernst lauschen konnten.«

Noch plastischer zeichnet ihn Wilhelm Schmidtbonn in seinem Buch »Die unerschrockene Insel« – womit Hiddensee gemeint ist. Er nennt Oskar Kruse den »König der Insel« und fährt fort: »Durch Holz reich geworden, hat er das rote Schloß mit weiten Bögen auf die Bergschulter gebaut. Aller Grund ringsum ist sein. Aber kein Zaun sperrt ab, keine Tafel verbietet. Weißbärtig, blauäugig hat er das Gesicht eines Fischers angenommen. Unerkannt sitzt er auf der Bank inmitten der tausend Ausflügler ... Abends aber sitzt er im Lederstuhl, in Lederstühlen seine Gäste, der Pfarrer, der Lehrer, der Verwalter, der Privatgelehrte, der Musiker, der Schriftsteller. Dann erzählt er. Erst ein wenig eintönig, und scheint dabei über sich selbst zu spotten. Dann fängt er an, langsam unglaubhaft zu werden, und nun spottet er über die verlegenen, erschreckten Gesichter derer, die ihn noch nicht kennen. Und endlich fängt er offen zu lügen an, ein neuer Münchhausen, und während alle befreit auflachen, erschrickt er nun vor sich selber, wird von einem Fieber gepackt, kann nicht mehr aufhören, gräbt sich in ein Labyrinth, in dem er, in noch tieferen Winkeln, Grauenhaftes zu sehen scheint, das er nicht auszusprechen wagt. Plötzlich endet er, mit erschöpften und traurigen Augen, gehetzt, zusammengebrochen vor unsichtbaren Feinden. Den ganzen Abend spricht er kein Wort mehr. Mit einer Laterne bringt er zum Abschied seine Gäste an die große Steintreppe. Während das Meer heult, versucht er umsonst, die Furcht der Nacht hell zu machen. Zwergig schwankt sein Licht oben, wenn die Gäste sich im Tal noch einmal umwenden...«

»Onkel Oskar«, wie wir ihn nannten, war kein »Schreiber«, nichts hat er aufgezeichnet, nur Ernst von Wolzogen, der Schöpfer des »Überbrettl«, hat eine seiner Geschichten nacherzählt: »Was Onkel Oskar mit seiner Schwiegermutter in Amerika passierte«. Und im Vorwort dieses kleinen Buches sagt er über ihn:

»Eine Seele von Mensch, ein grundehrlicher, zuverlässiger und von Herzen gütiger Freund, Ratgeber, Helfer war er von jeher, nicht nur für seine Familie, sondern auch für einen großen Kreis anderer Menschen gewesen. Man mußte ihn nur zu nehmen wissen; das heißt, man mußte den nötigen Humor haben, um seinen Humor zu würdigen, dann war einem Onkel Oschen gut. Es gab Leute, welche mit plumpen Zweifeln und peinlich realistischen Zwischenfragen Onkel Oschens wunderbare Erzählungen zu unterbrechen imstande waren. Solche Leute konnte er nicht leiden. Und mit Recht, denn sie bewiesen doch dadurch nur ihre eigene Dummheit und Humorlosigkeit. Onkel Oschen war nämlich trotz seiner manchmal geradezu kindlichen Harmlosigkeit und seiner Freude an absonderlichen Torheiten ein überaus kluger und praktischer Kopf.«

Ich muß gestehen, daß ich mich hierin meinem Onkel recht verwandt fühle, sowohl was die Art meines Erzählens in meinen Kinderbüchern angeht, als auch meine und anderer Leute Reaktionen darauf, und es ist mir bemerkenswert, was sich innerhalb einer Familie alles vererben kann.

Meine Mutter trug mir Balladen vor. Zwar las sie aus Büchern, aber sie las, als ob sie nicht lese, frei flog ihre Stimme mit den Worten dahin, die gelernte Schauspielerin fand zu ihrer Begabung zurück, sie war mitten in der Dichtung, mitten im Geschehen, im Vers, in der Empfindung, in der Tragödie.

Ich habe ihr immer für diese Stunden gedankt. Sie gehörten zu den stärksten Erlebnissen meiner Kindheit. Zum Eisenhammer ging die Mutter mit mir; zu Dionys, dem Tyrannen, dies oft und immer wieder; zwischen Szylla und Charybdis stand sie und warf den goldenen Becher hinab. Auch den Handschuh schleuderte sie den Löwen vor und den Dank, Dame, begehrte sie nicht. Was immer an deutschen Balladen ihr wert schien, das deklamierte sie.

Von anderer Art war der Humor Fritz Reuters, wenn die Mutter ihn vorlas, lachte sie Tränen. Die Mutter hatte sich das Platt recht und schlecht zu eigen gemacht, die Eltern des Vaters hatten es noch gesprochen, in Stettin, der Vater konnte es und die Fischer in Hiddensee redeten so. Auch ich verstand es, es war ein zusätzlicher Reiz, wie komisch war alles, was Onkel Bräsig in Berlin widerfuhr, wie er seine Geldtasche in der Hose auf dem Bauch verbarg, aus Angst vor den Dieben.

Berlinern konnte die Mutter auch – und so hörte ich die Geschichte, die »Onkel Oschen mit seiner Schwiegermutter in Amerika passierte«: Onkel Oskar, der Bruder des Vaters. Es war die einzige seiner vielen Schnurren, die Ernst von Wolzogen aufgeschrieben hat, denn »Onkel Os« selbst schrieb nie etwas auf. »Sehr schade war das, mein Herzblatt, denn Onkel Os hat ja viel, viel besser erzählen können. Da rutschten alle vor Lachen unter den Tisch.«

So war diese Geschichte aber auch. Noch in der Nacherzählung.

In des Vaters Elternhaus wurde viel musiziert, Quartett gespielt und gesungen, vor allem Carl Loewe. Der Vater selbst bekam nach dem Stimmbruch einen so wohlklingenden Tenor, daß dem Jüngling von seinem Gesangslehrer eine große Bühnenlaufbahn prophezeit wurde. Aber er entschied sich für den Architektenberuf. In Aarau besuchte er die Kantonsschule, danach das Polytechnikum in Stuttgart, begann Akt zu zeichnen, kehrte nach Berlin zurück, war »angeekelt von den Veränderungen der Stadt durch die Gründerjahre«, von der »stillosen Bauwut und dem kulturlosen Neu-Reichtum«, modellierte als erstes eine Porträtbüste seiner kranken Mutter, zeigte dem damals berühmten Professor Begas seine Arbeit, sollte gleich als Schüler bei ihm bleiben, ging aber zu Schaper, war gerade 27 Jahre alt, als er den Siegesboten von Marathon modellierte, erhielt dafür die große goldene Medaille der Berliner Kunstausstellung 1882 und den Rompreis. Die Nationalgalerie kaufte das Werk. In Berlin steht es noch heute.

»Ruhm«, sagte er später, »kommt immer zu früh.« Vielleicht war es bei ihm so. Bekannt war er jedenfalls, ohne zu den Erfolgreichen zu gehören. Einige schätzten ihn als den Erneuerer deutscher Holzschnitzkunst, als den gewissenhaften Handwerker, als den Sucher zu neuen plastischen Formen. Er schuf Büsten vieler berühmter Zeitgenossen; von Gerhart Hauptmann und von dem Dirigenten Karl Muck, von dem Maler Walter Leistikow und von Max Liebermann – die einzige Büste auch von Friedrich Nietzsche, zu welcher der todkranke Philosoph selber Modell saß. Das war, sagte er, sein größtes Erlebnis. Immer war er am Experimentieren, Erfinden. Aber nie packte er zu, niemals ging er »zu den Leuten«, die Leute sollten zu ihm kommen. »Wie unendlich viele Stunden meines Lebens habe ich erwartet und erwartet«, schrieb er. »Ein Wunder ist nicht gekommen ...«

In diesem Satz ist mein Vater. Vielleicht ist das Wunder ja doch gekommen, mit Käthe, seiner zweiten Frau. Aber das war wohl nicht sein Wunder, nicht das Wunder, auf das er hoffte. Eher im Gegenteil. Denn als er die Mutter kennenlernte, war er ein namhafter Bildhauer, 48 Jahre alt und Vizepräsident der Berliner-Sezession; auserwählt, als Juror 1883 an der Weltausstellung in Chicago teilzunehmen. Und wer war sie? Eine blutjunge Elevin am Theater, knapp 18 Jahre alt, unbekannt.

Doch bereits nach wenigen Jahren sah man in ihm nur noch ihren Mann. Das Haus, das er bewohnte, war »das Haus von Käthe Kruse«. Kamen Reporter von der Presse, vom Funk, dann interviewten sie die Mutter, nicht ihn. Die Mutter verdiente das Geld, sie ernährte die Kinder und ihn – und das mit einer Arbeit, die in seinen Augen ja keine Kunst war, höchstens Kunstgewerbe.

Immer zum Grübeln neigend, verlor er mehr und mehr die Motivation zu eigenen Arbeiten. Öffentliche Aufträge für Bildhauer gab es nach dem Ersten Weltkrieg, nach dem Ende des Kaiserreiches, so gut wie keine mehr. Auch war er da schon hoch in den Sechzigern. Seine Bewegungen wurden langsamer, seine Gedanken negativer, ein Werkzeug nach dem anderen legte er aus der Hand. Eine Weile knetete er noch – zögernd, zweifelnd – am Portrait seines vor ihm gestorbenen Bruders Oskar für dessen Grabstein in Hiddensee – dann ließ er auch das.

So sah ich ihn – mit dem langen, roten Bart. Vielleicht hatte man sich den Herrgott so vorzustellen, so entrückt und schweigsam bis zur Wortlosigkeit, immer ein wenig Furcht verbreitend, aber gottlob selten daheim. Ja, der Vater war immer auf Reisen, oder er »lebte« irgendwo, einmal in Rom, dann wieder in Berlin oder auf Hiddensee, begleitet stets von meiner älteren Schwester Maria, nie von meiner Mutter. Die Mutter hatte zu tun, sie arbeitete, leitete die Werkstätte, war auch verreist, aber zu ihren Kunden, nicht um »zu leben«, sondern um Geld zu verdienen.

Eigentlich ist »Geldverdienen« aber ein zu oberflächliches Wort. Geld stand bei ihr nie im Vordergrund. Sie war besessen von ihrer Arbeit. Was dem Vater fehlte, die Vitalität und das Durchsetzungsvermögen, die Kunst der Menschenbehandlung auch, das alles besaß sie im Überfluß. Die Arbeit war einfach ein Teil ihres Wesens, so wie die Liebe ein anderer war oder das sich ununterbrochen verströmende, manchmal lästige, nie zu kontrollierende Gefühl. Selbst von ihren Reisen überschüttete sie uns Daheimgebliebenen mit Zärtlichkeiten, mit Briefen und Telefonanrufen.

Vom Vater hörte man nie etwas, monatelang. So war ich nicht nur durch die Jahre, sondern auch durch den Raum von ihm entfernt. Er war nicht eigentlich »mein Vater«. Er führte nicht, er war kein Vor- und auch kein Gegenbild, er war kein Gegenstand der Reibung, kein Ziel des Trotzes, des Widerspruchs, kein Gesprächspartner.

Ja, ich fürchtete ihn ein wenig, von früh auf. Einmal besuchte ihn meine Mutter in Hiddensee. Sie trug mich auf dem Arm. Als der Dampfer am Bollwerk anlegte, reichte sie mich ihm über die Reling. Er küßte mich.

»Lassen Sie das!« rief ich da empört, kaum vier Jahre alt.

»Was sagst du, du Schuft?« fragte er verblüfft.

»Sie sollen das lassen, ich mag das nicht«, erklärte ich noch einmal mit Nachdruck.

Zwar änderte sich später unsere Beziehung ... ganz herzlich wurde sie nie. Er war oft knurrig, aber er tobte nie, nie war er laut. Als ich fünf oder sechs Jahre alt war, stellte ich mich einmal vor den grünen Ohrensessel, in dem der Alte saß und bat: »Herzlieb, hau mich doch mal, ich möchte wissen, wie das ist!« Und der Vater gab mir lachend einen Klaps.

»Herzlieb« – das war sein Kosename. Meine Mutter nannte ihn so, wir Kinder sprachen es nach. Ob sie diesen stillen, in sich selbst vergrabenen Mann wirklich noch als »Herzlieb« empfand?

Hiddensee

Irgendwo im Norden lag eine wundersame Insel, das Eiland mit der Burg, Hiddensee, wo der Vater oft war. Der Vater liebte die klare, kühle Schönheit ihrer Landschaft, die grünen Hügel, das Meer und die Kiefernwälder. Die Schwester Maria begleitete ihn dorthin, wie auf all seinen anderen Reisen. Auch in Hiddensee schnitt sie Zwiebeln in kleine Streifen und servierte sie ihm zu Quark und Brot. Einmal hatten die beiden sogar auf Hiddensee überwintert, ganz allein in dem riesigen Haus, das so schlecht zu heizen war und wo der Wind durch alle Ritzen pfiff. Es hieß »Die Lietzenburg«, war aus rotem Backstein und hatte einen kleinen Turm, und überall heulte der Wind hinein. Das war schlimm gewesen, erzählte die Schwester, die Ostsee eine Eiswüste, Schnee aufgetürmt ringsum, Eisblumen und Eiszapfen, dazu das Pfeifen des Sturmes, eine große Einsamkeit und nur der Vater tappte schweigend in seinem Atelier herum und brummte manchmal vor sich hin.

Ich hörte von Hiddensee daheim, die Mutter erzählte halb schwärmerisch, halb leidend, Hiddensee sei der Inbegriff des Schönen – und was für ein Wort war das: der Inbegriff, wenn die Mutter es aussprach – aber es verschlang eben auch Geld in Mengen, das die Mutter verdiente und ausgeben mußte, dem Vater zuliebe, es war ein Faß ohne Boden. In dem Faß saßen also der Vater und die Schwester, er qualmte Stumpen, las und grübelte; sie kochte, komponierte und fror.

Später komponierte sie ein »Hiddenseer Fischerspiel«, das auf der Insel mit Einheimischen aufgeführt wurde.

Am eindringlichsten und bildhaftesten schilderte mir Emil Deckert die Insel.

Emil Deckert lebte nur wenige Schritte von unserem Wohnhaus in Kösen entfernt, einmal links um die Ecke, direkt vis-à-vis der Friedhofmauer. Er besaß da ein winziges Haus, aber unklar ist mir, wovon Emil Deckert lebte, denn er arbeitete nicht und reich war er auch nicht. Er sah aus wie ein Wurzelstock, war undefinierbaren Alters, und seine Beine waren krumm. Er trug die schlotterndsten Hosen der Welt – der Schritt hing in der Kniekehle –, sie wehten bei jedem Schritt.

Und nun sprach Emil Deckert das breiteste, singendste Thüringisch, das überhaupt in Kösen zu hören war, und so erzählte er mir von Hiddensee, wann immer er meiner habhaft werden konnte, es war das größte Erlebnis seines Daseins gewesen. Die Dinge lagen so, daß er vor vielen, vielen Jahren, noch vor dem großen Krieg, als er noch jung war, »un en schdaddlichr Mann«, daß er da mit Onkel Oskar in Hiddensee gewesen war, »geweehld hadde«, um sich in Wald und Flur zu betätigen.

Onkel Oskar nämlich, des Vaters Bruder, der Maler, hatte von dem ihm zugefallenen Teil des väterlichen Erbes ein sehr großes Grundstück auf Hiddensee erworben. Er hatte auf dem verlassenen, damals noch unbekannten Eiland die Lietzenburg zu bauen begonnen, eine Künstlerkolonie wollte er gründen, und das ist ihm in gewissem Sinne auch gelungen, denn Hiddensee kam in Mode, nicht zuletzt durch Gerhart Hauptmann, der zuallererst auf unserer Lietzenburg wohnte. Aber Onkel Oskar ging an dem Bau pleite, die Lietzenburg, zu großartig geplant, verschlang sein Vermögen, seine Geschwister, Tante Anna und der Vater, gaben das ihre auch noch dazu.

Damals, in der »erschden Bionierdscheid« war Emil Deckert mit dem Onkel in Hiddensee gewesen, »da hasde noch nich jeleebt, gleener Max, noch nich mal jeblaand warsde da«! Aber Emil hatte Gewaltiges vollbracht, »janse Giefernwäldr hadde er jeflanzd, übern janzen Hüschel wech, immer een soon gleenes Bäumchn nebn dem annern, vom frühen Morjen bis in de späde Nacht, bis daß dr Mond überm Boddn uffjing«. Der Bodden, das war die Ostsee zwischen Stralsund und der Insel, über den Bodden fuhren die Dampfer »Swanti« und »Alte Liebe«.

Nicht nur die Kiefernwälder, auch der Zaun, der das vierzigtausend Quadratmeter große Grundstück umschloß, war Emil Deckerts Werk, ein Brunnen ward angelegt und zahllos waren seine Taten im Innern der Lietzenburg selbst, »laudr Gleenichgeedn, abr ohne mich wär de Bursch nie färdsch jewordn«.

Eines Sommers kam ich selbst auf die grüne Insel. Aber ihre keusche

Schönheit erschloß sich mir noch nicht gleich. Immerhin sah ich nun Emil Deckerts Zaun, er war schon etwas morsch geworden und wackelte, und ich ging im Kiefernwald spazieren, der war nun wirklich unendlich, kaum zu glauben, daß ihn Menschenhände geschaffen hatten. Die Bäume waren so knorrig wie Emil Deckert, aber sie dufteten würzig, der sandige Boden war federnd, weich und braun von den herabgefallenen Nadeln, die Wege waren schmal und verschlungen, es gab viele Hecken, unter denen ich mich verstecken konnte.

Die rote Burg ragte in einen Himmel, der sich ständig änderte, immer im Hellen, im Licht – über den Wolken zogen, die von sehr weit her kamen und sehr weit hin gingen, sie wanderten von Horizont zu Horizont, immer. Fern lag die Insel Rügen als schmaler grüner Streifen, im Osten schwamm sie auf dem Meer. Und in der Nacht kreiste der Strahl des Leuchtturmes durch die Dunkelheit, das war geheimnisvoll, ein langer, goldener Balken, man sah ihn selbst freilich nur, wenn es dunstig war, an klaren Tagen blinkte die Glashaube über dem Dornbusch auf. Kam der Nebel hoch, war dieser dick und dicht, undurchdringlich, noch stiller wurde es auf der Insel, als sei sie versunken im Schweigen. Das Nebelhorn tutete, eine düstere Stimme, vor der ich mich fürchtete.

Auch sonst war mir manches unheimlich, im Haus, in der Lietzenburg, die ein berühmter Bau des Jugendstils war, aber davon wußte ich nichts. Freilich war die Lietzenburg ganz anders als das Kösener Haus, so großräumig, bereits die Eingangshalle mit dem Kamin war weit und hoch. Die Halle war ausgemalt, alle Wände ringsum und die Decke, da schwebten rosafarbene Mädchen und ihre aufgelösten Haare wellten dahin. Sie segelten irgendwie durch grüne Pflanzen, die auch wogten und sich bogen und neigten. An die braunen Türen waren kupferne, gewölbte Platten geschlagen und in unregelmäßig schwingenden Formen ausgeschnitten, da leuchteten honigfarbene Bernsteine drauf.

Das alles war nicht unheimlich, doch wenn die Nacht einbrach in diese riesige Halle, in der zugleich die Treppe hochstieg, wenn sich auf alles die schwarze Dunkelheit legte, wobei der Raum – indem er verschwand – noch unheimlicher wurde, dann kam die Angst. Damals gab es noch kein elektrisches Licht in der Lietzenburg, überall nur Finsternis, einige Petroleumlampen und Kerzen. Aber die Lampen waren nie, wo ich sie gebraucht hätte.

Wollte ich aus meinem Zimmer im ersten Stock aufs Klo, dann mußte ich die Treppe hinab in die Schwärze und durch sie hindurch, mit der flackernden Kerze. Da zuckte mein eigener Schatten so wild, und oft wurde sogar die Kerze ausgeblasen, weil es ja, selbst im Sommer, überall zog. Auch im winzigen Klo war ich nicht sicher, gebannt starrte ich auf das Licht vor mir auf dem Boden – schon begann es zu tanzen, wurde ganz flach und riß ab, ich wagte nicht zu schnaufen.

In der großen Halle brannte nie Licht, das Leuchterweibchen über dem Sitzplatz vor dem Kamin trug seinen Namen zu Unrecht. Es leuchtete nicht. Bei Tag und Nacht schwebte es so dekorativ wie absurd und nutzlos unter der Decke, lachte naiv in seinem Kleid aus buntem Holz, mit seinen Apfelbacken aus Ölfarbe und hielt die unbenutzten Kerzen in seinen vorgestreckten Fäusten. Wer wollte auch allabendlich – gar noch mehrmals – zu ihm hinaufsteigen, um die Kerzen anzuzünden? Außerdem drohte ja ständig Feuergefahr.

Und der Kamin war fast genauso nutzlos. An kühlen Herbstabenden hatte man wohl Lust, es mit ihm zu versuchen, doch man ließ es bald wieder. Dieser Kamin war, wie so vieles hier, mehr künstlerisch als praktisch.

Grüne Ranken wucherten über seine Schürze, sie war mit Versen in Plattdeutsch beschriftet und es gab eine gemütliche Nische, in die Polsterbänke eingelassen waren – er war ein Schmuck- und Ausstellungsstück. Aber wehe, wenn er loderte! Dann zuckte sein Flammenschein durch Schwaden von Qualm, die sich in der Halle verbreiteten, alles ausfüllten, ehe sie gemächlich über das Treppenhaus nach oben stiegen. Allen tränten die Augen, alle husteten.

Das Haus war reich an Räumen mit lustigen Namen, der »Himmel« war unter dem Dach, da blickte man über die Insel bis zum Leuchtturm und fast bis nach Stralsund. Ein »Erker-« und ein »Balkonzimmer« gab es, vier »Vogelbauer«, winzige lustige Kabäuschen, Schlafwagenkabinen. Des Vaters Atelier lag gegen Norden, war angefüllt mit Plastiken auf Modellierböcken, aus Gips oder Marmor, auch aus Holz, es war für mich ein befremdlicher, ein kühler Raum. – Aber schön fand ich das von Ornamenten und Bernstein umrankte Waschbecken, das in einem mit Kupfer verzierten Wandschränkchen versteckt war. Oft stand der Vater hier stumm vor der Gesichtsmaske seines Bruders, die er für Onkel

Oskars Grabstein modellieren wollte, stundenlang, in dumpfes Grübeln versunken. Manchmal klebte er einen Klumpen schwarzen Wachses mit der breiten Fingerkuppe darauf, verstrich ihn und schälte ihn mit dem Modellierholz wieder ab.

Vor der Bibliothek, vor der Veranda, vor dem Gartenzimmer: überall Kiefernwälder, die rauschten – und an schönen Tagen waren die Räume erfüllt von Licht. Große Plastiken des Vaters standen vor den Bäumen, der »Siegesbote von Marathon« aus Bronze, kurz bevor er – der Sage nach – zusammenbrach, und die »Persephone«, wie sie aus der Unterwelt wieder ans Licht stieg, erwachend: der Frühling.

Aber das Haus war ja eine Burg, die Lietzenburg, und so war ich der König. Mit dem Zepter aus Holz und der Krone aus Pappe, im Umhang aus Kreppapier wachte ich vor dem Tor, fühlte mich mächtig. Stand dort stundenlang. Der Dichter Gerhart Hauptmann kam vorbei mit der Gattin, er atmete schwer, blieb stehen, auf den Stock gestützt, hob mir das Kinn, blickte mich aus wässrigen Augen an, lächelte, seufzte, und wanderte langsam weiter, als ob es ihm Mühe machte, die Füße zu heben. Doch vielleicht waren es nur seine Gedanken, die schwer waren.

Als Gast des Vaters kam Graf Coudenhove-Kalergi, sehr lebendig, sehr elegant und geistreich, ein Komet. Mit dem Vater spazierte der Graf über die Hügel, er sprach von seiner Idee eines vereinten Europas, und der Vater hörte zu, schwieg wie immer, war aber zustimmend berührt und ich trug lange das goldene Abzeichen der Pan-Europa-Bewegung mit dem roten Kreuz. Es war rund und klein wie ein Hemdknopf, sehr schmückend.

Einmal geschah fast Unglaubliches auf der stillen Insel, die ja durchaus still bleiben sollte, ein Refugium. Sogar Autos waren verboten, nur der Arzt hatte eines. Sonst gab es da nur den Schimmel von Dittmann, dem Kramwarenhändler.

Doch nun kam da ein Wasserflugzeug von Stralsund herüber, eine Junkers-Maschine mit gelbem Propellen und ganz aus Wellblech. Es wasserte vor dem Bollwerk auf Kufen, die waren wie geschlossene Ruderboote, nur länger und schlanker, und alle Fischer und Gäste liefen zusammen. Eine Postlinie sollte eingerichtet werden – wozu? Man ließ es schließlich.

Als es Spätsommer wurde, das Korn auf den Feldern des Klostergutes geschnitten war, kam die Zeit, heimzureisen. Onkel Oskars Grab auf dem Friedhof wurde besucht – es lag vor dem weißen Kirchlein, ein grauer Findling. Da also sollte das Gesicht des Onkels darauf, das der Vater modellierte, ins obere Drittel, wo die Wildrosenranke herunterhing.

Der Stein ist dort heute noch blank.

Bei der Abfahrt war der Bodden nicht ruhig. Ich saß hinten im Dampfer, – »Swanti« – im Freien. Hier gurgelte das Wasser, emporgewirbelt von der Schraube. Und die Bänke hoben und senkten sich. Eine Dame saß mir gegenüber, eine fremde, unbekannte Frau. Sie trug ein schwarzes Kleid und schwarze Strümpfe, ganz ruhig saß sie da, mit ein wenig gespreizten Beinen. Der Rock war fast wie eine Schale, etwas ausgebeult, und ich neigte mich vornüber, so daß mein Kopf über der Schale war, und ich öffnete den Mund und würgte alles, was aus meinem Magen kam, dort hinein.

Ich erinnere mich nicht, was die Dame sagte, aber dem alten Emil Deckert in Kösen hatte ich viel zu berichten, denn der wollte doch wissen, ob der Zaun noch stand und wie hoch die Kiefern gewachsen waren.

Da war es schon Herbst und man dachte an Weihnachten.

Grabstein der Geschwister Kruse auf dem Inselfriedhof in Kloster

Siegfried Nyscher

In den Dünen und am Bodden

Hiddensee

O Insel, sonnengolden überdacht,
von Märchen blühend lebt dein Schoß.
Ein Gott hat deine Zauber angefacht,
dein Glänzen und dein Duften: namenlos.

Die Süße deiner Seele ist umrankt,
vom Sange eines blauen Meeres.
Um deine Unberührtheit bangt
sich manches Herz, und hehres

Schwingen wanderlustiger Vögel
rauscht wie ein Leben über dich.
O Insel, gotterdachtes Segel,
du, sei gesegnet ewiglich.

Am Bodden

Ihr, die ihr den Städten entflohn,
atmet die Stille der einsamen Farben,
die am Rande besänftigten Wassers, schon
in dem ihr sie schautet, starben.

Fühlet doch in der Milde des Schweigens,
wie der Blick, euch verwandelnd, entflieht.
Weilend entsinkt in den schwingenden Reigen,
der euch fort in's Unendliche zieht.

Spiegelung ist über Gräsern wie Traum.
Lüfte wissen von südlicher Landschaft.
Und der verschleierte Himmelsraum

ist nur noch Sinnbild gewesener Kraft.
Wer fühlt noch Da-Sein, fühlt noch Erde,
wenn er sich so an dem All verzehrte?

Alt-Bessin

Tritt leise und bedächtig ein
in diese kleine Einsamkeit.
Es wächst um dich das Heimlichsein
des hohen Schilfes. Ewigkeit

stillt sich an dieser Welt,
die fürchtend ihr Gesicht verhängt
sobald du nahst. Fällt
irgendwo ein Vogel ein, verdrängt

dich eine stumme Bangigkeit.
die Schritte werden weise hingelenkt
zum nahen Strand, der hell und weit
sich an das blaue Meer verschenkt.

Die Hügel von Grieben

Stillselig aufgeblühte, bunte Hügel,
von Blumenschönheit übersäet,
unendlich, unzerstörbar. Die Flügel
stiller Erde, im Überfluß erspäht.

Jakobskreuzkraut und Skabiose,
Odermennig, Distel, Glockenblume
prangen auf in Farben, lose
hingestreut, ganz erfüllt vom Ruhme

ihres Teppichs reichem Glanze.
Rosen, aromatisch, mannigfacher Art,
ziehn sich zaubernd durch das Ganze,
arglos, und so unvergleichbar zart.

Der Bessin

In den Dünen

Hier ist das Leben zögernd, ohne lauten Drang,
und Wind und Brandung sind wie abgewandt.
Du horchst. In diese Stille tönt der Sang
der Heidelerchen, die aus dem blendendweißen Sand,

gleich jubelklingendem Gebet, so unbeschwert,
vom Irdischen sanft losgelöst, zur Sonne
steigen. Das unbewegte, blaue Überdir begehrt
dich nicht. Ein Liegender, in sel'ger Wonne,

bist du umdämmt von hohen Dünen,
und die Gedanken haben ihren großen Flug.
Die Käfer eilen auf den schmalen, grünen
Gräsern hin und her, und Salzgeruch
belebt dich neu mit jedem Atemzug.

Die Fährinsel

So ganz für sich und eigner Heimlichkeit,
von Wundern übersäet, die später fliegen,
von Wünschen, die in weißem Federkleid
sich unterm Blau im Sonnenflimmer wiegen.
Ein Vogelparadies im grünen Erdennest,
von Lüften angeatmet, die von Meeren
und fernen, fremden Ländern, Ost und West,
mit sonnengoldnen Himmeln wiederkehren.
Ein stilles, unbeirrtes, seliges Bereich,
wo Tausende von Vögeln ihre Kindheit haben,
und von der Schöpfung eine Wohnung doldenreich,
ach, und der Freiheit lebensgrüne Gaben.

Die Hucke

Duldendes Profil. Immer noch stehst du in Kraft
gegen die pfadlosen, drängenden Wellen
des Meeres. Härter noch trotzt die gewaltige Stirn
den Fanfaren der wogenden Welt.
Überwindet und trotzt
wie ein handelnder Gott.

Wo sind die Geschlechter, die sich erkühnten
auf deinem Rücken die Herrscher zu sein?
Du aber zwingst und durchschneidest die Stürme,
beharrst in der Sonne dorrender Glut.
Der salzige Odem zieht dir die Falten,
die du entschlossen der Zukunft bewahrst,
und deine Herrlichkeit redet erhaben,
unablässig von ältester Zeit.

Das ferne Eiland

Insel Møn

In fließend-goldenes Licht getaucht,
erscheint es, so wie ein Gefühl entsteht.
Die Sehkraft deiner Seele haucht
ihm Leben ein, und traumschön weht

um dich der Sehnsucht Schleierspiel.
Die aufgestiegnen Wünsche werden groß,
aus tausend Spiegeln lockt das Ziel,
und glüht, und läßt dich fast nicht los.

Doch Wundersames dir entgegen schweigt
von deiner Insel stillem Schoß,
und deine Liebe zu ihr übersteigt
dein Abgewendetsein. Oh, übergroß

und voller Schenkung ohnegleichen
empfängst du neu ihr zärtliches Gesicht.
Dein Herz ist Dank. Im farbenreichen
Widerschein lebt's auf, und spricht.

Auf dem Gellen

Einträchtig weidet Jungvieh in der stillen Landschaft,
die Wasserstellen hat, darinnen reiner Himmel spiegelt.
Ein kleines, heißes Aufgeregtsein schlägt die Haft
um dich, der Angstruf vieler aufgescheuchter Vögel zügelt
deinen Schritt. Fast meckernd warnen Bekassinen,
der Austernfischer meldet hell den Fremdling an,
und wider Willen bist du plötzlich unterlegen, innen
schwankt dein Ziel. Du hast doch nichts getan.

Und doch begabst du dich auf unerkannte Wege.
Delit, Delit, klingt's weiter, aufgeregt, doch weich.
Die Vogelwelt hat hier ihr Dasein, ihr Gehege,
ihr aufgefülltes Tagwerk und ihr grünes Reich.

Die Süderdörfer
Neuendorf-Plogshagen

Saubere Fischerhäuser leuchten
weit über Bodden und Wiesenplan,
tun, als ob sie sich verbeugten
vor der nächtlichen Sternenbahn.

Aber an goldübersonnten Tagen
sind sie spielenden Kindern voraus,
ihre blinkenden Augen tragen
heimliches Glück in die Heide hinaus.

Und es ist ein Kichern in ihnen,
sie sind ein zu vergnügtes Pack,
manche haben der Kobolde Mienen,
irgendwer nannte sie »Schabernack«.

Auf dem Insel-Friedhof

Du siehst zurück, um ganz allein zu sein
in diesem Übergang von Tod und Leben.
Und wie verloren, in Versunkensein
gehst du die Wege, die von Spinngeweben

taubehangen in der Morgensonne liegen.
Für eine Weile bist du aufgenommen
von der stummen Schar. Die Vögel fliegen
still zu hohen Bäumen, die wie Nonnen,

voller Niederschau, vor Dornbuschhecken stehn.
Verwittert sind die Steine, und die Hügel
grasbegrünt.
Du aber wirst gedrängt, mußt weiter gehn;
denn die hier schlafen, haben längst gesühnt.

Des starken Tages übergroße Nähe steht
vor deinem Angesicht, und findet dich gerührt.
Der Lufthauch, der dich sanft umweht,
ist wie ein Engel, der dich dorfwärts führt.

Der Leuchtturm

Ausgeruht, und wie ein Weiser
steht er stolzbeherrscht in seiner Welt.
Ihm zu Füßen dürre Reiser,
weiter hin, seltsam erhellt,

leuchtend, wie aus Paradiesen,
sonnentrinkende Lupinen,
die zu ihrem Inselriesen
aufschaun. Lebenstrunkne Bienen

wohnen in zerzackten Rissen
dieses todumdrohten Turmes,
der in wilden Finsternissen,
aus dem Wutgebrüll des Sturmes

heimgesuchten Schiffen Retter ist.
Wenn des Nachts sein rotes Auge
geisternd auf die Insel fließt,
ist's, als würde man vom Hauche

einer anderen Welt berührt.
Schritte werden ungenauer,
und der Sinn ist wie verführt.
An der alten Kirchhofsmauer
fühlst du wie dein Schatten friert.

Der Schauspieler Otto Gebühr vor seinem Haus in Kloster

Maria Paudler

Fridericus Rex und seine junge Liebe

Eines Tages, als Eignungsprüfungen an Jessners Schauspielschule abgenommen wurden und wir, der »ältere Jahrgang«, hinter der Tür lauschten, was die Neuen so von sich gaben, ereignete sich eine reizende Geschichte.

Es erschien ein sehr komisches, dralles Mädchen, das offensichtlich von der Bühne noch eine recht nebelhafte Vorstellung hatte. Jedenfalls unterbrach einer von der Prüfungskommission und fragte sie, warum sie denn zum Theater wolle.

»Ja, weil ich doch aus derselben Stadt bin wie die Maria Paudler.« Na, wenn das kein Grund war! Die Prüfenden aber hatten hier eine ursprüngliche Begabung entdeckt – und Doris Krüger wurde aufgenommen.

Sie erwies sich als echtes Talent, spielte später bei Hilpert und wurde die Frau von Otto Gebühr.

Wie glücklich waren beide, als sie einen Sohn bekamen, den sie Michael tauften. Wie stolz war der »olle Fritz«.

Doch dann traf den um viele Jahre älteren Otto Gebühr ein furchtbarer Schicksalsschlag: Seine junge Frau, die hochbegabte tapfere Doris Krüger aus meiner Heimatstadt, starb an Leukämie.

Oft besuchte ich beide in den Ferien auf Hiddensee, wo sie ein reizendes Häuschen hatten.

Diese herrliche Insel, die mir später durch Gerhart Hauptmann und seine Frau Margarete in unvergeßlicher Erinnerung bleiben sollte.

Auf Hiddensee, ein kaum halbstündiger Spaziergang von Kloster aus, den ich, oft barfuß wandernd, über saftige Wiesen ging, auf denen noch die Kühe weideten, liegt das kleine verträumte Fischerdorf Vitte.

Dort besaß die »Göttin des Stummfilms« Asta Nielsen ein Rundhaus, Karusel genannt. Hier genoß sie ihre Ferien mit ihrem langjährigen Partner und Lebensgefährten, dem Russen Grischa Chmara, der sehr gut aussah. Und das wußte er auch! Ein traumhaftes Paar – damals.

Heimkehr auf die Insel Hiddensee

Da erreichte mich eine Nachricht, die mich sehr erschütterte: Gerhart Hauptmann war in seinem geliebten Agnetendorf im Riesengebirge gestorben!

Und meine Gedanken gingen zurück zu den romantischen Spaziergängen am Meer, an die schönen gemeinsamen Abende mit ihm und Margarete in ihrem Haus Seedorn, wo sie sich immer mein Spezialrezept Omelett Souflé wünschten.

Die feierliche Überführung von Schlesien nach Stralsund erfolgte am Sonnabend, dem 25. Juli 1946. Margarete Hauptmann begleitete den Sarg des großen Verblichenen.

Otto Gebühr und ich hatten die Einladung zur Trauerfeier über die Landesregierung in Dresden erhalten.

Unter den Trauergästen waren der Präsident des Kulturbundes Johannes R. Becher, Professoren aus Rostock und Greifswald, zahlreiche russische Offiziere und Wilhelm Pieck.

Die Professoren der Universität Rostock und Greifswald waren in ihren Talaren erschienen.

In dem ehrwürdigen alten Rathaus aus dem 13. Jahrhundert wurde der Katafalk mit der sterblichen Hülle Gerhart Hauptmanns zwischen brennenden Kandelabern, Kränzen und Blumen in dem historischen Saal aufgebahrt.

Die Stadtfahnen, die ein silbernes Kreuz auf rotem Grund trugen, wehten auf Halbmast.

Und dann betrat Margarete Hauptmann, tief verschleiert, ganz in Schwarz mit einem weißen Margeritenstrauß, am Arm des Oberbürgermeisters von Stralsund den Rathaussaal.

Und es erschien Oberst Tulpanow, der russische Stadtkommandant von Berlin, begleitet von einer Delegation der sowjetischen Militärverwaltung und legte am Sarg von Hauptmann einen prachtvollen Kranz nieder.

Nachdem die feierlichen Klänge der Coriolan-Ouvertüre Beethovens verklungen waren, wurden vom Intendanten des Landessenders Worte aus Gerhart Hauptmanns »Gedanken aus Leben und Menschheit« gesprochen, darunter die mich sehr beeindruckenden Worte, die für Hauptmann, besonders wenn man ihn persönlich gekannt hat, so treffend sind:

> »Ich habe nie eine andere Würde begleitet
> als die in mir innewohnende ...«

Oberst Tulpanow hielt eine Gedenkrede in deutscher Sprache. Sehr bewegende Worte fand auch J.R. Becher: »Möge der Akt der Grablegung, der, deinem Wunsche gemäß, ›Vor Sonnenaufgang‹ stattfindet, zu einem Symbol deutscher Verheißung werden. Möge deine Grablegung, Gerhart Hauptmann, eine Wende sein. Vorgelagert unserem Vaterland, ragend in die Welt: zum Wallfahrtsort bist du geworden, Insel Hiddensee.«

Noch einmal erklangen die Dichterworte Hauptmanns aus »Michael Kramer«:

> Der Tod ist die mildeste Form des Lebens,
> der ewigen Liebe Meisterstück.

Mit dem Andante aus der fünften Sinfonie von Beethoven endete die Abschiedsstunde im Rathaus von Stralsund.

Der lange Trauerzug bewegte sich durch die Straßen, die gesäumt waren von seinen Einwohnern, um Hauptmann, der so oft zu Gast in ihren Mauern weilte, ihren letzten Ehrengruß zu geben.

Auf dem Wege zum Hafen fielen meine Blicke immer wieder auf große, schwarz umränderte Plakate mit der recht eigenartig anmutenden Anschrift:

> Die Intelligenz der Stadt Stralsund
> begleitet die sterblichen Überreste
> des Dichters und großen Humanisten
> Gerhart Hauptmann
> zu seiner letzten Ruhestätte.
> Sonnabend, 27. Juli 1946

Im Hafen stand ein bereitliegender Dampfer, auf dessen Vorderdeck der mit Blumen und Kränzen bedeckte Sarg getragen wurde. Ich begab mich mit den übrigen Trauergästen an Bord, und wir begleiteten Gerhart Hauptmann auf seiner letzten Meeresfahrt. Sie dauerte drei Stunden.

Ich setzte mich auf Deck auch einmal kurz zu Frau Hauptmann, und während sie meine Hand drückte, sagte sie in herzlichen Worten, wie sehr sie sich freue, daß ich gekommen wäre. In stummer Begrüßung erwarteten uns die Hiddenseer an der Landungsbrücke. Sechs Fischer trugen den Sarg an Land. Margarete Hauptmann und die Trauergäste gaben das letzte Geleit zum »Haus Seedorn«, wo Hauptmann nun zum letzten Mal in das Arbeitszimmer seines Sommersitzes seinen Einzug hielt.

Ein warmer Julitag neigte sich seinem Ende zu. Und feierlich läuteten die Glocken der alten Dorfkirche und grüßten den Heimgekehrten.

In dieser letzten Nacht übernahmen die Fischer von Hiddensee die Ehrenwache.

Am 28. Juli 1946, im Morgengrauen des Sonntags, versammelten wir uns alle vor dem Haus »Seedorn«.

Still, wie in Trauer gehüllt, lag die Insel, als der Sarg zu der nahen Kapelle getragen wurde. Nur aus der Ferne klang das Rauschen des Meeres.

Pastor Gustavs, der Ortsgeistliche von Kloster und langjähriger Freund Hauptmanns, segnete ihn ein.

Den Sarg trugen Johannes R. Becher sowie die schlesischen Landsleute Hauptmanns, die Dichter Walter Stanitz, Gerhard Pohl und Peter A. Steinhoff. Womit gleichsam symbolisch die tiefe Verbundenheit der deutschen Literatur mit einem ihrer Größten zum Ausdruck gebracht wurde.

Aus seinem geliebten Riesengebirge hatte Margarete Hauptmann Heimaterde mitgebracht und ihrem Mann als letzten Liebesgruß ins Grab gelegt. Gleichsam als Symbol, daß auch der Tod so tief verbundenes gemeinsames Leben nicht trennen kann.

Schon bei der Ankunft auf Hiddensee hatte mich Frau Hauptmann eingeladen, noch einige Zeit bei ihr zu bleiben.

Was ich am Tage nach dem Begräbnis erlebte, beeindruckte mich ungemein: Frau Hauptmann kam mir in einem weißen Kostüm entgegen!

Trauer hatte ihrer Meinung nach mit der Farbe des Kleides nichts zu tun. Übrigens glaube ich, einmal gelesen zu haben, daß diese Einstellung auch die Chinesen haben.

Auf den langen Spaziergängen am Meer – wie wohl es ihr tat, von ihrem Mann und den Jahren mit ihm zu sprechen, von seinem Schaffen, von ihrem so schweren Abschied von Agnetendorf, von ihrem »Zuhause« auf dieser Insel...

Sie hatte einen Verlust zu tragen, der unermeßlich war.

Später ging sie in ein Sanatorium bei München, begleitet von einer Krankenschwester, und wir blieben weiter in brieflicher Verbindung.

Das tiefe Erleben und den Tod von Gerhart Hauptmann, die anschließenden Tage der Zweisamkeit mit Margarete Hauptmann auf Hiddensee ließen mich nicht mehr los, und mit einer inneren Anteilnahme, wie sie nur aus diesen starken Eindrücken möglich waren, ging ich an die Gestaltung für einen »Gerhart Hauptmann-Abend«.

Auch Margarete Hauptmann hatte von den ihren Mann ehrenden Veranstaltungen gehört und sie schrieb aus dem Sanatorium Ebenhausen bei München: »Werden wir uns wohl noch einmal auf Hiddensee begegnen? Sie haben mir in den schweren Wochen des Jahres 1946 so manchesmal durch Ihre Frische und Aktivität ein wenig Lebensmut angefacht...«

Dann berichtete sie weiter, daß die hübschen Aufnahmen, die ich auf der Insel von ihr gemacht hatte, ihr eine liebe Erinnerung an unser dortiges schönes Beisammensein bedeuteten, daß Ponto zur Zeit in München gastiere – und wann man mich zu einem Gastspiel erwarten dürfe. Und abschließend: »Ich umarme Sie mit den wärmsten Grüßen und einem herzlichen weiteren ›Glück auf‹! Ihre Margarete Hauptmann.«

Es war das letzte Lebenszeichen, das ich von ihr bekam.

Im Sommer 1948 zog es mich noch einmal nach der Insel. Das Grab Hauptmanns schmückte ein großer Findelstein, in welchem eingemeißelt sein Name stand.

Ganz still war es auf dem kleinen Friedhof, nur aus der Ferne, wie damals an dem Begräbnismorgen, hörte man das Grollen der Brandung, das Rauschen des Meeres.

Und noch einmal ließ ich mich einfangen von dem Zauber dieser Insel.

Es sollte ein Abschied für immer werden ...

Hiddensee war für uns Künstler stets eine Welt für sich gewesen. Man kam sich vor wie ein Chamäleon, das, wenn man die Insel betrat, nicht nur körperlich, sondern auch seelisch sich in allen neuen Farben dieser herrlichen Insel anpaßte, seine graue Alltagshaut verlor, die ein Jahr lang oft Körper und Seele eingeengt hatte – ein Entschlacken, ein tiefes Atemholen – und man begann, sich in seinem Innersten zu wandeln.

Etwas Ähnliches habe ich mit solcher Intensität nirgends mehr erlebt.

Fast schmerzlich umfingen mich noch einmal die hier erlebten Erinnerungen. Ganz in der Ferne lag das kleine Vitte mit dem Häuschen von Asta Nielsen ... und ging dort nicht mit lang ausholenden Schritten Jürgen Fehling, an seiner Seite die Gorvin? Und winkte nicht am Haus Seedorn Frau Hauptmann mit einem Margeritenstrauß, den Lieblingsblumen des großen, vor mir Ruhenden? Und dort am Seeufer, lief da nicht glücklich lachend, die Laute übermütig über die Schulter, Otto Gebühr mit seinem kleinen Sohn Michael und seiner jungen Frau Doris?

Und plötzlich fallen mir die Verse ein, während meine Augen wieder zurück zu dem majestätischen, großen Findelstein gehen, ich höre sie deutlich vor mir, die Gerhart Hauptmann noch in seiner schlesischen Heimat seinem Tagebuch anvertraute:

»Wo ich daheim bin, bin ich nicht daheim
Wer kann das Wort versteh'n?
Es ist ein schweres Wort!
Es ist bei diesem Wort, wie wenn der Regen
In großen eisigkalten Tropfen
Fällt – auf alle Rosen ...
Wo ich daheim bin – bin ich nicht daheim!

Ob Gerhart Hauptmann, als er diese Worte fand, an seine letzte Heimat dachte, die ihm Hiddensee werden sollte?

Wer von uns kann es wissen? Wer wird es jemals erfahren?

ILSE TIETGE

Ich heiße Maria

Kennt ihr Maria Lauterbach, das auf die Insel Hiddensee verschlagene Flüchtlingskind? Sie gelangte dorthin wie alle, die vor den Schrecken des Krieges flüchten mußten: heimatlos, besitzlos. Nur ihre eigene junge Kraft besaß sie, und das ist schon viel, wenn es gilt, das Leben fest anzupacken. Denn alles Verlorene läßt sich wiederfinden, nur auf eine Weise, zu der man erst den Weg suchen muß. Die kleine Maria, nun, sie findet das, was sie sucht, Heimat und Frieden. Aber viele wechselvolle Erlebnisse, traurige und heitere, müssen vorher erst durchlebt werden.

Ach, wie gern wollte Maria das Leben bestehen. Doch vorerst war noch keineswegs daran zu denken, denn dazu war sie, wie auch Kati Schaumann, noch zu wenig mit der Insel verbunden. Es sei denn, sie fände die goldene Wiege oder sie finge, was dem gleichkam, den weißen Fuchs! Doch wie sollte sie ihn jemals fangen, der geschickteren Händen zu entweichen verstand? Von Kati hatte sie gehört, daß Martin, der Sohn des Fischers Ulrich Freese, wieder einmal umsonst Jagd auf ihn gemacht hatte. Was nutzte es also, die Lage seiner Burg zu wissen? Und selbst, wenn sie morgen in aller Frühe zur Swantischlucht hinaufginge, die Augen zukniffe und wie ein Spürhund mit witternder Nase in den Bau eindränge, er würde sich wohl gegen ihren Griff zu wehren wissen. Nein, man mußte List gegen List setzen. Am besten wäre es freilich gewesen, sich mit Martin zu verbinden, aber er war ihr zu unfreundlich begegnet, als sie mit Frau Grete Schaumann und deren beiden Kindern Kati und Friedchen, Flüchtlinge wie sie, in das Haus der alten Schlucks eingezogen war. Immer hatte er es gerade auf sie abgesehen, die mit ihrer dunklen Haarkrone und dem rotwangigen Gesicht trotz der ärmlichen Jacke sich aus der Reihe der Ankömmlinge hob. Dabei war er kaum zwei Jahre älter als sie und keineswegs hübsch anzusehen. Aber er hatte nicht nachgelassen, Spottverse über den Nachbarszaun zu rufen: über die

Habenichtse, die da von fernher kamen und auf der Insel letzte Zuflucht suchten. Hatte nicht die Insel genug mit sich selber zu tun? Was waren das schon für Leute aus den Bergen, die nicht das heimische Platt verstanden, selber in einer fremden Mundart redeten, stets zu essen verlangten und immer wieder nach Arbeit fragten? Wie hatte der rotblonde Martin mit seiner derben Stimme gerufen: »O du tränenklüteriges Mädchen! Was bis du schon? Nichts, eine Fremde! Sieh mich einmal an!«

Ja, es war zu hören, was er war, wenn er mit seinen breiten Füßen in den Holzschuhen laut und dreist über den Weg klapperte: Ha, bin ich nicht ein feiner Kerl? –

Wie bitter hatte Maria über seinen Spott oben in der Dachkammer geweint, wenn sie des Abends einsam in ihrem Bette lag. Denn wenn auch Frau Schaumann, die junge Witwe aus ihrem Dorfe, sich ihrer, als sie auf dem Treck die Mutter verlor, auf gute Weise angenommen hatte, so war sie doch immer nur ein fremdes Kind neben deren eigenen. Und wie hatte sie manchmal auch geweint, wenn sie über die halbe Insel gelaufen war und es immer wieder kein Entrinnen gab auf diesem kleinen, ringsum von Wasser umschlossenen Stückchen Erde! Kein Himmel war weit genug, den sehnsüchtigen Blick zu fangen, kein Herz war stark genug, die Trauer um das Verlorene zu tragen.

Und war da nicht Frau Grete wie ein rettender Engel erschienen, um sie und Onkel Godian, mit dem sie dann den Treck bewältigt hatte, mit sich in das Haus der Schlucks zu nehmen, wo sie endlich, nach langen Strapazen und Mühen, ein dürftiges Zuhause gefunden hatte?

Zweifellos waren die Fischer über den Zuwachs nicht sonderlich erfreut, dem sie ihr Haus öffnen mußten. Der verlorene Krieg hatte den Zustrom der Flüchtlinge auch auf die Insel gejagt, als letzten Ausweg aus dem Zusammenbruch des Landes. Damals, als der Einbruch begann, hatte man das Jahr neunzehnhundertfünfundvierzig geschrieben. Aber noch ein Jahr darauf war der Strom nicht verebbt von denen, die bis zuletzt in der Heimat geblieben waren. Selbst ein Jahr danach kamen sie noch an, die nach dem Verlassen der Heimat in Baracken gehaust hatten und immer weiter nordwärts geschickt worden waren, bis sich dann irgendwo auch für sie eine feste Bleibe gefunden hatte.

Anfangs erschien Maria Lauterbach, die zu den später Angekommenen gehörte, die Küstenlandschaft allzu fremd und seltsam: die weiten kahlen Hügel über der See, das kleine Dorf Kloster, das große Dorf Vitte, das alte Neuendorf am Südende der Insel, zwischen denen rotblau die Heide stand, und dazu der silbern-glänzende Bodden, über dem im dämmerigen Dunst die Küsten Rügens und des Stralsunder Festlandes auftauchten. Wie kalt alles dalag, zwar schön, ja gewiß: schön, aber fern, so unendlich fern ihrer Heimat und damit ihrem Herzen. Dazu das fremdartige Getriebe des Hafens, die blauen Gestalten der Fischer in ihren hohen Wasserstiefeln, der Teergeruch der Boote, die vielen Netze an den Stangen. Und drüben der Wald, den der Wind durchfuhr, der dichte, grüne Wald, in dessen Schonung der weiße Fuchs sein Revier hatte.

Oh, wenn es Maria gelänge, den weißen Fuchs zu fangen! Sie überlegte hin und her. Dann fand sie eine Möglichkeit. Sie war ein kräftiges Mädchen, zwar erst zwölf Jahre alt, aber mit schmalen, schnellen Füßen, flinken Augen und dem Instinkt des Waldkindes. Sollte sie nicht wenigstens den Versuch machen? Abends in der Kammer gab es ein leises Geraune mit Kati, das nur der Eingeweihte begriff. »Ja«, sagte Kati, »gleich an der Schlucht, hinter dem alten Schmugglerpfad, steht der Baum mit Martins Markierung. Doch nutzt alles nichts, wenn man nicht mit einer List dem Fuchs beikommt. Wenn Martin es nicht schafft, wer sonst?« Nun, Maria schwieg fein stille, sie hatte sich etwas besonderes ausgedacht.

Geht des Morgens die Sonne auf, so ist es, als habe sich das Licht der Welt zum ersten Male entzündet. Zarte Strahlenbündel ziehen am dunklen Himmel herauf, der Horizont färbt sich rot, eine Flut wie aus goldenen Schalen strömt auf die Erde herab. Und es wird Tag, heller, fröhlicher Tag, in dem sich der Tau wie ein Netz über die Büsche wirft, daß sie wie Geschmeide auffunkeln und die Vögel in ihnen zu zwitschern anfangen – die letzten Triller, bevor sie nach Süden ziehen.

Da ging nun ein Mädchen durch den Wald, das sich früh aus der Kammer geschlichen hatte. Vorerst brauchte es freilich noch eine gute Stunde, ehe es die Burg gefunden hatte, weil plötzlich viele und viele Gänge und Röhren zwischen dem Strauchwerk in die Erde führten. Doch endlich hatte es die bezeichnete Stelle gefunden. Aber wie sah sie aus! Ein Gewirr von Brombeergestrüpp, knorrigen Eichwurzeln und verwildertem Sanddorn, dazwischen Gras und Kraut, zu dem sich mannshoher

Farn gesellte. Nein, das war unmöglich zu durchdringen! Doch da, was war das? Auf dem Sande lag, wie eine Schnur aufgereiht, des Fuchses Spur und dicht neben ihr die Spur eines geschleppten Huhnes. Nun holte Maria, denn sie war es, aus dem Beutel, den sie bei sich trug, ein totes Küken. Vielleicht lockte sie damit den Fuchs aus dem Bau, so daß sie ihn, wenn er sich vorwagte, mit kräftigem Griff im Genick packen konnte. Sie schob den lockenden Köder weit in den Bau hinein und saß eine Weile ganz still und regungslos. Sie sah nicht das schöne Farnkraut, die rotgelben Sanddornbeeren, die wie Zitronen schmecken, oder die graue Blindschleiche und eine vorüberbrummelnde Hummel. Da hockte sie vor einem Fuchsbau und die Sonne wanderte am Himmel entlang, daß es gewiß bald Mittag sein würde. Ein Wind kam auf, einsam zog ein Dampfer über die Kimm – ach, und sie saß hier auf dem fremden Eiland wie ein Vogel, der aus dem Neste gefallen war. Ein feuchter Nebel quoll langsam von der See herauf, eine eisgraue Kälte strich über die Insel, das Nebelhorn tutete mit dunklem Laut – eine ferne, fremde Luft, aus der jählings das Geschrei der Elster erscholl, fast ähnlich Martins Lachen auf dem Nachbarhofe.

Ach, wie die Vögel ihr schändliches Werk treiben, ein kleines Mädchen zu verspotten, das, von ihrem Geschrei und Gelächter immer tiefer betroffen, sich endlich erhebt und, während schon die ganze Luft vom Gespött der Elstern erfüllt scheint, rasch eine Kehrtwendung macht, um ihm zu entrinnen.

Maria lief ein Stückchen den Waldweg englang, der zum Leuchtturm führte. Nein, lieber ins Dorf zurück! Doch da kam sie an eine neue Bucht, vor der sie stehenblieb. Ja, hier war des alten Störtebeckers Zuflucht gewesen! Hier hatte er gewiß seine Höhle gehabt! Wie konnte ihr Unternehmen auch gelingen, da an diesen Erdenfleck nach Meinung der Inselbewohner noch immer die Kräfte des Vergangenen gebannt waren? Steil fiel das Ufer zu dem steinigen Meeresstrand ab. Verloren und geheimnisvoll einsam lag er da, ein wenig verschleiert im Dunst. Kurz schlugen die Wellen an das Ufer, in hellen Streifen, die rauschend im Sande niederbrachen, auf dessen fauligem Tang sich gewiß ganze Schüsseln voll Bernstein angesammelt hatten. Und glitt da nicht aus dem Nebel ein Schiff über die See, das mit vollen Segeln seine Bahn zog? Barg es Soldaten, sagenhafte Schätze, oder war es nur einer der schwedischen

Frachter, die den Bauch voller Fische oder Korn hatten? Wie ein Abgesandter aus den Tagen Störtebeckers und seiner Vitalienbrüder glitt es langsam vorüber. Wurde da nicht ein Boot ausgesetzt, vielleicht um in der Höhle eine Kiste voll Gold zu verbergen oder gar ein Feuer zu entzünden und das alte Hahnopfer darzubringen, von dem gute Beute abhängt? Aber es war nur der Schatten der Segel, die, vom Winde gebauscht, lautlos vorüberglitten.

Aber so sehr Maria auch ihren Blick in die Ferne schickte, er stieß sich doch immer an Wolken, die ihr fremd waren. Doch war es das Rauschen der Brandung, war es ein warmer Wind, der durch den Wald strich und den Nebel verjagte? Es wurde ihr auf einmal wärmer ums Herz, und sie lief zum Dorf hinab, Geborgenheit zu suchen. Sie lief mitten hinein in das, was sie fortan bewegen sollte: das Suchen nach einer neuen Heimat.

Doch vorerst war das Kind, von dem hier erzählt wird, noch weit davon entfernt.

Das Haus, in das Maria gekommen war, gehörte der Familie Schluck, einem alten Fischerehepaar, das bisher still für sich gelebt hatte und nun, in dem Auftauchen der Flüchtlinge, den Einbruch einer unverständlichen Welt erblickte. So wie das Haus gebaut war, einfach und schlicht, so war auch sein Lebensbereich. Das niedrige Rohrdach hing fast bis zu den blaugestrichenen Fensterläden herab, durch die das Tageslicht selten vollen Eingang fand, weil das hohe Gras des Bauerngartens noch zur Dunkelheit beitrug. Nur der Garten selbst, der vor dem Hause lag, verriet die Sorgfalt der Bewohner. Da standen ranke Königskerzen an kiesbestreuten Wegen, der blaue Fingerhut neben dem letzten Feldmohn, der sich mit Astern, Fuchsien und späten Buschrosen in die Farben des Herbstes teilte. Gleich als Maria den Garten betreten hatte, hatte sie die gute Hand gespürt, die hier waltete, doch kam ihr dies vorerst gar nicht zu Bewußtsein. Zu fremd waren ihr anfangs die Menschen gewesen, die sie aufnahmen: die weißhäuptige Emmeline Schluck, mit dem schmalen, feingeschnittenen Gesicht, und Fischer Theobald Schluck, hochgewachsen und vom Alter ungebeugt, mit weißem Spitzbart und kühlen blauen Friesenaugen. Beide hatten damals bei der Ankunft der Fremden wenig Worte gemacht. Sie begriffen die Not der Zeit nicht, konnten auch nicht begreifen, wie man Haus und Hof überhaupt verlieren könne. Gern hätten ihnen die Neuankömmlinge mehr als einen scheuen Gruß geboten. Aber vor der herben Natur der Inselleute, die Herz und Mitgefühl nie offen zur Schau trugen, erstarb ihnen das Wort.

So schwiegen die Menschen voreinander, ohne zu ahnen, was sie sich damit antaten und wie sie unsichtbare Mauern gegeneinander aufrichteten.

Maria war die erste Zeit über zu sehr mit ihren eigenen Gedanken beschäftigt gewesen, um sich viel Kopfzerbrechen zu machen. Sie hatte sich viel draußen im Hof und im Garten aufgehalten. Als sie jetzt abends die Küche betrat, umfing sie der warme Brodem des Badewassers, das in der Wanne auf sie wartete. Soeben war ihr Friedchen, das jüngste Kind der Frau Grete, entstiegen, während Kati bereits im Nachthemde auf einem hohen Stuhle saß und ihre Schrotsuppe löffelte. Eine Schnitte Brot mußte dazu genügen, denn es war noch immer schwer, alle hungrigen Mäuler zu füllen.

Schweigend hatten die alten Schlucks die Küche geräumt und den Platz in der Wohnstube gewählt.

Es war eine richtige Fischerküche, mit einem Rauchfang und kupfernem Kessel über dem Herd und einem Bord voller Zinnlöffel. Überall blitzte es vor Sauberkeit, im Glas des bemalten Bauernschrankes, in den porzellanenen Gewürzdosen, auf dem gescheuerten Fußboden. Nicht zuletzt trug der Fensterplatz mit seinen Blumen zur Behaglichkeit des Raumes bei. Hier würde man aufleben können, dachte das Kind, wenn man willkommener wäre! So empfand auch Onkel Godian, der gern der alten Frau Schluck einmal ein Wort des Dankes für die Aufnahme gesagt hätte. Aber er schwieg lieber, wenn er sie so streng und abweisend dreinblicken sah. Und weiß Gott, Frau Grete machte auch nicht viel Federlesens mit ihm. Wie sie so dastand und Brot schnitt, eine gutgewachsene Frau mit hellen, braunen Augen unter kräftigen Brauen, einem kurzen, verschlossenen Mund, dessen gesunde Zähne nur selten aufblinkten, breiten Schultern und kraftvollen Armen, war sie so richtig das Bild einer Frau, die nicht so leicht verzagte. Ihr konnte man schon glauben, daß es, wie sie sagte, nur darauf ankam, das Leben ordentlich anzupacken, in welcher Lage es einen auch brachte. Zwar hatte sie ihren Mann im Kriege verloren und war mit den beiden Kindern übriggeblieben. Aber sie hatte ja ihre Hände zur Arbeit und ihren guten Mut. Wenn sie auch wortkarg war, so mußte man ihr doch lassen, daß sie zu arbeiten verstand. Nur daß die Arbeit sie nicht fröhlich machte, so daß man in ihrer Nähe nicht warm wurde! Aber sie hatte es auf diese Weise geschafft, daß ihr die alten Schlucks, nachdem sie einige Wochen lang ihren Groll über ihre Anwesenheit gezeigt hatten, vertrauten und ihr nun das Tagewerk in Haus und Hof überließen.

Mit Onkel Godian schalt sie viel, da er als alter Mann nicht mehr den gleichen Lebensmut aufbrachte wie sie. Er hockte oft trübselig mit der kurzen Pfeife im Munde auf der Bank im Hofe, um sich dann erst wieder nach ihrem Anruf am Holzplatz zu schaffen zu machen. Nun, er war bereits siebzig Jahre alt, mit einer Lebensanschauung, die den Dingen eher mit nachsichtigem Lächeln den Lauf ließ, als ihnen Einhalt zu gebieten. Für ihn gab es nichts mehr auf der Welt als ein Bett, ein Obdach, das Mittagessen und die geliebte Pfeife. Maria warf stets einen schnellen Blick auf sie, denn sie war das Barometer, an dem man Onkel Godians Launen ablas. Wehe, wenn sie sozusagen kalt brannte! Dann gab es gewöhnlich kein Erbarmen, sofern man etwas getan hatte, was nicht recht war.

So streifte Maria über die Insel, zum Wald hinauf, der hoch über Kloster stand, das mit seinen wenigen Hotels und Fremdenheimen bald in der Senkung verschwand. Sie lief über die weiten Grasflächen zum Leuchtturm hin, der mitten in den blauen Himmel hineinragte.

Sie streifte weiter, aber das unruhige Herz wanderte mit. Bald kam sie zur Swantischlucht, die sich zur See hinabbog, eine dunkelgrüne Treppe mit wilden Pflaumenbäumen und roten Sanddornbüschen. Hier war der alte heidnische Gott Swantewit mit den vier Gesichtern zuhause gewesen. Hier hatten wohl auch die schwedischen Seeräuber Zuflucht gesucht. Nicht zuletzt hatten hier die ersten Fremden den Komödienspielen zugeschaut, die der Einsiedler vom Klausner zur Jahrhundertwende aufführte.

Weit schweifte der Blick über die Insel hin, die in blauem Dunst versank. Wie fern sie dalag, im roten und weißen Leuchten des südlichen Leuchtturms! Nein, es gab kein Entrinnen. Müde und hungrig kehrte Maria heim und ging sogleich nach dem Abendbrot in ihre Kammer hinauf. Lange dauerte es, ehe sie einschlief. In einem Buch auf des alten Schlucks Bücherbord in der Wohnstube hatte sie die Geschichte von den Unterirdischen gelesen. Der Sage nach hausten sie einstmals in Vitte unter den Ställen, unsichtbare Zwerge, von denen es hieß, daß sie einmal den Fährmann zum Übersetzen nach Rügen aufgefordert hatten. Dafür warfen sie als Lohn etwas Gelbes, Glänzendes ins Boot. Die Frau des Fährmanns glaubte, es sei Pferdedung, den sie ins Wasser werfen müsse, bis sie merkte, daß es Gold war.

Die Kinder der Insel waren nicht anders geartet als andere Kinder auch, doch waren sie ein wenig unzugänglicher Fremden gegenüber, ein wenig zurückhaltender, bis sie Vertrauen zu ihnen hatten, ein wenig abweisender, ehe sie ihre Anerkennung gaben. Man betrachtete ein Flüchtlingskind zunächst äußerst mißtrauisch. Wer war schon eine Maria Lauterbach auf dieser Insel, wo man selber ein Reich für sich hatte, am Bollwerk, in der Sandburg am Strande, in der Höhle des Steilufers, im Haus und Besitz der Väter! Man war wie ein König im eigenen Reiche, und was hatte ein Flüchtlingskind dagegen aufzuweisen? Nicht einmal das Hemd besaß es zu eigen, denn auch dies mußte ihm geschenkt werden, kaum eine warme Jacke hatte es, von heilen Schuhen ganz zu schweigen. Und das schien allen Grund genug für ein vorschnelles und geringschätziges Urteil über die Hergelaufene, wie man sich manchesmal ausdrückte. Dazu kamen die fast unüberbrückbar scheinenden Gegensätze zwischen den Bewohnern vom Festland und der Insel, unter denen die Kinder im selben Maße standen wie die Erwachsenen.

Kaum hatte der Alltag sein Gleichgewicht wiederbekommen, ließ er von neuem seine Lanzen los, mit denen er so schmerzvoll zu verwunden verstand. Natürlich mußte Maria als erstem wieder Martin Freese begegnen, diesmal aber von einer Horde Nachbarskinder umgeben. Sogleich war der Kampf im Gange. Sie trafen sich am Gartenzaun. Hell schien die Sonne über die Hagebuttenbüsche, die rotbesteckt durch das Wollkraut des Zaunes schimmerten. Astern, von matten Kräutern gesäumt, verblühten rings auf den Beeten. Und das ruhelose Meer schickte sein stetiges Brausen wie eine dumpfe Melodie herüber. »He du!« fuhr Martin sie plötzlich an »wir haben noch ein Hühnchen miteinander zu rupfen.«

Er sprach diesmal hochdeutsch, denn sein Platt verstand das fremde Mädchen sowieso nicht, und sie sollte heute genau verstehen, was er ihr zu sagen hatte!

»Ja«, rief Maria, »von mir aus zwei Hühner und ein Hähnchen dazu!«

»Du!« sagte er drohend und rückte näher. »Du Dummnase! Werde nur nicht zu frech. Wo bist du denn schon her?«

»Oh«, entgegnete sie ruhig. »Aus Jaschka.«

»Ha, was ist schon Jaschka?«

»Ein Dorf! Und was für ein Dorf! Da ist eure Insel ein Schmarren dagegen!«

»Du!« rief er wütend. »Laß die Insel in Frieden. Ihr armseligen Hungerleider! Was ist schon euer Dorf! Sicher gab es da nicht einmal einen Wald!«

»Wie?« sagte sie. »Wir hatten einen viel tieferen und schöneren Wald, als ihr jemals mit euren Trübaugen gesehen habt. Mit großen Tannen, die höher als ein Haus sind; und so dicht war er, daß man niemals hindurchkam. Und viel Schnee hatten wir im Winter, so hoch, daß wir uns den Weg aus dem Hause schaufeln mußten.«

»Dafür gab es aber keinen Leuchtturm!«

»Nein, einen Leuchtturm hatten wir nicht. Aber habt ihr schon einmal eine solche große Kirche gesehen, wie wir sie hatten? Eure Kirche hat ja nicht einmal einen Turm!«

»Gewiß!« gab er zu. »Die Kirche –« In der Tat, die Inselkirche war nur klein und mußte dazu noch für drei Dörfer dienen, oder gar für vier, wenn man das kleine Dörfchen Grieben hinzurechnete.

»Dafür habt ihr niemals Gold an eurem Strand gefunden!« fuhr Martin fort.

»Nein«, sagte Maria, »wir hatten ja gar keinen Strand. Wir wohnten ja im Gebirge.«

»Och«, sagte Martin unter dem Gejohle der umstehenden Kinder, »Leute ohne Strand sind nur halbe Leute!«

Welch eine Gemeinheit! Jetzt sprachen sie alle plattdeutsch. Sie ärgerte sich blaß und grün, weil sie nicht wußte, was sie sagten. So schrie sie:

»Und Leute ohne Berge sind überhaupt keine Leute! Und auf euer Gold pfeife ich. Denn bestimmt ist es kein echtes Gold.«

»Was?« sagte Martin, »kein echtes Gold?« Und er kam wieder etwas näher. »Gold? Das ist ein ganzer Goldschatz! Doch du – wie kannst du mitreden – du aus eurem Dreckdorf!«

»Wie?« schrie sie und trat auf ihn zu. »Dreckdorf? Wieviel seid ihr denn schon hier auf eurem Grasflecken?«

Martin lief rot an. Grasflecken? Grasflecken für das schönste Stückchen Erde der Welt?

»Na«, entgegnete ein anderer, »tausend sind wir und mit den Flüchtlingen an fünfzehnhundert.«

»Ha!« schrie Maria. »Ihr Mucker! Und wir waren allein zweitausend im Dorf!«

Oh, hier ginge es nicht mehr um ihre eigene Ehre, sondern um die ihres Dorfes... ihres Dorfes? Wo lag es denn, dieses Dorf Jaschka, hoch oben in den Sudetenwäldern? Wo war es jetzt? Das Dorf und das tschechische Land umher, das eines Tages von fremden Gewalthabern eingenommen und besetzt wurde?

Aber Martin riß sie aus ihren Gedanken.

»Ätsch!« hörte sie ihn rufen, »dafür leben wir aber auch auf einer großen Insel!«

»Was?« schrie Maria erbost. »Eure Insel ist so groß wie ein Fleck im Ententeich! Und dazu noch weiß wie das, was die Enten hinterlassen!«

So, nun hatte sie es ihm gegeben! Hoffentlich verschlug es ihm die Sprache. Dabei saß ihr das Weinen mehr in der Kehle als das Lachen. Sie wußte nicht, daß es in Wahrheit nur Notwehr war, was sie herausgeschrien hatte – Notwehr gegen die johlende Bande und ihr Gelächter. Oh, daß sie das von den Enten gesagt hatte! Nun war es aber zu spät. Maria bereute ihr heftiges Wort in der gleichen Minute, in der sie es ausgesprochen hatte. Doch jetzt war nichts mehr zu machen. Martin trat dicht an sie heran und packte sie jäh an der Schulter, mit einem kurzen, energischen Griff, der sie fast zu Boden warf.

»Du blödes Ding!« schrie er. »Das sollst du mir büßen!«

Die anderen Jungen wollten gerade mit zugreifen, doch da wand sich Maria blitzschnell aus seinen Händen und versetzte ihm mit zornfunkelnden Augen einen Stoß, daß er fast hingefallen wäre. Und ehe die anderen zur Besinnung gekommen waren, jagte sie davon, dem Hause zu; denn gewiß kamen gleich die ersten Steine geflogen. In zwei Sprüngen hatte sie die Haustüre erreicht und rasch hinter sich zugeworfen. Atemlos horchte sie zurück. Nichts war mehr zu hören, nur ein wütender Schrei: »Warte, du Kröte, wir sprechen uns noch! In der Swantischlucht – aber allein! Und dann geht es auf Leben und Tod, du!«

Sie lachte nur darüber. Gewiß würde er jetzt Ruhe geben. Aber was er gesagt hatte, durfte sie nicht auf sich sitzenlassen. Also öffnete sie noch einmal die Türe und rief: »Ha, auf Leben und Tod! Euer Swanti, das ist schon ein komischer Kerl! Vier Köpfe hat er – ja!« so hat es der alte Schluck gesagt, und sie schrie es vor Vergnügen, daß sie endlich etwas gefunden hatte, was nicht zu widerlegen war: »Vier Köpfe hat er, nach jeder Richtung einen – o, was ist das für ein Troll –!«

»Was?« rief Martin. »Ein Troll? Wenn du jetzt nicht stille bist, rufe ich die Bu-Käuhing, die frißt dich – du, in eurem Stalle steht die schon und wartet auf dich. Die frißt gern kleine Kinder! Und die frißt dich gleich mit dem Heu, du Heubündel! Du armseliges Heubündel!"

Das war zuviel! Maria sprang einen Schritt in den Garten hinaus, ergriff einen Stein und schleuderte ihn mitten in die Horde hinein. »Au!« schrie jemand auf, »au, meine Nase!« War es Martin oder ein anderer Junge?

Doch nun war es ratsam, im Haus zu verschwinden. Sie drehte noch rasch eine doppelte Nase. Schon antwortete ein drohendes Murmeln; verdächtig schnell rückte es näher. Dann knallte sie die Tür zu, daß der Kalk von den Wänden rieselte und Onkel Godian in der Küche murmelte: »Wieder ein Seebeben!«, worauf Frau Grete nur kurz lachte und sagte: »Das ist die zarte Hand eines Kindes!« – Doch bevor er die Küchentür öffnete, um diesen Fall zu untersuchen, war Maria wie ein Blitz die Treppe hinaufgehuscht, in die Kammer hinein und von dort zum Fenster, wo sie nur sah, daß die Kinder mit einem Jungen, der sein Gesicht verborgen hielt, davonzogen. So, denen hatte sie es einmal gezeigt, daß sie sie nicht ungestraft beleidigen durften.

Die Drohung mit der Bu-Käuhing, der brummenden und Kinder fressenden Kuh, war auch noch eins jener Überbleibsel vergangener Vorstellungen, die ähnlich dem schwarzen Mann umgingen. Mit ihr drohte hier die Mutter dem Wiegenkinde, wenn es unartig war. Daß solche Dinge auf der Insel lebendig waren, hing damit zusammen, daß es Sitte war, sich vor dem Nächsten abzuschließen und damit lieber im eigenen Beharren zu verbleiben. Das Leben auf der Insel war zumeist sehr einfach. Die Häuser hatten oftmals nur wenige niedrige Stuben, manche waren noch durch den Gang mit dem Stall verbunden, in dem das Vieh stand. In der guten Stube hingen hier und da einige alte Bilder; der eine oder andere Gegenstand von den Seefahrten des Großvaters schmückte das Bord an der Wand. Etwas Urväterhausrat gab es auch, eine Truhe oder eine alte Tabakdose, alles blitzsauber gehalten. Doch ein tüchtiges

Stück Aberglauben spukte noch in den Köpfen mancher Leute, so zum Beispiel, daß eine goldene Wiege und zwölf goldene Apostel unter einem Hochlandberge vergraben liegen sollten, oder in der Walpurgisnacht sich auf dem Hexenberg die Hexen trafen, eine weiße Frau in den Bergen gespensterte und anderes mehr. Es bestand vor nicht langer Zeit noch der Brauch, dem Neugeborenen einen Holzkeil von einem Fischerboot in die Wiege zu legen, damit der Seehund es später bei seinem ersten Fischfang nicht finge. Dazu gab es noch alte Wiegenlieder und Hochzeitswünsche. Auch kannte man noch den Patenbrauch, dem Kinde jährlich einen Stollen zu schenken, der im zwölften Lebensjahr in Zuckerguß das Wort Abgedankt! trug, da der Pate an das Kind numehr keine Pflichten mehr hatte. Jede Heirat wurde lieber an einem Freitag als an einem Montag vollzogen, das Hochzeitsfest gern drei Tage lang gefeiert. Wenn es ans Sterben ging, lud der Fischer seine Feinde zur Versöhnung. Die Freunde schnitten ihm das Namenszeichen aus dem Hemde, damit er leichter den letzten Kampf bestand. Auf dem Brotwagen des Bäckermeisters, dessen Brot er genossen hatte, wurde der Tote dann zur letzten Ruhe gebracht. Bevor er in das Grab gelegt wurde, trugen die Freunde den Sarg erst dreimal um die Kirche. Damit glaubte man den Toten zu erlösen, daß er als Geist nicht wiederkommen müsse. Aber das war alles nur noch in wenigen Resten gebräuchlich, oftmals vielleicht nur in der Erinnerung. Doch waren darum auch die Gegensätze zwischen Gestern und Heute stärker zu spüren, und sie wurden immer mehr, je mehr die Zeit fortschritt und die Insel eben eine Insel blieb. Auf ihr konnte man zuerst wenig vom Neuen verstehen, weil dort andere Werte galten, in erster Linie die Allgewalt der Natur, der man sich in seinem harten Daseinskampfe stets ausgeliefert sah. Sie war die Herrscherin, die das Leben des Inselbewohners in der Hand hielt. Alle Halbheit fiel hier ab. Die klare Einfachheit der Insel zwang zu Ja oder Nein. Einstmals bestand das Dorf aus niedrigen Torfhütten mit hohen spitzen Dächern ohne Schornsteine. Seine Bewohner lebten auf die bescheidenste Weise, zumeist waren sie vom Ertrag der Fischzüge abhängig. Erst später entstanden die schmucken Fischerhäuser, die heute mehr als hundert Jahre alt waren, aber noch lange in ihrer schlichten Schönheit bestehen konnten. Die Versippung der Familien verband die Inselleute untereinander oftmals mehr als es gut war, jedenfalls stärker als anderswo. Der

Gemeinschaftssinn war seit Generationen so stark ausgeprägt, daß die Inselleute vor der Außenwelt gern zusammenhielten. Besonders das südliche Neuendorf pflegte eine Gemeinschaft eigener Art: es gab dort fast gleichen Besitz für jedermann, das heißt, keiner besaß mehr als der andere. Auch machte jeder die gleiche Arbeit, ob im Boot, am Sägebock oder beim Hausanstrich. Selbst wenn das Los die Arbeit bestimmte, wie es auf den Fischerbooten beim Fang üblich war, wurde der Ertrag geteilt, und dies war hier bereits seit Vorväterzeiten in Gebrauch. Diese früh entwickelten und getreu überlieferten Gemeinschaftsformen hätten nun eigentlich den Flüchtlingen zugute kommen können. Doch überwog die ebenso bewahrte Abgeschlossenheit und wohl auch das Mißtrauen gegen die Fremden. Und es schien, als müsse es so bleiben.

Als Zeugnis dessen, was ehemals auf der Insel lebendig gewesen war, galten noch die eigenartigen Hausmarken der Fischer, die an die altertümlichen Runen erinnerten. Besonders in Neuendorf hatten die Fischer die Gewohnheit behalten, in Hausbalken und Weidepflöcke sowie in die Fischereigeräte bestimmte Zeichen zu ritzen, die ihre Namen versinnbildlichten. Solche Zeichen vererbten sich wie der Besitz; der Sohn fügte dem väterlichen Zeichen nur ein Häkchen hinzu, wie es einst schon der Vater getan hatte. Doch haftete das Zeichen am Grundbesitz, gleichgültig, wer der Besitzer war. Daher waren auch die Zeichen nicht veräußerlich, vielmehr fest an das Haus gebunden. Das galt auch für die Kabelhölzer, die Kaweln, mit denen das Ackerland oder die Fischgründe und die gemeinsame Ausbesserungsarbeit ausgelost wurden.

Ja, das war also noch etwas Altes hängengeblieben, aus undenklichen Zeiten gewiß. Selbst der Fischer Schluck hatte noch solch ein Zeichen an seinem Hause, einen aufrechten Stab mit einem Kreuz und zwei ausgebreiteten Armen. Als der Fischer es Maria einmal zeigte, wollte sie gern, daß alles, was ihr gehörte, auch ein solches Runenzeichen trüge. Aber dies war ein uraltes Recht der Inselbewohner und stand keinem Fremden zu.

Ja, die Insel steckte voller Merkwürdigkeiten! Wer weiß, was noch aus ihr herauskommen würde. Allerdings war Maria noch zu jung, um für all dies Verständnis zu haben. Sie empfand nur Neugier und auch eine Art Abwehr gegen das, was sie nicht begriff. All das Unbekannte brachte ihr die Insel nicht näher und ließ die Sehnsucht nach der verlassenen Heimat immer erneut aufflackern.

Doch begann die Insel bald mehr und mehr am Geschehen auf dem Festland teilzunehmen, mit dem sie nun doch, gerade seit den vergangenen schweren Jahren und jetzt immer stärker, verbunden war. Mit den ersten Besuchern kam Kunde darüber auf die Insel, wie vieles sich »drüben« zu ändern begonnen hatte.

Die Fabriken und Werke hatte neue Herren bekommen. Und diese Herren sollten die Arbeiter selber sein. Eine Bodenreform hatte den landarmen und landlosen Bauern Grund und Boden gegeben. Auch auf der Insel würde nun manches anders und gewiß besser werden.

So kehrten allmählich Lebensmut und Hoffnung in die Herzen ein.

Im Winter

Der Winter auf der Insel ist zunächst mild. Die Rosen an der Lietzenburg, der großen alten Malerburg am Hochufer, blühen noch lange, bis sich dünner Schnee über die Hügel legt, um am Ende des Dorfweges im Gutsteich zu versinken.

In dem Hause der Schlucks saß man gewöhnlich des Abends in der Wohnstube, wo das rote Plüschsofa stand und neben dem grünen Kachelofen der Ohrensessel für den alten Fischer. Dies und jenes gab es zu erzählen, während die Hauskatze mit dem Spinnrad der alten Frau Schluck um die Wette schnurrte. Es war immer eine behagliche Tischrunde, in der die Unbill des Wetters leicht vergessen wurde. Im Gespräch kam man bald auf die Nöte der Zeit, bald auf die schwere Zukunft der Heimatlosen zu sprechen. Aber auch die Geschichte der Insel, die nach den Erzählungen der Alten so viel großartiger war als die Gegenwart, war oft Mittelpunkt der Gespräche. Onkel Godian wollte schon immer wissen, warum von dem einstmaligen Kloster nur der Torbogen stand. Auch Maria hörte gern davon, denn jeden Tag ging sie zum Milchholen durch das große offene Tor mit den wenigen Resten der Mauer im Gutsgarten, wo es den schönen Birnbaum gab, den sie zu gern einmal bestiegen hätte, wenn er voller Früchte hing. Aber daran war vorläufig nicht zu denken, denn in dem leeren Geäst schwirrten Spatzen und blanke Elstern.

Eines Abends fragte Onkel Godian den Fischer Schluck, wie es käme, daß keiner recht die Klostergeschichte wüßte. Aber der lächelte nur verschmitzt und sagte: »Die meisten Einheimischen kennen sie, doch nur selten spricht einer darüber.«

Der Holundersaft, der auf dem Tische stand, dampfte vor Wärme und tat einem schon beim Ansehen wohl. Er schmeckte, mit Sirup verdickt, so wundervoll, daß man vergnügt mit blauen Zähnen herumlief.

Onkel Godian schlug das Feuer in der Pfeife wieder an, während Frau Grete Friedchens eingerissene Jacke stopfte. Sie war aus Schafwolle gestrickt und kratzte an den Armen; aber sie hielt im Winter warm, wenn der kalte Ost über die Insel ging. Überhaupt der Wind! Einmal kam er von Westen her und brachte Regen mit sich, oder er kam von Norden und mit ihm schneidende Kälte. Nur selten wehte der Wind von Süden. Aber dann war es schön mild in der Luft, und das Wetter wurde besser. Oftmals wechselte der Wind jede Stunde, das hieß dann, er sprang um. Weiß Gott, er konnte springen wie ein Heuhüpfer, so daß man mit dem Ost fortging und mit dem West wieder heimkehrte.

Auch heute klirrten leise die Fensterscheiben, doch machte das denen in der molligen Stube nicht viel aus, denn Theobald Schluck erzählte, einmal ins Gespräch gekommen, so manches Interessante vom Kloster. Der alte Fischer war als junger Maat weit in der Welt herumgefahren, deshalb verstand er auch, sich geschickt und in gutem Hochdeutsch auszudrücken. Sonst sprach er meist sein heimisches Platt. Er hatte eine Menge Wissen in seinem Kopfe, das nie ausgesprochen worden war. Wem sollte er es auch mitteilen? Jetzt, da er in dem ehemaligen Rechnungsführer Godian einen aufmerksamen Zuhörer fand, plauderte er gern ausführlicher als sonst von den Dingen, die er wußte.

»Also wie war das?« fragte Onkel Godian und schnitt sich ein neues Spanholz für die Pfeife. »Wie war das mit der Seeschlacht von Swälder, die im Jahre 1000 stattgefunden haben soll? Wo liegt Swälder?«

»Das weiß niemand«, gab Theobald Bescheid und rückte auf seiner Ofenbank näher an den Ofen heran, »wahrscheinlich südwestlich von Hiddensee. Es heißt, daß der Norwegerkönig Olaf Trygvason von dem Wendenkönig Boleslaw in einen Hinterhalt gelockt worden und, als er keinen Ausweg mehr sah, mit voller Rüstung ins Meer gesprungen sei. Zu dieser Rüstung soll nun der Hiddenseer Goldschmuck gehören, den man im Jahre 1872 im Dünensande nach einem Sturm fand. Aber sicher ist das nicht. Keiner weiß es. Denn kein Fischer hat es verraten, wie der Fund des Schmuckes zustande kam. Wenn man den einen oder anderen befragte, so sagte er nur: »Wi hebben drömt.«

Onkel Godian nickte. »Das ist immer so mit alten Geschichten. Erwiesen ist nichts daran!«

»Er muß wunderschön aussehen, der Schmuck! Nach den Bildern kann man sich ihn schon vorstellen«, flocht Frau Grete ein.

Maria fragte: »Schöner als Deine Brosche?«

»Viel schöner!« antwortete an ihrer Stelle der alte Fischer. – »Vierzehn goldene Hängestücke hat er und ist über die ganze Brust zu tragen wie eine riesige breite Kette. Und eine große scheibenartige Fibel, eine Art Brosche, gehört dazu. Sie besteht aus feinster Filigranarbeit und trägt bunte Perlen und auf den Windungen eingravierte Eulenköpfe und Drachenleiber. Wirklich, schön ist der Schmuck!«

»Ja, das muß man sagen, schön ist er!« fügte die alte Frau Schluck hinzu und hielt im Schnurren des Rades inne. »Er ist, nun, wie soll ich sagen, er ist«, schloß sie dann kurz, »eben ein Königsschmuck!«

»Ja«, fuhr Theobald fort, »man muß annehmen, daß einst Wikinger den Goldschmuck vergraben haben, den sie zu einem späteren Zeitpunkt wieder holen wollten. Vielleicht ist das Schiff gestrandet oder die Besatzung im Kampf getötet worden. So haben sie das Wissen um den Goldschmuck mit in den Tod genommen. Wir wissen heute nur, daß der Meister, der ihn arbeitete, um das Jahr 1000 gelebt haben muß.«

»So alt ist er?« staunte Maria.

Theobald nickte: »Fast tausend Jahre alt!«

»Ja, und dann?« fragte Onkel Godian, »was war dann mit der Insel?«

»Je nun, zwei Jahrhunderte später kamen die Dänen nach Hiddensee und unternahmen von dort ihre Plünderungszüge nach Rügen zu den Höfen der Fischer. Der Fürst Jaromir brachte dann den hiesigen Slawen das Christentum, und Strelasund, später Stralsund, wurde gegründet.«

»Wie, so alt ist auch Stralsund?« staunte Maria.

»Sicher noch viel älter, denn wo Menschen sich ansiedelten, gab es bald Handel und Wandel.«

»Was wurde dann aus Hiddensee?« fragte Onkel Godian.

»Nun«, meinte Theobald bedächtig und sog an seiner Pfeife. »Das Fahrwasser von Stralsund und der Westküste war immer sehr eng, und so kam es vor, daß Schiffe strandeten. Das war jedesmal für die Inselbewohner ein Freudentag. Nach altem Strandrecht gehörte ihnen die Beute.«

»Und dann wurde wohl das Kloster gebaut?« sagte Onkel Godian.

»Genau so war es!« bestätigte Theobald und griff nach dem kleinen Bord, das voller Bücher stand. »Ich muß einmal nachschauen. Manches hat man ja im Kopf, doch nicht alles.« Er blätterte in einem vergilbten Band: »Hier ist es! Paß mal auf! – Die Zisterzienser gründeten im 12. Jahrhundert das Kloster auf Hiddensee, das sie dem heiligen Nikolaus weihten; daneben bauten sie ein Kirche. Aber es dauerte sehr lange, bis das Kloster alle Rechte auf der Insel erhielt. Von den Erben des Ritters Andreas Erlandson mußten sie den Verzicht auf die Gerichtsbarkeit mit reinem Silbergeld abkaufen und von dem ehemaligen Vogt Detlef sein Anrecht auf Grieben und einige Wiesen gegen vierzig Mark slawischer Pfennige. Auch ein Elendshaus gab es auf Hiddensee, wo Kranke und Fremde aufgenommen wurden. Im Jahre 1306 wurde die erste Seeleuchte, wie man es damals nannte, errichtet, die von Mai bis September den Fischern als Zeichen diente.«

»Dann war es also ein reiches Kloster?« fragte Onkel Godian.

»Das will ich meinen«, nickte Theobald. »Um das Jahr 1500 besaß es auf Rügen und in Pommern sechzig Höfe. Daher war der Abt auch ein großer Herr, der vom Papst zum Würdenträger der Goldenen Rose ernannt wurde.

Nur gibt es, wie überall, große Geschehnisse, die ein Leben, ein Menschenwerk oder ein Land verändern. Zwei Feuersbrünste vernichteten fast das Kloster, Seeräuber plünderten die Besitzungen auf der Insel, Geldnot und gerichtliche Streitigkeiten mit Stralsund und den Äbten brachten das Kloster in Schwierigkeiten. Bald galt es nur noch als ein Verbannungsort für die Mönche, die sich Verfehlungen zuschulden kommen ließen. Auf der Insel ist es immer einsamer gewesen als anderswo ...«

Onkel Godian nickte nachdenklich.

»Aber schön ist die Insel doch!« fiel Frau Grete ein.

Doch Maria wollte mehr erfahren. »Und dann?« fragte sie und neigte sich vor.

»Dann«, fuhr der alte Schluck fort, »nachdem das Kloster zwei Jahrhunderte bestanden hatte, wurde es im Jahre 1534 aufgelöst und als Rentamt fortgeführt, bis es im Dreißigjährigen Kriege verfiel und schließlich gänzlich zerstört wurde. Auf Wallensteins Befehl wurde auch der reiche Wald von Hiddensee vernichtet. Ja, denkt euch nur, der schöne, alte Wald! Er lieferte nicht nur das Eichenholz zum Bauen, sondern man trieb in ihn auch die Schweine von Schaprode zur Eichelmast.

Ja, und dann kamen wieder neue Menschen auf die Insel. Dänen und Schweden besetzten sie. Die Reste des Klosters verfielen mehr und mehr, so daß nichts weiter blieb als die Mauer und der Torbogen, den ihr heute noch seht. Aber«, fügte er hinzu, »keiner weiß, wo die Kirchenschätze geblieben sind, die goldenen und silbernen Geräte. Der Sage nach sollen sie noch immer auf der Insel versteckt liegen.

Vielleicht unter den Dornbüschen, die hoch über den Hügeln stehen, oder im Schilf oder in den Höhlen des Nordufers, in denen Störtebecker einmal gehaust haben soll. Möglicherweise auch am Hochufer, wie es ein alter Fischer aus Vitte im Traum gesehen haben will. Wie es auch sei: niemand weiß davon.«

»Flausen!« sagte da plötzlich Theobald. »Nichts als Flausen für Winterabende!« Er lachte dazu, als hätte er alles nur erzählt, um Marias hübsches Gesicht mit den großen, fragenden Augen auf sich gerichtet zu sehen. Er selbst glaubte nicht daran. Aber warum sollte er es nicht erzählen, wenn jemand davon hören wollte? Daß er seinen Spaß daran hatte, war ja seine Sache. »Nun«, meinte Frau Grete, »ganz umsonst sind diese Geschichten nicht.«

»Und dann?« fragte wieder Maria, ein wenig enttäuscht, daß keiner mehr etwas davon sagen wollte.

»Dann wurde die Insel, ums Jahr 1650 herum, vom Herzog von Croy an den adligen Stralsunder Ratsherrn Wolfradt verkauft.«

»Verkauft?« fragte Maria. »Wie kann man eine Insel überhaupt verkaufen?«

»Oh«, sagte Theobald, »das war damals gang und gäbe. Von einem Major Michael von Loos kam sie schließlich in die Hand eines Rittmeisters von Smiterlow, dann an den schwedischen Kammerrat von Giese in Stralsund, bis endlich im Jahre 1836 das Stralsunder Kloster Heiliger Geist die Insel für 68 000 Taler erwarb.«

»Gott, welch ein Schicksal!« rief Onkel Godian und paffte ordentlich aus seiner Pfeife, so daß Grete Schaumann den Husten bekam. »Ich möchte nicht so wie ein Faß Heringe verhökert werden. Die Insel kann einem wirklich leid tun!«

»Nun«, entgegnete bedachtsam Theobald, »das hat der Insel nicht geschadet.«

Onkel Godian fragte weiter: »Gab es nicht auf der Insel auch Ton? Ich hörte davon reden.«

»Ja«, erwiderte Theobald, »das stimmt. Ende 1757 baute der Kammerherr von Giese eine Fayencefabrik in Stralsund, die das Hiddenseer Geschirr, das heißt: Tafelgeschirr, Fliesen und Krüge, weit ins Land hinein verkaufte.«

»Dann ist also der Lehm, den man hier am Ufer findet, noch tonhaltig?« fragte Onkel Godian.

»Gewiß! Und es ist ein guter Lehm.«

»Oh«, lachte Maria, »wenn man auf ihn tritt, bleibt er in den Zehen kleben, so glitschig ist er!«

»Deswegen«, warf Theobald ein, »reißt auch der Sturm so viel vom Ufer ab. Aber so wie bei der großen Sturmflut ging es wohl selten auf der Insel zu, wo die alten Häuser aus Lehm und Torf wie Grasbrocken weggeschwemmt wurden ...«

»Und dann wurden die neuen Häuser gebaut, wie?«

»Natürlich! Was die Natur zerstört, baut der Mensch gern schnell wieder auf. Bald kamen dann auch die ersten Badegäste auf die Insel«, sagte Theobald. »Eines der Hotels trägt noch heute den Namen eines altnordischen Königs, Hitthim, des Anführers eines Stammes, welcher Hilda, die Tochter des jütländischen Unterkönigs Högin, liebte. Ja, das ist schon eine seltsame Sage!«

»Oh, erzählen Sie bitte!« bat Maria.

»Nun, Hitthim und Hilda liebten sich sehr; also gingen sie auch die Ehe miteinander ein. Dadurch wurden Hitthim und Högin zu Freunden, zu so guten Freunden, daß sie sich gegenseitig zuschworen, einander zu rächen, falls der eine oder andere durchs Schwert fallen sollte. Doch es kam anders. Eine Verleumdung zerstörte Hitthims Bund mit

Hilda, eine arge Verleumdung, die besagte, daß Hilda ihm vor der Ehe nicht die Treue gehalten hätte. Da forderte Högin den Hitthim zum Zweikampf, in dem der junge Hitthim fast auf den Tod verwundet wurde, bis Högin, von der Schönheit und Jugend des Jünglings gerührt, ihm sein Leben schenkte. Aber damit wurde nicht der Haß begraben, der die beiden Männer fortan beherrschte. Nach sieben Jahren trafen sie auf der Insel Hiddensee noch einmal zu einem Zweikampf zusammen, in dem sie sich schließlich gegenseitig töteten. Hilda, so heißt es in der Sage, hat dann voll Sehnsucht nach ihrem gefallenen Gefährten die Seelen der Gefangenen immer wieder, wenn auch vergeblich, zu neuem Kampfe gerufen, und dieser Kampf in der Nacht soll auf Hiddensee noch immer zu sehen sein, wenn man den Spruch weiß, der die Toten auf das Kampffeld ruft. Aber der Spruch ist verlorengegangen!«

Maria merkte nun, was es mit dieser Insel für eine Bewandtnis hatte. Da gab es ja wirklich mancherlei Sonderbares! So alt wie die Erde war die Insel und doch wirkte sie jeden Tag neu. Immer kam etwas anderes zutage. Alles hatte sich auf ihr versammelt: altes Geschlechterwerk, die Kunde von verschollenen Mönchen, die Seeräuberzüge von Norden her, die Not gestrandeter Schiffe und wie vieles noch. Ach, und Geheimnisse gab es auch: das Geheimnis des Spruches und das der goldenen Kirchenschätze. – Ja, sie würde gern ausgehen und die Schätze suchen. Aber die hilfreichen Unterirdischen waren verschwunden. Doch wie wäre es, wenn sie sich einmal im Walde verirrte und auf eine Fee wartete? Ach, das kam nur in Märchen vor, die sie früher gelesen hatte, im Leben, im wirklichen Leben erschien einem dann höchstens Martin Freeses grinsendes Gesicht. Oh, wie sie wütend wurde, wenn sie nur an ihn dachte! Aber wie wäre es, wenn sie sich vorher versöhnten und den Schatz gemeinsam suchen gingen? Das wäre gewiß vernünftiger, als ständig miteinander zu streiten. Vielleicht kannte er gar den Spruch oder das Versteck der Schätze und verriet es ihr?

»Nun aber Schluß!« sagte Grete und legte die Näharbeit in den Korb zurück. »Sonst findet ihr überhaupt nicht ins Bett!«

Jeder suchte dann seine Schlafstätte auf. So recht von Herzen müde geredet, zog man sich aus und kroch in die Kissen hinein. Eine Weile noch klang das Geklirr der Fenster im Winde, bis das tiefe Dunkel alles auslöschte, was die Welt so rätselhaft machte.

Die Lietzenburg in Kloster, im Jahre 1904 erbaut von dem Maler Oskar Kruse-Lietzenburg

Die »Blaue Scheune« in Vitte, das Haus des Malers Günter Fink

KÄTHE RIECK

Die Malerin Elisabeth Büchsel

Unweit vom Alten Markt gegenüber der langgestreckten Westseite des berühmten Stralsunder Rathauses steht heute noch das schlichte, kleine Giebelhaus, in dem Elisabeth Büchsel am 29. Januar 1867 geboren wurde. Ihr Vater war der angesehene, wohlhabende Tuchhändler und Gewandhausaltermann Ernst Felix Gotthilf Büchsel. Seine Frau Marie, geborene Musculus, hatte ihm sechs Kinder geschenkt, von denen Elisabeth das zweitälteste war. Krankheit und Tod dreier Geschwister im kindlichen Alter warfen schwere Schatten auf das sonst so glückliche, harmonische Familienleben.

Früh schon zeigte sich Elisabeths Begabung zum Zeichnen und Malen, die sie dem Vater und vor allem der Schwester ihrer Mutter, Anna Musculus, zu verdanken hatte, unter deren Händen wunderbar zarte Blumenaquarelle entstanden. Eifrig saß schon das kleine Schulmädchen über der Schiefertafel, später mit Bleistift und Papier, und zeichnete aus den Bilderbüchern die Illustrationen von Ludwig Richter und Albert Hendschel ab. Es war aber ein besonderes Glück für Elisabeth, daß sie in den oberen Klassen der Schule einen verständnisvollen Förderer ihrer Begabung in dem Zeichenlehrer Müller fand, der ihr außer dem Schulunterricht auch noch Privatstunden im Zeichnen nach der Natur, nach lebenden Modellen und im perspektivischen Zeichnen gab. Ihre große Neigung zur Kunst fand ferner reiche Nahrung durch den Kunstgeschichtsunterricht, den der Begründer und ehrenamtliche Leiter des »Provinzialmuseums für Neuvorpommern und Rügen« Dr. h.c. Rudolf Baier in seiner lebendigen und genialen Weise erteilte. Seine vielseitigen und gründlichen Kenntnisse vertieften Elisabeth Büchsels Liebe zu ihrer alten, schönen Vaterstadt und ihrer reichen Geschichte. Stralsund hatte damals gerade erst begonnen, sich über seinen mittelalterlichen Kern hinaus zu entwickeln und die Vorstädte zu bebauen.

Wie fünfzig Jahre früher die Stralsunder Malerin Antonie Biel, so geriet auch Elisabeth Büchsel mit den engen bürgerlichen Anschauungen ihrer Zeit in Konflikt, als sie den Wunsch äußerte, eine Kunstschule zu besuchen und ihr Zeichen- und Maltalent auszubilden. Für ein junges Mädchen aus wohlhabender Familie kam das gar nicht in Frage. Es nützte auch nicht, daß der Zeichenlehrer Müller die Bitten seiner begabten Schülerin nach Kräften unterstützte. Sie bekam nur die Erlaubnis, im Frühling 1888 für längere Zeit zu Freunden nach Spandau zu fahren, um zwei Mal wöchentlich bei Professor Flikker in Berlin Landschaften zu kopieren und außerdem an zwei Tagen in der Woche nach der Natur zu malen. Durch Porträtaufträge und Stundengeben verdiente sie sich dann selber Geld und ermöglichte dadurch Studien in Berlin und Dresden bei Conrad Fehr, Franz Skarbina, Anton Joseph Pepino und anderen.

Kurz vor der Jahrhundertwende erfüllte sich ihr Traum, Italien kennenzulernen. 1900 finden wir sie in Paris, wo sie mit fünf Münchener Künstlerinnen bei Lucien Simon, Jules Girardet und René Prinet arbeitet. Sie versucht mit eisernem Fleiß das nachzuholen, was sie infolge der langen Bindung an das Elternhaus versäumt hatte. Unter Lucien Simon galt es vor allem zu zeichnen: denn sein Grundsatz lautete: »Il faut dessiner trois jours et peindre en un jour!« Eine ganz andere Auffassung vertrat Christian Landenberger in München, bei dem Elisabeth Büchsel 1902 arbeitete. Bei ihm hieß es: »Was wollen Sie erst zeichnen, Sie haben die Zeichnung im kleinen Finger: malen's gleich!«

Kopien- und Bildnisaufträge führten die Malerin durch ganz Deutschland, nach Holland, Frankreich und Italien. Inzwischen kehrte sie immer wieder in ihre Heimatstadt am Sund zurück, wo sie freischaffend tätig war. Als sie 1904 die herbe Schönheit und Eigenart Hiddensees mit ihrem Künstlerauge entdeckte, blieb sie ihr Leben lang dem Zauber der Insel verfallen. Sobald die ersten Frühlingslüfte dort über die Hügel strichen, bezog Elisabeth Büchsel ihre schlichte Stube in einem der weißgekalkten Fischerhäuser und kehrte erst wieder nach Stralsund zurück, wenn die Herbststürme das Draußenarbeiten unmöglich machten. Mit ihrer natürlichen, warmherzigen Art und dem von Kindheit an vertrauten Platt war sie den zurückhaltenden Insulanern bald keine Fremde mehr. Sie spürten auch mit feinem Instinkt die selbstverständliche Achtung, die Elisabeth Büchsel jedem Menschen entgegenbrachte. Und

Haus in Neuendorf

sie ließen sich malen, die Fischer, ihre Frauen, sei es bei der Arbeit oder am Feierabend, auch die flachshaarigen Kinder, bei denen es aber manchen Bonbon oder Groschen kostete, um sie zum Stillhalten zu bringen. Noch nie hatte bis dahin der einfache ländliche Mensch unserer engeren Heimat so im Mittelpunkt künstlerischen Schaffens gestanden wie jetzt bei Elisabeth Büchsel. Sie aber malte ihn zeitlebens ohne Auftrag, ohne »Programm«, aus innerster Notwendigkeit. – Unermüdlich war sie mit dem Malgerät auf der Insel unterwegs. Man fand sie in Neuendorf, wo die weißen Häuser so lustig auf dem grünen Wiesenplan stehen, oder auf den thymianduftenden Hügeln in Kloster, von denen aus man die ganze Insel übersieht mit dem weißen Saum der Brandung auf der einen und dem sanfteren Gewässer des Boddens auf der anderen Seite. Sie malte bunt blühende Juniwiesen in heißer Sonne, schwarzweiße Kuhherden vor perlgrauem Horizont, oder Fischerhäuser mit warmem Licht in den kleinen Festern unter hohem dämmerblauem Himmel. – War der Tag meist mit intensivster Arbeit ausgefüllt, so gehörte der Abend oft anregendem Zusammensein mit geistig und künstlerisch bedeutenden Persönlichkeiten, die sich, angezogen von dem eigenartigen Reiz der

Haus in Vitte am Norderende

Haus in Grieben

Insellandschaft, dort Jahr für Jahr einfanden, unter ihnen Gerhart Hauptmann, die Schauspieler Elsa Wagner, Otto Gebühr, der Maler Oskar Kruse, der Erbauer der Lietzenburg und viele andere.

Dichter und Schauspieler, Musiker und Gelehrte waren häufig Gäste auch in der Stralsunder Wohnung der Künstlerin, in der sich vor allem während der Wintermonate ein frohes geselliges Leben entfaltete. Unvergeßlich sind die Faschingsfeste im Atelier, zu denen sich Jung und Alt in phantastischen Kostümierungen einfanden und die trotz drangvoller Enge überaus launig, originell und vergnügt verliefen. Zu ihren liebsten Gästen aber gehörten die Kinder, denen sie besonders in der Weihnachtszeit die schönsten Stunden zu bereiten verstand. Wie gern sie Kinder hat, zeigen auch die vielen Gemälde und Zeichnungen, auf denen mit liebevollster Einfühlung Kinder dargestellt sind.

Hatte schon der Erste Weltkrieg Elisabeth Büchsel schwer erschüttert und schmerzhafte Lücken in ihrem Freundeskreis hinterlassen, so schien die ungeheure Vernichtung von Menschenleben und Kulturwerten im Zweiten Weltkrieg weit über das Maß dessen hinauszugehen, was ihr Herz ertragen konnte. Stärker aber war der Drang zu helfen. In wahrhaft humaner Gesinnung und durch persönliche Anspruchslosigkeit gegenüber äußeren Dingen gelang es ihr, viele Not zu lindern.

Als sie 1947 ihren 80. Geburtstag beging, hatte sie viel von ihrer früheren Frische und Fröhlichkeit wieder erlangt. Eine große Zahl alter und neuer Freunde fand sich damals bei ihr ein, unter ihnen viele musische Menschen, die durch Dichtung und Musik diesem denkwürdigen Tag hoch oben im Atelier ein sehr festliches Gepräge gaben. Das Museum hatte wie einst zum 70. Geburtstag so auch nach zehn Jahren wieder eine Ausstellung ihres umfangreichen künstlerischen Werkes veranstaltet. Weder die schweren Zeitläufte noch das Alter hatten sie den Pinsel aus der Hand legen lassen. Auch sonst nahm sie regsten Anteil am geistigen und künstlerischen Leben der Stadt; man sah sie in Vorträgen, in Konzerten, im Theater und in Austellungen, soweit es ihre nicht mehr recht feste Gesundheit nur irgend zuließ.

Mit dankbarer Freude erlebte sie die schöne Feierstunde am 20. Januar 1952, in der man der Fünfundachtzigjährigen als ältester Künstlerin Mecklenburgs von allen Seiten ehrend gedachte und das Museum ihrer Vaterstadt eine Ausstellung ihres reichen Lebenswerkes eröffnete.

In diesem Jahr (1957) begeht Elisabeth Büchsel ihren 90. Geburtstag. Mit Hilfe der Künstlerin und der Stralsunder Bürger ist es wieder gelungen, in der Geburtstagsausstellung Werke aus den verschiedenen Schaffensepochen zu zeigen, darunter auch solche, die bisher noch nicht auf einer der Stralsunder Ausstellungen vertreten waren.

In dieser kleinen Geburtstagsschrift sollte hier vor allem der liebenswerte Mensch gewürdigt werden. Den ausgestellten Bildern aber bleibt es vorbehalten, über die Künstlerin Elisabeth Büchsel auszusagen und ihrem Werk noch neue Freunde zu gewinnen.

Arne Gustavs

Mein Großvater, der Inselpastor

Die Erinnerungen an meinen Großvater reichen weit zurück. Es sind natürlich vorwiegend Kindheitserinnerungen: wie ich ihm im Garten half, die Kartoffeln in die von ihm gegrabenen Pflanzlöcher zu werfen; wie ich hinter ihm herging, wenn er die Steige zwischen den Beeten trat, oder zu ihm auf den Baum kletterte, wenn er die Äpfel erntete. Ich habe ihn gut gekannt, aber mehr doch in einer Weise, wie ein Kind eben in die Welt der Erwachsenen hineinwächst. So weiß ich zwar vieles vom Hörensagen, aber vieles mußte ich beim Schreiben erforschen und erfragen; für vage Angaben mußten genaue Daten ermittelt werden, wobei mir Tante Wieschen und Onkel Eggert mit ihren Erinnerungen und Unterlagen aus dem Nachlaß geholfen haben.

Mein Großvater wurde am 7. Januar 1875 in dem kleinen Dorf Neuenkirchen, das vor den Toren von Greifswald an der Straße nach Stralsund liegt, geboren. Sein Vater Franz war dort Lehrer und versah gleichzeitig das Küsteramt. Gemeinsam mit der fünf Jahre jüngeren Schwester Erna verlebte er seine Kindheit im Schulhaus von Neuenkirchen, einem Backsteinbau mit flachem Dach im Stil der preußischen Dienstgebäude, wo er von seinem Vater unterrichtet wurde, bis er 1884 als Sextaner in das Gymnasium zu Greifswald eintrat.

Nach dem Abitur, das Großvater im Frühling 1893 bestand, widmete er sich in Greifswald dem Studium der Theologie. Er hörte nicht nur die Vorlesungen des Systematikers Hermann Cremer, er besuchte auch die Kollegs des Kirchenhistorikers Victor Schultze, dessen Famulus er wurde, er stenographierte die Predigten des »Papstes« mit, wie Cremer genannt wurde, und beschäftigte sich mit Germanistik, insbesondere mit Altsächsisch und Altnordisch. Das Sommersemester 1895 verbrachte er in Halle. Während seiner ganzen Studienzeit gehörte er der Akademischen Turnverbindung (A.T.V.) an. Er hat sich dort eifrig an den

Übungen beteiligt, auch gerudert, an Kreisturnfesten teilgenommen und sogar auf dem VIII. Allgemeinen Deutschen Turnfest in Breslau mitgeturnt. Er sagte selber einmal, daß ihm die Turnerei sehr gut getan und ihm Gesundheit und Ausdauer gegeben habe – die ihm sein ganzes Leben treu geblieben sind. Ein großer Held im Biertrinken und Skatspielen ist er nicht gewesen, erfreute aber die Kneiptafel durch seine humoristischen und oft recht scharfen »Bierzeitungen«, die stets großen Beifall fanden.

Seinem Geburtshaus gegenüber steht das Pfarrhaus von Neuenkirchen, unter dessen Dach es in den nächsten Jahren zu zwei Begegnungen kommen sollte, die sein Leben entscheidend bestimmten. Pfingsten 1896 nahm ihn der Neuenkirchener Pastor Martin Wilde für ein paar Tage mit nach Hiddensee, wo er von 1886 bis 1895 Pfarrer gewesen war. Großvater gefiel die Insel so gut, daß er noch im selben Jahr für sechs Wochen nach Hiddensee fuhr. Von dort schrieb er am 18. August 1896 einen Brief an Victor Schultze, dem er diesen Aufenthalt verdankte:

»Hochgeehrter Herr Professor! Es freut mich, Ihnen mitteilen zu können, daß ich mich hier in den paar Wochen schon ganz außerordentlich erholt habe, und ich kann Ihnen danken für Ihre Güte, die mir ermöglichte, so lange hier zu bleiben. Es ist wirklich ein schönes Fleckchen Erde, ganz dazu geschaffen, Körper und Geist gesunden zu lassen, so daß man mit frischer Kraft und neuem Lebensmut an die Arbeit zurückkehren kann. Großartige Schönheiten bietet das öde Eiland ja nicht. Wer die hier sucht, wird jedenfalls sehr enttäuscht sein. Freilich ist der Ausblick von den Bergen auf das Meer eigenartig schön. Aber das Schönste ist der Friede, der auf dem ganzen Ländchen liegt, und die Einfachheit und Treuherzigkeit, die allen Menschen eigen ist.

Ich lebe ganz nur meiner Erholung und habe kaum zehn Seiten gelesen. Bei gutem Wetter bin ich einen guten Teil des Tages auf der See, und die frische Seeluft bekommt mir sehr gut. Viel ziehe ich auch in die Berge und verträume dort oben in einer erst hier selbst geknüpften Hängematte die Zeit. Da ich sehr viele Bekannte gefunden habe, wird mir auch bei schlechtem Wetter die Zeit nicht lang. Bei der Familie meines Wirtes habe ich äußerst freundliche und liebenswürdige Aufnahme gefunden. Da im Gasthause kein Platz war, wohne ich bei dem Postagenten Th. Nehls in Vitte. Wenn ich von meinen Eltern Erlaubnis bekomme, bleibe ich noch einen Teil des Septembers da, denn ich habe Land und Leute in der kurzen Zeit so liebgewonnen, daß ich am liebsten gleich ganz da bliebe. Der Abschied wird mir schwer werden. So wie ich mich jetzt fühle, bleibe ich den Winter ruhig zu Hause. Zum Schluß möchte ich Sie ersuchen, mir gütigst den Termin der Vorlesungen angeben zu wollen, damit ich zur rechten Zeit zurückkehre ...«

Seit diesem Hiddensee-Aufenthalt hegte Großvater den Wunsch, die dortige Pfarrstelle zu übernehmen, woran vorerst natürlich nicht zu denken war.

Im Oktober 1897 bestand er in Stettin das Erste Theologische Examen und ging darauf als Hauslehrer in das Haus der Freifrau von Rotenhan in Buchwald im Riesengebirge, wo er einen epileptischen Zögling zu unterrichten hatte. Von dort aus legte er im August 1899 das Zweite Theologische Examen ab. Wegen des Theologenüberflusses bestand zunächst überhaupt keine Aussicht auf eine Pfarrstelle; so ging er am 1. Oktober 1900 nach Bethel bei Bielefeld in die Anstalten des Pastors von Bodelschwingh, um das Aufgabengebiet der Inneren Mission aus eigener Anschauung und Mitarbeit kennenzulernen. Zunächst arbeitete er in der Pflege epileptischer Kinder und später in einer Trinkerheilanstalt.

Anfang des Jahres 1902 erhielt er eine Stelle als Hilfsprediger in Rheine (Westfalen), wo er eine Gemeinde betreute, die in der Hauptsache aus holländischen Spinnern und Webern bestand. Dann war er eine Zeitlang unter den Bergleuten in Wanne bei Gelsenkirchen im Industriegebiet tätig und kam schließlich nach Rheine zurück – seiner holländischen Sprachkenntnisse wegen, denn er hatte dort auch in holländischer Sprache gepredigt.

In Rheine erfuhr er 1903, daß die Pfarrstelle auf Hiddensee vakant sei. Vermutlich hat ihm Martin Wilde eine Nachricht zukommen lassen. Er bewarb sich, und die Hiddenseer wählten ihn unter drei Kandidaten zu ihrem Pastor.

Bei der Amtseinführung am 11. Oktober 1903 gab es übrigens eine kleine Panne, die nicht unerwähnt bleiben darf. Als Großvater aus der Sakristei treten wollte, ließ sich deren Tür nicht öffnen: sie war von der offenstehenden Tür des Altarraumes versperrt. »Das ist ein gutes Omen«, meinte der Superintendent. »Sie werden hier auf der Insel bleiben.« Und er sollte recht behalten.

Zwei Jahre später wurde das Pfarrhaus in Neuenkirchen abermals für sein Leben bedeutsam. Im Mai 1905 lernte er dort Helene Lützow kennen und verlobte sich mit ihr. Sie war die Schwester der Frau seines dortigen Amtsbruders Hans Lorenz, des Nachfolgers von Martin Wilde.

Es war eine kühle Maiennacht im Pfarrgarten von Neuenkirchen, in der Großvater seiner Auserwählten umständlich das Maximalthermometer erklärte, bis er die entscheidende Frage stellte: »Willst du meine Frau auf Hiddensee werden?« Fragte man ihn später, warum er nicht von Hiddensee fortgegangen sei, antwortete er mit verschmitztem Lächeln: »Ich konnte nicht; das Jawort meiner Frau galt nur für Hiddensee.«

Am 1. September 1905, an Großmutters zwanzigstem Geburtstag, wurde in Beetz bei Neuruppin, wo ihr Vater Pfarrer war, Hochzeit gefeiert. Die Hochzeitsreise führte sie ins Riesengebirge.

Nun gab es auch eine Pfarrfrau im Pfarrhaus auf Hiddensee, wo vorher Großvaters Schwester Erna eine Zeitlang den Haushalt geführt hatte (sie heiratete den Neuendorfer Lehrer Erich Hirchert und lebte dann in Greifswald).

Seine Frau schenkte vier Kindern, Annalise (1906), genannt Wieschen, Malte (1907), Eggert (1909) und Ingeborg (1915), das Leben. Malte, mein Vater, erlernte das Tischlerhandwerk und ging nach abgeschlossener Lehre zu Professor Dell' Antonio auf die Holzschnitzschule in Bad Warmbrunn (Schlesien). Eine Reihe von geschnitzten Holzkreuzen auf dem Friedhof in Kloster sowie Kreuz und Pult in der Kapelle stammen in Entwurf und Ausführung von ihm – bis auf die geschnitzten Füllungen im Pult, die sein Freund Martin Häring gearbeitet hat.

Eggert ist als Maler und Graphiker bekannt geworden. In zahllosen Aquarellen und Holzschnitten hat er Hiddensee-Motive festgehalten. Neben den Illustrationen zu Großvaters Hiddensee-Buch und der Gestaltung der »Kleinen Erinnerungen« meines Großvaters an Gerhart Hauptmann wären noch Porträts von Gerhart Hauptmann, Maxim Gorki und Anne Frank in Holzschnittechnik zu nennen. Annalise lebt heute im elterlichen Haus auf Hiddensee und ist die fürsorgliche Tante und Großtante einer großen Schar von Nachkommen ihrer Brüder.

Großmutter war die gute Seele des Pfarrhauses. Stets war sie allen Wünschen gegenüber aufgeschlossen; selten schlug sie eine Bitte aus. Sie konnte aber auch streng und unnachgiebig sein, wenn es dazu Anlaß

Der Maler und Graphiker Eggert Gustavs im Gespräch mit dem Verleger Kuno Mittelstädt

gab. Mit ihren Gaben ergänzte sie meinen Großvater ganz wunderbar. Er hatte ein gutes Gedächtnis, ein enzyklopädisches Wissen, war scharfsinnig, ein wenig eigenwillig und leicht beunruhigt, wenn er sich oder andere in schwierige Situationen gestellt sah. Sie war musisch vielseitig talentiert, sie zeichnete gut, spielte in jungen Jahren Geige, hatte eine volle Singstimme, mit der sie die Kirche füllte, und besaß schauspielerisches Talent, von dem Elsa Wagner im Scherz einmal sagte, es sei nur gut, daß sie, Großmutter, nicht zur Bühne gegangen sei – sie, Elsa Wagner, hätte dann nur in ihrem Schatten gestanden. Sie war auch eine mutige Frau, die in schwierigen Situationen einen klaren Kopf behielt. Den liebenswerten Humor hatte sie von ihrer rheinländischen Mutter geerbt.

Im Frühjahr 1920 erkrankte Großmutter schwer, so schwer, daß sich gerüchteweise schon die Nachricht von ihrem Tod verbreitete; aber sie genas wieder und kam in die merkwürdige Situation, Kondolenzbriefe auf ihren eigenen Tod lesen und beantworten zu dürfen. Großmutter ist dann erst am 4. Oktober 1963, sieben Jahre nach dem Tod ihres Mannes, im Alter von achtundsiebzig Jahren in Stralsund gestorben.

Das Leben auf der Insel war durch die bescheidenen Einkünfte eines Landpfarrers bestimmt, die auf mannigfache Weise ergänzt werden mußten. Neben der Viehhaltung wurde fleißig der Garten bestellt, der eigentlich alles für den Haushalt lieferte, was sich dort nur anbauen ließ. Mit viel Liebe und Sorgfalt wurden die Frühbeete angelegt, die jedem Gärtner Ehre gemacht hätten. Als Unterpfand bescheidenen Wohlstandes übernahm Großvater, nicht ohne stillen Seufzer, die Bienenzucht von seinem Vater, der in Vorpommern ein bekannter Imker war. So willkommen der Gewinn aus der Bienenzucht war, so kostete sie ihn auch Zeit, die er nur ungern von seiner wissenschaftlichen Arbeit opferte. Seinem Vater zuliebe betrieb er die Imkerei bis zu dessen Tod im Jahre 1930.

Doch was mein Großvater tat, verrichtete er mit wissenschaftlicher Gründlichkeit. Er besaß die Fähigkeit, aus Büchern angeeignetes Wissen erfolgreich in der Praxis anzuwenden. So beruhen seine Erfolge im Gartenbau auf einem ausgezeichneten Fachbuch, und auch in der Bienenzucht ließ er sich von der Literatur leiten. Ja, er wurde sogar mit Hilfe des Buches zu einem Weinkenner.

Schließlich beherbergte das Pfarrhaus Jahr für Jahr Sommergäste, die mit dem Aufblühen der Insel als Badeort mit zunehmender Zahl Hiddensee bevölkerten. Viele Erholungsuchende aus den verschiedensten Berufen und Gegenden fanden sich dort ein. Auch aus dem Ausland, besonders aus Schweden, kamen Gäste ins Haus.

Der Sommerbetrieb bedeutete jedoch nicht nur Arbeit, er brachte auch viel Abwechslung und Anregung. Die schwedischen Gäste, die übrigens in den zwanziger Jahren in großer Zahl nach Deutschland kamen, luden ihre Hiddenseer Gastgeber aus dem Pfarrhaus nach Schweden ein. Stockholm, Uppsala, Linköping, das schöne Värmland und das sagenumwobene Dalarna sahen meinen Großvater als Gast. Dort erlernte er die schwedische Sprache so vollkommen, daß er einmal seinen plötzlich erkrankten Freund und Amtsbruder in Linköping vertreten konnte und den Gottesdienst in schwedischer Spache hielt.

Als »Alter Herr« in der Akademischen Turnverbindung war er mit seinem Haus willkommenes Ziel junger Verbindungsbrüder, die von Greifswald kamen, sei es, um auf Hiddensee ihr Ziel mit dem Ruderboot erreicht zu haben, sei es, um die Fahrt mit dem Segelboot über die Ostsee fortzusetzen. So manches Mal gab schlechtes Wetter willkommene Gelegenheit, die Gastfreundschaft ein wenig länger als vorgesehen in Anspruch zu nehmen.

Großvater fühlte sich ganz als Hiddenseer, und er wird auch nicht lange als Fremder gegolten haben – sicher hat sein Plattdeutsch dazu beigetragen, bei dessen Gebrauch in eigenartiger Weise eine vertraute Atmosphäre entsteht. Er hat auch die Hiddenseer Gewohnheiten respektiert, die manchmal nicht den Konventionen auf dem Festland entsprachen.

So hatte man früher die Angewohnheit, bei anderen Leuten über das Grundstück zu gehen, wenn dadurch der Weg abgekürzt werden konnte. Kam man vom Dampfer und wollte zu Dittmann, so ging man beim »Dornbusch« über den Hof und bei Heinrich Schluck über das Grundstück. Oder wollte man von der Kirche zum Hafen, nun, dann ging man eben durch den Pfarrgarten und den angrenzenden Gutsgarten. Großmutter war nicht so sehr glücklich, wenn sie jemand mit den Worten begrüßte: »Ich geh ja so gerne hier durch den Garten, hier blüht immer alles so schön!« Großvater hatte nichts dagegen, wenn sein Garten als Durchgang benutzt wurde; liebte er doch selber solche Abkürzungen. Ähnlich verhielt es sich mit dem Gebrauch von Gegenständen. Wurde einmal ein Gerät eines Nachbarn oder anderer Partiemitglieder benötigt, dann wurde es, ohne besonders darum zu fragen, benutzt. Es war selbstverständlich, das Gerät wieder ordentlich an Ort und Stelle zu bringen. So hat einmal Ferdinand Gau aus Grieben uns Jungen gescholten – nicht weil wir mit seinem Boot gesegelt waren, mit dem er von Grieben nach Kloster gekommen war, sondern weil wir es nicht in ordentlichem Zustand verlassen hatten. Es waren überkommene Sitten, die auf einem ausgeprägten gemeinschaftlichen Denken der Hiddenseer beruhen, die sich aber im Laufe der Zeit durch den Umgang mit den Fremden abgeschliffen haben. So haben sich Sommerhausbesitzer, die mit diesen Sitten nicht vertraut waren, gelegentlich beklagt, daß die Grundstücksgrenzen nicht respektiert würden oder – ohne zu fragen – von der Pumpe Wasser geholt wurde.

Im Umgang mit den Hiddenseern fand Großvater stets den richtigen Ton und nahm an allem regen Anteil; sein Interesse am Ergehen seiner Leute wurde sprichwörtlich. Man trat ihm stets freundlich und aufgeschlossen gegenüber.

Bedeutungsvoll waren für Großvater die Besuche der orientalistischen Fachkollegen, die regelmäßig in seinem Hause weilten. Im Sommer 1923 wurde von ihm Bruno Meißner, Fritz Schachermeyer, Eckart Unger und Ernst Weidner die Altorientalistische Gesellschaft gegründet.

Seit seinem Amtsantritt auf Hiddensee hat er sich intensiv mit der Keilschrift befaßt, die im Vorderen Orient im Zeitraum von etwa 2600 bis in die letzten Jahrzehnte v. Chr. von vielen Völkerschaften in verschiedenen Sprachen benutzt wurde. Sie ist eine Silbenschrift und umfaßt etwa achthundert Zeichen, die aus Keilen zusammengesetzt sind, die ursprünglich in weichen Ton gedrückt wurden. Er untersuchte die Bedeutung der Stämme der Mitanninamen und deckte deren grammatische Struktur auf. (Ihm gelang die Deutung der Mitanninamen.)

Die erste Arbeit darüber erschien 1912 in der Orientalischen Literaturzeitung unter dem Titel »Bemerkungen zur Bedeutung und zum Bau von Mitanninamen«. Den Abschluß bildete die 1937 unter dem Titel »Namensreihen aus den Kerkuk-Tafeln« veröffentlichte Studie zum Bau der Mitanninamen.

Zahllose Besprechungen erschienen in den verschiedenen Fachzeitschriften. Regelmäßig arbeitete er an der von Peter Thomsen herausgegebenen Palästina-Bibliographie mit.

Von all diesen Forschungsarbeiten war selbst in seiner näheren Umgebung nur wenig bekannt. Man wußte wohl, daß er sich mit Keilschrift befaßte, aber welche Bedeutung diese Beschäftigung in der Fachwelt hatte, das ahnte kaum jemand. So erzählte einmal Großvaters Schwager einem Museumsdirektor in Istanbul, der ihm die neuesten Keilschriftfunde zeigte, daß sich sein Schwager nebenbei auch mit Keilschrift befasse. Als der Direktor den Namen erfuhr, soll er ausgerufen haben: »Was sagen Sie? Nebenbei? Gustavs ist eine Kapazität auf diesem Gebiet! Ich sag's ja, der Prophet gilt nichts im eigenen Land!« So hieß es später. Anfangs hatte Großvater große Schwierigkeiten gehabt, als Außenseiter seine Arbeiten zu veröffentlichen.

Ich wußte schon als Kind von seinen Keilschriftstudien. Ich kannte auch die dicken Bücher mit den vielen Keilschriftzeichen, die in seinem Bücherregal standen. Dort hatte er auch Jod und Pflaster aufbewahrt, um meine zerschundenen Knie zu versorgen. Ich machte mir gelegentlich einen Spaß daraus, Keilschriftzeichen abzumalen oder mir welche auszudenken, um sie vom Großvater »entziffern« zu lassen.

Im Jahre 1912 nahm er mit Hilfe eines archäologischen Stipendiums an einer dreimonatigen Forschungsreise teil, die ihn nach Palästina und Ägypten führte. In Jerusalem arbeitete er am Deutschen Evangelischen Institut für Altertumswissenschaft.

Äußere Anerkennung erfuhr seine wissenschaftliche Arbeit Weihnachten 1921. In der Post befand sich eine riesige Rolle, die Großmutter öffnete. Eine große Urkunde kam zutage, die kein Siegel und keine Unterschrift enthielt. Großmutter ahnte nicht, daß sie eine dem Original beigelegte Kopie in Händen hielt, und glaubte, es sei ein Scherz der Verbindungsbrüder, und lachte herzlich darüber. Großvater untersuchte die Rolle näher und fand, daß es ernst gemeint war. Die Theologische Fakultät der Universität Greifswald ernannte – wie es in der Urkunde hieß – »Herrn Arnold Gustavs, Pfarrer auf Hiddensee, den emsigen Forscher der Sprachen des biblischen Völkerkreises ehrenhalber zum Licentiaten der Theologie«.

Selbst nach seinem Tode trat noch die akademische Welt an ihn heran. Er erhielt Einladungen zu den internationalen Orientalistenkongressen, die 1960 in Moskau und 1964 in Neu-Delhi stattfanden – ein Zeichen letztlich für die Bedeutung seines wissenschaftlichen Wirkens, das über seinen Tod hinausreicht ...

Für seine Forschungen blieb ihm fast ausschließlich Muße an den langen Winterabenden. In einem Brief vom 22. September 1918 an Gerhart Hauptmann äußerte er sich einmal darüber:

»Vorläufig muß ich mich darauf beschränken, mich an den langen Winterabenden in Orientalia zu vertiefen, daß ich ganz darin versinke und im Frühjahr erst allmählich wieder auftauche, wenn die Gartenarbeit beginnt. So sehr ich den Sommer liebe und schätze mit der mannigfachen Anregung, die er bringt, so finde ich doch den einsamen Winter, in dem ich mit meinen Fischern und meiner Wissenschaft allein bin, immer wieder berückend schön.«

Daß ihm diese Forschungsarbeit überhaupt möglich wurde, verdankte er seiner höchst wertvollen Bibliothek, um die ihn mancher Universitätsprofessor beneidet hätte. Doch auch seine Frau hat mit viel Verständnis seine Arbeit unterstützt. So hat sie die Führung der Kirchenbücher übernommen und mit bewundernswerter Geduld die Einschränkungen ertragen, die seine vielen Bücher mit sich brachten.

Aber auch auf heimatkundlichem Gebiet war er wissenschaftlich tätig. Als Nachweis frühgeschichtlicher Besiedlung der Insel brachte er eine stattliche Sammlung auf Hiddensee gefundener Steinwerkzeuge zusammen, die unter dem Namen »Steinsammlung Gustavs« in Fachkreisen bekannt geworden ist. Teile dieser Sammlung können im Heimatmuseum der Insel bewundert werden. Besonderes Interesse galt der Deutung von Orts-, Flur- und Personennamen.

Einen wichtigen Platz im Leben meines Großvaters nahm die Freundschaft mit Gerhart Hauptmann ein. Hauptmann kam, nachdem er 1885 erstmals, dann in den Jahren 1896 bis 1901 mehrfach auf Hiddensee weilte, erst 1916 wieder nach Hiddensee und wohnte bei Oskar Kruse auf der Lietzenburg. Es ist sicher der Anregung durch Oskar Kruse zuzuschreiben, daß Hauptmann einen Besuch bei Großvater machte, der, wie er sagte, ihm als Pfarrer der Gemeinde Hiddensee galt, da er ihn ja zunächst nicht kannte. Kurz darauf erfolgte ein Gegenbesuch bei Hauptmanns auf der Lietzenburg. Die Besuche wurden häufiger; ein Briefwechsel setzte die Verbindung fort, die im Laufe der Jahre zu einer persönlichen Freundschaft wurde.

Später hatte sich Großvater sehr darum bemüht, Hauptmanns ein Haus auf Hiddensee zu verschaffen, als sie nach dem Tode von Oskar Kruse nicht mehr auf der Lietzenburg wohnen konnten und ihnen das »Haus am Meer« wegen der anderen Gäste, die noch im Hause wohnten, auf die Dauer nicht zusagte. Schließlich konnte Hauptmann 1930 das Haus »Seedorn« als Sommersitz erwerben, dessen Verwaltung während seiner Abwesenheit später meine Großeltern übernahmen. Dieses Amt haben sie treulich bis zur Übernahme des Hauses als Gedenkstätte durch die Gemeinde versehen.

Durch diesen Freundschaftsdienst gab es nun auch mancherlei hauswirtschaftliche Berührungen. So durften wir zum Beispiel das Heu vor dem Hause Hauptmanns ernten, und bei einer solchen Gelegenheit habe ich Hauptmann persönlich kennengelernt. Es war im Sommer 1943 – in diesem Jahr war Hauptmann das letztemal auf Hiddensee –, als ich mit meiner Tante zu Hauptmanns auf das Grundstück kam, um das Heu zu holen. Hauptmann begrüßte uns im Bademantel auf der Terrasse und lud mich ein, sein Arbeitszimmer zu besichtigen. Er nahm mich an die

Hand und führte mich durch die Glastür in sein Zimmer. Ich wußte wohl, daß Hauptmann ein großer Dichter war, und wußte auch, daß große Dichter viele Bücher schreiben, aber ich hatte mit meinen zehn Jahren keine Vorstellung davon, wieviel Bücher nun so ein großer Dichter wirklich verfaßt haben könnte, und stellte angesichts der Bibliothek die kindlich naive Frage: »Haben Sie die Bücher alle geschrieben?« Hauptmann verneinte das lachend. Er hat mir seine Werke auch nicht gezeigt. Er wandte sich Dingen zu, die einem Kinde angemessen waren. Er führte mich in den Kreuzgang und erklärte mir die Bilder und ließ die Uhr schlagen, die sich damals noch an der Nordwand im Kreuzgang befand. In seinem Arbeitszimmer interessierte mich besonders der Globus mit den plastisch aufgetragenen Gebirgen. Dann führte mich Hauptmann zum Schreibtisch, wo inmitten von Papier und Büchern eine kleine Bronzeplastik stand. »Das sind Adam und Eva«, erklärte er mir.

Ich bin Hauptmann noch öfter begegnet. Einmal kam er mit seiner Frau in die Kirche, als sein Enkel Arne von meinem Großvater ein wenig im Orgelspiel unterwiesen wurde. Dann sah ich Hauptmann im Gottesdienst zur Einweihung der neuen Orgel.

Die Freundschaft mit dem Dichter bedeutet zugleich die Bekanntschaft mit einer großen Zahl namhafter Persönlichkeiten, die sich bei Hauptmann trafen.

Im Sommer 1924 lernte Großvater Thomas Mann bei Hauptmann kennen; im Sommer 1932 machte er während eines Schwedenaufenthaltes einen Besuch bei Selma Lagerlöf, zu dem ihn Hauptmann veranlaßt hatte, indem er ihm einen Brief für sie mitgab.

Bezeichnend für ihn war, daß er sich in seine Rolle als Inselpastor beschied, was offenbar auch äußerlich auffiel, denn Hans von Hülsen, ein Biograph Hauptmanns, schrieb, als er von der vielbeachteten Hochzeit Benvenutos mit der Prinzessin von Schaumburg-Lippe berichtete, die am 1. August 1928 im Schloß Dwasieden auf Rügen großartig gefeiert wurde: »... entsprechend glänzend war die Gesellschaft, die sich auf Schloß Dwasieden zusammenfand: vierzig Personen in Frack und großen Kleidern – der schmächtige Hiddenseer Pastor Gustavs, der das junge Paar in der Schloßkapelle traute, wirkte in seinem Gehröcklein mit weißer Krawatte ein wenig rührend unter soviel gesellschaftlichem Glanz!«

Daß ihm als international bekanntem Orientalisten schließlich Anerkennung und Bewunderung zuteil wurde, spielte für ihn keine Rolle. Sein Äußeres verriet ihn als Geistlichen und Gelehrten nicht, wenn man ihn, mit dickem Wollschal und Schiffermütze angetan, auf der Insel traf.

Hauptmann nannte ihn einen »innerlich fröhlichen Menschen«; er schätzte seine Predigten, weil sie kurz und verinnerlicht waren; sie dauerten kaum länger als zehn Minuten. Ihm lag daran, in seiner Predigt das Evangelium zu verkünden und nichts anderes, denn das wollte er den Hörern seiner Predigt ans Herz legen und ins Herz reden, soweit es ihm gegeben war. Das schloß natürlich aus, sich in Kirchenpolitik zu verlieren, sich in geistreichen Einfällen zu gefallen und zu bemühen, seine vielseitige Bildung zu zeigen, oder den Kurgästen »etwas Besonderes« zu bieten. »Nein«, so sagte er einmal als Rat an die Pastoren, »wenn wir auf der Kanzel stehen, so wollen wir nichts anderes geben als das Evangelium klar und schlicht, das Evangelium von der Gnade Gottes in Christo Jesu.«

Denn seine Erfahrungen besonders in der Kurseelsorge bestätigten ihm, daß nur dies wirklich die Leute anzieht. Die Seelsorge an den Kurgästen ist im Laufe der Jahre zu einem wesentlichen Teil seiner amtlichen Tätigkeit geworden. Und dieser Aufgabe entsprang auch seine Angewohnheit, die Kirche alltags den ganzen Tag offenzuhalten. Er war manches Mal im Zweifel, ob er die Kirchtür nicht lieber geschlossen halten sollte, da ihm die Möglichkeit einer Beaufsichtigung fehlte: als er aber einmal ein Ehepaar antraf, das sich in der Altarbibel seinen Trautext aufgeschlagen hatte und ihn laut las – es war der Hochzeitstag –, da hat er den Gedanken an ein Geschlossenhalten der Kirche endgültig aufgegeben.

Um 1930 hat er öfter plattdeutsch gepredigt. Er liebte seine heimatliche Mundart und sprach auch mit den Hiddenseern nur platt. Bei den Badegästen waren übrigens diese Predigten wegen ihrer Originalität recht beliebt – die Hiddenseer schätzten sie nicht allzu sehr.

Am Sonntagmorgen pflegte er vor dem Gottesdienst noch einmal durch den Garten zu gehen und seine Predigt zu überdenken. Er sprach stets frei; höchstens ein kleiner Zettel mit stenographischen Notizen begleitete ihn auf die Kanzel, die er jedesmal mit Lampenfieber bestieg, worüber er selber einmal sagte: »Das gehört dazu, das muß sein, wenn aus der Predigt etwas werden soll.«

Viel bewundert wurde sein immenses Wissen, das er, wie er sagte, »in Schubfächern« geordnet stets parat hatte. Margot Einstein, die Stieftochter des großen Physikers, war früher oft auf Hiddensee gewesen und schrieb mir einmal: »Ihren verehrten Großvater habe ich natürlich gekannt, wenn auch nicht sehr nah – ich entsinne mich aber genau an sein Aussehen.«

Ende 1930 erhielt er eine Berufung als Superintendent nach Hinterpommern, womit er wohl nicht gerechnet hatte. Am 13. Januar 1931 schrieb er etwas bekümmert an Hauptmann:

»Ich sitze hier in einer gewissen Wehmut und kann wohl bald, wenn ich dazu fähig wäre, eine Apotheose meiner Wirksamkeit auf Hiddensee schreiben. Man will mich zum Superintendenten machen, da muß ich von Hiddensee fort. Ich kann gar nicht sagen, wie bitter schwer es mir wird, nach fast drei Jahrzehnten von dieser Insel fortzugehen, mit der ich so verwachsen bin. Aber andererseits kann ich diese Beförderung auch nicht gut ausschlagen . . .«

Kurze Zeit darauf erlitt die jüngste Tochter, Ingeborg, einen schweren Unfall, an dessen Folgen sie am 24. Januar 1931 im blühenden Alter von fünfzehn Jahren starb. Großvater verzichtete auf die Superintendentenstelle, um das frische Grab seiner Tochter nicht allein zu lassen. Meine Großeltern sahen darin eine Fügung Gottes, auf Hiddensee zu bleiben, wo sie nun auch neben der Tochter begraben sind.

In der Zeit des »Dritten Reiches« wurde das Leben schwieriger. Die Auseinandersetzung mit dem Naziregime fand in einer Fehde mit dem Bürgermeister ihren Ausdruck, dessen Urteil über den Pastor vernichtend war: »Der Mann ist nur noch wert, an die Wand gestellt zu werden.« Sein Name wurde auf die schwarze Liste gesetzt, weil den Nazis sein Verhalten nicht gefiel, wofür folgende Geschichte ein Beispiel sein möge: Als die Judenverfolgungen zunahmen, war es plötzlich nicht mehr erlaubt, Juden zu beherbergen. Viele jüdische Erholungssuchende wurden abgewiesen. Hiddenseer erzählten mir, wie fassungslos Frauen weinten, weil sie auf einmal »so anders« behandelt wurden und sich keiner Schuld bewußt waren. Ein mehrfach schon abgewiesener Gast kam einmal zu meinem Großvater und bat um Quartier, was er ihm auch zusagte; dann fügte der Gast hinzu: »Ich bin aber Jüdin« – worauf Großvater antwortete: »Aber deshalb können Sie doch gern bei mir wohnen!«

Bei Ausbruch des Krieges schrieb er besorgt an Hauptmann:
»Ja, der Krieg! Ich hätte wohl gewünscht, den Rest meines Lebens in Frieden zubringen zu können. Wieviel von menschlicher Kultur geht da nun wieder zugrunde!« – und fährt resigniert fort: »Doch was hilft's; man muß die Zähne zusammenbeißen . . .«
Der Krieg und die weitere Entwicklung in Deutschland gingen weit über das Maß seiner Befürchtungen hinaus. So sanken nicht nur kulturelle Werte in Staub und Asche, sondern es wurde auch in verbrecherischer Weise menschliches Leben vernichtet. Das Ende des Krieges und damit das Ende einer unmenschlichen Machtausübung wurde als Erlösung empfunden, wenn auch die Zukunft zunächst mit Bangigkeit gesehen wurde und das Leid an Großvater nicht vorübergegangen war – sein ältester Sohn Malte kehrte aus dem Krieg nicht zurück, er blieb verschollen. Über die unmittelbare Nachkriegszeit erfahren wir etwas aus einem Brief an Hauptmann vom 23. März 1946:

»Wir hätten längst gerne wieder geschrieben; aber es bestand ja keine Möglichkeit für die Beförderung des Briefes. Nun taucht eine solche auf, und wir wollen sogleich Gebrauch davon machen. Das Haus Seedorn ist weiterhin intakt und wird gewiß intakt bleiben. Verschiedentlich habe ich russische Offiziere im Hause herumgeführt. Die Russen schätzen Hauptmann offensichtlich als ›Arbeiterdichter‹. Besonders interessiert war ein russischer Major, offenbar vom Generalstab, der gut deutsch sprach und mir erzählte, daß er auf der Militärakademie Stücke von Hauptmann auf deutsch gelesen habe.

Wir haben die schweren Zeiten bisher leidlich überstanden. Die Russen haben mir keinerlei Schwierigkeiten in der Führung meines Amtes bereitet, haben mir im Gegenteil versichert, daß die Rote Armee gegen die Kirche nichts unternehmen werde. Ich solle nur weitermachen wie bisher. Da eine Zeitlang in meinen Stallungen siebenunddreißig Kosakenpferde standen und etwa vierzig Kosaken in der Nähe des Pfarrhauses untergebracht waren, so sind wir fast täglich damals in Berührung mit den Kosaken gekommen, die auch fast täglich bei uns im Hause waren. Sie haben mich als Geistlichen stets anständig und höflich behandelt. Hin und wieder waren Kosaken im Gottesdienste, wo sie sich durchaus angemessen betrugen. Also auch in diesem Punkte waren wir durch die Goebbelspropaganda irregeführt worden . . .«

Der Umgang mit den Kosaken bot ihm Gelegenheit, sich in der russischen Sprache zu üben, in der er bereits 1915 bei Arvid Jürgenson, einem Privatgelehrten und Esperantisten aus dem Baltikum, Unterricht nahm. Schließlich beherrschte er die russische Sprache, die er auch wissenschaftlich durchdrang, so gut, daß er nicht nur regelmäßig die abonnierte »Prawda« las, sondern auch dem etwas erstaunten Professor Steinitz erläuterte, wie eine gute Grammatik der russischen Sprache aufzubauen sei. (Professor Steinitz war der Autor der ersten Lehrbücher der russischen Sprache für den Schulgebrauch.) Für uns Enkel abonnierte Großvater die »Pionerskaja Prawda«. Wir waren freilich ein wenig überfordert mit dieser Lektüre; sie blieb aber stets eine stumme Mahnung, uns mit der russischen Sprache zu befassen, denn das erwartete Großvater von uns.

Am 6. Juni 1946 schloß Gerhart Hauptmann für immer die Augen. Seinem einmal geäußerten Wunsch entsprechend fand die Beisetzung auf Hiddensee statt. Großvater gestaltete die Feierlichkeiten und hielt seinem alten Freund die Trauerrede über 2. Korinther 12, 4.

Ich erinnere mich noch genau an die Beerdigung. Am Abend des 27. Juli 1946 kam die »Insel Hiddensee« mit der Trauergemeinde von Stralsund. Der Sarg war auf dem Vorschiff aufgestellt. Dann formierte sich der Trauerzug zum »Haus Seedorn«. Großvater schritt voran und führte den Zug. Mädchen in langen weißen Kleidern gingen vor dem Sarg einher, den Hiddenseer Männer auf ihren Schultern trugen. »Haus Seedorn« empfing seinen toten Hausherrn in wohnlicher Atmosphäre. Es war so hergerichtet, als wäre er zu Lebzeiten gerade heimgekommen. Im Kamin lag angebranntes Holz, in der Garderobe stand ein Regenschirm... Der Sarg wurde im Arbeitszimmer aufgestellt. Meine Mutter legte auf den verwaisten Schreibtisch einen Immortellenkranz, der viele Jahre hindurch erneuert wurde. Hiddenseer Männer hielten die Nacht über Ehrenwache; am frühen Morgen erfolgte dann die Überführung in die Kirche.

Schon lange vor Sonnenaufgang waren wir Kinder auf den Beinen und bevölkerten munter schwatzend die Kirche, um uns die Abwechslung, die die Beerdigung in den eintönigen Nachkriegssommer brachte, nicht entgehen zu lassen, bis Lehrer Berg kam und alle Kinder hinauswarf. Ich hatte Glück und konnte in der Kirche bleiben, denn ich war auf die Empore gestiegen und verbarg mich hinter der Brüstung und blieb so unbemerkt. Es war eine eindrucksvolle Feier, die sich meinen Augen darbot. Vor dem Altar stand der Sarg, der reich mit Kränzen umlegt war. Beonders in Erinnerung ist mir ein großer Hortensienkranz mit einem großen Stern in der Mitte geblieben, den vier sowjetische Offiziere vor den Sarg legten. Zuerst hielt Großvater seine Trauerrede. Neben dem Sarg stand je ein Vertreter der Universitäten Rostock und Greifswald im Talar als Ehrenwache. Ich war von dem Bild, das sich mir darbot, so beeindruckt, daß ich kaum zuhörte, was Großvater sprach. Ich horchte erst auf, als er sagte: »... daß er [Hauptmann] seine Werke nicht aus sich hervorhole, sondern daß sie ihm geschenkt würden und er nur das empfangende Medium sei. Als ihm der erste Gedanke kam zu ›Iphigenie in Delphi‹, die er dann innerhalb von sechs Wochen in einem Zuge auf Hiddensee niederschrieb, sagte er zu seiner Frau: ›Es ist mir etwas übers Haus geflogen; ich glaube, es wird etwas daraus!‹«

Ich war der Rede nicht gefolgt und wunderte mich, wieso die Delphine über das Haus geflogen kamen.

Als nächster sprach Superintendent Lukas aus Bergen und erinnerte an ein Jubiläum. Vor genau einundsechzig Jahren hatte Hauptmann zum erstenmal Hiddenseer Boden betreten. Landessuperintendent Dr. Werner aus Schwerin rezitierte aus »Hanneles Himmelfahrt«. Dann wurde der Sarg hinausgetragen und in die Erde gesenkt. Mein schöner Platz auf der Empore erwies sich nun als Nachteil; ich kam erst ziemlich zum Schluß aus der Kirche und sah von der Feier am Grabe nur ein undurchdringliches Menschenknäuel.

Bei der Beerdigung wurde Großvater mit einer Reihe von Mitgliedern der damaligen deutschen Verwaltung bekannt. Hervorzuheben sind die Begegnungen mit Wilhelm Pieck und Johannes R. Becher sowie Oberst Tulpanow von der sowjetischen Militäradministration. Ihr gemeinsames Anliegen war die Pflege des Nachlasses von Gerhart Hauptmann und seines literarischen Erbes.

Am 1. Oktober 1948 trat Großvater dreiundsiebzigjährig in den Ruhestand. Nach genau fünfundvierzigjähriger Amtszeit hielt er nun seine Abschiedsrede: »Das Los ist mir gefallen aufs Liebliche; mir ist ein schön Erbteil geworden« (Psalm 16, 6).

»Dieses Wort hat im Zusammenhang mit Hiddensee einmal eine bedeutsame Rolle in meinem Leben gespielt. Darum seien mir einige persönliche Erinnerungen in dieser Abschiedsstunde gestattet. Es ist mehr als ein halbes Jahrhundert her, daß ich meinen Fuß zuerst auf dieses Eiland setzte. Es war zu Pfingsten 1896. Ich war damals Student in den letzten Semestern. Im selben Jahr war ich im Herbst dann noch sechs köstliche Wochen auf der Insel. Es ist ja gar nicht zu beschreiben, welch paradiesische Schönheit damals der Insel zu eigen war. Es war wie mit dem Glanz eines Schmetterlingsflügels, der noch in vollem und unzerstörten Glanz leuchtet. Mit empfänglicher, jugendlicher Seele habe ich damals diese Schönheit in mich eingesogen. Vor allem hat der Blick vom Hochufer auf das weite Meer mich überwältigt. Welch ein Abbild der unendlichen Ewigkeit! Da tauchte in mir der Wunsch auf: Hier möchte ich einmal Pastor sein, zumal ich spürte, daß es sich unter den Menschen hier gut werde leben lassen. Das war freilich zunächst ein unerfüllbarer Traum. Wohl war ich im nächsten Jahr im Herbst noch ein zweites Mal hier, um mich von der Vorbereitung auf das Erste Theologische Examen zu erholen. Damals habe ich auch zum erstenmal auf dieser Kanzel gestanden und habe hier meine Examenspredigt gehalten. Dann aber begannen für mich Wander- und Lehrjahre, die mich zunächst als Hauslehrer in das herrliche Riesengebirge führten. Um Einblick in die Arbeit der Inneren Mission zu gewinnen, ging ich nach Bethel bei Bielefeld in die Anstalten des Vater Bodelschwingh. Das waren mit die tiefsten Eindrücke meiner Jugendjahre. Ich habe diesen Großen im Reiche Gottes noch in seiner vollen Kraft erlebt; er war ein Mann, den man wohl als die Person gewordene Liebe bezeichnen konnte. An diesen Aufenthalt schlossen sich Hilfspredigerjahre in Westfalen. Überallhin begleitete mich die Sehnsucht nach der geliebten Insel; überall erzählte ich Freunden und Bekannten von ihrer einzigartigen Schönheit.

Da erreichte mich die Nachricht, daß die Pfarrstelle von Hiddensee vakant würde. Es war für mich eine Selbstverständlichkeit, daß ich mich bewarb. Und ich danke es noch heute den Männern der kirchlichen Gemeindevertretung, daß sie mir damals ihre Stimme gegeben haben und mir dadurch das Vertrauen der Gemeinde entgegenbrachten. Mein Dank kann sie auf dieser Erde nicht erreichen; sie weilen alle bereits in der Ewigkeit.

Als ich damals dem Vorsteher des Kandidatenkonviktes in Bethel, der während meines Aufenthaltes in Bethel mein geistlicher Führer gewesen war, Mitteilung machte von meiner Wahl auf Hiddensee, schrieb er mir die Worte aus dem 16. Psalm: ›Das Los ist Dir gefallen aufs Liebliche. Dir ist ein schön Erbteil geworden!‹ Ja, ich danke Gott aus tiefstem Herzen, daß er meine Wege so freundlich hierher geleitet hat.

So bin ich denn gerade fünfundvierzig Jahre euer Seelsorger gewesen. Es waren inhaltsreiche und glückliche Jahre, wenn auch Leid und Sorgen nicht gefehlt haben. Aber wo ist ein Menschenleben ohne Leid und Sorgen!

Ja, ich danke Gott für die Zeit der Wirksamkeit unter euch. Ich habe sicherlich vieles verkehrt gemacht; ich habe ganz gewiß manches unterlassen, was ich hätte tun müssen. Und die Unterlassungssünden mögen am schwersten wiegen einst vor dem Thron Gottes. Das möge Gott mir aus Gnaden verzeihen. Aber eines kann ich heute mit gutem Gewissen bekennen: ich habe meine Gemeinde immer liebgehabt. Ich habe mich stets als einen der Euren gefühlt. Ich bin stets mit Freuden in eurer Mitte gewesen, stets gerne in eure Häuser eingekehrt, sei es, daß ich in amtlicher Eigenschaft zu euch kam oder zu einem Freundesbesuch.

So habe ich nun fünfundvierzig Jahre lang eure Kinder getauft. Habe den Kindern, wenn sie zu Konfirmanden herangewachsen waren, am Altar den Segen Gottes aufs Haupt gelegt, habe sie dann für die christliche Ehe eingesegnet. Und wie manches Mal habe ich oben auf unserem Friedhof, von dem man auf beiden Seiten das Meer sieht, euren Toten den letzten Trost der Auferstehung nachgerufen.

Und wie ich im Amt der Eure war, so bin ich dankbar, daß ich auch meine Feierabendjahre unter euch verleben kann. Wenn man so alt ist wie ich, da wandern die Gedanken mehr als sonst in die Ewigkeit. Da habe ich einen Wunsch: man sagt wohl, daß die irdischen Dinge Abbilder von himmlischen Urbildern seien. Alles, was wir hier auf Erden an Schönem und Edlen besitzen, hat sein vollkommenes Urbild im Himmel. Wenn es so im Himmel ein Urbild unserer so schönen Insel gibt, so würde ich Gott bitten, mir in Gnaden zu gewähren, auf diesem himmlischen Hiddensee wohnen zu dürfen in der Ewigkeit und dort wirken zu dürfen nach dem Plan, den Gott dort mit unseren Seelen hat. Amen.«

Im Ruhestand hatte Großvater Muße, sein Heimatbuch zu schreiben,

Die Goldene Hochzeit 1955, Inselpastor Arnold Gustavs und seine Ehefrau Helene Gustavs, geborene Lützow

wozu ihm in entgegenkommender Weise die Schätze des Stralsunder Stadtarchivs zur Verfügung gestellt wurden. Dieses Buch ist dann 1952 im Hinstorff-Verlag Rostock, herausgegeben von Käthe Miethe, erschienen. Im gleichen Jahr bezog Großvater auch sein Häuschen, das er sich als Alterssitz gebaut hatte. Dort lebte er glücklich und unbeschwert, auf ein reiches Leben zurückblickend, viel besucht und bewundert von Bekannten und Unbekannten, umringt von einer zahlreichen Enkelschar, die in den Ferien stets willkommene Gäste in seinem Hause waren.

Am 7. Januar 1955 beging er seinen achtzigsten Geburtstag in körperlicher und geistiger Frische. Freunde und Bekannte brachten dem Jubilar ihre Glückwünsche dar.

Am 19. Dezember 1956 starb mein Großvater, nachdem er kurz zuvor an einem Altersleiden erkrankte, fast zweiundachtzigjährig im Stralsunder Krankenhaus. Zuvor legte er noch alle Einzelheiten für seine Beerdigung fest und bestimmte die Träger für seinen Sarg. Am 23. Dezember wurde er unter großer Anteilnahme der Hiddenseer zur letzten Ruhe gebettet.

Das Leben eines bemerkenswerten Mannes war vollendet, eines Mannes, der auf so vielen Gebieten zu Hause war und doch nur auf seiner geliebten Insel wirklich heimisch geworden ist, eines Mannes, auf dem ein Hauch von Gnade lag ...

CLAUS ROTHE

Die »Swanti« – Der letzte Ausflugsdampfer an unserer Ostseeküste

In einer außerordentlichen Generalversammlung am 3. August 1924 sprachen sich die Mitglieder der 1919 in Vitte gegründeten Genossenschaftsreederei Hiddensee GmbH einstimmig für den Bau eines neuen Dampfschiffes aus. Damals war nur der 1890 gebaute, mit 54 BRT vermessene Passagierdampfer »Caprivi« in Fahrt. Doch mit diesem kleinen Schiff konnte die Reederei den zunehmenden Urlauberstrom allein nicht mehr bewältigen. Es kam sogar vor, daß Besucher mit Segelbooten von Stralsund abgeholt werden mußten.

Was die Neuanschaffung betraf, so hatte man zunächst darüber beraten, ob es ein Schiff aus zweiter Hand oder ein Neubau sein sollte. Diese Entscheidung war immerhin mit recht viel Geld verbunden. Auch die Frage, ob Dampfer oder Motorschiff, stand zur Debatte. Der altbewährten Dampfmaschine gab man noch einmal den Vorzug.

Nun galt es, eine leistungsfähige Werft auszuwählen. Die Werften hatten zu jener Zeit nicht sehr viel zu tun, waren deshalb an Aufträgen interessiert. Zwei Schiffbaubetriebe kamen in die engere Wahl: die Schuldtsche Werft in Stralsund und die Stettiner Oderwerke AG für Schiffs- und Maschinenbau. Den Auftrag bekam das letztgenannte Unternehmen. Laut Bauvertrag sollte das Schiff 102 000 Reichsmark kosten.

Im März 1925 lief der Neubau als »Swanti« in Stettin (Szezecin) vom Stapel. Die vorherige Taufe vollzog Helene Berg mit einem von Inselpastor Arnold Gustavs verfaßten plattdeutschen Taufspruch:

»Hiddensee sast Du hüren
Robert Gau sall Di stüren
Tau Water sast Du fleiten
Swanti sast Du heiten.«

Die »Swanti« – in der Hafeneinfahrt von Vitte

Besichtigungen des Neubaus in den einzelnen Bauabschnitten zeigten keinerlei Mängel an der Arbeit der Schiffbauer – so die Einschätzungen von Vorstandsmitgliedern und Kapitän Robert Gau. Erst die Probefahrt am 2. Mai 1925 offenbarte, daß die Werft verschiedene im Vertrag festgelegte Bedingungen nicht vollständig eingehalten hatte. Der Tiefgang, der 1,60 Meter betragen sollte, war um etwa 20 Zentimeter überschritten; bei vollbesetztem Schiff betrug er sogar zwei Meter und darüber. Die Geschwindigkeit hoffte die Reederei durch Einbau eines Vorwärmers noch etwas erhöhen zu können – ein Auftrag, den die Oderwerke einige Zeit später nachträglich auszuführen hatten. Ansonsten war die »Swanti« zur Zufriedenheit der Auftraggeber gebaut. Besonders die Holzarbeiten waren besser, als bei späteren für die Reederei gebauten Schiffen.

Am Sonntag, dem 3. Mai 1925, verließ die »Swanti« Swinemünde mit Kurs Stralsund. Hierbei zeigte sich, daß der sehr ranke Dampfer gute See-Eigenschaften hatte. Die »Swanti« wurde gleich im Verkehr Stralsund-Hiddensee eingesetzt. Gelegentlich war sie auch bis Saßnitz und anderen Häfen Rügens sowie für Sonderfahrten unterwegs. Die erste Besatzung bestand aus dem genannten Kapitän Robert Gau, dem Maschinisten Voss, dem Kassierer Ernst Witt und einem bis zwei Matrosen.

Der alte Kapitän Robert Gau

Im Februar 1927 konnte die »Swanti« das im Sturm bei Vitte in Seenot geratene Hamburger Motorschiff »Normann« ins Schlepptau nehmen und brachte es nach Stralsund.

Nach Beginn des Zweiten Weltkrieges blieb der Dampfer weiter im Hiddensee-Dienst beschäftigt. Für den so wichtigen Betriebsstoff Kohle sorgte während der Kriegsjahre die Stralsunder Firma C.A. Beug.

Um auch im Winter möglichst lange die Versorgung der Insel Hiddensee absichern zu können, wurde noch vor dem endgültigen

Zufrieren des Bodden-Fahrwassers die Route von und nach Stralsund auf die offene See verlegt, um den Dornbusch herum.

Wenige Tage vor dem Eintreffen der Roten Armee in Stralsund brachte das Schiff in Panik geratene Bewohner nach Hiddensee. Sie glaubten, dort »sicherer« zu sein.

Anfang August 1945 wurde die »Swanti« nach Stralsund beordert, wo sie dem Wasserstraßenamt einige Jahre lang als Tonnenleger diente. Dabei stark beansprucht, mußte sie 1948 für längere Zeit in die Werft nach Gager auf Rügen. Erst Ende Mai 1949 erhielt die Genossenschaftsreederei ihre »Swanti« zurück. Das Schiff wurde wieder im Dienst zwischen Stralsund und Hiddensee beschäftigt. Vor allem auf der Nachmittagstour beförderte die »Swanti« verstärkt auch Fracht, da die Reederei zu jener Zeit nicht über einen eigenen Frachter verfügte. 1954 konnte in der Volkswerft Stralsund die schon lange fällige Generalüberholung vorgenommen werden. Bisher war die »Swanti« ohne größere Pausen im Einsatz gewesen. Einerseits hatte sie für größere Reparaturen nicht freigemacht werden können, andererseits gab es für die Reederei keine Veranlassung dazu. Maschinen und Kessel waren aus bestem Material und gut gebaut. Auch gab es, trotz anfänglicher Bedenken einiger Besserwisser, nicht den kleinsten Unfall mit dem Schiff.

Am 26. September 1959 beschloß die Genossenschaftsreederei, sich aufzulösen und den Dampfer an die Weiße Flotte Stralsund zu verkaufen. Diese wurde ab 1. Januar 1960 neuer Eigner des Schiffes, das zur Freude der Einwohner und Urlauber weiter zwischen Stralsund und Hiddensee hin- und herdampfte. In Magdeburg erhielt die »Swanti« 1962 neue Kessel, 1965 erfolgte eine letzte Modernisierung. Danach konnten 195 Passagiere an Bord genommen werden. Doch schon ab 1966 lag das Schiff untätig im Stralsunder Hafen. Nachdem ein geplanter Umbau zum Motorschiff gegenstandslos geworden war, begannen 1968 im Reparatursektor der Volkswerft Stralsund die Abbrucharbeiten.

Mit der Verschrottung des letzten Ausflugsdampfers an der DDR-Ostseeküste endeten jedoch nicht etwa die sehr beliebten »Dampferfahrten« nach Hiddensee. Schiffe der Weißen Flotte befördern jährlich viele Tausend Menschen zu den drei Häfen der Insel – Neuendorf, Vitte und Kloster. Wer eine solche Schiffsreise miterleben möchte, sollte aber unbedingt rechtzeitig die Fahrscheine bestellen ...

Konrad Schmidt

Vom Parkplatz Eierschenke ...

Reisende, deren Ziel Hiddensee ist, müssen am alten »Speise- und Logierhaus« in Trent (wo man heute nicht mehr logieren kann und als Speise höchstens eine Bockwurst erhält) von der Heringsstraße in Richtung Schaprode abbiegen. Bei meiner Familie wurde an dieser Stelle die Fahrmüdigkeit von erwartungsvoller Spannung verdrängt. Jeder wollte der erste sein, der Hiddensee sieht, zuerst den dunstverhangenen Dornbusch und einige Kilometer weiter die weißen Häuser von Neuendorf. Dieses Spiel wird auch heute noch gespielt, obwohl jeder mittlerweile genau weiß, hinter welcher Kurve der Dornbusch auftauchen wird ...

Und dann: Das Ortsschild »Schaprode«. Schmucke niedrige weißgekalkte Strohdachhäuschen an beiden Seiten der Höckerpflasterstraße. Leuchtend rote Rosenbeete. Vor der Kirche die Einbahnkurve. Links der Kramladen von Helene Loewe. Hohe Bäume vorm Gasthaus Keil. Das Bollwerk mit der Landebrücke... Scharfes Bremsen. Staub wirbelt hinterm Wagen auf. Die Türen werden geöffnet... Und dann atmen alle erst einmal tief durch, saugen sich die Lungen voll Brackwasserduft, voll Bodden-Ozon.

Hier an dieser Stelle und in diesem Augenblick auf dem Bollwerk von Schaprode beginnt für Autofahrerfamilien der Hiddensee-Urlaub.

Obwohl... es ist ja noch einiges zu tun, bevor man zur Insel übersetzen kann. Da müssen das Auto ausgeräumt, alle Gepäckstücke gezählt und zu einer Pyramide neben dem Bootssteg aufgetürmt werden. Und dann muß vor allem ein Platz für den Wagen gefunden werden, der ja glücklicherweise nicht mit auf die Insel darf. Und das wird manchmal schwierig, denn in den Sommermonaten ist Schaprode ein einziger großer Parkplatz. Kein Schafstall, keine Hofnische, keine Scheune, kein Hühnerauslauf, kein Rasenstück in den Gärten, wo nicht bereits ein Pkw abgestellt ist. Schaprode lebt in der Saison von Autos!

Für die, die ihre Wagen lieben, ist der gemeindeeigene ungeschützte Parkplatz hinter der Ölfähre nur eine Notlösung. Hier bringt die unbarmherzig brennende Sonne manchmal Lack und Reifen zum »Sieden«. Außerdem ist er meistens überfüllt. Der erfahrene Hiddenseeurlauber hat sich bereits ein Plätzchen reservieren lassen. Aber wenn das versäumt wurde? Dann bleibt nur Arno Keil als Nothelfer, der Wirt.

Das ist der leicht gekrümmt gehende agile ältere Herr mit langem wehendem Grauhaar. Wenn man Glück hat, trifft man ihn hinter der Theke seiner Schenke. Zu den Hauptverkehrszeiten ist er aber ständig unterwegs. Wie ein Junger flitzt er im Dorf umher, rangiert irgendwelche Autos um, von einem Hühnerauslauf in eine Scheune (weil der Besitzer vielleicht am nächsten Tag heimreist und seinen Wagen möglichst in einer »Garage« wiedersehen möchte!). Oder von einer Scheune zum Wasserhahn am Bollwerk, um den Hühner- und Vogeldreck abzuschrubben. Oder es müssen zehn Wagen vom Hof gefahren werden, weil der Besitzer des ganz hinten einge»keilten« heute unbedingt eine Rügenrundfahrt unternehmen will... Hat man nun den Wirt irgendwie aufgetrieben und seinen Wunsch vorgebracht, wird sich dieser nervös durch die Mähne streichen, einen mit schief gehaltenem Kopf treuherzig ein wenig von unten ansehen: »Eine Garage?... Tut mir leid. In ein paar Tagen, vielleicht... Aber warten Sie mal, ich hätte da... heute abend... einen schönen schattigen Platz, unter Kastanien... Und wenn eine Garage frei wird, ich denke an Sie. Lassen Sie nur den Schlüssel hier...«

Man läßt, denn man hat keine andere Wahl. Und am Abreisetag findet man dann seinen Wagen vielleicht in einem nur anderthalb Meter hohen Schafstall wieder, an der Rückwand quer eingekeilt, so daß vorn und hinten zwischen Stoßstange und Wand nur zehn Zentimeter Zwischenraum bleiben. Zwei andere Wagen müssen erst in Millimeterarbeit auf die Straße bugsiert werden, dann werden drei kräftige Nachbarn geholt, um den Wagen – herauszuheben! Aber immerhin: Er hatte in einer »Garage« gestanden.

Nichts für ungut, Arno Keil! Du bist ein Original, das heute zu Schaprode gehört wie einst Nante zu Berlin. Du hast vielen Urlaubern geholfen, den Wagen unterzustellen. Das war allerdings nie zu deinem Schaden. Eine Mark pro Tag für Gartenplatz inklusive Hühnerdreck, einsfünfzig für überdacht... mal... das macht?

Verzichten wir darauf, den Saisonverdienst an Parkgebühren auszurechnen. Ich bin jedoch überzeugt, für den Rat der Gemeinde Schaprode wäre es ein gutes Geschäft, den öffentlichen Parkplatz mit einem schattenspendenden Dach zu versehen. Die Kosten dafür würden sich durch die erhöhten Gebühren bald amortisieren. Und das improvisierte »Einkeilen« in Nischen, Ecken, Schuppen, bei dem es nie ohne Schrammen abgeht, wäre nicht mehr nötig.

Nun, nehmen wir an, der Wagen ist verhältnismäßig hühnersicher und kratzerlos untergebracht – und das Fährboot legt erst in einer Stunde ab. Jetzt darf der vom Kilometerschrubben durstig gewordene Kraftfahrer ein Bier trinken! Prost! Aufgrund jahrelanger Erfahrungen möchte ich behaupten: Kein Bier in der Welt, nicht einmal Wernesgrüner, schmeckt so köstlich wie nach einer Vierhundert-Kilometer-Hitzefahrt das gewöhnliche Helle an Arno Keils Theke!

Doch wer hungrig auf Rügen eingetroffen ist und vielleicht sogar, was es ja geben soll, gegen Eier allergisch ist, der möge vor Schaprode rasten. Denn in diesem Örtchen existiert nur ein Gericht: Eier! . . . Pardon! Ich muß mich der journalistischen Lauterkeit wegen korrigieren: Es gibt eine Auswahl: Spiegeleier mit Speck oder Spiegeleier ohne Speck!

»Das ist der Grund, warum im ganzen Rügenland der Gasthof Keil nur Eierschenke wird genannt!« (Gästebuch)

Diese Mannigfaltigkeit der Schaproder Küche kann unter Umständen schwere psychische Störungen bewirken. Ich weiß, daß Urlauber, die sich widriger Umstände wegen einen ganzen Tag in Schaprode aufhalten mußten, von einem »Eier-Komplex« befallen wurden.

Ich führe seit Jahren einen kleinen Privatkrieg um die Erweiterung der Keilschen Speisekarte. Jedesmal, wenn ich dort einkehre, bestelle ich mit dem ernstesten Gesicht: »Ein Schnitzel, bitte!« oder »Zwei Bockwürste!« Und jedesmal wird mir mit der gleichen ernsten Miene erwidert: »Wir führen nur Spiegeleier!« Und jedesmal sage ich daraufhin: »Na, dann nichts!«

Diese Beschränktheit, Verzeihung: Beschränkung, ist nicht irgendwie weltanschaulich begründet (Es könnte ja sein, der Wirt ist ein Prophet der Vegetarier, der auch alle Gäste zu dieser Lebensweise bekehren will!), nein, sie entspricht der Nachfrage. Das erfuhr ich, als ich einmal nach einer meiner traditionellen Schnitzelbestellungen die ökonomischen Aspekte einer größeren Auswahl in das Blickfeld des Wirts rücken wollte. Doch dieser erklärte im Brustton des Überzeugten: »Meine Gäste verlangen nur Eier, sonst gar nichts ... Als ich einmal einen Karton Ölsardinen gelagert hatte, bin ich drauf sitzen geblieben. Ich mußte ihn zurückschicken ... Und da soll ich wieder ...? Nein!«

Eine Änderung dieser Meinung ist vielleicht allein durch eine große Kollektivaktion zu erreichen. Deshalb die Bitte: Wanderer, kommst Du nach Schaprode, bitte, so bestelle dorten ... nur Fleischgerichte!

Vor Jahren hatte übrigens Arno Keil eine hübsche architektonische Pointe zu seiner Speisekarte gesetzt. Er nagelte an die Decke seiner niedrigen Gaststube – aus Sparsamkeitsgründen – buntbemalte Pappmaché-Eierkartons, wie sie zum En-Gros-Versand benutzt werden. Leider mußte dieser »Schmuck« später wieder entfernt werden, weil der Großhandel ihn als sein Eigentum reklamierte. Ich wäre da großzügiger gewesen, hätte mehr Humor gehabt. Solche Eierkartons wären doch das adäquate Aushängeschild für eine »Eierschenke«.

Schaprode ist bis heute, obwohl es in den letzten Jahren als Nachschubhafen für unsere Erdölsucher eine gewisse Bedeutung erlangt hat, ein verträumtes Boddendorf geblieben. Wer, außer Rügenern, Hiddensee-Urlaubern und Eier-Fans kennt diesen Namen? Einst war es jedoch weit über Rügen, ja über die Ostseeländer hinaus bekannt. Es war der Hauptort der Landschaft Valung, von der schon in der Edda erzählt wird. Und im Jahre 1159 schlossen hier Dänen und Ranen einen Friedensvertrag. Hundert Jahre später erließ in Schaprode der Bischof Röskilde das berühmte »Edikt von Scabröth«, den Bannfluch gegen Dänemark. Der Name Schaprode müßte also für Historiker in einer Reihe mit Namen wie Versailles, Saint Germain, Wien, Tilsit oder Nantes stehen, mit all solchen Städten, die durch Friedensverträge und »Interdikte« in die Geschichte eingegangen sind.

Im achtzehnten Jahrhundert tauchte dann der Name Schaprode als Heimathafen von Schiffen auf, die im Sund registriert wurden – in Kopenhagen, Porthmouth, Bordeaux, Livorno und anderen Häfen Skandinaviens, der Nordsee und des Mittelmeers Ladung nahmen oder löschten.

Das kleine Schaprode war zum Bahnbrecher für eine selbständige, von den Hansestädten unabhängige rügensche Seeschiffahrt geworden. Die Schaproder Schiffer betrieben in den ersten Jahrzehnten ihr Gewerbe sogar halb illegal, als kleine Außenseiter gegen ein mächtiges Monopol. Es gab damals nämlich ein Gesetz, daß es »denen vom Lande« verbot, zum Zwecke des Handels aufs Meer auszulaufen. Dieses Privileg besaßen nur Bürger der Hansestädte.

Und es waren stolze Schiffe, die damals den Namen Schaprode in die weite Welt trugen: Galioten, das sind große rahgetakelte Zweimaster, Schaluppen, Schoner und Brigantinen, die eine Tragfähigkeit zwischen 36 und 109 Lasten hatten (eine »Last« entspricht 2 Tonnen). Einige der ältesten davon kann man heute noch besichtigen, in der Schaproder Kirche, auf Glasmalereien, die 1720 von sechs wohlhabenden Schiffern gestiftet worden sind ...

Heute lebt in Schaprode nur noch ein werktätiger Einzelfischer mit seinem Kutter »Scha 1«, der an der gegenüberliegenden Seite des Schaproder Stromes, am Ufer der Oehe verankert liegt, wenn der Fischer nicht zum Fischen ausgelaufen ist oder seinen Fang nicht gerade im Neuendorfer Hafen abliefert.

Diese Oehe ist eine sehr »literarische« Insel. Über den letzten vom Geschlecht derer »Von der Oehe« schrieb Philipp Galen den in der zweiten Hälfte des vorigen Jahrhunderts sehr bekannten spannenden Roman »Die Insulaner«. Und Fallada läßt in dem ansonsten auf Wittow spielenden Roman »Nur ein Kind« seinen Helden bei einer Segelfahrt nachts am Ufer der Oehe stranden. Dieser Held trifft dabei auch auf die Herrinnen der Oehe, zwei sonderliche alte Fräuleins.

Die beiden Fräuleins haben wirklich gelebt und leben heute noch in der Erinnerung alter Schaproder als »verrückte Nudeln« fort. Dr. Carl-Gustav von Platen, den ich bei der »Pirsch« auf die Kraniche im Udarsker Wiek kennenlernte, hat die beiden spleenigen Herrinnen der Oehe persönlich gekannt. In seinen privaten Aufzeichnungen, die er mir freundlicherweise überließ, fand ich folgenden Bericht:

»... Gottlieb von der Oehe, der 1868 starb, vererbte seinen Besitz zwei Nichten, Laurette und Ida Schilling, da das Geschlecht der Oehe mit ihm erloschen war. Die eine dieser Nichten war Erzieherin, die andere Lehrerin gewesen. Kaum aber saßen sie auf ihrer einsamen Insel, fiel jede Kultur von ihnen ab, und sie verwilderten, wie Kühe oder Katzen verwildern können. Laurette, die älteste, lief nur in Wasserstiefeln und Männerkleidung umher. Ida, als alte Frau, nur noch in schmutzigen Lumpen. Der Ackerbau wurde allmählich eingestellt, die Insel fiel natürlicher Berasung anheim. Zuerst wurde noch Rindvieh gehalten, aber in der Zeit nach dem Weltkrieg war der Bestand auf eine alte, verwilderte Kuh, die sich selbständig gemacht hatte, zusammengeschrumpft. Der kleine idyllische Butterblumenhof war völlig verwahrlost. Man versank knietief in Mist und Schlamm, die Gebäude waren vom Wind abgedeckt und halb verfallen. In den Stuben hingen die Fetzen der Tapeten in langen Stücken herab, der Stuck war von der Decke gefallen und bedeckte überall den Fußboden. Kein Mensch, außer einem Fischer, der Nahrungsmittel brachte, durfte die Insel betreten. Laurette war eine gute Kennerin der alten Urkunden. So hatte sie aus einer mittelalterlichen Urkunde herausgefunden, daß die Fischer den Meeresstrom zwischen der Insel und dem Streuer Ufer nicht ohne Erlaubnis der Besitzer der Insel befahren durften. Sie sperrte deshalb den Strom durch ein langes dickes Seil. Als die Fischer dieses natürlich kappten, setzte sie sich in das Ufergebüsch und beschoß sie. Natürlich mußte sie sehr oft ins Gefängnis wandern, und ihre Verhaftung war jedesmal ein Spektakel für alle Schaproder Einwohner. Ihre dauernden Zwiste mit dem Fiskus und dem Steuer-Pächter Volkmann legte sie in einer im Druck erschienenen Broschüre ›Kampf ums Recht‹ nieder. Hühner, Ferkel und sonstiges Hausgetier hauste mit ihnen in den Wohnstuben. Als Laurette starb, wurde ihre Schwester Ida dies gar nicht gewahr, da beide Schwestern sich gerade erzürnt hatten.

Dem Fischer Tode, der sie verproviantierte, fiel plötzlich auf, daß er Laurette lange nicht gesehen hatte. Er setzte nach der Insel über und fand sie schon mindestens acht Tage tot in ihrer Stube liegen. Nun packte Ida die Reue. Sie wollte ihrer Schwester wenigstens ein schönes Begräbnis sichern und setzte sie im Garten in einer alten gestrandeten Schiffskajüte bei. Die Polizei schritt ein und verlangte ein ordentliches Begräbnis. Nun wurde der Schiffer Tode beauftragt, sie in seinem Boot nach Greifswald zu segeln, wo die Familie Schilling ein Erbbegräbnis besaß. Er kam an und wollte sie dort zur Erde bringen, aber wieder schritt die Polizei ein und verlangte alle möglichen Unterlagen und Dokumente, die der Schiffer nicht bei sich führte. Wütend kam er gegen Abend ans Bollwerk zurück. Es war dunkel und kein Mensch weit und breit zu sehen. Da kam ihm eine erleuchtende Idee. Er rief seinem Schiffjungen zu: ›Du, faat ees an, wi warden de Ollsch süst nich los!‹ und sie schoben den Sarg schnell ans Land, hißten die Segel und fuhren ab, so schnell wie sie konnten. Der Sarg aber stand einsam auf dem Bollwerk, und die Greifswalder konnten sehen, wie sie ihn zur Erde brachten. Ida übergab nach einiger Zeit einem Fischer einen alten Sommerhut und hundert Mark, die er ihrer Schwester in den Himmel nachsenden sollte. Er versprach, dies zu besorgen.

Ich konnte es mir nicht entgehen lassen, noch eines der letzten alten Insel-Originale persönlich zu sehen, ließ mir – es war 1909 – durch den genannten Fischer eine Passe-partout für die Oehe verschaffen und mich übersetzen. Der böse Hund war alt und zahnlos geworden, die störrische Kuh gerade auf der anderen Inselseite. Die alte Ida Schilling empfing mich freundlich in einem Kleid von violetter Changeant-Seide in der Tracht der sechziger Jahre. Als ich aber unvorsichtig über den Hof ging, wäre ich um ein Haar rettungslos in Schlamm und Jauche versunken. Der Stall des Augias muß so gewesen sein. Noch wenige Jahre zuvor hatte Ida ihren Neffen, der sie besuchen und sich wohl nach der Erbschaft umsehen wollte, mit Hunden vom Hof gejagt.

Ida Schilling starb 1921. Eines der letzten großen Originale ging mit ihr dahin ...«

Ich weiß nicht, wieviel an diesem Bericht wirklich authentisch ist und wieweit sich Dr. v. Platen durch den Volksmund, der schon zu Lebzeiten der wunderlichen Damen einen wirren Anekdotenkranz um die beiden flocht, zu Übertreibungen hat verführen lassen. Bis vor einigen Jahren lebte ein Großneffe der beiden Originale, der im ganzen Schaproder Land sehr beliebte und geachtete Arzt Dr. Schilling, auf der Oehe. Ihn hätte man fragen müssen.

Postboote

Das doppelte O in der Kapitelüberschrift ist kein Druckfehler. Es hat seine Berechtigung, denn im folgenden soll nicht von Briefträgern, von Postboten erzählt werden, wenigstens nicht im engsten Sinne des Wortes, sondern von Booten: von der »Wiking«, der »Möwe«, der »Flunder«,

Schiffe und Boote im Hafen von Vitte

dem »Enddorn«. Sie haben seit Jahren trotz großer Schwierigkeiten den Verkehr zwischen Rügen und Hiddensee aufrechterhalten und tun es, bis auf die inzwischen außer Dienst gestellte »Möwe« immer noch. Obwohl nur das erste Boot am Morgen, das Frühboot, die Post zwischen kleiner Insel und großer Insel und umgekehrt transportiert, werden auch alle anderen, die nur dem Personenverkehr dienen, von den Einheimischen »Postboote« genannt. Wird man auf Hiddensee gefragt: »Bist du mit dem Postboot oder dem Dampfer gekommen?«, so heißt das: Bist du über Schaprode oder Stralsund angereist?

Das doppelte O habe nun, so wird bei »Stammgästen« gekalauert, nicht nur orthografische Bedeutung. Vieltausendmal sei bei Fahrgästen, die noch in letzter Minute außer Atem eines der Boote erreicht hatten, ein erleichtertes »Oooh!« ausgestoßen worden. Und noch viel tausendmal mehr sei während der Saison von Sommergästen und Zeltlern, die stundenlang auf dem Schaproder Bollwerk angestanden hatten, um sich einen Platz auf dem nächsten Boot nach Hiddensee zu erkämpfen und dann doch nicht mitgenommen werden konnten, ein seufzend-enttäuschtes »Oooo . . .!« zu hören gewesen.

Deshalb das doppelte O!

Ich möchte dieser zwiefachen »Erklärung« noch eine dritte hinzufügen: Die Besatzungen der Postboote werden während der Saison oft ahnungsvoll-verzweifelt aufgestöhnt haben, wenn sie in die schmale Einfahrt des Schaproder Stroms einliefen und die wartende Menschenmenge auf dem Bollwerk in Sicht kam, eine Menge, von der sie beim besten Willen höchstens ein Drittel an Bord nehmen konnten. (Und bei diesem „Drittel" war oft die gesetzlich zulässige Belastung der Boote bereits weit überschritten!)

Manche Urlauber, die von einem Zeltplatz oder irgendeinem Badeort auf Rügen nach Schaprode gefahren waren, um einmal einen Tagesausflug nach der »berühmten« Insel Hiddensee zu unternehmen und dann mit einem Dorfbummel durch Schaprode vorliebnehmen mußten, werden die Besatzungen der Postboote verflucht haben. Zum Ausgleich möchte ich heute ein Loblied singen auf die Alfred, Richard, Heinz und wie die Postbootschiffer alle heißen. Denn was von ihnen während der Saison, ganz abgesehen von den Nebel- und Eismonaten, geleistet wird, ist wahrhaftig anerkennenswert. Sechzehn Stunden Dienst täglich – das läßt sich anhand des Fahrplans nachprüfen – ist normal. Und da kann man verstehen, wenn die Kollegen bei gar zu unvernünftigen Fahrgästen manchmal losbrabbeln, mit bösem Gesicht zwar, jedoch meist mit einem kräftigen Schuß Waterkant-Humor dabei.

An normalen Sommertagen fährt die »Wiking« mit Alfred Gau als Postboot. Morgens gegen acht tuckert sie mit leichter Schlagseite in den Schaproder Strom, wendet in dem schmalen Fahrwasser mit elegantem Schwung und macht dann nicht an der Landebrücke fest, sondern am Bollwerk. Auf Vorderdeck und Dach türmen sich Pakete, Mietbehälter, Koffer, Kinderwagen, Fahrräder, Speiseeisbehälter und Milchflaschenkästen. Unter Deck und auf dem Quadratmeter neben dem Steuerhäuschen stehen die Fahrgäste dicht an dicht, dichter jedenfalls als die Milchflaschen in ihren Kästen.

Meist kommt zu gleicher Zeit das Molkereiauto angerattert. Das Postauto läßt gern etwas auf sich warten.

Beim Festmachen sind schon die ersten Flüche der Besatzung fällig, denn die Schlange der auf Überfahrt wartenden Gäste hat sich natürlich gerade an der Stelle gebildet, an der das Postauto heranfahren muß. Und Urlauber, die mit eigenem Wagen gekommen sind, haben ihr Gepäck natürlich gerade dort ausgeladen, wo die Postmietbehälter gestapelt werden sollen.

»Düwel noch mol! Platz für die Aussteigenden! Platz für das Postauto! Platz für die Milch!«

Nur ein schmaler Gang wird freigegeben. Man drängelt und schubst. Keiner will den mühsam erstandenen Platz, der ihm vielleicht gerade noch als letztem ein Mitgenommenwerden sichert, preisgeben. Urlauber, die zum ersten Mal diesen Kampf erleben, staunen, wieviel Menschen so ein lüttes Boot ausspucken kann. Und bei denen am Schwanz der Schlange, die beim Einlaufen der kleinen »Wiking« schon resignieren wollten, steigt die Hoffnung, sich doch noch am Strand von Hiddensee einen Sonnenbrand holen zu können.

Endlich hat auch der letzte Passagier seine Koffer und Kästen vom Dach der »Wiking« heruntergereicht bekommen. Die Wartenden drängeln zur Gangway. Doch immer noch nicht darf an Bord gegangen werden. Erst wird die Post ausgeladen. Routinierte Hiddenseereisende reihen sich jetzt in die Menschenkette ein, mit der die hunderte Pakete und Mietbehälter vom Boot ins Postauto transportiert werden. Diese Hilfsbereiten erarbeiten sich damit einen sicheren Platz für die Überfahrt.

Wenn das Postauto endlich vollgestopft ist, gehen die Fährleute erst einmal in die Eierschenke Kaffee trinken. Kommen sie zurück, beginnt die Schlacht.

Alfred Gau postiert sich in Zerberus-Pose an der Gangway: »Zuerst alle Anreisen. Tagesausflügler zurücktreten!«

Anreise bedeutet: Urlauber, die ein Quartier auf Hiddensee gebucht haben. Sie unterscheiden sich von Tagesausflüglern durch ihr vieles Gepäck. Inmitten der anreisenden Familien sieht man manchmal junge Burschen, die wie Camper aussehen, sich aber mit dicken schweren Koffern abschleppen: »Anreise!« In Neuendorf, wenn das Postboot außer Sicht ist, werden die schweren Koffer plötzlich ganz leicht. Den jungen Burschen hatte ein leerer Koffer als Legitimation genügt. Am Strand dienen diese »Attrappen« dann aufgeklappt als Windschutz.

»So, noch zehn Personen!«

Das ist das Signal zum Finish. Jetzt geht's um die Wurst, Verzeihung: um den Platz am Strand! Alles drückt und schiebt mit Gewalt auf die schmale Gangway zu. Wenn zwei Personen gleichzeitig das Nadelöhr erreichen, bleiben sie stecken und wirken als Wehr.

In solchen Situationen sollen, so wurde mir berichtet, die Fährleute schon manchmal zur Beruhigung der Gemüter eine Pütz Wasser über den Köpfen der Drängelnden ausgekippt haben. Doch dafür kann ich mich nicht verbürgen. Erlebt habe ich jedoch oft, daß der Schaproder ABV als Schlichter und Ordner eingreifen mußte.

».. . acht, neun, zehn . . . Schluß!« die Relingkette der »Wiking« klackt in die Öse. Und gleichzeitig hebt auf dem Bollwerk ein Betteln und Barmen an.

»Mein Mann ist schon an Bord. Er hat das ganze Geld!«

– Suchense sich 'nen neuen, der ihnen was abgibt!

»Meine Oma macht sich Sorgen. Sie wartet in Vitte!«

– Die Oma wird siebzehn sein! –

Nun, Alfred Gau ist ein gerechter Mann. Selbstverständlich hat er noch Reserven. Alle müssen eben noch »en bäten« zusammenrücken. Und keine Familie bleibt getrennt.

Wenn dann die Ansteuerungstonne Schaprode passiert ist, das Postboot scharf nach Backbord dreht und vielleicht sogar zu schaukeln anfängt, sollten sich die in der Kajüte zusammengepferchten Fahrgäste nicht ärgern und auf die »Weiße Flotte« schimpfen, die doch »auf dieser Linie wirklich größere Schiffe einsetzen müßte«. Sie sollten daran denken, daß vor gar nicht langer Zeit das Übersetzen von Rügen nach Hiddensee und umgekehrt weitaus beschwerlicher war. Pastor Arnold Gustavs erzählt davon in seinem Hiddenseebuch:

»Von Hiddensee aus war es nicht so schlimm. Man wanderte den Binnenstrand entlang, bis man zur Fährinsel kam. Und wenn man nicht schon vorher beobachtet worden war, legte man die Hände an den Mund und rief: ›Hol äwer!‹, worauf meist jemand von den Frauensleuten die Polt herüberstakte, um den Rufenden zu holen. Eine Brücke gab es allerdings weder auf der Fährinsel noch auf Seehof. War der Wasserstand ungünstig, wurden Männlein und Weiblein gleicherweise auf dem Rücken des Fährmannes ins Boot und auch wieder vom Boot an Land getragen. Es soll mitunter vorgekommen sein, daß der Fährmann mitsamt seiner Bürde ins Wasser fiel.

Schwieriger war es, sich von Rügen aus bemerkbar zu machen, denn bei der Entfernung von zwei Kilometer war an ein Rufen nicht zu denken. Kam man auf Seehof an, stellte man sich auf die Schanze, die seit dem Nordischen Krieg am Stolper Haken liegt, wanderte dort unablässig hin und her und hielt Schirm oder Stock, falls man einen solchen Gegenstand bei sich führte, hoch, um sich bemerkbar zu machen. Hatte man Glück, sahen einen die Fährleute und kamen gleich herüber. Oft ging es aber auch so zu, daß der Ausschauhaltende meinte: ›Dor steiht ein up de Schanz. Na, täuw man noch en bäten. Bi Poggenhof kümmt, glöw ick, uck noch ein an.‹ Und dann hieß es noch weiter warten. Was aber wurde, wenn Nebel und unsichtiges Wetter herrschten! Dann konnte man stundenlang laufen und warten, allen Unbilden der Witterung schutzlos preisgegeben. Mitunter erhielt man unvermutet noch hinterrücks einen Stoß und fiel kopfüber die Schanze hinab. Dann war man in Feindberührung mit dem angriffslustigen Schafbock des Bauern auf Seehof geraten. So hatte ich am Anfang meiner Amtszeit – es mag ungefähr 1905 gewesen sein – einmal im Regen eine Stunde vergeblich auf der Schanze gestanden, ging schließlich völlig durchnäßt zum Bauern auf Seehof, um mich am warmen Ofen etwas aufzutrocknen, und ließ den Pferdejungen für fünfzig Pfennige stellvertretend für mich weiter auf der Schanze stehen ...«

Für historisch Interessierte sei vermerkt: Die von Pastor Gustavs geschilderte »urzeitliche« Fähre zwischen dem einsamen, abseits der Straße gelegenen Seehof über die jetzt zum Vogelschutzgebiet erklärte Fährinsel bis zu dem Fußpfad östlich der Heiderose wurde – man höre und staune! – erst 1952 durch amtliche Bekanntmachung als »eingegangen« angezeigt. Der Motorbootverkehr war von den beiden traditionellen »Fährfamilien« Gau und Gottschalk mit der betagten »Möwe« allerdings schon 1938 aufgenommen worden.

Vielleicht bedauern manche Mitbürger, die heute eine Petroleumlampe auf dem Farbfernseher und ein echtes Spinnrad neben dem rotlichtbestrahlten Pseudokamin stehen haben, daß dem nicht mehr so ist mit dem Auf-dem-Buckel-des-Fährmanns-ins-Boot-getragen-werden und dem Hol-äwer-Rufen. Das wäre doch so romantisch! Die Wartburg kann man schließlich heutzutage auch noch auf Eselrücken erklimmen ...

Aber einer dieser Romantik-Fanatiker brauchte nur einmal auf der kleinen Insel ernsthaft krank zu werden. Er wäre in diesem Fall sicherlich heilfroh, ein Motorboot als Transportmittel benutzen zu können und nicht auf den Buckel eines Fährmanns angewiesen zu sein.

Außerdem, den Romantikern zum Trost sei's vermerkt: Man kann auch mit den derzeit verkehrenden »modernen« Postbooten sehr »romantische« Überfahrten erleben. Haben Sie schon einmal eine richtige Nebelfahrt mitgemacht, wenn die »Suppe so dick ist«, daß die Sicht nicht von einer Tonne zur anderen reicht und sich am Schaproder Strom das andere Ufer nur ahnen läßt?

Würden die Schiffer sich bei solchem Wetter stur an ihre Vorschriften halten, dürfte nicht mehr ausgelaufen werden. Doch es sind viele Hiddenseer an Bord, die nach Hause müssen. Und auch die Besatzung wohnt ja in Vitte und muß am nächsten Morgen dort wieder starten. Also entschließt man sich zu einer Blindfahrt.

Zuerst wird der Kompaß überprüft. Der am Bollwerk anliegende »Kurs« ist bekannt. Und da kann es passieren, daß der Schiffer plötzlich wütend in die Kajüte hinunterschreit: »Verdammt, wer hat in seinem Gepäck auf dem Vordeck eine Waschmaschine versteckt oder einen Eisenklumpen?! Der Kompaß hat eine Ablenkung von zwei Grad! Und alle Fahrräder sofort aufs Dach!«

Schon ein Radio oder ein Tonbandgerät kann den Magnetkompaß um einige Grade ablenken. Und das kann, würde es nicht rechtzeitig bemerkt, dazu führen, daß das Boot am Schwarzen Peter auf Sand läuft, statt die Neuendorfer Ansteuerungstonne zu erreichen.

Nach dem Ablegen stellen sich viele Einheimische vorn neben dem Ruderhaus auf und starren angestrengt in die milchige Wand voraus. Sobald einer die nächste Tonne ausgemacht hat, macht er sofort den Schiffer darauf aufmerksam, der sie hinter seiner beschlagenen Scheibe möglicherweise noch nicht bemerkt hat.

Kritisch wird es auf der Hälfte der Strecke. Aus den verschiedensten Richtungen hört man den Schall von Nebelhörnern. Auch das Postboot tutet in Abständen. Nur geübte Ohren können erkennen, woher die Töne kommen und wie nah sie sind. Zu dieser Zeit muß die große »Deutsch-Sowjetische Freundschaft« den Kurs des Postbootes kreuzen. Erhöhte Aufmerksamkeit ist nötig. Der Schiffer drosselt die Maschine, horcht selbst nach draußen ... bis plötzlich backbord voraus ein breiter

Schatten mehr zu ahnen als zu sehen ist. Allgemeines Aufatmen. Und: Zwei kurze Töne als Signal, daß man sich erkannt hat. Kaum zwanzig Meter entfernt schiebt sich der große Bruder vorm Bug des Postbootes vorbei.

Wenn man dann zwanzig Minuten später in Neuendorf wieder festen Boden unter den Füßen hat, ist man doch erleichtert und wünscht den Postbootschiffern von ganzem Herzen, daß sie ebenso sicher den Vitter Hafen erreichen mögen.

Oder eine Gewitterüberfahrt? Niemals werde ich die am Abend des 3. September 1968 vergessen! Es war ein sehr schwüler Tag gewesen. Etwa dreißig Menschen warteten auf dem Schaproder Bollwerk und beobachteten sorgenvoll die sich am Himmel auftürmenden drohenden schwarzen Wolken. Plötzlich prasselte es los. Ein Wolkenbruch, wie man ihn selten erlebt.

Alle flüchteten in den Gasthof Keil. Das Postboot lief mit zwanzig Minuten Verspätung ein. Auf den paar Metern vom Gasthof bis zum Bollwerk war jeder bis auf die Haut durchnäßt. Glücklicherweise hatte irgendjemand eine Flasche Wodka bei sich und ließ sie kreisen, als Arznei gegen Nässe und Kälte. Der aufgepeitschte Bodden warf das Postboot hin und her. Durch die Fenster konnte man sehen, wie Blitze in das Wasser einschlugen, oft nur wenige Meter vom Boot entfernt. In diesen Augenblicken war die gesamte Boddenlandschaft in ein gespenstisch-fahles Licht gehüllt. Manchmal blieben die Blitze am Himmel stehen, in ›klassischer Form‹, wie Kinder Blitze malen. Diese Sekunden waren gut zum Orientieren, denn in allen Dörfern ringsum waren die Lichter gelöscht. Selbst die Leuchtfeuer konnten nicht ausgemacht werden. Plötzlich ein Schrei von oben aus dem Ruderhaus: »In Neuendorf brennt's!«

Alle stürmten durch die enge Luke nach oben, trotzten dem peitschenden Regen und starrten hinüber zur Insel. Eine gewaltige orangene Fackel erhob sich über der Silhouette von Neuendorf, vor einem tiefschwarzen Himmel.

»Bei wem?« Diese Frage beschäftigte alle. Da kein Licht brannte, war selbst für Einheimische ein Orientieren sehr schwer. Friseur Mehrhorn? Das »Hotel am Meer«? Bei Herbert Gau? Ein paar Frauen aus den möglicherweise betroffenen Häusern waren an Bord ... Die Spannung elektrisierte die Haut. Niemand spürte mehr das laute Getrommel des Regens.

Auf einmal eine besorgte Stimme resignierend: »Und alle Jungen sind draußen!« Am Nachmittag waren die jungen Fischer, die das Gros der Neuendorfer Feuerwehr bildeten, zum Heringsfang ausgelaufen. Und Spritzenmeister Jürgen Eckardt, der Wirt der »Stranddistel«, war an Bord des Postbootes. Er hatte in Rügen eingekauft.

Bei wem nur? Bei wem brennt es? Diese alle bewegende Frage konnte erst klar beantwortet werden, als das Postboot im Neuendorfer Hafen festgemacht hatte: Bei Fischmeister Siegfried Wolter hatte ein Blitz, obwohl ein hoher stählerner Antennenmast neben dem Haus stand, in das Strohdach eingeschlagen.

Fast alle Angekommenen ließen ihr Gepäck einfach im Regen am Hafen stehen und rannten hinauf zur Brandstelle, um zu helfen, wo noch zu helfen war. Aber trotz des selbstlosen Einsatzes von Einheimischen, Urlaubern und zweier Feuerwehren brannte das Haus bis auf die Grundmauern nieder. Glück in allem Unglück war, daß der Wind kräftig von Osten wehte und die prasselnden Funkenwolken in Richtung Ostsee abtrieb. Bei westlichem Wind hätte eine ganze Häuserzeile abbrennen können.

In dieser Katastrophennacht hat in Neuendorf wohl kaum jemand geschlafen. Und bereits am nächsten Morgen begannen die Einwohner mit den Aufräumungsarbeiten.

Das war eine herbstliche Überfahrt mit dramatischen Akzenten. Und wie gelangt man im Winter von der großen auf die kleine Insel?

Solange das Eis noch nicht sehr dick ist, verkehrt zwischen Wittower Fähre und Vitte die große »Insel Hiddensee«, deren Bug so verstärkt ist, daß sie als Eisbrecher wirken kann. Hält der Frost länger an, treten die »Eislotsen« in Aktion. Sie klopfen mit Stöcken die Eisdecke auf ihre Festigkeit ab und markieren eine »Straße« für die Pferdeschlitten.

Am bequemsten ist das Übersetzen allerdings in sehr strengen Wintern. Da braucht man für das Übersetzen von Schaprode bis Neuendorf kaum fünf Minuten ... mit dem Auto. In dem harten Winter 1969/70 holten die Hiddenseer Fischer ihre Reusenpfähle mit Treckern aus den Wäldern Rügens. Es wurden sogar schwere Maschinen mit Traktoren und zwei Anhängern übers Eis transportiert. Mit mehr als sechs Tonnen

Gewicht übers Eis? Ich weiß nicht, ob ich da sehr ruhig neben dem Traktoristen gesessen hätte.

An Wochenenden gab es damals einen außergewöhnlich regen Ausflugsverkehr nach der kleinen Insel. Man wollte einmal mit Vergnügen das tun, was ansonsten verboten ist: auf Hiddensee Auto fahren! Viele kamen mit ihrem Wagen direkt von Stralsund über das Eis von Sund und Bodden bis nach Neuendorf. Die »Piste« auf dieser Strecke war zweifellos glatter und breiter als die Heringsstraße von Samtens über Ginst nach Schaprode mit ihren heimtückischen Sommerwegen. Nur die Bremswege mußten etwas länger einkalkuliert werden.

Doch lassen wir's genug sein mit der Schilderung außergewöhnlicher Überfahrten. Kehren wir zurück auf die »Wiking«, auf der wir uns an einem normalen schönen Sommermorgen noch einen Platz erkämpft hatten.

Nachdem das Postboot die Nordspitze der Oehe passiert hat, breitet sich vor uns Hiddensee in seiner ganzen Länge aus:

Rechts der Dornbusch ist meist noch etwas in Dunst gehüllt. Davor die Häuser von Kloster und Vitte. Etwas näher und deshalb stärker in den Farben lugt zwischen hohen Bäumen das rote Dach der »Heiderose« hervor. Auf der linken Seite reckt sich der schmale Streifen des Gellen so weit nach Süden, als sei er bereits mit dem Festland verwachsen. Bei klarem Wetter sind backbord querab sogar die Türme der Stralsunder Kirchen zu erkennen. Und genau voraus der zu dieser Tageszeit schönste Teil des Panoramas: über einem Bodden, der in der Farbe reifer Pflaumen glänzt und vor einem zartblauen Himmel, gleichsam »auf dem Wasser stehend«, die Häuser von Neuendorf, deren weiße Giebel derart intensiv leuchten, als wären sie mit phosphorhaltiger Farbe getüncht worden...

Jedem, der Hiddensee schon kennt, werden bei einer solchen Überfahrt bestimmte Erinnerungen kommen, an einmalige Erlebnisse, besonders geliebte Spazierwege, fruchtbare Begegnungen... Mir wurde in den letzten Jahren, als ich bereits wußte, daß ich über Hiddensee schreiben sollte, beim Anblick dieses Panoramas immer ein wenig mulmig. Ich dachte daran: Was ist nicht schon alles über dieses Eiland geschrieben worden! Und von welch kompetenten Schreibern! Und ich stellte mir die Frage:

Hat Hiddensee noch Hymnen nötig?

Soll ich etwa die einmalige faszinierende Atmosphäre der Insel noch einmal mit eigenen Worten zu charakterisieren versuchen?

Für mich persönlich beispielsweise ist im Frühherbst der Weg nach dem Süden längs des Steinwalls und durch die Wiesen des Gellen reizvoller als der Meeresblick vom Dornbusch. Zu dieser Jahreszeit leuchten die Rohrfelder in einem unwahrscheinlich satten Goldgelb, auf dem der Wind seine Melodien aufzeichnet. Stundenlang kann man an der Schräge des Steinwalls hocken, aus dem ständig wechselnden ornamentalen Wogen und Wiegen des Rohrs die Melodien erraten und darauf Texte zu machen versuchen. Und in den Gebüschen bemüht sich zur gleichen Zeit das helle Rot der Hagebutten gemeinsam mit dem Hellgold der reifen Sanddorntrauben das tiefe Graugrün der Blätter zu übertönen.

Andere Hiddensee-Liebhaber wieder würden vielleicht von einem Spaziergung durch die mit weißen Sandkuhlen, Birken- und Ginsterinseln durchsetzte blühende Heide schwärmen ... oder hymnisch von einem Besuch bei den bizarr-ornamentalen silbernen Stranddisteln erzählen, die auf der Dünenkuppe am Hassen-Ort zwischen Vitte und Neuendorf wachsen ... oder von einer majestätischen Königskerze ... oder der unerwarteten Begegnung mit seltenen Vögeln ...

Es wären viele Hymnen noch zu singen auf diese kleine Insel. So viele Liebe, so viele Lieder.

Aber worüber müßte, von den Lobpreisungen der Enthusiasten einmal abgesehen, noch berichtet werden? Über die Vogelwarte und das verdienstvolle Wirken der dort tätigen Wissenschaftler, die mit Hilfe von dreihundert Mitarbeitern in der Republik jährlich Tausende von Vögeln beringen und dann Rückmeldungen aus vielen Teilen der Welt erhalten, wie aus Ghana, Südafrika, Äthiopien? Und über das Naturschutzgebiet Fährinsel, dieses Refugium vieler vom Aussterben bedrohter Vogelarten?

Zu dem Thema Gerhart Hauptmann kann mir nur Satirisches einfallen, das möglicherweise als Respektlosigkeit gegenüber einem lorbeerumkränzten Olympier gedeutet werden könnte.

Damit ich nicht falsch verstanden werde: ich verehre den Dichter Gerhart Hauptmann, vor allem den »frühen«, und ich liebe viele seiner

Werke. Allerdings, offengestanden, kann ich mir manchmal ein Schmunzeln nicht verkneifen, wenn ich lese, wie sich dieser große Dichter, stolz auf seine äußere Ähnlichkeit mit Goethe, seiner Umwelt, seinen Mitmenschen und auch seinen Freunden gegenüber als Persönlichkeit, als Olympier zu zelebrieren pflegte. (Bis zum Schluß, als er sich in eine Fraziskanerkutte gehüllt, ein Neues Testament auf der Brust, im Augenblick des Sonnenaufgangs beisetzen ließ!)

Aber ich will nicht noch bissiger werden. Immerhin verdanke ich der Tatsache, daß Gerhart Hauptmann zeitweise in Kloster gelebt und auch dort begraben liegt, meine erste Bekanntschaft mit Hiddensee.

Es war im Jahre 1952. Ich hatte gerade mein Studium abgeschlossen und erste zaghafte Veröffentlichungen vorzuweisen. Da erreichte mich am 13. November ein Anruf des Schriftstellerverbandes: »Hast Du einen schwarzen Anzug?« Eine solche Frage war damals wohl berechtigt. Ich hatte einen, zwar nur einen dezent weiß gestreiften und sehr knitterfreudigen Zellwollanzug, aber immerhin... »Gut, der genügt. Dann fährst Du mit einer Delegation nach Hiddensee. Kranzniederlegung an Hauptmanns Grab...

Wie eng oft Erhabenes neben Komischem wohnt, erlebten wir wenige Minuten später nach der Gedenkfeier im Hauptmann-Haus. Als »besondere« Gäste wurden wir der Ehre teilhaftig, vom Hausverwalter, einem Schweden, der schon zu Hauptmanns Lebzeiten diesen Posten ausgefüllt hatte, in die obere Etage gebeten zu werden, in die intimsten Räumlichkeiten des Hauses, die Schlafzimmer. Wir entdeckten sofort das Gekritzel an der Wand neben dem Bett: Gedankensplitter, die Hauptmann in schlaflosen Nächten mangels Papier gleich an die Wand geschrieben hatte. Alle wetteiferten, das Gekritzel zu enträtseln. Die Ergebnisse wurden sogleich laut verkündet: »Hier steht: ›Schweigen ist die größte Kunst!‹« »Und hier: ›Durch Krankheit wird man‹ ... drei Pünktchen...‹ und wenig später ist man Mist!‹« – »Es lohnt nicht mehr ...1934... Reden entfernt!« – »Meine Herren, auch die Schranktür hat er nicht verschont: ... ›Die Fürchterliche steht‹ – oder heißt es ›strebt‹? – und glotzt herab, vom Himmel Gottesfurcht!‹...«

Dem schwedischen Hausmeister schien es nicht zu behagen, wie respektlos wir die nächtlichen, unausgegorenen Gedankenfragmente seines Meisters zu dechiffrieren versuchten. Er wollte uns ablenken und verkündete deshalb übertrieben laut: »Und nebenan war das Schlafzimmer von Frau Hauptmann!«

Dann deutete er auf eine ganz gewöhnliche weißlackierte Durchreiche, wie sie manchmal zwischen Küche und Eßzimmern eingebaut sind: »Und hierdurch pflegte Gerhart Hauptmann mit seiner Frau zu verkehren!«

Wir starrten auf die Durchreiche. Jeder war krampfhaft bemüht, seine Phantasie zu zügeln. Vorbei war's mit der Würde dieser Hausbesichtigung. Keiner wagte, um nicht laut auflachen zu müssen, seinen Nebenmann anzublicken. Alles drängte zur Treppe, hinaus ins naßkalte Novemberwetter. (Über die gemeinsame Rückfahrt nach Stralsund, bei stürmischer See, eingepfercht in den Motorenraum eines kleinen Postbootes, bei dieselölgeschwängerter Luft und ständig kreisenden Flaschen, möchte ich lieber schweigen!)

Das war also meine erste Bekanntschaft mit Hiddensee. Jeder wird verstehen, daß ich damals »dat Länneken« nicht besonders »soet« fand und mir auch keine Hymnen in den Sinn kamen.

Erich Arendt

Hiddensee

Gehoben vom leisen Licht
in des Himmels größeren Ozean:
schwebende Insel,
unter der Traumtrift
der Wolken
Zärtlichste, nur
von Bläuen gesäumt und Winden.
Wo Meer dich berührt,
rinnt hörbar die Stunde noch
unserer Dauer:

Lausche.

Schwalbenflug dein Gruß,
ihr von goldener Küste
singend gepfeilte.
Und über dem Fischer
die schwarze Maske, die
im harten Winde lautlos steht
und späht ...
Du großes Gelock
der blauen Rosse um ihn,
weißschäumend und an bäumenden Hälsen,
von klingenden Inseln kommend
aus röterem Stein,
wo mir die Traube gereift
unvergeßlich.

Wer wirft,
hier, Netze noch aus?
Leer unter Sonnenbögen
die Wasser!
Die Schuppenschwärme fernhin
zogen zu Fjorden und Schären.
Doch dreht den Rücken zum Meer
und knüpft die zähen Netze der Fischer,
wartend auf bessere Stunde
der uralten Flut.
Aus der Hand des Nordwest
fiel der einsame Fisch
auf den Strand, da
unterm Dünendunkel –
meerwilder Schlag der Woge! – das Herz
der Insel zuckte.

Lauschende:
du hältst nicht den Wind
und die Türme Sands:
unsichtbar' Wandern
im Anhauch der Zeit.
Jahre, wie zerbracht ihr
das Lächeln des Steilhangs!
Aber es wachsen und steigen
die Tiefen um dich,
dir nur vertraut und
versunkenem Raunen von Mitternächten,
den salzenen Klippen
blutleeren Monds.

Untermeerisch
blühen
die Ambersteine
und die meergroßen Gräser, die,
im Wellentod treibend, sich

um die Schulter legen
dem Schwimmenden, wenn
großblickend
das Rund des Abends die Insel trifft
und Hügel und Wolken klingen
rot
und silbern der fliehende Mund
der Bucht,
immer ins Ferne ein Segel zieht.

Fritz Rudolf Fries

See-Stücke
Hiddensee

Das Kofferradio spielt HAIL, WE DRIVE THE WATER, HAIL, WE DRIVE THE SKY. Marie drückt die Ballonmütze in die Fransenfrisur und bewegt die Füße. Wir stapeln das Gepäck auf der Mole zuhauf und warten. Auswanderer am Stralsunder Kai nach Rügen und Hiddensee, Wintervertriebene Anfang Mai. Wir drehen die Musik, sieben Uhr früh, ein wenig lauter, den Wartenden fährt der Beat in die Beine, ein kleiner Anstoß und die Mole tanzt. Aber da wird schon ein Steg an Land geschlagen, Schiff und Land verklammert, zwei Jungen in Rollkragenpullover machen das, während der Kapitän und erster Steuermann in einer Person, unterwegs kassiert er noch das Geld, indes ein anderer, Ersatzmann, das Schiff steuert, von der Brücke zuschaut, wie sie das machen. Sie machen das mit der Gelassenheit von Hilfskräften, die auf einem Jahrmarkt ein Karussell durch Anschieben in Gang bringen. Wir verlassen das Land, verteilen uns im Schiff auf der Suche nach den besten Plätzen. Über die besten Plätze herrscht Uneinigkeit. Oben ist die Aussicht am besten. Erfahrene wissen, daß es unterwegs kalt wird. Der Wind. Die mittlere Etage verspricht Aussicht und Schutz. Ganz nach unten muß, wer zu spät kommt, ins Kellergeschoß, tiefer als die Wasserlinie. Das Licht auf dem Wasser wirft Reflexe an die Decke. Unten sitzt man eng beieinander wie auf einem Auswandererschiff, drei Stunden bis Kloster, eine Fahrt überm Atlantik. Reisen dehnt den üblichen Zeitbegriff. Alles ist möglich, sagen wir uns auch hier, auf dieser Fahrt zur Insel, schmalste Mondsichel im Wasser gespiegelt.

Wir sitzen auf dem Querdeck, gegen die Kälte haben wir Rostocker Korn in die leere Whiskyflasche gegossen und die Pfeife neu gestopft, um die eine und andere Hand wärmen zu können. Ich schaue ins Buch, Marie schaut sich um. Vor dem dritten Glockenzeichen geht es nicht los. Der Motor läuft sich warm, es riecht nach Maschinenöl. Schreiend ballen sich Möwen über dem Schiff, die das alles besser kennen als wir und sich auf die tägliche Ration Brot und Kuchen verlassen können. Eine aristokratische Spezies von Möwen wird hier fett, die nur den mißachtet, der mit eigenem Boot hinüberfährt und nichts fürs Federvieh übrig hat, weil er fürchtete, vom Kurs zu kommen auf dieser schmalen, links und rechts von Markierungen begrenzten Rinne. Ich schaue unentwegt ins Buch.

Diese Abfahrt ist aufregender als eine Ausfahrt mit dem Zug. Wir schauen aneinander vorbei, um uns nicht zu verraten, daß wir aufgeregt sind. Ich schaue ins Buch, ich lasse mich ablenken...

Erst der Kontrast gibt den Dingen Licht und Schatten, ohne diesen Gegensatz gäbe es kein lebendiges Bild, das wissen auch die, die mit uns in den Urlaub fahren und schon jetzt unermüdlich Bilder auslösen, sich auf das Ergebnis verlassend, bei dem alles das plastisch vorzufinden sein wird, was sie jetzt nicht sehen können, weil sie ein Auge immerfort zukneifen. Wir fahren. Die Stadt schwindet, nimmt ab, sie legt den einen Umriß ab, aber ein anderer, kleinerer, wird sichtbar, bis auch dieser abgebaut wird und eine leichte Miniatur bleibt, die von einer Welle ausgewischt wird. Die Möwen. Die Ermahnungen von Müttern an ihre Kinder. Der Kapitän, der herumgeht und ein karges Lächeln zeigt, aber eine schöne Uniform. Sollte er sich langweilen, wo wir mit Mühe das tiefe Atmen des Erstaunens verbergen? Die Insel ist gegenwärtig, ohne sichtbar zu werden. Sie wird erkennbar an den Sandbänken, die sie ansetzt. Das blaue Wasser steht gelb über den Erhebungen, Niemandsland, von keinem Bug berührt. Rechts läuft die Küste von Rügen mit, ein nicht endender Strich. Als auch diese Küste verschwindet, bleibt nichts mehr als das offene Meer, die Suche nach der Insel. Jäh, weil der Eindruck überraschend kommt, als stünde das Schiff auf hohem Wellenberg, jäh zeigt sich eine Stadt auf dem Wasser, gebaut aus weißen Kuben.

Der Eindruck wird zunichte über den Erklärungen der Passagiere, die schon jetzt das Haus ihrer Wirtsleute zu bestimmen wissen und das »Hotel am Meer« mit der internationalen Speisekarte. Auch heißt der Ort nicht so, wie er aussieht, sondern Neuendorf. Die Möwen lassen ab, uns zu verfolgen, und setzen sich über Neuendorf auf die Hausdächer, daß es aussieht, als verwandelten sich die Möwen in den Ort. Sehr langsam pflügt das Schiff die Fahrtrinne, bremst, korrigiert den Kurs, ein breiter weißer Fächer entfaltet sich am Heck. Das Gras am Ufer ist postkartengrün. Schiff und Land berühren sich. Wiedersehensfreude auf der Mole. Nickende Pferdeköpfe, Gepäck wird verladen. Wir bleiben an Bord. Noch einmal lösen wir uns vom Ufer, das Schiff stemmt sich wie gegen eine zähe Strömung, wir greifen an festes Gestänge. Der Himmel hat sich in kleinste Wolken gefaltet.

Dat söte Länneken, sagt Marie, um mir zu zeigen, daß sie die richtige Aussprache gelernt hat, als sie in ihrer Vorjugend hier auf der Insel als Kellnerin in den Ferien gearbeitet hat. Diesmal lache ich sie aus. Die Heimatdichter haben es einfacher, mit dieser Insel fertig zu werden. Vergebliche Pointe, wenn am Schluß ihrer Geschichten noch eine Frage wie diese auftaucht: »Warum kehrte Gerhart Hauptmann Jahr für Jahr hierher zurück und blieb nicht im sonnigen Italien, wo er meistens den Winter verbrachte?« Auch er, hoffen wir, hätte sich anstelle seines eigenen Museums in Kloster den Tempel einer heidnischen Gottheit gewünscht, der in Kloster etwa dort stehen könnte, wo an der Steilküste sich das Haus des Architekten Muthesius erhebt, in dem die Griechenlandfahrer Katja Arendt und Erich Arendt im Sommer ihren Neruda übersetzten.

In Vitte kann Marie die Geschichte der Kellnerin mit Bildern veranschaulichen. Es fängt mit einem Aufruf in der Zeitung an: »Die Ostsee ruft.« Gesucht werden Arbeitskräfte für die Hauptsaison, Strandwächter, Zapfer, Kellner, Kaltmamsells, Verkäufer. Marie fährt in den großen Ferien mit wenig Gepäck nach Vitte und kommt im FDGB-Haus »Karl Krull« unter, als Kellnerin. Sie ist gut im Kopfrechnen, sie kann geschickt alles, was auf dem Tablett ist, auf den Tisch bauen, sie glaubt, es wird einfach sein. Eine Genehmigung der Eltern muß sie nicht vorlegen, sie ist schon sechzehn. Sechs Wochen in der Hauptsaison. Was sie zu sehen bekommt, ist das Ferienbild von hinten gesehen, aus den Kulissen. Die Urlauber messen ihre Zeit nach dem Wetter und nach den Tischstunden im »Krull«. Marie, von den Kollegen Marlene genannt, muß mit ihrer Zeit strikt umgehen wie ein Dispatcher auf einem Bahnhof. Aber sie besitzt keine Armbanduhr, und den Wecker kann sie sich nicht an die Schürze binden. So ist sie immer in Zeitnot, sobald der Wecker sie früh zwischen fünf und sechs in der Mansarde unterm Dach, mit Blick zum Meer, geweckt hat.

Das Meer im Fenster? Keine Zeit. Um sieben ist sie im »Krull«, da beginnt das *Abstuhlen*, wie es in der Fachsprache heißt, abends haben die Reinemachefrauen die Stühle mit dem Sitz auf die Tische gelegt, jetzt müssen sie wieder herunter und auf ihre vier Beine gestellt werden. Die Chefin geht herum wie ein grimmender Löwe, erzählt Marie, und korrigiert. Wo bleibt die Menage? Marlene holt das saubere Besteck aus der Küche und legte es hin, wie es sich gehört, die Kaffeelöffel auf die rechte Seite der Kaffeetasse. Frische Blumen. Aschenbecher. Sie hat vergessen, die Tischdecke zu wechseln. Also noch einmal von vorn. Es ist sieben Uhr dreißig, die ersten Gäste kommen zum Frühstück. Abräumen um neun, dann frühstücken die Kellner. Gelächter. Eine Stunde frei. Keine Zeit für den Strand. Um elf müssen Suppenteller und Besteck auf die Tische. Der erste Durchgang Hungriger kommt um elf Uhr dreißig. Der zweite Durchgang eine Stunde später. Der Gang vom Tisch zur Küche und zurück wird lang wie der Weg durch die Insel von Nord nach Süd. Dreizehn Uhr: abräumen, essen, in der Küche helfen. Von vierzehn bis sechzehn Uhr dreißig: frei! Marlene nimmt ihre Badesachen und eilt zum Strand, braunwerden. Sechzehn Uhr dreißig: Eindecken, Trinkgelder? Die Gäste haben alles im voraus bezahlt. Aber: nachmittags, das Kaffeegeschäft, sagt Marie, da holen die Gäste nach, was sie zu den Hauptmahlzeiten versäumen. Sie legen eine Mark dazu, zur Rechnung, aus Freundlichkeit, man hat seine festen Kunden, Familien, die einen mit Wohlwollen betrachten, als sei man die älteste Tochter. Der gibt man beim Abschied gern noch ein Andenken, eine Schachtel Pralinen, Familienväter spendieren einen Kognak, den man nicht am Tisch trinken darf. Aber die Chefin schaut gerade in eine andere Richtung. Nach Abzug aller Ausgaben bleiben am Monatsende 400 Mark. Mit dem ersten Geld fährt Marlene nach Stralsund und kauft sich für sechzig Mark eine Armbanduhr. Mit der Uhr am Handgelenk geht sie langsamer und ist pünktlich zur Verabredung mit ihrem Matrosen. Ich hisse an dieser Stelle den Blauen Peter, die Fahne, die die Seefahrer an Bord ruft, und lasse den Matrosen in See stechen.

Wir sitzen im »Krull«, das Restaurant ist groß wie ein Kino, und lassen uns bedienen. Marie schaut mit professionellem Wohlwollen auf die Bewegungen, die das kleine dicke Mädchen mit dem Zopf und der weißen Schürzenschleife auf dem Hintern macht, um an unseren Tisch zu kommen. Es ist Anfang Mai, die Küche arbeitet mit halber Kraft. Es gibt Schwarzbrot und gebratene Leber, ein Glas Bier. Aber jedes Essen schmeckt festlich an der See. Aus dem Hintergrund der Küche, eine unbeleuchtete Bühne, kommt das Singen des Kochs, das Geräusch gescheuerter Pfannen vermischt sich mit dem Zischen des heißen Fetts und dem Klappern des Geschirrs, das auf Vorrat abgewaschen wird. Marie erzählt von den Cliquen zwischen dem Personal in ihrer Zeit, Koch und Abwaschfrauen, Kellner und Zimmermädchen. Eine freundliche Hölle, aus der unser Serviermädchen mit kleinem Lächeln auftaucht, um ein Pflaumengericht aufzutragen in diesem paradiesischen Vordergrund, wo unser Tisch steht.

Ein Mann verläßt den Biertisch an der Ecke und seine Leute, geht schwankend in kalkiger Maurerhose durch den Saal, sagt zu keinem, Ich bin der einzige Kämpfer, der das macht, bleibt vor dem Ausgang stehen und improvisiert eine Rede zur Begrüßung der Urlauber ... daß ihr alle wiedergekommen seid! ... daß wir alle prima sind ... begrüße ich euch namens der Gaststättenleitung, unseres verehrten Karl Krull ... Verbeugt sich und schwankt durch die Glastür.

Als wir hinausgehen in die Nacht, vor uns das abgestufte Blau am Westhimmel, sind wir allein auf der Insel. Nur die Hunde sind unterwegs, unerklärlich warum, auf leisen Pfoten, ohne zu bellen. Die Hunde unserer Wirtin, die uns aus einem Seitenblick zu erkennen scheinen, schauen in die Fenster am Wiesenweg 104, wo die Wirtin in ihrem breiten und tiefen Fernsehsessel sitzt und ins violette Licht des Abendprogramms schaut. Wir gehen weiter. Nur wenige Grundstücke sind eingezäunt, das Land sichtbar nicht parzelliert, als wäre hier noch der Urzustand des freien Grund und Boden für jedermann erhalten geblieben. Die Parzellierung von Land ist die Ursünde, mit dem ersten Zaun beginnt der Streit ums Eigentum: Schulreminiszenzen an einen Mann namens Rousseau. Eine Plastik auf dem Gras vor einem Haus fällt uns auf, schimmerndes Metall, die Andeutung einer Erdkugel oder eines Sternglobus mit den Planeten auf einer Metallschiene? Wir bleiben so lange auf der Insel, wie der Mond braucht, um zuzunehmen, und eines Abends ist der Mond so nah, als wären wir hinausgeflogen in den Raum, eine Insel zwischen dem 10. und dem 15. Längengrad, der ans Ende der Welt führt ...

Die zehn Gebote zum Schutz der Insel findet der Besucher überall angeschlagen. Die Damen der Gemeindeverwaltung, die so unbemerkt vom Platt ins Hochdeutsch wechseln können, noch ehe man seinen Namen genannt hat, drücken sie dem Gast in die Hand, wenn er seine Kurtaxe zahlt.

... dringend gebeten zu beachten, daß es verboten ist: die abgezäunten oder als Naturschutzgebiet kenntlich gemachten Gebiete (Dünen, Deiche, Steilküste, Vogelschutzgebiete) außerhalb der öffentlichen Wege zu betreten.

Tiere zu beunruhigen oder zu fangen (keine Schlangen töten!), die Wege zu verlassen, Feuer anzumachen, im Walde zu rauchen, zu lärmen oder das Gebiet zu verunreinigen.

Den Rest, im großen Maßstab, besorgt die Wasserwirtschaft, Abteilung Küstenschutz, die ein vorsorgendes Auge auf die 340 Kilometer Seeküste und die 1130 Kilometer Haff- und Boddenküste hat.

Nachts träumen wir davon, wir hätten die Insel gekauft, sagen wir: für ein Jahr, und am Hafen von Stralsund lassen wir ein Schild anbringen: Absolutes Besucherverbot für Hiddensee in diesem Jahr! Aber, leider, hat jeder Zweite, der ein paar Tage auf der Insel gelebt hat, diesen oder einen ähnlichen Traum.

Die polnischen Mädchen im Konsum von Neuendorf/Plogshagen stillen unseren Hunger und unseren Durst, sie verkaufen uns Milch und den guten Rostocker Doppelweizenkorn. Die polnischen Mädchen fragen auf deutsch nach den Wünschen von Ortsansässigen und Besuchern und addieren auf polnisch die Posten, leise murmelnd. Bei einer Rechnung über zwanzig Mark brauchen sie eine winzige Denkpause, um in die andere Sprache zu kommen. Nie wissen wir genau, wie viele polnische Mädchen der Konsum beschäftigt. Die mit dem kleinen Augenfehler haben wir uns gleich gemerkt, sie hat widerspenstiges Blondhaar und einen Ausdruck wie Heimweh, wenn sie die Eier zählt oder den Daumen in die Tüte drückt, um zu wissen, ob Mehl oder Zucker in der Packung ist. Aber wie ist es mit der Schwarzen, die den flachen, in Stanniolpapier gewickelten Kuchen verkauft? Und diese andere mit dem Madonnengesicht und den Bluejeans, die das Bier und die Limonade aus dem Hinterladen anschleppt?

Wie sieht Hiddensee aus von Wroclaw gesehen oder von einem Ort wie Szczebrzeszyn?

Mit Kuchen und Milch und Schnaps beladen, laufen wir zum Strand. Wir gehen langsam, wir zögern jede Bewegung hinaus, als könnten wir so die Zeit verlängern, die uns noch bleibt bis zur Abfahrt. Ein Filigran von Möwenfüßen überzieht unsere gestrigen Fußspuren. Zwei einsame Damen haben sich im Wald ausgezogen, das Recht ist auf ihrer Seite, Grenzland FKK-Strand, das ein Schild markiert. Mit wippenden Brüsten gehen sie ins Meer und reiben sich die Schenkel mit dem kalten Maiwasser ein. Wir laufen weiter und nehmen keinen Anteil an ihrer aphroditischen Wiedergeburt. Das Nachmittagsgrau des Himmels schließt sich über einer rosa Sonne. Das Meer hat Papier ans Ufer geschwemmt, einen internationalen Seecode, ABC des Bananenfunkers, drahtlose Telegrafie des unwandelbaren, nur durch die Ölpest verwandelbaren Meers. Botschaften, die die Insel herüberziehen ans Festland ausgemachter Begriffe. Wir malen Hieroglyphen in den Sand, über die am nächsten Morgen die Vögel rätseln werden. Marie sammelt auch hier Steine, findet wie überall einen Hühnergott, einen durchlöcherten Stein, der Glück bringen soll. Sie fädelt einen verlorenen Schnürsenkel in die Öffnung und bindet das Glück ans Handgelenk. Wir legen uns in den Sand, wir haben Glück.

Wir nehmen der Insel weg, was das Meer ihr gebracht hat, Steine, Muscheln. Wir sind nicht frei von Aberglauben, die Steine bringen uns im nächsten Jahr zurück, sagen wir. Zu Hause kommen die Steine und Muscheln zu den anderen Strandbeuten, den rosa Muscheln aus der Karibischen See, den stachligen aus dem Mittelmeer, den vertrockneten gummiartigen Seepferdchen vom Schwarzen Meer, den daumennagelgroßen Muscheln aus Durrës. Die Steine und Muscheln, älter als wir, begleiten uns in allen Umzügen. Eines Tages sind sie so verstaubt und farblos geworden wie ausgestopfte Vögel, und so bringen wir sie zurück ans Meer.

Dieter Kraatz

Von Schmoraal und Sturmbowle
Köstlichkeiten einer Inselküche

Auf den Spuren der Inselgerichte

Die Inselküche ist wie jede andere Landschaftsküche heute nicht unbeeinflußt von der Praxis und den Erfahrungen anderer Küchen. Allerdings trifft auf die Küche der Insel Rügen und Hiddensee zu, daß bedingt durch die Trennung vom Festland über Jahrhunderte eine relativ große Eigenständigkeit typisch für die Inselbevölkerung war.

Deutlich spürbar sind bei der Inselküche die Einflüsse der ehemals mecklenburgisch-pommerschen Küche, denn zeitweise gehören die Inseln zum Herzogtum Pommern, das auch Teile Mecklenburgs einschloß. Manches Gericht der Inselküche erinnert an die schwedische Küche, denn über Jahrhunderte (von 1648 bis 1815) gehörten die Inseln zu Schweden. Es liegt der Gedanke nahe, daß von den Fahrensleuten auf allen Weltmeeren manche Zutat und manche eigenwillige Zubereitung mit in die heimatliche Inselküche eingebracht wurden.

Warum wir gerade diese Gerichte heute als Köstlichkeiten bezeichnen, das ergibt sich aus der Einsicht unserer Tage gesund zu leben, aus dem immer stärker werdenden Wunsch nach einer gesundheitsfördernden Ernährung.

In diesem Sinne sind die Gerichte der Inselküche Köstlichkeiten, denn sie sind einfach und schmackhaft, über Jahrhunderte bewährt und bewahrt.

Sie wird im wesentlichen bestimmt durch den Fischfang in der Ostsee und den Fischreichtum der Boddengewässer.

Und was wäre die Inselküche ohne ihre Fischgerichte?

Man kannte über 70 Fischarten. Hering, Goldbutt, Scholle, Steinbutt, Seezunge, Hecht, Schleie, Karpfen, Barsch, Karausche, Aal und Ostseelachs waren sehr verbreitet.

Grümbke sprach 1815 von 20 bis 30 Gattungen Fisch und nannte Forelle und Makrele die seltensten. Als feinster Fisch galt der Lachs. Karpfen und Schleie auf polnische Art standen schon lange auf dem Speisezettel. Der wichtigste Fisch aber war und ist auch heute noch der Hering.

Wie wurde nun der Fisch verarbeitet bzw. haltbar gemacht?

Aus dem 17. Jahrhundert ist bekannt, daß die Fischer den Hering gesalzen haben. Das geschah im »Solthuus«, dem Salzhaus, einem kleinen rohrgedeckten Schuppen in Ufernähe.

Zöllner notierte 1795 auf seiner Rügenreise, daß die Hiddenseer und die Einwohner von Vitt auf der Halbinsel Wittow den Hering räucherten und als Bückling verkauften.

Hiddensee

Zum natürlichen Verband der Insel Rügen gehört die Insel Hiddensee. Unsere kulinarische Reise führt uns deshalb über das Wasser von Wittow dorthin.

So schön der Sommer ist, so hart ist oft der Winter, wenn die Verkehrsverbindung zur »Mutterinsel« nicht mehr möglich ist. Das zwang die Einwohner in der Vergangenheit, Vorsorge für den langen Winter zu treffen. Verständlich, daß sich daraus auch Verzehrgewohnheiten entwickelten, bei denen die Haltbarmachung der Lebensmittel eine besondere Rolle spielte.

Noch mehr als auf der großen Schwesterinsel nahm auf Hiddensee der regelmäßig im Frühjahr und Herbst gefangene Fisch eine dominierende Stellung ein.

Seine Haltbarkeit erhielt er durch das Sauerkochen, wofür sich besonders gut kleine Aale eigneten. Man kochte sie mit allerlei Gewürzen, schmeckte sie sehr sauer ab und schichtete sie in einen Steintopf, der mit Pergament zugebunden und in den Keller gestellt wurde. Der Inhalt war viele Wochen verwendbar. Im Sommer gingen die Hiddenseer Aal stechen. Mit dem sogenannten Aaleisen konnten auch größere Aale gefangen werden. Erfolgte der Fang im Herbst, wurde der Aal für den ganzen Winter eingesalzen. Das Besondere bestand darin, daß man den

Aal zuerst mit Sand und einem Stück Holz reinigte. Nach dem Ausnehmen wurde der Aal mit Salz in Fässer gelegt und oft ein ganzes Jahr konserviert. Vor der Verwendung erfolgte dann ein 24stündiges Wässern.

Ein beliebtes Gericht war Salzaal mit Senfsoße, wobei der Senf selbst im Mörser frisch gemahlen wurde. Das gab der Soße einen besonders pikanten Geschmack. Eine weitere Hiddenseer Spezialität ist Schmoraal. Wie Gulasch zubereitet, hat er auch heute noch viele Liebhaber.

Von Hiddensee ist die Aalsuppe weit über die Grenzen der Insel hinaus bekannt.

Besonders liebevoll bereitete man auf der Insel den Fischsud zu: Zwiebeln und Petersilienwurzeln waren neben Salz die Zutaten. Sie wurden immer erst gekocht, dann ließ man den Fisch darin garziehen.

Der Autor hat diese Zubereitungsart ausprobiert, es schmeckt wirklich ausgezeichnet. Das Geheimnis besteht darin, daß der Geschmack der Fische in diesem Sud nicht verfälscht wird.

Natürlich aß man auf Hiddensee nicht nur Fisch, obwohl er noch heute häufig auf dem Speisezettel der Bewohner steht. Auf der Insel wächst wenig Gemüse. Die Bodenverhältnisse lassen es nicht anders zu. So wurde Gemüse von der Insel Rügen gekauft und in den Kellern eingelagert, zum Beispiel eingesandet. Die Breite des Sortiments war dadurch begrenzt. In den Wintermonaten dominierte die Wruke, die man zu Eintopf oder als Gemüse verarbeitet gern verzehrte.

Wichtig im Leben der Bevölkerung war die Hausschlachtung im Herbst. Wer es sich leisten konnte, der schlachtete, und dann ging es ans Pökeln; auch Speck, Schinken und Lungwurst stellte man selbst her. Und nicht zu vergessen: Schmalz, das besonders gern zum Frühstück verzehrt wurde.

Wie auf Rügen kannte man auch auf Hiddensee Schwarzsauer. Da nur einmal im Jahr geschlachtet wurde, konnte man eigentlich nur zu diesem Zeitpunkt Schwarzsauer essen, aber wie das Sprichwort sagt: Not macht erfinderisch – so wurde auch dieses Gericht haltbar gemacht.

Am Schlachttag wurde zunächst das notwendige Fleisch aussortiert. Vor allem geeignet sind Bauch, Rippen, die Ohren, »Schnut und Poten« und als Krönung der Schweineschwanz. Dieses Fleisch wurde mit Salz und einigen Gewürzen, wie Piment, Salz, Zwiebeln und Zucker, gekocht. Währenddessen verrührte man ½ l Blut mit 1 l Essig. Wenn das

Fleisch gar war, wurde es in diesen Fond gelegt, danach gut sauer abgeschmeckt, alles in einen Steintopf gefüllt und in den Keller gestellt. Wollte man Schwarzsauer essen, wurde ein Teil entnommen, aufgekocht und mit Zucker abgeschmeckt. Gekochte Backpflaumen vervollständigten das Gericht. Die Beilage bestand aus Pellkartoffeln oder Kartoffelklößen.

Sitten und Bräuche beim Essen und Trinken

Spärlich sind die Berichte über die Sitten und Bräuche – einschließlich der Verzehrsgewohnheiten – vergangener Jahrhunderte. Allerdings hat die sprichwörtliche Rückständigkeit Mecklenburgs auf ökonomischem, sozialem und kulturellem Gebiet, die auf Rügen und Hiddensee besonders ausgeprägt war, mit dazu beigetragen, das Brauchtum zum Teil etwas länger zu erhalten als in anderen deutschen Gegenden. Manche Bräuche haben wohl auch aufgrund der relativen Abgeschiedenheit durch die Insellage länger Bestand gehabt als anderswo. Auf Hiddensee war es sogar bis in unser Jahrhundert hinein unüblich, von Neuendorf nach Vitte zu heiraten beziehungsweise umgekehrt.

Was aber als Fakt noch wichtiger zu vermerken ist, diese feudalen Besitzverhältnisse auf Rügen und Hiddensee bestimmten den harten Arbeitsalltag der Menschen, ihr entbehrungsreiches Leben, ihre bescheidenen Lebensbedingungen, so daß eben auch in der Regel nur einfache Gerichte auf den Tisch kamen. Oft wurden Speisen für mehrere Tage gekocht und die Nahrungsmittel meist selbst erzeugt und konserviert.

Den Bewohnern der Insel Rügen und Hiddensee wurde und wird zwar nachgesagt, sie seien wortkarg und etwas verschlossen, aber ihre Feste und Feiertage begingen sie ausgelassen.

Auch das Hiddenseer Hochzeitsmahl soll recht üppig gewesen sein.

Noch um die Jahrhundertwende gehörte auf Hiddensee der Hochzeitsbitter zum Hochzeitsbrauch. Er ging oder tanzte mit dem »Hochtidspird« – einem mit Blumen geschmückten Stab – in die Häuser, um die Gäste einzuladen. Die Feierlichkeiten begannen am Donnerstag mit dem Polterabend, denn die Hochzeit sollte am Freitag sein, wohl ein sehr alter Brauch, der möglicherweise damit zusammenhängt, daß dieser Tag der altgermanischen Schutzgöttin der Ehe, Freya, heilig war.

Nach der Trauung ging es zum Mittagessen. Folgende Speisenfolge soll um die Jahrhundertwende auf Hiddensee noch allgemein üblich gewesen sein:

Zunächst gab es auch hier Hühnersuppe. Die Fischer hatten 2 bis 3 Tage vor der Hochzeit für einen 10 bis 20 Pfund wiegenden Hecht gesorgt. Er wurde in Stücke geschnitten, gekocht und mit Petersiliensoße und Salzkartoffeln als zweiter Gang gereicht. Als Fleischgang kamen Kalbs- oder Schweinebraten mit Rotkohl, Mischgemüse und Salzkartoffeln auf den Tisch.

Etwas Besonderes war das selbst gezogene Kalb, das auf den salzigen Wiesen der Insel besonders gut gedieh. Als Braten bildete Kalbfleisch einen Höhepunkt des Festessens. Zum Nachtisch reichte man Grießpudding und besonders gern Zitronenkrem.

Am Hochzeitstag wurde bis in die Nacht getanzt, gesungen und getrunken, und zwar Bier und Schnaps, und die Frauen und Mädchen erhielten einen »Süßen« (Likör).

War der Sonnabend dann in aller Ruhe vergangen, gab es nach dem sonntäglichen Kirchgang des Brautpaares noch einen ausgelassenen Festausklang, zu dem – wie man sich erzählte – in den »guten alten Zeiten« unwahrscheinliche Mengen gegessen und getrunken worden sein sollen.

Feiertage und ihre Bräuche

Zu Weihnachten kannte man auf Rügen und Hiddensee bis Ende des vergangenen Jahrhunderts noch keinen Weihnachtsbaum beziehungsweise Weihnachtsmann; aber ein »Rumbräkker« ging um mit Rute und Pfeffernußbeutel und – vielleicht ein Überbleibsel aus der sog. Schwedenzeit –, man kannte das Julklapp. Bis um 1920 schmückte man den Richtbaum (Tannenbaum) nur mit aufgezogenen Pfeffernüssen. Die Bäcker stellten als Baumschmuck farbige Teigfiguren her. Nach Hiddensee kam der Weihnachtsmann erst, seit es feste Schiffsverbindungen mit Rügen und Stralsund gibt.

Im 19. Jahrhundert hing zum Weihnachtsfest stets ein großer Mistelzweig über der Tür. Er berechtigte nach altem Brauch dazu, jede Frau, die darunter hindurchging, ungestraft zu küssen. Und das soll heute noch bei einigen Familien so sein. An Stelle eines Weihnachtsbaumes steht in manchem Haus der traditionelle Hiddenseer Bügelbaum, der in Ermangelung echter Nadelbäume in Form einer Pyramide aus Rundholzstäben hergestellt und geschmückt wird.

Andere Familien holen sich ihren Weihnachtsbaum einfach selbst aus dem Revier. Ja, auf Hiddensee ist das ausnahmsweise erlaubt, nämlich in der naturgeschützten Heide zwischen der »Heiderose« und dem Ort Neuendorf. Dort haben sich in den letzten Jahrzehnten durch Flugsamen neben Birken auch Kiefern angesiedelt, die aber die Heide zu zerstören drohen.

Und was wurde nun Weihnachten gegessen?

Auf Hiddensee bevorzugte man ebenfalls Genickbraten mit Rotkohl und Salzkartoffeln. Eine Besonderheit bot das Frühstück: Schmoraal mit Brot, eine Reverenz an die Fischer und Seeleute, die nach einem langen und meist entbehrungsreichen Jahr Weihnachten zu Hause waren.

Auf der Halbinsel Wittow kam Weihnachtsgeflügel auf den Tisch. Die Gans, gefüllt mit Gehacktem, dazu ebenfalls Rotkohl und Salzkartoffeln, war schon lange ein beliebtes Weihnachtsgericht. Aber auch eine Ente kam in Betracht, gefüllt mit Backobst. Der unvermeidliche Grießpudding komplettierte das Mahl.

Bei der Weihnachtsbäckerei zeigen sich ebenfalls einige Unterschiede in den einzelnen Inselregionen. Einheitlich war die Pfefferkuchenbäckerei. Auf Hiddensee hat der Stollen eine führende Stellung. Er wird so gebacken, daß er in der Regel bis Ostern gegessen werden kann.

Rezepte

Suppen

Fischsuppe Ostsee

350 g Dorsch oder ähnlicher Fisch	2 Zwiebeln, gewürfelt
50 g Butter	1 Knolle Sellerie, gewürfelt
250 g Kartoffeln, geschält und gewürfelt	1 Stange Porree, gewürfelt
1 Möhre, gewürfelt	Salz, frischer Pfeffer, Petersilie

Den Fisch in Salzwasser pochieren.

In einem größeren Topf die Butter erhitzen und darin das Gemüse andünsten. Mit Salz und frisch gemahlenem Pfeffer würzen. Den Fischfond hinzufügen und etwa 15 Minuten kochen. Den Fisch als Einlage in die Suppe geben.

Sehr heiß servieren.

Hiddenseer Aalsuppe

750 g Aal	*Kloßeinlage*
200 g Suppengrün	100 g Mehl
(Möhren, Sellerie, Porree)	2 Eier
600 g Kartoffeln	⅛ l Milch
100 g Butter	Wasser nach Bedarf

Den geputzten, gut gewaschenen Aal in kleine Stücke schneiden und mit dem zerkleinerten Suppengrün kurz in Salzwasser kochen.

Anschließend den Fisch herausnehmen und warm stellen. In den Fond die geschälten und in Würfel geschnittenen Kartoffeln geben und garkochen.

Danach den Fisch mit der Butter wieder hineingeben und einige Minuten ziehen lassen.

Kloßeinlage

Aus den Zutaten einen weichen Teig herstellen und in Salzwasser kochen. Dann als Einlage in die Suppe geben.

FISCHSPEISEN

Dorsch in Petersiliensoße

1500 g Dorsch	¾ l Wasser
200 g Suppengrün (Möhre, Sellerie, Porree, Petersilienwurzel)	½ Teelöffel gekörnte Brühe
	Salz
100 g Butter	1 Zitrone
4 Eßlöffel Mehl	Lorbeerblätter, Zucker,
¼ l Milch	Speisewürze
	3 Bund Petersilie

Den Dorsch gut säubern (die Haut mit einem scharfen Messer putzen) und in Portionsstücke schneiden. Das Suppengrün putzen, in feine Streifen raspeln und in etwa 40 g Butter anschwitzen.

Den Fisch daraufgeben, salzen und mit Zitronensaft beträufeln, 2 Lorbeerblätter und die gekörnte Brühe hinzugeben, mit ¾ l Wasser auffüllen und zugedeckt etwa 15 Minuten garziehen lassen. Von den restlichen 60 g Butter und dem Mehl eine helle Schwitze bereiten, mit dem Fischsud (durchseihen) eine sämige Soße herstellen, die Milch hinzugeben und gut durchkochen lassen.

Mit Zucker, Salz und etwas Speisewürze abschmecken und nochmals aufkochen. Die Petersilie feinhacken und in die Soße geben.

Salzkartoffeln und frische Salate als Beilage.

Grüne Heringe, gebraten, nach Art der Ostseefischer

8 grüne Heringe	100 g Mehl
Salz, Pfeffer	100 g Speckwürfel

Die Heringe gut säubern, waschen und abtropfen.

Mit Salz und Pfeffer würzen und in Mehl wälzen. Wenn das Mehl angezogen hat, restliches Mehl abklopfen.

In einer Pfanne Speckwürfel auslassen, durch ein Sieb gießen und die Grieben beiseitestellen.

Die vorbereiteten Heringe im Speckfett goldbraun braten und auf einer Platte anrichten. Die heißen Grieben darüberstreuen.

Hiddenseer Schmoraal

750 g Aal	Pfeffer
75 g Margarine	100 g Butter
Salz	50 g Mehl
2 große Zwiebeln	

Den Aal gut putzen und in etwa 2 cm lange Stücke schneiden.

In einem Topf die Margarine erhitzen, die Zwiebelscheiben darin glasig dünsten, den gesalzenen und gepfefferten Aal hineingeben und alles gut schmoren.

Aus der Butter und dem Mehl eine hellbraune Schwitze herstellen und an das Gericht geben. Gut durchkochen und mit Salz- oder Pellkartoffeln servieren.

Hornfisch, gebraten, mit Senfsoße

1000 g Hornfisch	*Zur Soße:*
60 g Öl	40 g Butter
20 g Mehl	50 g Mehl
Salz	¼ l Milch
1 Zitrone	⅓ Becher Senf
	Salz, Pfeffer
	15 g Zucker

Den Hornfisch ausnehmen und gut waschen, in Portionsstücke schneiden und mit Salz und Zitrone würzen. Etwa eine Stunde in ein Sieb legen. In Mehl wälzen und in sehr heißem Öl braten.

Die *Senfsoße* wie folgt herstellen:

Aus der Butter und dem Mehl eine dunkle Schwitze bereiten, den Senf unterrühren und mit der Milch auffüllen.

Mit Salz, Pfeffer und Zucker abschmecken und gut durchkochen.

Salzkartoffeln und frischer Salat als Beilage.

Süßsaurer Hering mit Stampfkartoffeln auf Hiddenseer Art

4 bis 6 Salzheringe	¼ l Milch
2 Zwiebeln	50 g Butter
1 Tasse Essig	75 g Speck
Zucker	Muskat
800 g geschälte Kartoffeln	

Die Heringe 24 Stunden wässern, säubern und in Stücke schneiden. Aus Wasser, Essig, Salz und Zucker einen Fond herstellen und darin den Hering kochen.

Stampfkartoffeln: Die geschälten Kartoffeln mit der Zwiebel kochen, dann schwach abgießen und stampfen. Butter und Milch sowie ein Stück Muskat hinzugeben und gut durchrühren. Den Speck fein würfeln und auslassen.

Auf einem Teller die Stampfkartoffeln anrichten, in der Mitte ein Loch formen und den ausgelassenen Speck hineingeben.

Den gekochten Fisch heiß anlegen.

SPEZIALITÄTEN DER INSEL

Graue Klöße nach Mutter Gau

400 g Mehl	100 g Speck
4 Eier	2 Zwiebeln, gewürfelt
Salz	50 g schwarzer Sirup
1 Päckchen Backpulver	

Aus dem Mehl, den Eiern, dem Backpulver sowie einer Prise Salz einen Teig herstellen, Klöße formen und in kochendes Salzwasser geben. Wenn die Klöße an der Oberfläche schwimmen, sind sie gar. In der Pfanne Speck auslassen und darin die Zwiebeln goldgelb rösten.

Die Klöße auf einem Teller anrichten und das Speck-Zwiebel-Gemisch darübergeben.

Den Sirup in einer Schale extra reichen.

Beim Essen wird ein wenig Sirup auf die Klöße gegeben.

Sturmbowle

½ l heißer starker Tee	⅛ l Rum
75 g Zucker	Saft einer Zitrone
¼ l Rotwein	

Die Zutaten gut mischen und in einem Topf fast zum Kochen bringen. Gegebenenfalls mit Zucker nachschmecken. Sehr heiß servieren.

Kalte Speisen

Aal, sauer gekocht

1000 g Aal	25 g Gelatine
40 g Zwiebeln	¼ l Essig
40 g Sellerie	1 l Wasser
30 g Petersilienwurzeln	Salz, Zucker
1 Lorbeerblatt	

Den Aal gut säubern und in Stücke schneiden.

Aus dem Wasser, den Zwiebeln, dem Sellerie, der Petersilienwurzel und dem Lorbeerblatt sowie etwas Salz einen Sud kochen und darin den Aal garen. Danach im Fond erkalten lassen.

Den Fisch herausnehmen und in eine Schüssel legen. Den Fond durchseihen und mit Essig, Salz, Zucker süßsauer abschmecken und wieder erwärmen.

Die eingeweichte Gelatine hineingeben und vollständig auflösen lassen, über den Fisch geben und 24 Stunden kaltstellen.

Bratkartoffeln oder Brot sind als Beilage geeignet.

Bratheringe, mariniert

8 bis 10 grüne Heringe	50 g Zwiebelscheiben
50 g Mehl	5 Gewürzkörner
150 g Margarine	1 Lorbeerblatt
½ l Essig	Zucker, Salz
1 l Wasser	

Die grünen Heringe nach dem 3-S-System (Säubern, Säuern, Salzen) vorbereiten. Dann mehlieren, in sehr heißem Fett goldbraun braten und in eine größere Schüssel legen.

Aus Wasser, Essig, Zwiebelscheiben und den Gewürzen einen Fond kochen und einen Teil davon in der Pfanne ablöschen. Das Ganze erkalten lassen, über die abgekühlten Bratheringe geben und mindestens 2 Tage kaltstellen.

Als Beilage Bratkartoffeln oder Brot.

NACHSPEISEN

Waffeln nach Mutter Gau

3 Eier	100 g Maizena
125 g Zucker	100 g Mehl
150 g Margarine	½ Päckchen Backpulver

Die Eier mit dem Zucker schaumig schlagen und in eine Schüssel mit der zerlassenen Margarine geben. Maizena, Mehl und Backpulver hinzufügen und gut durchrühren.

Auf dem vorgeheizten Waffeleisen sofort backen und auf einem Gitterrost erkalten lassen.

In einer Blechdose sind diese Waffeln sehr lange haltbar.

HANNS CIBULKA

Sanddornzeit – Tagebuchblätter von Hiddensee

19. Juli
Seit einigen Tagen lebe ich auf dem Dornbusch, in einem Holzhaus, unweit der Steilküste. Die Balken sind von Sonne, Wind und Regen ausgelaugt, das Dach ruht schwarz auf den vier Wänden. Die beiden Fenster, offen, vorhanglos, gehen nach dem Süden. Ein schmaler gelber Sandweg fällt von der Haustür hinab bis an das Meer. Wie ein aufgeschlagenes Buch liegt die Insel mit ihren Küsten und Buchten vor mir.

21. Juli
Frost, Sturm und Meer sind die Gewaltigen auf dieser Insel. Die Böen kommen von Skagerrak her, brechen in die Waldungen ein, legen die Bäume um. Ein mächtiger Damm aus Dioritsteinen schützt die Hucke vor dem weiteren Abbau, riesige Quader, Wellenbrecher. Unterhalb der Steilküste, wo die Brandungsstreifen weiß vom Wellenschaum, hat sich die Salzflut leichte Mulden in den Ufersand gehöhlt, natürliche Aquarien mit buntgescheckten Muscheln, durchsichtigen Quallen.

An den Sommertagen liegt der Dornbusch mit seinen kräftigen Konturen wie eine blaue schwebende Hügelkette am Horizont, eine fließende Linie, lichtgetränkt. Nur ein paar Föhren, vertrocknete Windflüchter, ragen über das Landschaftsbild hinaus.

22. Juli
Auf dem Heimweg fanden wir im heißen körnigen Sand, wo der Strandhafer zischelt, eine Stranddistel. Fiederspaltig und stachelig zugleich standen die äußeren Blätter am Hüllkelch. Ihre Farben erinnerten mich an den spröden Glanz der Metalle, grau, silbern, rostbraun. Diese Blume steht dem Holzschnitt näher als dem Aquarell. Spartanische Pflanze. Die trockenhäutigen Blätter am Hüllkelch leuchteten auf, als wären sie aus einer dünnen Silberfolie geschnitten.

26. Juli

Hinter meinem Holzhaus führt ein schmaler sandiger Pfad den Dornbusch entlang, hart am Abhang des Lehmblocks.

An jeder Kehre ändert sich das Bild. Breite Buchten, steilwandige Klingen. Hier stößt die Küste ins Meer, dort weicht das Land vor den Wellen zurück. Sanddornbüsche schieben sich von unten her bis an den Weg heran, der Schlehdorn hat sich an den Hängen angesiedelt, der wilde Rosenstock blüht auf, eine stachlige Strauchvegetation, eine nördliche Macchia, undurchdringlich.

In vielen Stockwerken ist hier die Pflanze zu Haus. Keine verschnittenen Sträucher, alles, wie es wächst und gedeiht, die Bergjohannisbeere mit ihrem schlanken kastanienbraunen Stamm, den aschgrauen Ästen, die bogig überhängen, der Hagedorn mit seiner Doldenrispe, die beerenförmigen Kernäpfel der Eberesche, scharlachrot, Schlingpflanzen klettern an den Büschen hoch, in großen flachen Blüten leuchtet die Winde auf, der Faulbaum mit seiner schwarzvioletten Rinde hat sich eingefunden. Huflattich breitet sich aus, kleine gelbe Sonnen. Tussilago farfara. Die Gräser aber hängen wie ein zottiges Tuch den Lehmblock herab. Zungen von Grasnarben, fransig.

Nach Norden hin läuft der Block in eine weite, wenig bewegte Waldlandschaft aus. Hinter der Hucke schieben sich die Föhren herauf, blau und klangvoll, dazwischen wächst die Lärche mit ihren hellgrünen Nadeln, die braune, vom Wind und Wetter ausgelaugte Eiche. Im weiteren Sichtfeld wird die Steilküste durch halbmondförmige Buchten aufgelockert. Das Meer, bald liegt es blau, bald droht es mit seinem stumpfen metallischen Grau. Im Süden dagegen liegt die Insel wie ein aufgeschlagenes Buch vor unseren Augen, keine Bodenwelle, bebautes Flächenland, Vorgärten, Fischerboote und Wiesen. Der Blick geht weit über Vitte hinaus. Weißmaurig leuchten in der Ferne die Häuser von Neuendorf.

Wenn es dunkelt, werden meine Wände durchlässig für die Stimmen der Tiere. Der Schrei einer Wildgans, das Bellen des Hundes, der Ruf einer Eule, all diese Töne, die während des Tages belanglos an meinem Ohr vorüberwehn, erinnern mich jetzt an die sinnvolle Sprache der Kreatur.

28. Juli

Bei der Durchsicht der Manuskripte fand ich heute früh ein paar Notizen über meinen ersten Hiddensee-Aufenthalt im Sommer 1961. Ich war damals auf der Suche nach der deutschen Landschaft. Mit Italien lebte ich jahrelang unter einem Dach, es war eine Gemeinschaft, ein Zusammenleben, ein Zusammendarben, Haut an Haut. Hiddensee war meinem Wesen fremd. Ich wehrte mich gegen die spröde norddeutsche Landschaft. Vergebens wartete ich auf eine Handreichung, doch das Du blieb in der Kehle stecken. Ich kam über die ersten Schreibmaschinenseiten nicht hinaus. Die Sätze blieben wie Unkraut auf dem Felde stehen, Hederich. Ich war in meinem Leben an einer Wendemarke angelangt. In der einen Waagschale lagen die Erlebnisse von Syrakus, Catania und Orvieto, in der anderen ein Sanddornblatt, unbeschrieben.

Italien, das war Geschichte, Architektur, Musik und Malerei, Historie auf Schritt und Tritt. Hiddensee war weder der Schauplatz großer Kulturen, noch sind die Radien der Weltgeschichte durch dieses Land gegangen. Es ist ein Stück Erde ohne historischen Hintergrund, es kennt nicht die Trauer der Ruinen, den geschichtlichen Verfall. Andere Kräfte sind auf der Insel lebendig.

Hiddensee kennt nicht die harte unversöhnliche Despotie der sizilianischen Sonne. Gedankenschnell huscht hier das Licht über den Strand, hauchblau, legt sich milchig getönt auf die Wiesen, gedämpft durch den zarten silbernen Schleier, der Tag für Tag vom Meer her aufsteigt. Unter dieser Sonne treten die Konturen der Dinge zurück, die Bilder ziehen still an dir vorüber, hunderfältig abgeschattet. Es ist ein ruhiges Ineinanderübergehen. In dieser Landschaft ist alles um einige Stufen zarter, durchsichtiger, das Grenzenlose ist dem Menschen näher. In allen Dingen leuchtet hier der Himmel auf windüberweht.

29. Juli

Als ich zum erstenmal in Vitte die Fischer reden hörte, traute ich kaum meinem Ohr. Es ist ein äußerst lebhafter Dialekt, den die Menschen hier sprechen, farbenfroh, voller Durchsichtigkeit. In diesem Dialekt schwingt immer etwas Schelmisches mit, der scharfe Kommandoton ist ihm fremd. Die Redewendungen sind einfach, schmucklos und doch von einer hohen inneren Bildkraft.

Das mecklenburgische Platt hat sich die Bildkraft des Wortes stärker bewahrt, als es im Hochdeutschen der Fall ist. Heute noch findet man Wörter, die den aufmerksamen Hörer immer wieder überraschen. Zum Beispiel heißt das Brett auf dem die Kannen stehen Kannbuurd, der vierbeinige Sitz, auf dem der Sattler näht, Neihroß, der Junge, der den Erntearbeitern auf dem Felde die Vespermahlzeit bringt, das kleine Abendbrot, Lüttabendbrotdräger, und schließlich sagt man heute noch für Lauferei ganz schlicht und einfach Beenarbeit. Dat's ak allerhand Beenarbeit!

1. August

Ich lebe in den Tag hinein, niemand kontrolliert meine Zeit, niemand verlangt, daß ich pünktlich zum Essen erscheine. Ich kann gehen und kommen, wie es mir beliebt, ich bin aufgehoben in des Wortes doppelter Bedeutung.

Den halben Vormittag vertrödelte ich im Hafen. Die Dampfer der »Weißen Flotte« kamen angefahren, röhrten. Langsam zogen sie ins Hafenbecken ein, die Motoren gedrosselt. An der Reling standen die Feriengäste, bunte kleine Pulks. Zehn Minuten später drängten sie über die Schiffstreppe, den Koffer in der Hand, das Paket unterm Arm. Gegen Mittag kamen die Kutter, schwarze eiserne Kästen mit knatterndem Motor. Die Fischer schleppten ihren Fang ans Land, Kisten, vollgepackt mit Flundern, Dorsch und Stint. In den offenen Fässern aber schlängelten sich die Aale. Sie glitten lautlos durcheinander, ein schleimiges Knäuel, dunkelgrün, ins Bräunliche spielend.

7. August

Sechs Uhr früh Abfahrt von Kloster. Mit dem Postboot ging es an Vitte vorbei, immer die Küste entlang. Nach einer halben Stunde tauchten in der Ferne die ersten kleinen Häuser von Neuendorf aus der Flut. Sie schwammen auf dem Meer so weiß und hauchig wie die Blüten einer Seerose.

Bei der Einfahrt in den Hafen überraschte mich ein völlig anderes Landschaftsbild. Breitflankig lag die Insel vor meinen Augen da, zart, sommergrün. Der Dornbusch mit seinem geschlossenen Landschaftsbild trat in den Hintergrund, der gebieterische Schwung der Hügelkette hatte sich beruhigt und geklärt, die senkrechte Linie war getilgt, die waagerechte herrschte.

Neuendorf ist von Wiesen durchsetzt. Hinter dem Haus beginnt die Flur, wildes Gras, ein paar Sandstreifen, keine Blumenfreude. Es fehlt die Geborgenheit des Gartens, der an die Seßhaftigkeit des Menschen erinnert, die Beete in Gelb, Blau oder Pupur.

12. August

Heute morgen fiel die Windsbraut über die Insel her. Sie stürzte sich mit einem hellen schrillen Pfiff ins Dorf, schaufelte den Dünensand landeinwärts, riß die Nester aus den Bäumen, griff nach den Bohnenstangen und drehte sie aus. Sie warf sich lachend an die Häuserwände, daß die Fenster zitterten. In großer Höhe, wo das Tageslicht kalt und fahl am Himmel stand, jagte sie die Wolken in entgegengesetzter Richtung aneinander vorbei. Ihre Schatten flogen über den Dornbusch, grau, schwarz, violett.

Ich zog den Regenmantel an und ging hinunter an den Strand. Die Ostsee kochte, ein zerklüftetes Gebirge. Grüne Berge rollten heran, stiegen an der Ufermauer hoch, zischend. Faustdicke Flocken riß der Sturm von den Schaumkronen ab und warf sie durch das Wellental landeinwärts. Manchmal schoß aus den Wogen, raketengleich, eine Wasserfahne hoch. Weißer flüchtiger Gischt, Meeresstaub. Vor der Küste aber hellten sich die Wogen auf, ihre Ränder wurden grün, ehe sie klatschend auf die Steine niedergingen. Stoßweise trieb der Sturm die schwarzen Wolkenbänke vor sich her. Der ganze Horizont hing schräg. Das Meer glich einem brodelnden Chaos.

13. August

Nach zwanzig strahlenden Sonnentagen zogen die Nebeltöchter ihren Bannkreis um die Insel. Sie schoben sich vom Meer an das Ufer heran, krochen die Dünen herauf, hängten ihre grauen Fetzen als Erkennungszeichen in die Sträucher, brauten durch den Föhrenwald und wogten, vom Windstoß getrieben, in breiter Front auf Kloster zu. Sie krochen an den Häuserwänden hoch, wischten das Licht aus den Fenstern und warfen ihre feuchten undurchsichtigen Laken über das Dach. Die Insel hatte ihr Gesicht verloren, war abgesunken, ertrunken. Land unter. Das Nebelhorn tutete Tag und Nacht.

17. August
Der Vormittag kam heiß. Auf den Schirmkronen der Bäume lastete ein bleiernes Schweigen. Die Kleider wurden lästig. Ich ging hinunter an den Strand und warf mich in das kühle grüne Wasser. Die Wellen schlugen auf den Körper ein, trieben das Blut durch die Adern. Mit harten Schlägen antwortete das Herz. Ich durchschwamm die erste Tiefe und stand nach wenigen Sekunden auf einer festen Sandbank. Nicht weit von mir entfernt ging eine Möwe auf das Wasser nieder. Nach einer kurzen Atempause stieß ich mich vom Meeresboden wieder ab und kraulte hinaus in die See. Als flacher grüner Streifen lag jetzt die Insel im Wasser. Ich sah den Himmel mit seinem überirdischen Blau, unter mir den eigenen Schatten, der dunkel über den Meeresgrund huschte.

Nach dem Wasser ein Sonnenbad im Windschatten der Dünen. Ein Stück weiter Strandkorb neben Strandkorb. Das Fleisch wird gegrillt, die silbernen Antennen der Kofferradios glitzern in der Sonne. Hier ein Chanson, dort ein Fetzen Jazz. Rufe, die an meinem Ohr vorüberfliegen. Geräuschkulisse von früh bis spät. Der Mensch wird auf Gnade oder Ungnade seinem Nachbarn ausgeliefert.

Der hohe Mittag kam. Das fröhliche Treiben unten am Strand war zusammengesunken. Die Sonne blitzte aus dem Meer herauf. Die Küste nach Vitte, ausgebreitet wie ein goldenes Vlies, löste sich auf. Alles Sichtbare zerfloß. Das Licht trieb sein Spiel mit dem Raum.

Das Leben hielt für einen Augenblick den Atem an. Kein Gegendruck, die Insel schwebte im Gleichgewicht. Ich schloß meine Augen und wartete, bis das Meer hinter den Lidern zu leuchten begann.

19. August
Bei diesiger Sonne wanderte ich den Strand entlang. Links das Meer und rechts die steilen Hänge aus Lehm. Unterhalb der Hucke wurde das Ufer dann steinig. Große graue Wacken lagen hier im Sand, Felsblöcke mit rauchzarter Bänderung, ockerfarbenen Adern. Eiszeitliches Steingeröll. Plötzlich sah ich, daß die Lehmwände mit faustgroßen Löchern durchsetzt sind. Je länger ich hinauf blickte, desto mehr Löcher konnte ich erkennen. Die ganzen Wände waren hier mit Höhlen übersät. Die Öffnungen waren rechteckig angelegt, lang und schmal, wie die Schießscharten bei einem Bunker.

Ein kleiner unscheinbarer Vogel hat sich in die Uferwände eingehöhlt. Ich sah die weißen flinken Segler aus den Lehmlöchern abstreichen, andere wieder schossen mit ihren spitzen Flügeln pfeilgrad auf den Rand der Höhle zu. Es sind Uferschwalben. Sie graben mit ihrem breiten, kräftigen Schnabel einen schmalen, langen Gang in die Wand, zwei bis drei Meter tief, dann bauen sie am Ende der Röhre, in einer backofenförmigen Nische, das Nest. Ganze Kolonien hatten sich hier eingenistet. Sie durchlöcherten den Lehm, wie der Holzwurm einen Wurzelstock.

Während ich den Flug der Schwalben beobachtete, sie schossen hinauf in den Himmel, stieß am Strand von Kloster ein Rettungsboot in See. Ein paar Minuten später legten zwei Männer ein kleines Mädchen in den Sand. Im gleichen Augenblick war der Strand voll Menschen. Sie standen dicht gedrängt im Kreis. Ihre Gesichter waren ernst, ein lautloses Lamento. Dunstig grau lag das Meer und sog das Licht in sich ein.

Der plötzliche Tod des Kindes hatte ein ganzes Signalsystem in meinem Innern ausgelöst. Mir war, als hätte ein unsichtbarer Bote eine chiffrierte Nachricht in meinen Händen zurückgelassen. Wir alle unterliegen ja in unserem Leben diesem Bann, selbst jene Menschen, die mit scheinbarer Gelassenheit, mechanischer Verachtung dem Tod begegnen.

Wie weit auch der Mensch seinen eigenen Tod an die Peripherie des Lebens drängt, sein Kontinent bleibt in Sichtweite vor unseren Augen liegen. Eines Tages aber werden auch wir diese Küste, die immer wieder zu uns herüberleuchtet, betreten müssen. Vielleicht werden wir dann erkennen, daß unsere Inschrift bleibt und nur das Licht von einer anderen Seite her durchs Fenster fällt.

21. August

In den frühen Morgenstunden, als die Sonne heraufkam, führte mich der Weg zum nördlichsten Punkt der Insel.

Der Enddorn ist ein mächtiger Klotz aus Lehm, oben flach, steilwandig nach Norden und Westen. Seine Hänge, sepiabraun, sind von den Prankenschlägen des Meeres zerfetzt. Mannshohe Schollen sprengte der Frost aus der Mutterwand. Im Herbst, wenn die Stürme mit Windstärke zehn auf die Insel anhalten, rollen die Wellenberge heran, um den Lehmblock von Norden her anzugreifen. Steindämme, Brandungsterrassen wurden errichtet, aber das Meer hat sich immer wieder einen anderen Weg gesucht. Die Erdschichten der Stauchmoräne sind weich, die letzte Sturmflut kolkte eine riesige Brandungskehle aus dem Lehmblock. Der poseidonische Schrecken wird sichtbar. Lehmklötze lösen sich von der Wand, die Wände bröckeln ab, bebuschte Hänge rutschen in die Tiefe, ziehen den Sanddorn nach. Tag und Nacht vollzieht sich der Abbau der Masse.

Im Vorfeld liegen abgesprengte Blöcke. Hier ist das Schlachtfeld eines wildgewordenen Kyklopen, mannshohe Klippen, Geröll. Kein Sanddorn, nur da und dort die Fetzen einer Pflanzendecke. Selbst den Kiefern geht es hier ans Leben. Die starken Regenfälle lösen den Lehm von den Wurzeln, schlämmen ihn fort, wurmartig krümmt sich der Wurzelstock ins Leere. Jahr für Jahr gerät hier die Wand in Bewegung. Haushohe Brocken kippen ab, poltern den Abhang hinunter, setzen auf, springen auseinander. Schlammfahnen ziehen ins Meer. Überall kann das Auge die kahlen, offenen Stellen erkennen, heller leuchtet hier das Erdreich auf, aschig, grau, fahlweiß. Über den Hängen aber flirrt phantastisch das Sonnenlicht.

In dieser Landschaft ist Spannung, Aktivität, dramatisches Geschehen, ein Gegenspiel der Kräfte, Sturm, Frost und Meer. Unter dem Enddorn aber ist das Wasser tief, smaragdgrün. Die unsichtbaren Dinge treiben langsam auf die Insel zu.

Nicht weit von meinem Holzhaus entfernt stehen zwei alte vertrocknete Windflüchter. Ihre Wurzeln, vom Regen unterspült, heben sich handbreit vom Erdboden ab, die Stämme sind bis zur Krone hinauf astlos. Der Seewind hat ihre Wipfel vom Meer ins Land gedreht, waagrecht stoßen sie landeinwärts. Altes sparriges Holz, Baumskelette. Nur ein paar Zapfen mit glanzlosem Schuppenschild hängen gestielt an den Ästen. Papierdünne Platten, rötlich-gelb, lösen sich von der Rindenhaut ab. Der Wind trägt sie hinunter bis an den Strand.

Plötzlich waren sie da, zwei Trauermäntel. Sie hingen in der Luft, flatterten den Sanddorn entlang, gaukelten die Wiese herauf, vorbei an den grauköpfigen Steinbrocken. Mit breiten ausgespannten Flügeln setzten sie sich auf die Kiefernrinde, auf ihren Schwingen den Schattensturz der Nacht. Unter den hellen Strahlen der Abendsonne leuchtete die Borke feurig auf.

23. August

Seit einigen Tagen höre ich das Tuckern von Zugmaschinen. Heute früh ging ich hinunter zum Hafen. Aufgetürmte Felsblöcke lagen auf der Wiese. Zwei Männer im Drillichzeug legten mit kundigem Griff stählerne Schlingen um die Quader. Immer wieder mußten sie die zentnerschweren Brocken mit einer Brechstange anheben. Knochenarbeit. Es dauerte eine ganze Weile, bis die Trossen fest und sicher einen Block umspannten, dann erst schwenkte der Kranführer ein. Lautlos spannte sich das Seil, der Stein begann zu schweben, pendelte aus und wurde langsam auf den Lkw gehievt.

Am Strand von Kloster treibt der Fallhammer schenkelstarke Pfosten in den Grund des Meeres. Ein paar Arbeiter, die Hosenbeine hochgekrempelt, legten walzenförmig gebundene Reisigbündel zwischen die eingerammten Pfähle ins knietiefe Wasser. Das Holz quillt auf, ein federnder Untergrund entsteht. Dann erst kommen die Quader. Block neben Block. Langsam wächst der Damm nach Vitte zu, ein mächtiger Wall, halbrund, unverdaulich selbst noch für das Meer.

28. August

Zehn Uhr früh. Die Feriengäste aus Baabe, Binz und Usedom überfluten die Insel. Sie kommen in großen Pulks von den Schiffen herab, dicht aneinandergedrängt.

Die Gäste werden durch Kloster geschleust, besuchen Haus »Seedorn«, den Leuchtturm, Bessin. Einige Gruppen sprengen ab, treiben den Dornbusch hinauf. Später werden sie vom Ruf der Schiffssirene wieder eingefangen.

Auch dies gehört zum Bild unserer Zeit: Man ist immer unterwegs, von einer Insel zur anderen. Moderner Tourismus.

In den Nachmittagsstunden sind die Straßen von Kloster leer, die Fenster stehen offen, die Zimmer sind sauber aufgeräumt. Es ist immer noch Sommer, Urlaubszeit. Die Feriengäste liegen unten am Strand, in den Gärten aber blühen schon wieder die Malven.

1. September

Als mich der Kranführer heute abend in der Gastwirtschaft sah, wir hatten uns in der vergangenen Woche beim Verladen der Granitblöcke angefreundet, holte er mich gleich an seinen Tisch. Er feierte mit zwei anderen Kollegen seinen vierzigsten Geburtstag. Bald waren wir in bester Stimmung. Es wurde gegessen und getrunken. Zuerst gab es Fischsuppe, später gebackene Flunder, hinterdrein ein paar Flaschen vom kräftigsten Rotwein, den Egri Bikavér.

An der Theke gaben sich drei junge Burschen dem Saufen hin. Sie waren höchstens zwanzig Jahre alt. Langsam aber sicher wurden ihre Worte, ihre Bewegungen vom Alkohol zugedeckt. Nach einer Stunde begannen ihre Zungen zu lallen. Jedes neue Glas zog sie tiefer hinab. Eine blinde Völlerei. Als sie kaum noch stehen konnten, taumelten sie durch die Tür, rissen sich gegenseitig die Mütze vom Kopf und schleuderten sie in hohem Bogen in den Staub der Straße.

Das Radio am Büfett trieb seine Wellen imer lauter durch den Raum.

2. September

Im Norden der Insel liegt eine herrliche Moränenlandschaft, kahle brandheiße Höhenkuppen, langgezogen, von tellurischer Schönheit. Schlehengerippe stoßen von unten her die Sonnenseite herauf, die Gräser sind ausgedorrt, und nur der Schachtelhalm setzt sparsame Akzente in die Landschaft. Hier oben hat die Insel einen düsteren Charakter angenommen.

Gesprengte Bunkerwände liegen im Gras. Vor mehr als zwanzig Jahren hat sich auf diesen Kuppen abseits der großen Heerstraße eine junge Generation in die Erde eingewühlt. Funkmeßgeräte wurden einzementiert, Schützenlöcher ausgehoben. Splittergräben gezogen, die Stellungen mit riesigen Netzen gegen den Blick von oben her getarnt. Hier fühlte man sich sicher. Die Bunker lagen tief in der Erde, man hatte seine eigene Lichtmaschine, Tag und Nacht wurde die Luft gefiltert. Eine Fünfhundert-Kilo-Bombe aufs Dach, und nicht einmal der Kalk rieselte unten von der Decke. Doch die Liebe war längst aus dem Vokabular der Sprache gestrichen, das historische Bewußtsein zugeschüttet. Schwere Geschütze richteten ihre Rohre hinaus auf das Meer.

20. September

Spaziergang zum Bessin. Abgeerntete Felder, Kartoffeläcker, ein paar Lindenbäume sparsam aufgereiht, weiter draußen die Einsamkeit, ein silberner Urwald, mannshohe Sanddornbüsche und Unterholzgewirr.

Als mir der Doktor zum erstenmal von einem Sanddornwald auf dem Bessin erzählte, wollte ich seinen Schilderungen wenig Glauben schenken. Ich kannte den Sanddorn nur als aufgeforstete Wildnis von der Westküste der Insel her. Auf dieser Landzunge gedeiht er aber wirklich noch in voller Kraft. Hier wachsen riesenhafte Sträucher mit dem Umfang einer alten Lindenkrone, drei bis vier Meter hoch. Von hoher Leuchtkraft sind bereits die Beeren, die locker, teils gehäuft, orangefarben am Holz sitzen. Hinter dem Sanddornwald liegt das Meer, windstill.

Mit wildem Flügelschlag brechen hier die Vögel aus dem Busch hervor. Sie jagen hoch, ohne Ziel. Es dauert lange, ehe sich ihr Flug beruhigt. Flatternd ziehen sie am Himmel ihre Schleifen, sichten, prüfen, dann erst kehren sie zu ihrem Ausgangspunkt zurück. Keiner dieser Vögel hat einen melodischen Ruf. Rauhe Schreie voller Disharmonie.

Der Sandweg splittert sich in Trampelpfade auf. Die Graspolster hatten sich mit Wasser vollgesogen, bei jedem Schritt schwappte es unter den Sohlen hervor, schmatzte und kicherte. Der Schierling wucherte in die Höhe, die Wasserlinse breitete sich aus, jeder Tümpel war mit einem grünen Teppich überzogen. Es roch nach Sumpf und Moder. Zwei Wasserhühner strichen ab. Sie stießen mühsam ihren schweren Leib durch die Luft. Es war ein schwirrender ängstlicher Flug. Eine lange grüne Wand aus Schilf versperrte mir eine weitere Sicht. Lautlos schwankten die Kolben her und hin, ein samtenes Braun nahe dem Schwarz. Die Schwertblätter klirrten. Weiter draußen leuchtete unter dem Wasserspiegel eine Seegraswiese auf.

Plötzlich entdeckte ich neben meinem Weg einen riesigen Sanddornstrauch. Er war zu einer kleinen Höhle ausgebaut. Auf dem Boden lag ein dicke Schicht von Binsen. Hatte sich ein Liebespaar den Unterschlupf zum Zeitvertreib gebaut, oder war es ein Ornithologe, der von dieser Stelle aus die Vogelwelt beobachtete? Ich setzte mich in den Busch. Von diesem unscheinbaren Mittelpunkt aus konnte ich die ganze Landschaft überblicken, das Schilf, den Bodden, das Ried. Alles war still, reglos, nur der Wind kam vom Meer her die Küste entlang, fing sich im Laub der Bäume. Das Schilf begann zu singen, wehmütig, dann fiel der Sanddorn ein mit seiner hellen Stimme.

Eine Viertelstunde mochte vergangen sein, da tauchte ein Vogel aus dem Schilf. Einen Augenblick verharrte er im Schatten des Röhrichts, dann glitt er lautlos durch das stehende Gewässer auf mich zu. Ich hielt den Atem an. Ein paar Meter von mir entfernt blieb er im Wasser stehen. Kopf und Hals waren tiefschwarz mit einem zarten grünlichen Schimmer, der Körper schneeweiß. Auf den Schulterschwingen hatte er zwei schwarze Pinselstriche, über der Brust ein breites Ordensband, zimtbraun. Die Federn, die den Spiegel bildeten, glitzerten in einem hellen metallischen Grün. Fleischfarben leuchteten die Füße durch das Wasser, auch der Schnabel brannte rot. Es war eine Brandente. Diese herrlichen Vögel wohnten nicht im Schilf, sie steigen in den Schoß der Erde hinab, unterirdisch haben sie ihre Wohnung eingerichtet. Oft teilen sie mit einem Fuchs oder einem Dachs denselben Bau.

Ein Schatten huschte über das Wasser, drohend zog der Bussard seine Kreise. Die Ente schlug mit ihren Flügeln, tauchte blitzschnell ins Wasser, am Schilfgürtel kam sie wieder hoch, bog das schützende Rohr auseinander und verschwand.

Der pfeifende Ruf der Sturmmöwen ließ mich aufhorchen. Ich trat aus dem Versteck. Schon von weitem erkennt man im Anflug diese guten Segler. Sie schossen hinaus auf das Meer, lauter weiße Punkte über einer blauen Scheibe.

Beim Abendbrot lernte ich in der Gastwirtschaft zwei junge Vermessungsingenieure kennen. Den ganzen Tag über hatten sie auf dem Dornbusch trigonometrische Höhenmessungen durchgeführt, am späten Nachmittag gingen sie zum Sonnen hinunter an den Strand, schliefen ein und versäumten so den letzten Dampfer nach Stralsund. Nun suchten sie ein Nachtlogis. Ich nahm sie mit zur Lietzenburg hinauf. Der Speisesaal ist groß genug. Zwei Liegestühle und ein paar Decken werden die beiden schon finden.

26. September

Die Vogelzüge über Hiddensee sind immer wieder ein grandioses Erlebnis. Die Insel ist zu einem großen Durchzugsland geworden. Erde, Meer und Himmel sind belebt, Wildenten, vom kalten Hauch der Nacht gestählt, ziehen über den Bodden; die graue waldbewohnende Ringeltaube gurrt in den Kronen der Kiefern; wo das Wasser stockt, sammeln sich Enten und Taucher. In mehrfach hintereinander gestaffelten Keilen fliegen die Ringelgänse dem Süden entgegen. Bunte schwirrende Geschwader, der ganze Himmel ist ein einziger Flügelschlag. Ende Oktober aber tönt über der Insel das trompetende »Ank hö«. Die Singschwäne ziehen.

Ich hielt den Atem an, als ich zum erstenmal in meinem Leben diese Vögel in den Himmel steigen sah, rein und weiß. Sie kennen nicht die Zutraulichkeit dem Menschen gegenüber, in bedeutender Höhe fliegen sie über die Länder der Erde hinweg. Immer, wenn ich im Spätherbst die Insel betrat, beobachtete ich diese seltsamen Vögel, die mit ihrem herrlichen Flug weiße Bänder um die Erde winden. Wann ist uns je ein solches Bild geglückt?

3. Oktober

Noch einmal holt der Herbst die Sonne aus dem Himmel. Das Meer verbirgt sich hinter einem tiefen Blau, aber der Strand bleibt leer. Die Körbe sind eingefahren, die Wochenendhäuser haben die Fenster geschlossen. In den Gärten werden die ersten Äpfel gepflückt.

Ich gehe meinen Lieblingsweg entlang, den Dornbusch hinauf. Die Gräser haben ihre grüne Farbe eingebüßt, das Ahornblatt gleicht einem Aquarell, die Farben gehen ineinander über, ein glühendes Rot, ein deftiges Gelb, ein stumpfer brauner Fleck.

Die Zeit ist um. Der Tod hockt in den Ästen der Tollkirsche, aber die Drossel frißt ihm singend aus der Hand.

6. Oktober

Düsterer Spaziergang durch die Heide. Nebelfelder kommen angekrochen, lautlos. Kein Mensch kommt mir entgegen, nur die Stimmen im Wind sprechen flüsternd, warnend, manchmal auch mit höhnischem Ruf. Die Wacholderbüsche hocken wie schwarze Gnome unter der Nebeldecke. Der Mond bricht nur für wenige Sekunden durch die Wolkenfelder. Er leuchtet auf wie eine frisch geschliffene Sichel.

8. Oktober

Die Blumenfeuer auf der Insel brennen ab, die leeren Stengel bleiben stehen, starr in den Himmel gerichtet. Müde liegt das Gras, schon stumpf geworden. Die Natur hat ihre Farben ausgegeben, nur noch die

Restbestände für das blasse krankhafte Lila der Herbstzeitlosen sind in den Tuben zurückgeblieben. Unbeirrbar rückt abends eine kühle graue Wand von Rügen hoch, der Himmel ist wie ausgeblasen, ohne Farbe.

In den Waldungen auf dem Dornbusch steht da und dort ein hartes Gelb auf, an den Zweigen der Eberesche aber welken die letzten roten Beeren. Eine große Stille ist in die Bäume eingekehrt. Kugelig liegt der Gallapfel auf dem Blatt der Eiche. Immer schärfer wird in den Nächten der Wind, er kratzt an den Stämmen herum, fährt mit der Sichel in die Bäume und haut die Blätter ab. Am Morgen hat der Nebel die Fenster mit rauchgrauen Gardinen zugezogen.

Die Tage werden stumpf, der Wind hat sich gedreht, gelbfleckig sucht die Sonne den Weg. Der wilde Wein hat seinen Rückzug angetreten, die Häuserwände stehen nackt. An der Königskerze faulen die ersten Blätter. Regungslos steht das Jahr, ein dämmernder Wald aus vielen Tagen. Weit ab von meinem Holzhaus, dort, wo die Welle mit sich selber spricht, wo sich der Blick von der Insel löst, faucht der Sturm gegen die Fenster des Leuchtturms.

In Grieben brechen die Traktoren in die Ackerfurche ein. Pflugscharen wühlen das Erdreich um. Noch ist die Arbeit da, diese uralte Mauer gegen die Leere.

12. Oktober

Es ist Abend geworden. Ein leichter Nebel liegt auf den Wiesen, der Himmel erkaltet, geht über in Grau, Grün, Violett. Hinter den Fensterscheiben flackert das fahle Licht der Bildschirme auf, die Schattenbilder des 20. Jahrhunderts. Im Hafen höre ich den Bagger arbeiten, der die Fahrtrinne nach Vitte vertieft. Ich gehe hinunter ans Ufer. Welle auf Welle rollt das Meer an den Strand ...

Vom Geller-Haken bis zum Enddorn Wellenbrecher. Man rückt der Insel zu Leibe. Neue Dämme werden gebaut, Föhren gesetzt. Man zollt dem Leben wieder Anerkennung, man will seiner Heimat nichts schuldig bleiben. Krüge, Teller und Netze aus längst vergangener Zeit werden in den Glaskästen zur Schau gestellt. Die Fischer hantieren wieder an ihren Booten herum, die eingebeulte Mütze auf dem Kopf, die Pfeife im Mund. Mit schweren Schritten gehen sie abends nach Haus, die hohen Stiefel hemmen den Schritt.

Die Fenster zur See sind wieder geöffnet. Sanddornzeit zwischen Festland und Meer.

15. Oktober

Der letzte Tag stößt sich vom Ufer ab. Ich gehe den schmalen sandigen Weg hinunter zum Hafen. Die Landschaft liegt in einem grauen, wäßrigen Grün. Nebelfetzen schwimmen durch die Kronen der Kiefern, wenig Wind, die Sonne eine dunkle Scheibe.

Ich habe mir Hiddensee auf der Landkarte meines Lebens mit großen Buchstaben eingezeichnet. Nun ist die Zeit, die man mir zugemessen, für immer vorbei. Einige Tage später und auch der Dornbusch ist nur noch ein Bild am Horizont.

Dem einen sind die Inseln mit dem unberechenbaren Meer, dem anderen die Kontinente zugetan. Alle beide aber verbindet ein fester Mutterboden, er liegt unter dem Wasser, tief, unsichtbar.

Sonnentau und Sanddornblatt, ich möchte die Augen nicht schließen, diese Insel ist schön.

Anja Hauptmann

Der Heimgang meiner Großmutter Margarete

»Durch des Äthers blaues Schweigen geht Bewegung grüner Bäume und ein Rauschen in den Zweigen, mischt sich in der Brandung Schäume...«

Ich höre noch die Stimme meines Vaters, getragen von Tränen der Sehnsucht...

Im Wind, vorne an Deck des »Seeadlers«, der mich von Stralsund nach Hiddensee bringt, ist mir, als fühlte ich seinen Arm auf meiner Schulter liegen. Mein Blick folgt seiner ausgestreckten Hand, die in die Ferne deutet, wo sich langsam der Südzipfel der Insel Hiddensee ins Meer schiebt...

»...Und ein kleiner Vogel kündet alles dies mit seinem Liede, das in meinem Herzen mündet; und so blüht um mich der Friede.«

Es ist der 5. Juni 1983, spät nachmittags.

Endlich daheim, denk' ich, als wir in Kloster festmachen. Die Hügel vom Dornbusch, die Lietzenburg, der Leuchtturm, die Wolken tief unter'm Himmel, der Jodgeruch... All das ist mir so vertraut. Dabei war ich noch nie hier.

Als ich den Fuß auf den »geliebten Boden« der Insel setze, fängt es an zu regnen, aber irgendwie werd' ich nicht naß.

Den Weg zum »Haus Seedorn«, dem Haus meines Großvaters, führen mich unsichtbare Hände, ziehen mich hinein in ein altes vergilbtes Fotoalbum:

Über Pfützen steige ich, vorbei am »Hotel Dornbusch« zieht man mich, wo einst die Nächte durchtanzt wurden... Ich höre das Lachen meiner Mutter, sehe, wie sie mit Veit Harlan tanzt, verfolgt von den eifersüchtigen Blicken Alexander Moissis. Erkenne Max Reinhardt im Gewühl und Heinrich George mit Asta Nielsen und Otto Gebühr, berühmter Darsteller des »Geheimrat Clausen« aus »Vor Sonnenuntergang«.

Vor der Dorfkirche steht Pastor Gustavs, als warte er auf seinen »Dichterfreund«, um ein Pläuschchen zu halten ...

Ich seh' sie alle und hab sie nie gesehn: Die Schriftsteller Thomas und Heinrich Mann, die Komponisten Max von Schillings und Eugen D'Albert, die Maler Emil Orlik, Otto Müller und Ludwig von Hofmann. Die Bildhauer Georg Kolbe und Ernst Barlach.

Albert Einstein! Und wie sie alle heißen, die Genies, die Unvergessenen, die Göttlichen ...

»Geister gehen mit lautlosen Füßen, stumm können sie lieben, unsichtbar grüßen ...«

Sie sind um mich bei meiner Mission: Die Erfüllung des Letzten Willens meiner Großmutter Margarete Hauptmann: Die Beisetzung ihrer Urne, hier, auf dem Inselfriedhof von Hiddensee, im Grab meines Großvaters Gerhart Hauptmann.

Deswegen bin ich hier, aber irgendwie nicht nur deswegen.

Im Gegensatz zu »Schwester Maxa«, die mich begleitet.

Sie ist *nur* deswegen hier. Für sie bedeutet es krönenden Höhepunkt eines Lebens, das dem Namen Hauptmann geweiht ist.

Sie war Krankenschwester bei GH, danach langjährige Gesellschafterin, Sekretärin, und schließlich Vertraute meiner Großmutter.

Sie hat auch jetzt alles perfekt organisiert, arrangiert, koordiniert. Wie sie das ein Leben lang getan hat für uns ...

Ich stoße wieder zu ihr nach meinem gedanklichen Alleingang, und wir stehen vor dem Birkenwäldchen, von dessen wucherndem Unterholzgrün und hohem Gras »der Seedorn«, die jetzige GERHART-HAUPTMANN-GEDENKSTÄTTE, fast verdeckt wird.

»Hier, wo mein Haus steht, wehte einst niedriges Gras: ums Herz Erinnerung weht, wie ich dereinst mit Freunden saß.«

Wir werden von Herrn und Frau Mattheisen, den damaligen Hütern des GH-Museums über die große Terrasse ins Haus geführt. Schwester Maxa, vornan, ist in ihrem Element.

Sie führt mich vom Frühstückszimmer, durch den Kreuzgang ins Abendzimmer, wo GH allabendlich, am runden Tisch, bei gutem Wein »einen Schleier über den Tag zog ...«

»Wir waren zu drei'n, vor Jahrtausenden mag es gewesen sein. Es war einsam hier, tief, tief! So waren auch wir. Verlassenheit über der Insel schlief.«

Im großen Arbeitsraum angekommen, zeigt Schwester Maxa und deutet, erklärt und trägt vor, kennt jedes Buch, jeden Gegenstand, zelebriert die Unsterblichkeit des Namens.
Ich irgendwie auch, nur anders. Ich spür' die Buchstaben!

»In meines Hauses stillem Raum herrscht ein Traum.«

Am Abend erfüllt diesen Raum ein kleines Konzert, uns zu Ehren! Und in den Tönen fangen meine Gedankenschatten wieder an zu leben:
Als du deine erste Frau Marie Thienemann, der du alles verdankst, verläßt, um Margarete Marschalk zu heiraten, hast du Marie nie verlassen. Wie nah sie mir ist ...

Du bist ein »Windflüchter«, einer jener Bäume der Insel, die sich tief ducken, in eine Richtung wachsen, vor dem Wind flüchten, aber nicht entwurzelt werden.

Auch als Ida Orloff, die »Pippa«, deinen Glashüttentraum zertrümmert, bist du ein Mönch geblieben im Geiste ...

Jener Mönch, der, in seine Franziskanerkutte geschnürt, die sonnenglänzenden, nackten Frauenkörper am Strand einatmet.

Du bist ein »Sprosser« ein Inselvogel, der alle Vogelstimmen nachahmen kann – täuschend echt.

Du bist die Insel im Wind, das Uhrglas und der feine, weiße Sand des Strandes, der die Zeit mißt ... wie nah ich dir bin!

Applaus, Applaus, das kleine Konzert ist zu Ende, und draußen, vor den Fenstern deines Arbeitsraumes, ist es Nacht geworden ...

»Mondschein liegt um Meer und Land dämmerig gebreitet; in den weißen Dünensand Well' auf Welle gleitet ...«

Am 6. Juni 1983, dem 37. Todestag von GH, wird die Urne seiner Frau Margarete Hauptmann beigesetzt. »Vor Sonnenaufgang«, über seinem Herzen. So steht es in ihrem Testament.

Schwarze Regenwolken fließen zäh vorüber. Der Himmel ist schwer. Kühl und dunkelgrau ist die Luft. Die Kirchturmuhr zeigt 5 Uhr. Das Ereignis der Beisetzung hat sich auf der Insel herumgesprochen. Eine kleine Schar von Menschen umringt die Kapelle, drängt in sie hinein, nahe dem Kirchenschiff, in der die Urne aufgestellt ist. Wie der Gespensterchor aus dem »Fliegenden Holländer« schwanken sie und warten ...

Der Pastor erinnert, rühmt, würdigt, spricht ein Gebet. Irgendwie erreichen mich die Worte nicht, wie hinter Glas.

Auf sein Zeichen hin nehme ich die Urne in meine Hände und trage sie langsam zum Grab, zum Findling, auf dem nur schlicht der Name steht ... kein Geburts-, kein Todesdatum! Nur der Name im Stein, dem Ruhm der Ewigkeit verschrieben ...!

Die letzten Schritte, die letzte Handlung sei Schwester Maxa, der Getreuen überlassen, ihr, die sie MH bis zuletzt umsorgt und gepflegt hat und der sie eine Freundin geworden ... sie senkt die Urne ins Efeu!

Still wird es, als sie über seinem Herzen ruht. Sogar der Wind schweigt.

Da reißt der Himmel auf, und ein Sonnenstrahl fällt als breiter Spot auf das Grab und die Urne im Efeu:

Sonnenaufgang!

Wir Statisten verwabern schemenhaft im Schatten.

Nur Donner und Blitz fehlen, denke ich und spüre, wie immer auf Friedhöfen, diesen typischen Hauptmannschen, nervösen Lachkrampf in mir hochkriechen.

Ich beiße mir auf die Lippen, denn vom Strand braust das Meer herüber, und die Brandung klingt wie ein donnerndes Lachen ... das ist wieder mal nicht fair!

Peter Sandmeyer

Ein deutsches Schmuckstück
Hiddensee im Herbst 1988

Wenn die Kraniche ziehen, sehen sie die Insel unter sich wie ein betrunkenes Seepferdchen. Der lange Schwanz entspannt ausgestreckt in Richtung Stralsund, der pralle Bauch nach Schaprode gewölbt, der Kopf über dem westlichen Zipfel von Rügen baumelnd, das schmale Drachenmaul halb geöffnet, als liege es schnarchend im Brackwasser des Bodden.

Es gibt Herbsttage, da ist der ganze Himmel über Hiddensee voller Kranichgeschrei. Zu Zehntausenden kommen die langhalsigen Heerscharen aus Skandinavien und dem Baltikum, umkreisen den hundertjährigen Leuchtturm auf dem Dornbusch und gehen im flachen Wasser auf der Binnenseite der Insel nieder, wo sie über Nacht sicher vor Fuchs und Marder, große, graugefiederte Wasserburgen bilden. Gleich ihnen die Millionengeschwader der Saat- und Ringel-, Bläß- und Brandgänse.

Die Insel ist ein Drehkreuz der Vogelzüge, und zweimal im Jahr ist die Luft über ihr ein einziges Flattern und Steigen. Rauschen und Schweben, als ob dem Seepferdchen gelber Schwingen wüchsen und es wie ein geflügelter Drachen aufsteigen und davonfliegen werde. Aber wohin sollte es noch fliegen?

Vor uns liegt die See, postkartenblau, weit hinten am Horizont die Kreidefelsen von Møn, unter uns der Abbruch der grünen Steilküste, an ihrem Fuß weißer Sand, darauf, goldbroiler-braun, die Sonnenhungrigen im müden Septemberlicht. Manche tragen Höschen, viele nicht mal das. Es gab Zeiten, da trübte die Staatsmacht die Idylle, separierte amtlich nackt zu nackt und Textil zu Textil, und »Ordnungsstrafen« trafen unnachsichtig jedes Nacktschwänzchen, das sich unter die Bekleideten verirrt hatte. Heute wird jeder nach seiner Fasson selig braun oder bleibt züchtig blaß.

Orchideen und der fleischfressende Sonnentau wachsen, über dem die seltenen Zwergseeschwalben und der fischfressende Seeadler kreisen. »Das Nebeneinander verschiedener Lebensräume – Wald, Wiese, Heide, Strand – führt auf unserer Insel zu einer ungeheuren Vielfalt an Pflanzen und Lebewesen«, erklärt Professor Axel Siefke, der Vogelwart der Insel, an dessen Forschungsstation eine Gedenktafel an »die mehrfachen Aufenthalte von Albert Einstein« erinnert. Damals hieß die Vogelwarte noch »Haus am Meer«

Hiddensee, das war bis 1933 eine kleine, exklusive Gesellschaft von Schriftstellern, Schauspielern, Naturaposteln.

Keine 9000 Gäste pro Saison zählten die Insulaner bis in die fünfziger Jahre. Heute sind es 36 000.

Dennoch geht der Mensch aus dem Westen, Helgoland-gestählt, Westerland-gehärtet, wie ein Traumwandler über die stille Insel. Verklärt schaut er vom Dornbusch, der 70 Meter hohen Eiszeit-Hinterlassenschaft aus Ton, Lehm und Mergel auf die weite amphibische Landschaft, tief gestaffelt aus Wasser und Land, hinüber nach Rügen und hinweg über die Ostsee bis zu den fernen Kirchtürmen von Stralsund. Verträumt schweift der Blick über hochhausfreie Ausblicke und Buchten ohne Marina oder Campingplatz. Vergnügt strampelt der Besucher auf quietschendem Miet-Fahrrad von Kloster nach Vitte und von Vitte quer durch die blühende Heide nach Neuendorf, wo die schilfgedeckten Fischerhäuser ohne Zäune und Hecken auf der grünen Wiese stehen. Die autofreie Insel fordert viel »Beenarbeit«. Verzagt holpert er mit sinkender Sonne über Katzenkopf-Straßen durch Schilf-Urwälder zurück nach Kloster, wo um 18 Uhr das Abendessen wartet, das hier immer noch »Verpflegung« heißt.

Mit nostalgischem Frösteln sinkt er schließlich bei herbstlicher Raumtemperatur in die dicken Federn des eichenen Ehebettes, hoffend, daß während der Nacht nicht der Schwanenteich über dem Kopfende ausläuft. Nein, gegen die natürliche Einfachheit dieses Zimmers kann man keine Einwände erheben. Dusche und Innentoilette kennt es nur vom Hörensagen: dafür lauscht man beim Einschlafen, wie der Regen mit dem Reetdach flüstert.

Herbert Krey ist der Vermieter. 50 Jahre lang brachte er den Insulanern ihre Briefe und Päckchen, und heute noch kann sich der korrekte Ex-Beamte ärgern, wenn er einen verschmierten Stempel sieht. Zweimal mußte er seinen Dienst bei der Post unterbrechen. 1935 flog er raus, weil er nicht in der Partei war, 1945 flog er raus, weil er in der Partei war. Seitdem ist das Thema Politik für ihn erledigt.

Die Mehrheit der Insulaner hält es mit Parteien und Politik wie der alte Postmeister. Sogar der Bürgermeister für die 1300 Inselseelen mußte importiert werden, unter den Insulanern fand sich keiner für den Job. Dabei haben sie zu kollektivem Denken von alters her eigentlich ein entspanntes Verhältnis. Fischfangplätze und Gemeinschaftsaufgaben wurden früher ausgelost.

Die Realität der Existenz in den Inseldörfern hat mit dem real existierenden Sozialismus auf dem Festland wenig gemein. Hiddensse ist wohlhabend. »Die Leute verdienen ihr Geld im Schlaf«, sagt Jürgen Eckhardt, der den Feriendienst der Gewerkschaften leitet und von Anfang Mai bis Ende September 10 000 Urlauber durch die FDGB-Quartiere schleust: darunter auch viele private. Schon mit einem einzigen Zweibettzimmer, rechnet Eckhardt vor, kann man pro Saison 3000 Mark verdienen – Geld genug, um ein halbes Jahr davon bequem zu leben.

So leicht gemachter Lebensunterhalt ist der allgemeinen Arbeitsmoral nicht zuträglich. Auf Hiddensee Personal zu finden, ist so schwer wie auf Juist: und wenn dem Bäcker die Verkäuferin wegläuft, macht er seinen Laden einfach dicht, und die Schlange vor der anderen privaten Bäckerei verdoppelt sich.

Trotz schlechter Versorgung und nachlässigem Service könnte jedes Bett auf der Insel dreimal vermietet werden. Herbert Krey kriegt alle Jahre stapelweise Quartiersanfragen von Menchen, die seinen Namen aus dem Telefonbuch haben und jeden Besitzer eines Telefons auf Hiddensee anschreiben. Aber in der DDR warten nicht die Urlaubsorte auf die Urlauber, sondern umgekehrt. Hiddensee ist exklusiver als Kampen oder Cape Cod, sogar für den West-Menschen, dem seine Valuta hier nichts nützen. Und viel exotischer.

Es ist die Freiheit von den Dingen, die den Reiz der Insel ausmacht. Die Abwesenheit von Trabbis, Uniformen und DDR-Konventionen; aber auch von Boutiquen, Kurkonzerten, Disco, Hallenbad und Tagesschau. Weder Golf noch Minigolf kürzen die Weile. Hiddensees Attraktion ist das Nichts. Nirgendwo kann man Tage von gigantischerer Ereignislosigkeit erleben.

Alle Inseln sind Ausnahmen. Fest inmitten von Fließendem. Stationäre Sondersituationen. Diese ist es besonders. Niemandem gehört sie ganz, nicht dem Meer, nicht dem Land, schon gar nicht dem ZK. Auch das atmen Hiddensee-Urlauber mit Inbrunst, neben Meeres-Brise und Heide-Duft: das Aroma von Sonderexistenz, den Geruch von weitem Horizont, frischem Wind und freiem Geist. Viele, die kommen, wollen für immer bleiben. Die meisten scheitern daran, daß sie keine Unterkunft finden.

Wem es gelingt, seßhaft zu werden, der wird alt. »Die Lebenserwartung auf Hiddensee ist hoch«, sagt der praktische Arzt und Hobby-Imker Dr. Michael Kallius, der neunte in der Dynastie der Insel-Doktoren, der erste, der – seit 1972 – seine Hausbesuche nicht mehr mit Pferd und Wagen, sondern mit dem Motorrad absolviert. Das lange Leben muß am Klima liegen und dem Zwang zur Bewegung. Denn über das Gesundheitsbewußtsein seiner Patienten kann der Doktor nur den Kopf schütteln. »Das schönste Gemüse ist für sie das Schnitzel.« Außerdem trinken sie zuviel, vor allem Schnaps. »Der wird hier viel stärker toleriert als auf dem Festland.«

Wenn die Kraniche kommen, wird der Warteraum in der Praxis von Dr. Kallius allmählich leer. Die Laufkundschaft vom Strand mit Sonnenbrand, Wespenstich und Schnittwunden an den Barfüßen wird selten. Die Burgenbauer haben mit Steinchen das Datum in den Sand geschrieben, bis zu dem ihre Wehrbauten besetzt sind: 26. 9., 1. 10. Dann reisen auch die letzten Gäste ab, und FDGB-Chefvermieter Eckhardt feiert den Tag, an dem die eigenen Fremdenzimmer leer sind und das ganze Haus wieder sein eigen ist. Die Zeit »der drei F« bricht an: Feierabend, Filzlatschen, Fernsehen.

Herbst. Das Schubschiff hat die tausend Färsen abgeholt, die im Sommer auf den Insel-Wiesen weiden, und die »Hoffnung« hat Bier gelöscht, rechtzeitig vor den ersten Stürmen. Die Malven verlöschen. Die Sommerhäuser haben ihre Augen zugeklappt. Die Läden sind wieder voll. Die Schlangen weg. Die Fähren leer.

Das Wetter geht hin und her. Am Hafen von Vitte stehen die Fischer wie Denkmäler der Mißmut: »Hohe Winde fischen nicht.« Ganze zwei Kisten Dorsch und zwei Kisten Flundern hat Karl Kollwitz angelandet, schon am Mittag liegt die schwarze »Emmi« wieder am Kai.

Es gibt bessere Tage. Einmal haben Kollwitz und sein Sohn 540 Zentner Hering gefischt, runde 12 000 Mark hat ihnen der Fang gebracht, viel Geld in der DDR, die Hälfte eines Wartburgs.

Anders als im Westen drücken reiche Fänge hier nicht auf den Preis. Der ist staatlich gestützt und garantiert, und die Fischer verdienen üppige Fangprämien. Sie sind die Könige der Küste, und der Neid sagt ihnen nach, auf dem Festland hätten sie ein Auto für Werktage und ein anderes für den Sonntag.

Vielleicht trägt auch die Nähe der dänischen Häfen dazu bei, daß ihr Dasein privilegiert ist. Nur die Fischer dürfen wie die Kraniche die unsichtbare Demarkationslinie im Meer mißachten, die unter ständiger Beobachtung grauer Patrouillenboote steht; Segler und Surfer haben von ihr weiten Abstand zu halten. Aber wer will denn schon weg von Hiddensee?

»Nicht für eine Million Mark« würde er die Insel verlassen, sagt Heinz Skotarczak, der früher im Uran-Bergbau war und nach einem schweren Arbeitsunfall auf seine Schatz-Insel kam. Da lernte der Bergmann aus dem Erzgebirge nämlich nicht nur seine Frau kennen, sondern auch den Goldrausch.

Bei Südweststurm, zumal im Winter, hält es ihn nicht zu Hause; manchmal mitten in der Nacht bricht er auf mit Wat-Stiefeln und Kescher, stapft bis zur Hüfte in die anrollenden Wogen und fischt den Tang ab, den sie mit sich bringen. Wenn er Glück hat, dann glimmert es zwischen dem nassen Grün golden auf: Bernstein; Tränen der See, harzige Hinterlassenschaft der weiten Tannenwälder, die einst da standen, wo heute die Ostsee ist. Hiddensee ist dafür noch immer eine der ergiebigsten Fundstellen.

Auf dem Sofatisch daheim breitet der Ex-Kumpel die Kollektion seiner Schätze aus, mehr als einen Zentner schwer, in allen Farbschattierungen, von Hellweiß über Sherrygelb bis zum Schwarz von Ebenholz. Wert? Unschätzbar. Zwei Wartburgs bekäme er leicht dafür. Aber was soll er damit auf Hiddensee?

Wenn die ersten Stürme kommen, die letzten Kraniche abgereist sind, Richtung Süden, und der Regen gleichmäßig in den Efeu rauscht, den Gerhart Hauptmann vom Hause George Washingtons aus Amerika mitgebracht hat, dann ist Geisterstunde auf Hiddensee. Dann werden sie alle wieder lebendig, die alten Geschichten vom Dichter, den sie immer noch den Doktor nennen; wie er in seiner schwarzen Mönchskutte am Strand die Inselfrauen erschreckte und nackt auf der Terrasse seines Hauses auf und ab schritt, Theaterdialoge diktierend; und wie er sich und seine Tischgesellschaften tief in die Nacht fabulierte, beim italienischen Rotwein, der immer ein paar Wochen vor ihm auf der Insel eintraf und von Pastor Gustavs, dem Hausverweser, liebevoll in die Tonröhren des Weinkellers umgepackt wurde.

Noch immer lassen die Ausmaße des – leider leeren – Weinlagers in der jetzigen »Gerhart-Hauptmann-Gedenkstätte« ahnen, wie gewaltig der dionysische Durst des Dichters einst war. Heute hängt vor der Tür des Hauses, wo er noch nächtens mit schwerem Kopf die Wand neben seinem Messingbett bekritzelte, das Schild »Betrunkene haben keinen Zutritt«.

Die Insulaner und ihr Nobelpreisträger sind nicht warm miteinander geworden. Befremdlich schon, daß er für die Anreise immer ein ganzes Schiff für sich und sein Gefolge charterte, die »Insel Hiddensee«, heute noch im Dienst der »Weißen Flotte«.

Nur Postbote Herbert Krey freute sich, wenn die Hauptmanns kamen. Dann hatte er jede Menge Telegramme zuzustellen, und wenn es ihm gelang, den Dichter abzupassen, dann gab's reichlich Trinkgeld. Frau Hauptmann war geizig.

In der Inselbar sitzen sie immer noch wie des Dichters Figuren, Malte Schluck und Malte Gau, der Strandkorbvermieter und der Tischler, dessen Vater das schöne »Hotel Dornbusch« versoffen hat, sehen aus wie Schluck und Jau, die beiden ewig betrunkenen Vagabunden-Helden in Hauptmanns gleichnamigem Scherzspiel, und ihr langer Abend gehört den Weißt-du-noch-Geschichten von Krieg und Heimkehr, von gestrandeten Schiffen, weißt-du-noch, dem englichen Sunlicht-Dampfer, der fast zehn Jahre lang für Seife und Sauberkeit auf Hiddensee sorgte, und der dänischen Schute, selten-so-gelacht, die der Volkpolizist nur für eine Stunde unbewacht ließ, um anschließend nichts weiter als den Rumpf vorzufinden.

Noch eine Runde Stralsunder Pils und Adlershofer Weinbrand, und der Goldschatz ist dran, der nach der Auflösung des Klosters, das es einst auf Hiddensee gab, nach Wolgast gebracht werden sollte, wo die zwölf Apostel aus purem Gold aber nie ankamen.

Spruch am Pfarrhaus in Kloster

Ob man nicht doch noch einmal in den Dünen sucht oder auch im Dornbusch?

Und dann das allerletzte Thema des Abends bevor die Stammtischler aus der Inselbar mit Kaninchenaugen und schwerem Schritt in die Dunkelheit tappen: Wie man hier weg könnte, wenn man weg wollte. Kleinigkeit. Aber man will ja gar nicht.

Auch Manfred Domrös, der Insel-Pastor, will auf Hiddensee »bleiben und beerdigt werden«. Zwei Jahre war die Pfarrstelle schon vakant, als der damals 41jährige Seelsorger nach dem Tod seiner Frau mit drei Kindern auf die Insel kam. Drei Jahre ist das her, und die Insel ist dem Potsdamer inzwischen zur neuen Heimat geworden. Am Sonnabend predigt er im Andachtsraum von Neuendorf, am Sonntag in der schlichten Inselkirche von Kloster, und am Mittwoch nimmt er Nachhilfeunterricht in Plattdeutsch.

Getauft wird fast jedes Insel-Kind, 15 bis 20 pro Jahr. Und »beerdigt wird, wer gestorben ist« – ohne Ansehen von Partei- oder Kirchenbüchern. Der Pastor hat ein weites Herz und einen zupackenden Sinn.

Im Sommer macht er, gemeinsam mit Jugendlichen aus seiner Gemeinde, Segeltörns nach Rügen und Wolgast auf der kircheneigenen Zehn-Meter-Slup »Meridian«. »Auch bei uns«, sagt Domrös, »wird ja den Jugendlichen immer mehr geboten. Aber wer bietet sich noch selbst?«

Seinen liebsten Spruch hat der blonde Pastor nicht in der Bibel gefunden, sondern am Giebel seines Pfarrhauses. Ein Vers des niederdeutschen Dichters Will Vesper:

>»Gottes sind Wogen und Wind,
>Segel aber und Steuer,
>Daß Ihr den Hafen gewinnt,
>sind Euer.«

Gerhart Hauptmann

Die Insel

Hier, wo mein Haus steht,
wehte einst niedriges Gras:
ums Herz Erinnerung weht,
wie ich dereinst mit Freunden saß.
Wir waren zu drei'n,
vor Jahrtausenden mag es gewesen sein.
Es war einsam hier,
tief, tief!
So waren auch wir.
Verlassenheit über der Insel schlief.
Dann kam der Lärm,
ein buntes Geschwärm:
entbundener Geist,
verdorben, gestorben zu allermeist.
Und nun leben wir in fremdmächtiger Zeit,
verschlagen wiederum in Verlassenheit.
In meines Hauses stillem Raum
herrscht der Traum.

Renate Seydel

Gast auf dieser Insel
Statt eines Nachwortes

Anfang des Jahres 1991 übergab ich das Manuskript meines Hiddensee-Buches dem Ullstein Verlag –, im Februar reise ich über 8000 Kilometer hinweg erstmals auf die Malediven, eine Inselgruppe im Indischen Ozean, Korallenatolle vor meinen Augen, mit unbekanntem Namen, Cocoa, Villivaru, Biyadhoo, eine heißt Paradise Island, und ist es auch. Azurblaue, türkisfarbene Weite um mich her. Ich liege im warmen Wasser von 30 Grad. Mein Sohn, mit dem ich lebenslang auf »meiner« Ostsee-Insel war, nahm mich mit auf »seine« – Kandooma Fushi im Süd-Male-Atoll –, wo er seit einem Vierteljahr Surflehrer ist. Ich lag unter der Palme und sinnierte über dieses Nachwort. Aber dort, unter der Wärme des Äquators, unter dem nächtlichen Licht des südlichen Himmels war die Gegenwart dieser Insel von 400 mal 500 Metern Breite und Länge so stark, daß meine Insel im Norden Deutschlands verblaßte, obwohl sie mir mit ihren 18 Kilometern Länge und zwei Kilometern Breite als die kleinste meiner Heimat erschien. So blieb es bei den Gedanken – und das Nachwort ungeschrieben.

Junge Leute um mich her, erfahren zwischen Kenia, Neuseeland und manche schon öfter hierher zurückgekehrt, waren in meinen Augen Weltreisende; ein Ehepaar in meinem Alter hatte 200 Strände gesehen und deren Sand gesammelt. Ich stellte mir die wenigen Miesmuscheln und Herzmuscheln auf meinem Fensterbrett vor von meinem bisher einzigen Strand und fragte mich, wann ich das wohl in meinem Leben alles nachholen soll.

Ich habe meine Insel geliebt, all die Jahre, aber jetzt hier, im kristallklaren warmen Wasser, auf schneeweißem Korallensand, bei springenden Delphinen, in allen Regenbogenfarben schillernden Fischen, fragte ich mich, ob mein Eiland mit bleigrauem Wasser, Blasentang und Quallen nicht dabei war, schlechter wegzukommen.

1953. Wir machten Abitur. Das Jahr hatte nicht fröhlich begonnen, im März war Stalin gestorben, und wir durften daher nicht unsere Abschlußprüfung feiern. Mein Vater schenkte mir eine FDGB-Reise nach Kühlungsborn. Strandfunk, öffentliche »bunte Abende« – jeden Abend. Einmal mußte man reimen, bei einem Gesellschaftsabend: »Kein«... »ohne«. »Kein Tag ohne Sonne« – ich antwortete: »Keine Nacht ohne Wonne«. Ich war achtzehn und hatte eben noch lange Zöpfe. Der Lautsprecherbeschallung des Strandfunks und der lauten Musik müde, sagte seufzend ein Mann neben mir: »Wenn wir nächstes Jahr doch bloß wieder auf Hiddensee wären«. Seine Frau wollte davon nichts wissen. »Bloß Steine und Einsamkeit, nichts für mich«. Ich setzte mich zu dem Mann in den Strandkorb und ließ mir alles erzählen, über die Ruhe und den Frieden, und das Hochland mit dem Ginster, und den Kranichen und dem Sanddorn, und der Steilküste und den Wildgänsen und der Heidelandschaft.

Zurückgekommen machte ich den Vorschlag, ob wir nicht alle doch noch einmal als Abschluß unserer Schulzeit nach Hiddensee fahren wollen, und so kam es, daß wir zwanzig fröhliche Abiturienten eines Tages auf dem Schiff »Swanti« in Kloster landeten und in Fricks Scheune mit wenig Stroh, bei einer Neusiedlerin mit vier Kindern und viel Herzlichkeit, verbrachten wir viele Wochen. Unsere Unterkunft lag oben im Dorf, mit Blick auf die Hügel, an der Schmiede, neben dem Haus des alten Pastors. Wir halfen Frau Frick bei der Ernte auf den kärglichen Feldern bei Grieben ihre Garben aufstellen, wir kauften einen großen Pappeimer mit Marmelade und jeden Morgen frische Schrippen von Bäcker Kasten. Wir blieben sechs oder acht Wochen, den ganzen Juli, August, bis das Studium begann und jeden von uns, die wir sechs Jahre zusammen die Schulbank gedrückt hatten, in eine andere Universitätsstadt brachte, mich nach Berlin, die anderen nach Leipzig, Dresden, Jena. Im Jahr darauf fanden wir uns wieder ein, diesmal auf dem Gutshof, in Gröhls Scheune. Hier war schon eine Leine gespannt für unsere Sachen, die Petticoats für »fein«, die Kräuselkreppkleider, die Corsagen, die engen 3/4 Hosen. Wir trugen Schneckenketten um den Hals und ein Nickytuch um den Pferdeschwanz gebunden, wer zum Nacktstrand ging, trug eine Feder im Haar als Erkennungszeichen. Das Stroh war dicker, und wir waren dem »Dornbusch« sehr nahe, unserer Tanzgaststätte für Tanz und Schwoof jeglichen Abend, wenn es nicht das »Wieseneck« war, wo Freder auf der Gitarre spielte, wenn es nicht die »Inselbar« war, wo wir barfuß tanzten, wenn es nicht die verliebten Nächte unter den weit ausgreifenden, kreisenden Armen des Leuchtturmes waren.

Ich kam jedes Jahr wieder. Mit zwanzig Jahren kaufte ich in Vitte 1000 Quadratmeter Land von der Witwe Stromeier, das so dicht am Meer lag und ihr zu salzig war für ihr Viehzeug. Für die Überfahrt zum Rechtsanwalt nach Stralsund zahlten wir ihr 3,80 M für Fahrkarte und Bockwurst, und der Vertrag war perfekt. Die Baugenehmigung ließ auf sich warten. Der kleine Bürgermeister Rosin wachte über alle, und Genehmigungen erhielten vorerst nur Ulbrichts Freunde und Genossen. Irgendwann fand dann einer einen kleinen Dorfschullehrer Kurt Wohlauf als nicht zu gering für Hiddensee, und mein Vater durfte bauen.

Ich hatte mich inzwischen verliebt auf Hiddensee im Sommer 1956, und im Sommer 1957 lag ich versteckt hinter der Mole am Rand der Steilküste, zwei bedruckte Hiddensee-Tücher mit Inselmotiv an den Schultern zusammengenäht als Umstandskleid. Mein Germanistik-Staatsexamen an der Humboldt-Universität hatte ich eben bestanden. Mein Sohn erhielt den schönen skandinavischen Namen Holger, was von Holger Danske herkommt, dem sagenhaften Retter Dänemarks, (denn wir hatten beim Studium als nordische Sprache dänisch gelernt), mich aber immer mehr erinnerte an »Die wundersame Reise des kleinen Nils Holgersohn mit den Wildgänsen« von Selma Lagerlöf, der über ganz Südschweden geflogen ist, wovon ich immer träumte.

Karl Ebbinghaus hatte am Hafen in Kloster ein kleines rohrgedecktes Häuschen, das später abbrannte, in dem das Kunstgewerbe neben Insel-Fotos Platz fand. Am liebsten war ich dort, wenn er mir die Versteinerungen erklärte, den versteinerten Seeigel, die Austernschale, den Seelilienstengel, den Donnerkeil, den Klapperstein; später hat er das Heimatmuseum geleitet und alles Bedeutende in seinen Büchern aufgeschrieben.

1958. Wir wohnten das letzte Jahr in Fricks Laube, kochten mit Brennspiritus Schmorgurken, hatten einen Strohsack mit Seegras gefüllt, der leicht muffelte, waren das erste und einzige Mal ohne Kind da, es war erst ein halbes Jahr alt, und es gab weder Babynahrung noch Fertigwindeln, noch einen Kinderwagen, an dem nicht dauernd das Rad abging. Die Sommer 1959 und 1960 verlebten wir dann mit Sohn im »Hexenhaus« in Vitte unterm Dach – dank der Vermittlung des Briefträgers Karl Gau, Eierkarl genannt – mit einem geborgten Kinderbett von Lene und Erich Gau, dem ihre Söhne Bernhard und Helmut gerade eben entwachsen waren.

Noch zwei weitere Sommer, bis wir das Haus meines Vaters bewohnen konnten, waren wir Gäste in Erwin Hübners Tischlerei; da sie in Vitte am Hafen lag, fuhren wir fast täglich mit dem Boot zum Neuendorfer Sandstrand, der damals der schönste war, aßen in der »Stranddistel« Abendbrotplatte oder Pellkartoffeln mit Quark für 1,60 M. Mein Junge lief am Ledergurt, an dem man ihn hochziehen konnte, wenn er die Muscheln in den Mund steckte zum Verspeisen. Keine Möbel waren so schön gediegen und Hiddensee-gerecht gebaut wie die von Erwin-Hübner, so paßgerecht für unser Haus wie für das vieler anderer, zum Beispiel das von Gret Palucca. Handwerksliebe und Kenntnis der Urlauber-Gewohnheiten wurden hineingebaut, und es dauerte auch die entsprechende Zeit: jedes Jahr ein Schrank, ein Bett. Wenn wir zwischendurch doch mal etwas brauchten und mitbrachten, zum Beispiel Gardinenstangen, dann blickte er nur hoch und sagte: »Wat fürn Tüdel«. Daß sie an der Seite sogar genagelt waren, wagten wir ihm nicht zu zeigen. Das Doppelstockbett, das er mir baute, eingepaßt in die Wand, mit Vorhang zum Zuziehen, ist mir noch immer das liebste Bett in all meinen gehabten Wohnungen. Nirgendwo habe ich so gefroren und mich so unter Federn und Decken vergraben und so tief und traumlos geschlafen, wenn Sturm und Wind ums Haus jagten, wenn das Nebelhorn tutete, wenn der Regen auf das Fensterbrett klopfte. Mit dem Haus veränderte sich einiges, aber nicht viel. Wir gingen ins »Strandcafé« tanzen, den Preßluftschuppen, wie wir ihn nannten, ins »Hotel zur Ostsee« essen und Bier trinken in der »Hiddensee-Klause«, gegenüber von der heutigen Kaufhalle. Zu essen hatten wir nie viel. Die Waren vom Dampfer wurden mit Heinz Stromeiers Pferdefuhrwerk angefahren, und wenn mir montags in den kleinen Vitter Konsum kamen, dann hieß es, Schmelzkäse und Kaffee erst Donnerstag wieder. Kartoffeln nur bei Dittmann in Kloster. Ich fuhr mit einem Eimer am Fahrrad Kartoffeln holen, der Henkel riß, und die Kartoffeln kullerten den Hang hinunter, aber auch alle, was einem zum Fluch Anlaß gab, ob es nicht möglich wäre, fünfzehn Jahre nach dem Krieg zu einer normalen Versorgung zu kommen, wenigstens mit Kartoffeln. Später hatte die Versorgung mit Pferdefuhrwerken ein Ende, und mit dem Schubschiff kamen die Lastwagen auf die Insel.

Viele Hiddenseer werden sehr alt, aber bei einigen ist die Lebensgrenze zwischen 38 und 40 gezogen, nur wenige harte Trinker sind groß darüber gekommen. Man kann die Jahreszahlen auf dem Friedhof sehen ...

Wir aßen Fisch, geräuchert, gebraten, gedünstet, geschmort, sauer eingelegt, mit grüner Sauce, mit Senfsauce, sogar den Hornaal mit grünen Gräten. Opa Ewert räucherte die Flundern so zart und rosig innen wie selten einer, man brachte sie ihm frisch, und abends holte man sie ab, sie lagen auf einem Backblech schwach gesalzen, und jeder Aal verblaßte daneben. Um den Abendbrottisch rum in der Küche saßen sechs kleine Kinder, heute haben sie alle ein Haus und sind selbst Fischer, und von Roland beziehen wir wieder den zartesten Aal, geräuchert wie nur sein Großvater es konnte. Von Lene Gau lernte ich viele Fischrezepte, ich kochte danach, vom Fischsud bis zum fertigen Gericht – es war immer gelungen. Und Erich Gau erzählte, wie er und seine fünf Geschwister sich von Elisabeth Büchsel malen ließen. Als Kinder mußten sie still sitzen – stundenlang für einen Bonbon. Aber wie schön sind diese Kinderbilder von Truding, Theding, Erich, den Zwillingen Karling und Willing und Heining auch geworden! So sind sie festgehalten, denn Theodor, Willi und Heinrich fielen im Krieg und Trude starb als junge Frau in Neuendorf. Auch Karl liegt schon seit 1979 auf dem Inselfriedhof.

Inselsommer – Meist kamen wir in den Frühlingsferien. Schon in Stralsund fanden wir die Luft klarer und würziger, schneidend natürlich oft, auf der Landstraße nach Schaprode, hinter der Mühle in Trent versäumte Holger nie zu sagen: »Jetzt guckt gleich der Leuchtturm«, und sein nächster Satz war: »Jetzt beginnt das freie Inselleben«. Auf den letzten Kilometern stimmten wir immer begeistert das Lied an: »Jetzt fahrn wir übern See übern See, jetzt fahrn wir übern See, mit einer hölzern Wurzel, Wurzel, Wuhurzel, ein Ruder war nicht dran.« Danach kam gleich: »Zogen einst fünf wilde Schwäne«, besonders laut die Zeile« ... keiner kehrt mehr nach Hause, ja,« – der Sommer lag vor uns.

Wenn wir im Hafen in Vitte ankamen, stand oft Paul Türke mit seinem Pferdefuhrwerk da, wir kletterten auf den Kutschbock. Inselunkundige fragten neugierig: »Oh, ein Pferd, kann man hier auch reiten?« Der siegzigjährige Paul Türke brummelte zahnlos: »Ik lat up keenen mehr reiten, up mein Pferd nich und up mir schon lange nicht.«

Morgens fuhren wir mit unserer alten Blechmilchkanne in die Molkerei, die Inge und Manne Mehl betrieben und kauften pfundweise von ihr abgewogen den selbstgemachten köstlichen Sahnequark. Sie stand mit ihrem rotgepunkteten Kopftuch rotwangig vor blankgescheuerten Milchkannen und Meßbechern. Abends gingen wir zu Paul Krüger in die »Heiderose« und aßen Sülze mit Bratkartoffeln, im Juni gab's von den Krügerschen Tanten aus dem eigenen Garten Erdbeeren mit dicker Schlagsahne.

Einkaufen fuhren wir oft wieder nach Kloster in Dittmanns Laden, diesem Prachtstück. Herr Kurt Dittmann stand im blütenweißen Kittel hinter dem langen Ladentisch, und man bekam vom geräucherten Bückling bis zum Fliegenfänger einfach alles, Postkarten, Filme, Fleisch, Wurst bis zum teuersten Cognac – ein Kolonialwarenladen erster Güte, selbst unter realsozialistischen Bedingungen privat geführt. Im Winter sahen wir ihn als Premierengast Walter Felsensteins in der Komischen Oper in Berlin wieder. Im Frühling freute ich mich über die Ginsterbüsche an den Hängen von Kloster, im Herbst genoß ich die letzten wärmenden Sonnenstrahlen im Schutze der Düne, über mir die wunderbaren keilförmigen Züge der Wildgänse, die Flugbilder am hohen Himmel gehören mit zum Schönsten hier auf der Insel – in meiner Phantasie reiste ich mit. Wenn man glaubte, sich die Bilder des Sommers fest eingeprägt zu haben, wurden sie manchmal noch übertroffen von den Fotos der »Lichtbildnerin« Ilse Ebel, die seit 1928 auf der Insel Morgentau und Herbstnebel, die Blüte einer Heckenrose und den hohen Himmel so einmalig und unverwechselbar festhielt wie Figur und Gestalt der Gret Palucca. In den zwanziger Jahren hatte ihr Vater von Neuruppin aus den Fotoladen in Vitte als Sommersitz eröffnet, und so hatte sie bereits Asta Nielsen und Ringelnatz fotografiert. Sie erzählte mir von den sonntäglichen Ausflugsfahrten von Hiddensee über die Ostsee nach Liselund und Møn, wo eine gedeckte Kaffeetafel die Gäste erwartete. Schön muß es gewesen sein.

Täglich nachmittags um drei Uhr ging der neunzigjährige Kapitän

Robert Gau an unserem Haus vorbei zum Strand. Seine Augen blickten zusammengekniffen in die Weite, als ob er am fernen Horizont immer noch etwas ausspähen muß. Als ich ihn nach der »Caprivi« fragte, mit der er auch Asta Nielsen befördert hatte, sprach er von den von ihm gefahrenen Schiffen als seien sie Menschen gewesen: »Wird wohl auch nicht mehr leben.« Einmal habe ich ihn fotografiert, da hat er seine blaue Tuchjacke angezogen und die schöne Mütze aufgesetzt.

Abends ging das alte Ehepaar Stromeier vorbei zum Strand, er mit einer Gießkanne in der Hand. Er hatte in den Feldern hinter der Düne Heckenrosenzweige in Erdgräben gesteckt, die allmählich sich verzweigten, wucherten, Sommer über Sommer von mir beglückt beobachtet wurden, bis sie zu einem der schönsten und größten Heckenrosenfelder von Vitte wurden. Blüten und Frucht, wo gibt es dieses leuchtende Feld von Juni bis Herbst noch einmal? Ich träume davon, daß es eines Tages um mich herum wächst wie eine Dornröschenhecke. Alles, was auf dieser Insel gewachsen ist bei Sturm und Wind, mit menschlicher Ausdauer und Fürsorge gehegt und gepflegt, muß man in Schutz nehmen und bewahren. »Meine« Heckenrosen verteidige ich.

Strandsommer – Die Sommer verbrachten wir am Vitter Südstrand, vorne lagen angezogen die FDGB-Urlauber, später waren auch diese nackt, und wir lagen hinter dem grauen Haus am zweiten Dünenaufgang unterhalb des Ernst-Busch-Hauses. Hier lagen die Sommerhausbesitzer, man kannte die Inhaber der benachbarten Sandburg. Danach kamen die Urlauber von Simson-Suhl, dem Suhler Jagdwaffen- und Fahrrad-Werk, das dort seine schönen Ferienheime in der Heide hatte. Regelmäßigkeiten werden zu Gewohnheiten. Wenn die uniformierten »Seemollis« pünktlich ihre Patrouille zum Turm liefen und an uns vorbei waren, packten wir auf einer angespülten Kiste unseren Schmelzkäse, Tomaten und Äpfel aus und aßen »zu Mittag«. Wir blieben lange. Mein Sohn tauchte, schnorchelte, vergnügte sich mit einem Schlauchboot, war Kapitän, Weltumsegler, Pirat und Tiefseetaucher. Immer spielte er auf meinem Bauch das gleiche Spiel: »Ich habe was für dich gefunden. Ist die schön?« Beim ersten Mal mußte ich überrascht aufgucken, es war nur eine Miesmuschel; dann wieder: »Ist die schön?« Ich mußte immer noch überrascht sein, eine Herzmuschel. Dann zum dritten Mal: »Ist die

Renate Seydel mit ihrem Sohn Holger

schön?« Dann kam das eigentliche. Ich durfte nur noch blinzeln, kaum den Kopf heben, um dann um so überraschter zu staunen: ein Stück Bernstein lag auf meinem Bauch und glitzerte in der Sonne, ein Donnerkeil, gut erhalten, eine lange Schwanenfeder oder irgendein anderer seltener Fund, aber immer erst beim dritten Mal wurde er präsentiert. Er war kostbar.

(Dreißig Jahre später fand er auf den Malediven die schönsten an Land gespülten Meereswunder: Korallenzweige, Einsiedlerkrebshäuschen, Kauri-Muscheln. Hörte ihn sagen: »Die habe ich für dich gesammelt«. Jetzt könnte das Leben noch einmal beginnen...)

In der frühesten Frühe hörte ich ihn die Leiter vom Doppelstockbett herunterklettern, er ging ans Meer nachsehen, was »angespült« worden war. In der Morgenfrühe lag das gesammelte Strandgut vor der Tür: Bohlen und Kisten, Flaschen und Kanister, eine Flasche Benediktiner und ein Gurkenhobel, den wir heute noch haben, ein Holzpantoffel, in der Hoffnung auf den kommenden zweiten, Milchtüten aus Dänemark. Was angeschwemmt wurde kam von weit her und war ausländisch, nicht nur in der Schrift, sondern in der gehobenen Verpackungsindustrie, der nicht einmal Salzwasser etwas anhaben konnte.

Holger hatte schwimmen gelernt mit den Vitter Schulkindern am Bodden, dem jetzigen Seglerhafen, an einem ins Wasser geworfenen Balken – ich dachte, die jungschen Dinger ertränken mein Kind. Aber Bodden-baden wurde unter den Vitter Kindern sehr »in«, das Wasser war einfach wärmer.

Wie ein Kind mit dem Meer verbunden ist, wenn es die Frühlingsferien, die Sommerferien, die Herbstferien mit Eltern und Großeltern am Meer verlebt, wenn es ihn als Jugendlichen auch Silvester nicht abhielt, auf die verschneite Insel zu fahren, das spürt man immer wieder, wenn man die Kenntnis der Boddengewässer, des Meeresbodens, die Erfahrung im Umgang mit Booten, Gerätschaften, die fliegende Fahrt mit dem Katamaran, dem Surfbrett, dem Boot beobachtet. Einmal baute er sich einen Strandsegler, der wurde von den Hiddenseer Bewohnern kommentiert: Sie hätten ein Segelboot auf Rädern gesehen. Den kleinen und großen Hiddenseern gab er später Surfunterricht und nach der Erfahrung »ein Hiddenseer bad doch nicht« – kam eine neue Erfahrung hinzu: »Aber er surft«.

Lesesommer – Wenn die Ferientaschen gepackt wurden, kamen auch die Bücher mit. Ich habe Erinnerungen an de Bruyns „Neue Herrlichkeit", an James Krüss, Benno Pludra, vier Jahre lang las ich alle Simone de Beauvoirs, Stefan Zweigs Autobiographie und Erzählungen, Christine Brückner, Barbara Noack, Martin Walser, Liv Ullmann, Isabel Allende, Marquez, Aitmatow, Selma Lagerlöf, Ingmar Bergman und einmal Christa Wolfs »Sommerstück«, das mir meine Zuflucht auf diese Insel so offenbar werden ließ wie die ihrige ins mecklenburgische Dorf. Ich las im Strandkorb, ich las in der Sandburg, ich las auf dem Buhnenpfahl, ich las abends in der Veranda, wenn das Licht im Juni bis abends um 11 Uhr hell blieb. Ich las einmal nicht nur Autobiographien, Dokumentarisches, Authentisches, Erlebtes – nein, ich stürzte mich hinein in die Flut der Erzählungen, der Geschichten, der Romane, des Erdachten.

Zufluchtssommer – Ich frage mich, wie die Jahre eilten, wie die Zeit und das Leben verging, man erlebte die Geburt, die Jugendweihe, die ersten Kinder, sah schon wieder deren erste Kinder – bei Einwohnern und Sommergästen. Im Frühjahr hatte noch jeder Zeit zum Erzählen, man begrüßte sich, freute sich, im Herbst nahm man nicht immer Abschied. Anfang Oktober 1989 stand ich mit meinem Nachbarn, einem Arzt, oben am Deich, ich war dem Aufmarsch entflohen aus der Berliner Hauptstadt, wo man die vierzig Jahre DDR mit Gewalt zu feiern gewillt war und fühlte wohl wie alle, daß dies die letzte Jubelfeier werden würde. Der Arzt kam aus Dresden, hatte sich durch den Dresdner Hauptbahnhof kämpfen müssen, sollte beweisen, daß er eine Fahrkarte brauchte, wollte entfliehen den bereitgestellten Blutkonserven, den leergeräumten Krankenstationen, den »Instruktionen« für medizinisches Personal, das sich bereit zu halten hatte, weil Züge mit den Ausgereisten über die DDR ausreisen sollten. Als wir uns über alles unterhielten, sah ich die schreckgeweiteten Augen seiner Tochter Ulrike, die schon mit fünf Jahren meinen Eltern auf der Geige vorgespielt hatte. Am Sonntagmorgen des 8. Oktober sah ich dieselben schreckgeweiteten Augen bei meinem Sohn nach den ersten Nachrichten: »Das soll auf unserer Schönhauser Allee geschehen sein?«, waren seine ungläubigen ersten Worte. Christa Wolf hat es bezeichnet, daß eine Krankheit der Gesellschaft sichtbar geworden sei, ich fand: eine Gesellschaft hatte ihr wahres Gesicht gezeigt, und wir hatten uns in unseren Lauben, Datschen, Sommerhäusern, Ferienwohnungen Wochenende für Wochenende, Urlaub für Urlaub allesamt immer wieder verkrochen.

Erinnerungssommer – 1978 hatte ich im Henschelverlag die Autobiographie von Asta Nielsen als Lektor bearbeitet, kam seit 1961 zum ersten Mal wieder außer Landes, nach Dänemark, hatte in Fotos, Fotoalben, Büchern, Zeitungsarchiven, Theaterarchiven, Filmarchiven gewühlt, die dänische Insel Møn, die ich über zwanzig Jahre bei guter Sicht von der anderen Seite als Umriß gesehen hatte, befahren, Brechts Svendborg auf Fünen kennengelernt, die Insel Aero und den Ehemann von Asta Nielsen, den sie fast neunzigjährig noch geheiratet hatte. Ich besaß nachher so viele Fotos, daß ich meine erste große Bildbiographie 1981 zu ihrem 100. Geburtstag herausbrachte. Im Heimatmuseum in Kloster erhielt sie zwar einen Ehrenplatz, aber niemand nahm wohl sonst Notiz. Erst Jahre später, 1987, bei meiner dritten Bildbiographie, über Romy Schneider, kam der Zimmermann und Fuhrmann Dieter Schumacher und sagte: »Bei Rhodes wohnen Gäste, die haben ein Buch, und das sollen Sie gemacht haben!?« Ungläubiges Staunen, fragende Zweifel waren in seiner Stimme. Von da an machte ich schon manchmal eine »Autogrammstunde« in den beiden Inselbuchhandlungen, und um 6 Uhr standen die ersten Matrosen an, wenn's um 9 Uhr »Romy Schneider« gab. Ach, Dieter Schumacher, was für eine schöne Fahrt haben wir mit deinem Pferd Rocco zum Altbessin gemacht und uns in der warmen Septembersonne dort gelagert. Wie oft haben deine drei Söhne unsere Strandkörbe im Frühjahr raus und im Herbst reingeschoben, weil unser Schuppen für die alten Rohrkörbe zu klein war. »Ik weit wiet geht«, wie selbstverständlich war diese Freundlichkeit immer. Und Günther Siebler, der unser Dach gedeckt hat, wie flink hast du gearbeitet, keiner kann wie du den Draht um die Dachlatten festziehen, daß er sich tief ins Holz einkerbt, und den First so aufbinden; deine dicken Rohrdächer erkenne ich auf der ganzen Insel wieder. Gearbeitet hast du »wie der Düwel« und auch keinen Flirt zugelassen, den Holger mit jedem hübschen vorbeigehenden Mädchen anfing, da mußte zugereicht werden, da wurden Bunde gebraucht – aber nach der Arbeit hattest du Zeit, wir saßen im Garten an einem warmen Maiabend 1989, und du hast so schön, wie ich es wohl niemals vorher gehört habe, Fritz Reuter gesprochen, »Läuschen un Riemels« von 1853 auf platt, in deiner besonderen Sprachmelodie, so lustig, und du hattest es einfach so in der Neuendorfer Schule gelernt. Und wie oft haben wir Geschichten von Ernst Dröse erzählt, dem Kerl wie aus einem Baum gehauen, wie wir immer sagten; im Zeltkino bei Ekkehard all unseren Nachholbedarf an Filmen aufgeholt. Jedes Jahr haben wir die Hochlandwanderung gemacht, den Inselblick genossen, auf dem »Klausner« gegessen und auf dem Weg an der Steilküste entlang jede Sturmkiefer und jedes Karnickelloch gekannt.

Im Herbst wurde auf dem Bessin Sandorn gepreßt und zu Hause eingekocht, wurden Flaschen gesäubert und verschraubt, wir tranken den Saft im Winter und behaupteten, bis Februar nicht krank zu werden. Abenteuerlich war es für die Jungen mit Kanistern, Trichtern und Stullenvorrat loszufahren und mit dem köstlichen orangefarbenen Beerensaft, der nach Litern zählte, heimzukommen. Ich pflanzte Malven und Birken und liebte die weißen Holunderbüsche, von deren Beeren ich im Herbst Suppe kochte, die aber nur mir allein schmeckte.

Lebenssommer – Es war im Herbst 1988, mein Buch »Ich, Romy« und die französische Ausgabe der Romy Schneider Bildbiographie waren zu Romys 50. Geburtstag am 23. September im Kulturzentrum der DDR in Paris vorgestellt worden. Ich habe anschließend einen Zweitageausflug zu dem aus dem Wasser emporragenden Schloß Mont Saint Michel an der Küste der Normandie gemacht und mir auch die Schlösser an der Loire angesehen. Unmittelbar danach bin ich nach Hiddensee gefahren, um meinen Vater, der immer die Zeit von Mai bis Oktober dort verlebte, abzuholen. Es war kalt, windig, stürmisch, nach Loire-Schlössern erschienen mir die Fischerhäuser elend, und nach der mächtigen Burg auf dem Wasser konnte der Leuchtturm nicht mithalten. Das Frühschiff war zur Aufbesserung der Stimmung nicht angetan. Ich ging nach hinten aufs Deck und sah über die ganze sich entfernende Insel einen wunderbaren Regenbogen gespannt, er glänzte sogar im Wasser weiter. Ich blieb versunken in den Anblick, und es kam ein zweiter in allen Farben schimmernder Regenbogen darüber. Die ganze Insel war in diesen Halbkreis eingerahmt, als wollte sie mir sagen: »Bin ich nicht auch schön?« Sie warb um meine Wiederkehr in ihrer ganzen Herrlichkeit.

Pfarrer Manfred Domrös, wie hast du unser Herz erwärmt, Palmsonntag 1989, zur Konfirmation auf Hiddensee. Es waren zwei Mädchen und ein Junge; du hast deine Gitarre vor den Talar genommen und wir haben alle dieses wunderbare Lied gesungen: »Wenn der Frühling grünes Gras wachsen läßt im Wind, frage, ob nicht hinterm Zaun tote Wiesen sind. Frage, frage Tag und Nacht...« Die Konfirmanden haben Lebensfragen gestellt, und wir haben als Gemeinde geantwortet:

– »Wir leben nicht allein. Wir möchten lernen, mit möglichst vielen Menschen gut zusammenzuleben.«

– »Auch wir wollen nicht, daß einer allein bleibt. Keiner soll isoliert oder abgeschoben werden.«

Du hast uns Festigkeit gegeben, wir haben das Jahr 1989 mit dieser Festigkeit bestanden.

In dieser Kirche, in der ich bereits 1955 gebetet hatte, an einem Abend im August, als die drei Mädchen am Altbessin vor unser aller Augen ertrunken waren. Und wir um Fürbitte für die Eltern sprachen – die in diesen Abendstunden das Telegramm von dem Tod ihrer Kinder erhielten.

Ostern 1991 tanzte Pfarrer Domrös mit den Kindern im Reigen und begrüßte die Auferstehung. Als wir anschließend in die Berge gingen, liefen vor uns vier Mädchen, eine mit einer Kuhkette und vielen Glöckchen um den Fuß, eine mit wild gefärbten Haaren, die andere mit Beduinentuch – und sie sprachen den Osterspaziergang von Goethe. »Vom Eise befreit sind Strom und Bäche...:« Die vierte, im verwegensten Look, drehte sich um und deklamierte: »Kehre dich um von diesen Höhen...« Jugend. Jugend und klassische Bildung, wie schön das wieder zu hören. Nach dem wunderbaren Inselblick, wo uns die Insel in ihrer ganzen Schönheit zu Füßen lag, eingerahmt von Meer und Bodden, gingen wir essen – in das von Jungunternehmer Jürgen Münzner eröffnete Hotel »Hitthim«. »Überall regt sich Bildung und Streben« – hat Goethe in seinem Osterspaziergang gesagt – er hat wieder mal recht gehabt, so wie mit seinen Schlußzeilen: »Zufrieden jauchzet groß und klein, hier bin ich Mensch, hier darf ich's sein!« – Hoffentlich nicht eine trügerische Vorstellung.

In diesem Jahr, in dem dieses Buch erscheint, bin ich achtunddreißig Jahre auf der Insel. Dreißig Jahre lang bewohnt mein Vater nun schon dieses kleine Haus, das er mit sechzig Jahren gebaut hat; all die Jahre über war uns diese Insel Ruhe, Erholung, Urlaub, Stille.

Vielleicht habe ich nie so recht verstanden, meine literarische Erlebniswelt zu vermitteln, vielleicht konnte ich sie nur in meinen Büchern weitergeben, aber die Liebe zum Meer zu übertragen – das ist mir vielleicht gelungen.

Für andere wird Capri oder Kreta ihre Sommerinsel werden, vielleicht auch Tahiti, Gauguins Traum von einem neuen Leben, vielleicht wird Ceylon die nächste Station ihrer Reise – die Insel im Norden Deutschlands werden wir, die wir sie lieben, in unserem Herzen bewahren, weil sie unsere Jugend war, die Kindheit unserer Kinder, der Alterssitz unserer Eltern, der feste Punkt in unserem Leben – unsere Heimat, unsere Wurzel in dieser Welt.

Ostern 1991 auf Hiddensee R. S.

Einsamkeitssommer – Wie sehr sich diese Welt verändert, mußte ich in diesem Jahr erfahren.

Im Sommer 1991, der zum traurigsten in meinem Leben wurde, ist mein Vater gestorben. Er war nur eine Woche im Juni auf der Insel, dann kam er nach Bergen ins Krankenhaus und starb dort am 12. Juli im Alter von 90 Jahren, 6 Monaten und 10 Tagen. Ein Leben lang wird bleiben die Erinnerung an die gemeinsamen Sommer mit ihm. Seine Freude bei unserer Ankunft, wenn er uns schon oftmals vorher von jedem Boot und Schiff abgeholt hatte – und sein langes Winken zum Abschied mit dem Taschentuch bis er unser Schiff nicht mehr sah. Und immer doch eine Wiederkehr, ein Wiedersehen, eine Ankunft. In diesem Sommer der endgültige Abschied. Das Ende des Kind-Seins, der Zärtlichkeit. Unvergeßliche Gespräche über sein Jahrhundert, die langen Sommerabende, die Radfahrten bis zu seinem letzten Lebensjahr, seine Güte, Toleranz und Liebe. Seine Freundlichkeit zu den Menschen und vor allem immer wieder zur Jugend. Er war der Mittelpunkt seiner Familie – von allen geliebt und geachtet. Dieses Buch habe ich ihm gewidmet – es hat noch sein Herz erfreut.

Dezember 1991 R. S.

Mein Vater, der Lehrer Kurt Wohlauf (1901-1991), lebte über dreißig Sommer auf Hiddensee

Prominente Inselbesucher – eine Auswahl

Gitta Alpar (1903) Sängerin; 1932 Hotel Dornbusch, Kloster, mit Gustav Froelich
Ferdinand Avenarius (1856–1923) Schriftsteller; 1899 Gasthof Schlieker, Kloster
Julius Baab (1880–1955) Theaterkritiker; 1920 im Klausner
Ernst Barlach (1870–1938) Bildhauer; 1913 im Klausner
Johannes R. Becher (1891–1958) Dichter; 1956 in Kloster
Gottfried Benn (1886–1956) Lyriker; 1913 in Kloster
Rudolf Georg Binding (1867–1938) Lyriker, Novellist; 1934 im Wieseneck, Kloster
Ernst Busch (1900–1980) Schauspieler; eigenes Haus, Heide
Max Colpet (1905) Autor; 1932 Hotel Dornbusch, Kloster
Mathilde Danegger (1903–1988) Schauspielerin; 50er Jahre Haus am Hügel, Kloster
Theodor Däubler (1876–1934) Lyriker, Erzähler; 1913 im Klausner
Paul Dessau (1894–1979) Komponist; 50er Jahre in Kloster
Käthe Dorsch (1890–1957) Schauspielerin; 30er Jahre in Kloster
Albert Einstein (1979–1955) Physiker; 20er Jahre bei Schmiedemeister Mann, Kloster
Herbert Eulenberg (1876–1949) Essayist; 1926 im Wieseneck, Kloster
Hans Fallada (1893–1947) Schriftsteller; 1934 in Neuendorf
Jürgen Fehling (1885–1968) Regisseur; 1948/49 im Sommerhaus Thalheim, Kloster
Walter Felsenstein (1901–1975) Regisseur, Intendant; eigenes Haus in Kloster
Lion Feuchtwanger (1884–1958) Schriftsteller; 1932 Hotel Dornbusch, Kloster
Alfred Flechtheim (1878–1937) Kunsthändler; 1931 Biologische Station, Kloster
Willi Forst (1903–1980) Schauspieler; 1931/32 Hotel Dornbusch, Kloster
Siegmund Freud (1856–1939) Psychiater; 1930 Hotel Dornbusch, Kloster, mit Tochter Anna
Valeska Gert (1892–1978) Tänzerin; 1921/25/27 Hotel Dornbusch, Kloster
Joachim Gottschalk (1904–1941) Schauspieler; 1941 zu Dreharbeiten »Das Mädchen von Fanö«
Alexander Granach (1890–1945) Schauspieler; 1921 Hotel Dornbusch, Kloster
Gustaf Gründgens (1899–1963) Schauspieler, Regisseur; 1932 Hotel Dornbusch, Kloster
Max Halbe (1865–1944) Schriftsteller; 1986 Gasthof Schlieker, Kloster
Carl Hauptmann (1858–1921) Schriftsteller; 1885 Gasthof Schlieker, Kloster

Christoph Hein (1944) Schriftsteller; 80er Jahre im Klausner
Brigitte Helm (1908) Schauspielerin; 1932/33 Hotel Dornbusch, Kloster
Paul Henckels (1885-1967) Schauspieler; 1925 Hotel Dornbusch, Kloster
Gustav Hertz (1887-1975) Physiker; 20er Jahre bei Dittmann, Kloster, später eigenes Haus
Werner Hinz (1903-1985) Schauspieler; 1947/48 in Kloster
Jutta Hoffmann (1941) Schauspielerin; 60er Jahre Vitte
Friedrich Hollaender (1896-1976) Komponist; 1932 im Haus am Meer, Kloster
Brigitte Horney (1911-1988) Schauspielerin; 1941 zu Dreharbeiten »Das Mädchen von Fanö«
Herbert Jhering (1888-1977) Theaterkritiker; 1926 im Klausner
Erich Kästner (1929-1974) Schriftsteller; Anfang 30er Jahre in Kloster
Inge Keller (1923) Schauspielerin; eigenes Haus in Vitte, Heide
Paul Kemp (1896-1953) Schauspieler; um 1940 im Sommerhaus Thalheim, Kloster
Alfred Kerr (1867-1948) Theaterkritiker; 1901 bei Freese, Hotel zur Ostsee, Vitte
Gustav Kiepenheuer (1880-1949) Verleger; 1921 im Klausner
Otto Klemperer (1885-1973) Dirigent; 1915, 1928 in Kloster
Paul Klinger (1907-1949) Schauspieler; 1947 zu Dreharbeiten »Ehe im Schatten«, Kloster
Gustav Knuth (1901-1987) Schauspieler; 1941 zu Dreharbeiten »Das Mädchen von Fanö«
Käthe Kollwitz (1867-1945) Graphikerin, Malerin; 1922/27/28 in Vitte
Peter Kreuder (1905-1981) Komponist; 1931 Hotel Dornbusch, Kloster
Harry Kupfer (1935) Opernregisseur; seit 70er Jahre bei Hedwig Gau, Kloster
Wolfgang Langhoff (1901-1966) Schauspieler, Regisseur; 1948/49 im Sommerhaus Thalheim, Kloster
Max von Laue (1879-1960) Physiker; 1931 Hotel Dornbusch, Kloster
Else Lehmann (1866-1940) Schauspielerin; 1928 im Wieseneck, Kloster
Lotte Lehmann (1888-1976) Opernsängerin; 1927/28/30 im Klausner
Ludwig Marcuse (1894-1971) Schriftsteller; 1923 Hotel Dornbusch, Kloster
Hubert von Meyerinck (1896-1971) Schauspieler; 1921 Hotel Dornbusch, Kloster
Inge Meysel (1910) Schauspielerin; 1930 Hotel Dornbusch, Kloster
Hans-Peter Minetti (1926) Schauspieler; 60er Jahre Haus am Hügel, Kloster
Gret Palucca (1902) Tänzerin, eigenes Haus in Vitte
Hans Pitra (1915-1977) Regisseur, Intendant; eigenes Haus in Vitte, Heide
Benno Pludra (1925) Schriftsteller; Haus in Vitte
Carl Raddatz (1912) Schauspieler; 1944 zu Dreharbeiten »Opfergang«

Bruno Rahn (1879-1927) Regisseur; 1925 in Kloster
Max Reinhardt (1873-1943) Regisseur, Theaterleiter; 1916 in Kloster, mit Else Heims und Sohn Gottfried
Helmut Sakowski (1924) Schriftsteller; 60er Jahre Haus am Hügel, Kloster
Anna Seghers (1900-1983) Schriftstellerin; 60er Jahre Haus am Hügel, Kloster
Heinrich Seidel (1842-1906) Erzähler; 1893 Gasthof Schlieker, Kloster
Wilhelm Schmidtbonn (1876-1952) Schriftsteller; 1911 Gasthof Hedwig Gau, Kloster
Hans Söhnker (1903-1981) Schauspieler; 1923 Hotel Dornbusch, Kloster
Eduard von Stucken (1865-1936) Schriftsteller; 1920 Hotel Dornbusch, Kloster
Leonard Steckel (1901-1971) Schauspieler; 1924/26/29 Hotel Dornbusch, Kloster
Max Taut (1884-1967) Architekt; 1924/25/28 Hotel Dornbusch, Kloster
Ernst Toller (1893-1939) Schriftsteller; bei Dittmann, Kloster
Walter Trier (1890-1951) Maler, Illustrator; Anfang 30er Jahre in Kloster
Johannes Trojan (1837-1915) Schriftsteller; 1885 Gasthof Schlieker, Kloster
Conrad Veidt (1893-1943) Schauspieler; 1929 Hotel Dornbusch, Kloster
Elsa Wagner (1881-1975) Schauspielerin; 30er Jahre in Kloster
Paul Wegener (1874-1948) Schauspieler; 1935/36 in Vitte
Helene Weigel (1900-1971) Schauspielerin; 50er Jahre, Haus am Hügel, Kloster
Franz Werfel (1890-1945) Schriftsteller; 1931/32 in Kloster
Billy Wilder (1906) Regisseur; 1932 Hotel Dornbusch, Kloster
Friedrich Wolf (1888-1953) Dramatiker; 1948 in Kloster
Paul Zech (1881-1946) Schriftsteller; 1926 Hotel Dornbusch, Kloster

Zusammengestellt nach Unterlagen von Kurt Dittmann, Kloster

Zu den Autoren

GERHART HAUPTMANN (1862–1946). Der Dichter weilte in einem Zeitraum von 61 Jahren auf der Insel Hiddensee. Am 29. Juli 1885 betrat er sie zum ersten Mal und am 28. Juli 1946 wurde er auf dem Inselfriedhof beerdigt. Am 21. Juli 1943 war Hauptmanns letzter Aufenthalt auf der Insel.

Nachdem er im Gasthaus Schlieker in Kloster, im Gasthaus Freese in Vitte (später »Hotel zur Ostsee«), in der Pension von Theodor Nehls in Vitte (später »Logierhaus zur Post«, heute »Boddenblick«), dann auf der Lietzenburg, in der Pension »Haus am Meer« in Kloster, (heute Vogelwarte) und im Haus »Seedorn« in Kloster logierte, kaufte er 1930 das Haus »Seedorn«. Am 6. Juni 1956 wurde es als Gerhart-Hauptmann-Gedenkstätte der Öffentlichkeit übergeben. Die Enthüllung des Grabsteins erfolgte am 28. Juli 1951.

Im Jahre 1917 begann die nähere Bekanntschaft mit dem Pastor Arnold Gustavs, der zum Freund und vertrauten Gesprächspartner des Dichters wurde; er hielt ihm auch die Grabrede.

Margarete Marschalk (1875–1957) wurde am 18. 9. 1904 Hauptmanns zweite Frau. Benvenuto Hauptmann (geboren 1900) ist der Sohn des Dichters aus dieser Verbindung. Die Söhne Hauptmanns aus erster Ehe sind Ivo Hauptmann, Eckart Hauptmann und Klaus Hauptmann.

Der Maler und Radierer FELIX KRAUSE wurde 1873 in Berlin geboren. Nach einem Studium an den Akademien Berlin, München und Paris war er seit 1900 auf der Insel Hiddensee, die er bis 1910 regelmäßig aufsuchte. Zu seinen bekanntesten Bildern der Insel zählen: »Regenstimmung« (Vitte); »Fischerhaus am Meer«, »Ein blauer Tag auf Hiddensee«, »Sommerschwüle«, »Graue Wolken«, »In der Abendsonne«, »Ein freudiger Tag« (Hiddensee).

ARVED JÜRGENSOHN ist der Verfasser des Reisehandbuches »Hiddensee – das Capri von Pommern«. Es erschien 1913 zum ersten Mal, 1924 erweiterte der Verfasser dieses bis dahin informativste Nachschlagewerk um einige wesentliche Kapitel über die Tier- und Pflanzenwelt und den Vogelschutz der Insel.

ARNOLD GUSTAVS (1875-1956). Der Pfarrer wurde am 7. Januar 1875 als Sohn des Lehrers und Kantors von Neuenkirchen bei Greifswald geboren, er besuchte von 1884-1893 das Gymnasium der pommerschen Universitätsstadt und studierte Theologie. Er beschäftigte sich mit alten Sprachen, besaß Kenntnis des Altisländischen und Gotischen. Sein besonderes Interesse galt der Keilschriftforschung. 1922 reiste er nach Palästina. 45 Jahre lang, von 1903-1948, war er Pfarrer von Hiddensee. Er hatte die Insel 1896 als 21jähriger Student während eines Ferienaufenthaltes kennen und lieben gelernt. Am 19. Dezember 1956 ist Arnold Gustavs im Krankenhaus zu Stralsund kurz vor Vollendung seines 82. Lebensjahres gestorben. Arnold Gustavs hatte vier Kinder.

HANS FINDEISEN hat mehrere Bücher über Hiddensee geschrieben: »Hiddensee-Märchen« (mit Zeichnungen, 1924), »Sagen, Märchen und Schwänke von der Insel Hiddensee« (1925), aus dem die abgedruckten Texte stammen. Der Autor hat sich viele Geschichten in den Jahren 1922-1923 von den Einwohnern der Insel erzählen lassen, sie gesammelt und aufgeschrieben.

Der Stralsunder Heimatforscher OTTO DANKWARDT machte es sich zum Anliegen, dem Rezitator, Schauspieler und Dichter Alexander Ettenburg, der sich um die Entwicklung der Insel Hiddensee zum Badeort bemüht hatte, in seinem Buch »Alexander Ettenburg – der Einsiedler von Hiddensee« ein Denkmal zu setzen.

NIKOLAUS NIEMEIER schrieb in den zwanziger Jahren viele plattdeutsche Gedichte wie: »Weegenleed«, »Lot den Dood man koom«, »Kinnerleed«, »Vel Bloomen«, »Avscheed«, »Nu bin ick doot«.

EDUARD VON WINTERSTEIN (Freiherr von Wangenheim, 1871-1960). Der Schauspieler gehörte zu den bedeutendsten Darstellern des Deutschen

Theaters Berlin. Seine Filmarbeit begann im Jahre 1911 mit dem Film »Schuldig«. Die Dreharbeiten zu dem Film »Das Fischermädchen von Manholm«, die er hier beschreibt, sind enthalten in handschriftlichen Aufzeichnungen des Schauspielers aus dem Jahre 1944, einem Tagebuch aus dem Nachlaß, das er »Mein Weg im Film« nannte. Sie wurden der Herausgeberin von dem Enkel Friedel von Wangenheim zur Verfügung gestellt.

CHRISTINE KNUPP schrieb den Text des Katalogs »Rügen – Vilm – Hiddensee« und besorgte die Gesamtbearbeitung der Herausgabe. Die Ausstellung »Norddeutsche Künstlerkolonie II« war vom 17. 8.–30. 10. 1977 im Altonaer Museum in Hamburg zu sehen. Hier waren auch die Hiddensee-Maler Harold Bengen, Gottfried Brockmann, Elisabeth Büchsel, Ernst Fritsch, Walter Gramatté, George Grosz, Erich Heckel, Reinhard Heinemann, Heinrich Heuser, W. Robert Huth, Willy Jaeckel, Alexander Kanoldt, Felix Krause, Heinrich Graf Luckner, Hermann Muthesius, Emil Orlik, Helmut Schindewolf, Gustav Schönleber, Julie Wolfthorn und andere mit ihren Bildern vertreten.

KATIA MANN (1883–1980) wurde in München geboren, als Tochter Alfred Pringsheims, der Ordinarius für Mathematik an der Universität in München war. Sie heiratete am 11. Februar 1905 Thomas Mann. Ihre Kinder sind Erika, Klaus, Monika, Golo, Michael, Elisabeth. Katia Mann lebte seit 1954 in Kilchberg am Zürichsee. Mit Thomas Mann war sie 1924 auf Hiddensee.

URSULA HERKING (1912–1974). Die Schauspielerin begann ihre Bühnenkarriere, nach der ersten Station in Dessau, 1933 am Staatstheater in Berlin und gab später Gastspiele auf vielen Bühnen, vor allem aber in Kabaretts. Die versierte Kabarettistin brachte auch im Film die Vorzüge der hervorragenden Kleinkunst-Darstellerin zur Geltung.

CARL ZUCKMAYER (1896–1977). Der Deutsche Dramatiker und Erzähler war seit 1922 als Dramaturg und Regieassistent an verschiedenen Theatern tätig, 1924 am Deutschen Theater in Berlin, 1926–1928 in Salzburg. 1925 fand die Premiere des Stücks »Der fröhliche Weinberg« im Berliner

Theater am Schiffbauerdamm statt. 1926 weilte er auf Hiddensee. 1933 wurden seine Bücher verboten, er floh über die Schweiz in die USA, wo er in Vermont eine Farm gründete. 1946 kehrte er aus der Emigration zurück.

ASTA NIELSEN (1881-1972). Die dänische Schauspielerin begann 1910 zu filmen und spielte in zahlreichen Lichtspielen bis 1932. Sie galt als die ungekrönte Königin des deutschen Stummfilms und war in Leidenschaftsdramen, Gesellschaftsfilmen und Lustspielen auf der Leinwand zu sehen. Schon in den zwanziger Jahren baute sie in Vitte ihr Sommerhaus »Karusel«, das Mittelpunkt geselligen Beisammenseins von Schriftstellern, Schauspielern, Malern und Dichtern wurde. 1936 kehrte sie nach Dänemark zurück.

JOACHIM RINGELNATZ (eigentlich Hans Bötticher, 1883-1934). Er war Lyriker, Kabarettdichter, Prosaschriftsteller, auch Maler. Ging als Schiffsjunge zur See, war vier Jahre lang Matrose auf Segel- und Dampfschiffen, durchfuhr die Ostsee und Nordsee und den Ozean bis Westindien. War Akteur in einer Schlangenbude auf dem Hamburger Weihnachtsmarkt, Zeitungsverkäufer, Buchhalter, Besitzer eines Tabakladens in München, Bibliothekar auf zwei Schlössern, Fremdenführer, Schaufensterdekorateur – in ungefähr 30 Berufen tätig. Bis 1933 trat er in vielen Städten Deutschlands als Vortragender eigener Gedichte auf. Seine Verse sind Ergebnis einer skurrilen, heiter-wehmütigen Lebensbetrachtung. Seine Satire richtet sich gegen bürgerliche Umgangsformen und ihren Lebensstil. Ringelnatz Werk wurde nach 1933 unterdrückt und als »entartet« verleumdet. 51jährig starb er 1934 in Berlin. Mit Asta Nielsen war er über viele Jahre befreundet und oft ihr Gast im Sommer auf Hiddensee.

MAX KRUSE (geboren 1921). Er wurde in Bad Kösen als Sohn der Puppenherstellerin Käthe Kruse (1883-1968) und ihres Gatten, des Bildhauers Max Kruse (1854-1942) geboren. Er leitete den Wiederaufbau der Puppenwerkstätten im Westen Deutschlands. Seit 1958 ist er freier Schriftsteller. Er wuchs unter sieben Geschwistern auf. Der Vater, der sehr eigenwillige Max Kruse, überließ es weitgehend seiner erfolgreichen Frau, die große Familie zu ernähren. Käthe Kruse, fleißig und geschäftstüchtig, hatte aus ihrer Puppenwerkstatt bald eine kleine Fabrik gemacht. Der Maler Oskar Kruse-Lietzenburg (1847–1919) war 1904 der Erbauer der Lietzenburg in Kloster, er war der ältere Bruder des Bildhauers Max Kruse. Der Gedenkstein der Familie steht auf dem Inselfriedhof in Kloster.

Der Leipziger Dichter SIEGFRIED NYSCHER war in den dreißiger Jahren in den Sommermonaten oft auf Hiddensee, er lebte in Vitte. In dieser Zeit entstanden die Gedichte, die in zwei Bänden 1936 und 1937 erschienen.

MARIA PAUDLER (geboren 1903). Die Schauspielerin kam über das Stadttheater Aussig, das Landestheater Prag 1930 ans Staatstheater nach Berlin; sie spielte in Wien und München und wirkte in rund 40 Filmen mit. 1949 zwang sie ein schwerer Autounfall zu einer jahrelangen Pause. Aus der DDR kam sie über Berlin nach Hamburg, wo sie beim NWDR arbeitete. Sechs Jahre lang leitete sie anschließend ihr eigenes Theater-Ensemble, mit dem sie in ganz Deutschland auf Tournee ging. Sie spielte die Hauptrollen, bearbeitete und inszenierte Stücke.

ILSE TIETGE (geboren 1904). Veröffentlichte Kinder- und Jugendbücher sowie Novellen; 1942 den Erzählband »Die Insel der Cynthia«, 1954 »Die Insel« (Hiddensee).

KÄTHE RIECK ist die Herausgeberin des Kataloges über die Malerin Elisabeth Büchsel.
Elisabeth Büchsel (1867–1957). Nach Studien in Berlin, Dresden, München, Paris bevorzugte die Malerin Hiddensee-Motive. Als sie 1904 die Schönheit der Insel entdeckte, blieb sie ihr lebenslang verbunden und malte sowohl Landschaftsansichten wie Bildnisse von Kindern und Fischern.

ARNE GUSTAVS ist der Enkel des Pastors Arnold Gustavs. Sein Vater war Malte Gustavs, geboren 1907 und 1945 vermißt.

CLAUS ROTHE ist Journalist, er schrieb für die Zeitschrift »Poseidon«.

KONRAD SCHMIDT (geboren 1926). Der Germanist ist Verfasser mehrerer Fernsehspiele; Reiseschriftsteller (»Wüsten, Wadis, Wasserräder. Quer durch den Orient«, 1971).

ERICH ARENDT (geboren 1903 in Neuruppin). Lyriker und bedeutender Nachdichter südamerikanischer und spanischer Dichtung. Er arbeitete nach dem Lehrstudium bis 1933 als Zeichner in einer Theatermalerei, als Bankangestellter, Journalist und Erzieher an einer pädagogischen Versuchsschule in Berlin; erste Gedichtveröffentlichungen in der avantgardistischen Zeitschrift »Der Sturm«. Es folgten Wanderungen durch Deutschland, die Schweiz, Frankreich, Italien; 1933 die Emigration in die Schweiz, 1936/39 Teilnahme am Spanischen Freiheitskampf; weitere Exilstationen waren Frankreich und Kolumbien; 1950 Rückkehr in die DDR, wohnhaft in Berlin. Sein lyrisches Gesamtwerk (Gedichte aus fünf Jahrzehnten, 1968) zeigt einen Dichter voll poetischer Intensität und thematisch-stofflicher Spannweite, der zu den bedeutenden deutschen Lyrikern der Gegenwart zählt. Erich Arendt lebte in den fünfziger Jahren in den Sommermonaten im Hause des Architekten Muthesius in Kloster. Das Gedicht »Hiddensee« entstand 1954.

FRITZ RUDOLF FRIES (geboren 1935 in Bilbao, Spanien). Er lebt seit 1942 in Deutschland, studierte in Leipzig Romanistik und ist seit 1958 freischaffend als Übersetzer, Dolmetscher und Schriftsteller tätig. Sein erster Roman »Der Weg nach Oobliadooh«, 1966, stieß auf breite Resonanz. Sein Buch »See-Stücke« 1973, ist eine literarische Entdeckungsreise entlang der Ostseeküste.

DIETER KRAATZ ist Diplom-Ökonom. Sein Kochbuch »Köstlichkeiten einer Inselküche« ist ein kulinarisch-historischer Streifzug durch Rügen und Hiddensee, es enthält über 100 Rezepte.

HANNS CIBULKA (geboren 1920). Lyriker und Erzähler. Im Mittelpunkt seiner bildhaften, gedankenreichen Gedichte stehen die Kindheit in Böhmen und das Italienerlebnis der Kriegsgefangenschaft. 1960 erschien sein »Sizilianisches Tagebuch«, 1963 »Umbrische Tage«. Außer »Sanddornzeit« 1971, veröffentlichte er 1985 noch eine Tagebucherzählung über Hiddensee: »Seedorn«, beide Bücher zeigen die tiefe Bindung des Autors zur Landschaft.

ANJA HAUPTMANN ist die Enkelin Gerhart Hauptmanns. Am 6. Juni 1983 wurde in ihrem Beisein ihre Großmutter Margarete Hauptmann, geborene Marschalk, gestorben am 17.1.1957 in Ebenhausen bei München und zunächst dort bestattet, dem letzten Wunsch der Witwe des Dichters entsprechend in der Grabstätte Gerhart Hauptmanns in Kloster beigesetzt.

PETER SANDMEYER (geboren 1944 in Luckenwalde). Studierte in Berlin Politikwissenschaft, Germanistik und Theaterwissenschaft. Nach der Promotion Arbeit für Rundfunk und Fernsehen, seit 1981 Reporter des »Stern«.

Quellenverzeichnis

GERHART HAUPTMANN
Mondscheinlerche, Hiddensee, den 29. Juli 1885
Das Gesammelte Werk, Ausgabe letzter Hand, Berlin 1942, Bd. I

FELIX KRAUSE
Hiddensee
Westermanns Monatshefte, Braunschweig 1907

ARVED JÜRGENSOHN
Hiddensee das Capri von Pommern
Ein Reiseführer und Erinnerungsbuch
Mit 70 Abbildungen, 10 farbigen Pharuskarten und Ortsplänen der 5 Badeorte sowie ein Häuser-Verzeichnis der Insel und ein Adreßbuch von ganz Hiddensee
Verlag von Karl Haertel Bücherklause und Antiquariat Kloster auf Hiddensee/Liegnitz 1924

ARNOLD GUSTAVS
Die Insel Hiddensee
Ein Heimatbuch von Arnold Gustavs
Mit Zeichnungen von Eggert Gustavs
herausgegeben von Käthe Miethe
Carl-Hinstorff-Verlag, Rostock 1956

HANS FINDEISEN
Sagen, Märchen und Schwänke von der Insel Hiddensee
Aus dem Volksmunde gesammelt von Hans Findeisen
Verlag Leon Sauniers Buchhandlung, Stettin 1925

OTTO DANKWARDT
Alexander Ettenburg – der Einsiedler von Hiddensee
Druck und Verlag Vossische Buchdruckerei, Stralsund 1929

NIKOLAUS NIEMEIER
De Sternseier
Gedichte von Nikolaus Niemeier Hiddensee
Verlag von Walter Krohß, Bergen auf Rügen 1925

EDUARD VON WINTERSTEIN
aus Renate Seydel: Aller Anfang ist schwer
Henschel-Verlag, Berlin 1988
Text aus einem unveröffentlichten Tagebuch aus dem Nachlaß Wintersteins, handschriftliche Aufzeichnungen aus dem Jahre 1944 unter dem Titel: »Mein Weg im Film«

CHRISTINE KNUPP
Rügen – Vilm – Hiddensee
Norddeutsche Künstlerkolonie II
Katalog der Ausstellung in Altona
herausgegeben von Christine Knupp
Norddeutsches Landesmuseum 1972

Anzeigen aus Neuendorf, Vitte, Kloster, Grieben – entnommen dem o.e. Buch von Arved Jürgensohn

GERHART HAUPTMANN
Aus: Gabriel Schillings Flucht, Das Gesammelte Werk, Ausgabe letzter Hand, Berlin 1942, Bd. V und
aus Gustav Erdmann
Die Gerhart-Hauptmann-Gedenkstätte
herausgegeben vom Rat der Gemeinde Insel Hiddensee, Kloster auf Hiddensee 1987

KATIA MANN
Meine ungeschriebenen Memoiren
S. Fischer Verlag, Frankfurt/Main 1974

URSULA HERKING
Danke für die Blumen
C. Bertelmann Verlag,
München Gütersloh Wien 1973

CARL ZUCKMAYER
Als wär's ein Stück von mir
S. Fischer Verlag, Frankfurt/Main 1966

ASTA NIELSEN
Die schweigende Muse
Henschel-Verlag, Berlin 1977
und Tagebuch von Hiddensee 1929
Aus: Renate Seydel »Gelebt für alle Zeiten«
Henschel-Verlag, Berlin 1975

JOACHIM RINGELNATZ
Das Gesamtwerk
7 Bde. Hrsg. von Walter Pape
Karl Henssel Verlag, Berlin 1982 ff.

MAX KRUSE
Die versunkene Zeit
Bilder einer Kindheit im Käthe-Kruse-Haus
Deutsche Verlagsanstalt Stuttgart 1983

SIEGFRIED NYSCHER
Insel Hiddensee
Gedichte I
Poeschel & Trepte, Leipzig 1936
Gedichte II
Poeschel & Trepte, Leipzig 1937

MARIA PAUDLER
... auch Lachen will gelernt sein
Universitas Verlag, Berlin 1977

Ilse Tietge
Die Insel
Altberliner Verlag Lucie Groszer, Berlin 1954

Käthe Rieck
Die Malerin Elisabeth Büchsel
Katalog zur Stralsunder Ausstellung zum 90. Geburtstag der Künstlerin
1957

Arnold Gustavs
Aufzeichnungen eines Inselpastors
Neu herausgegeben und mit einem Nachwort von Arne Gustavs
Evangelische Verlagsanstalt, Berlin 1980

Claus Rothe
»Swanti« – Der letzte Ausflugsdampfer an unserer Ostseeküste
Poseidon, Das maritime Magazin, 3, Berlin 1989

Konrad Schmidt
Entdeckungen auf Rügen und Hiddensee
VEB F.A. Brockhaus Verlag, Leipzig 1973

Erich Arendt
Gedichte aus fünf Jahrzehnten
VEB Hinstorff Verlag, Rostock 1968

Fritz Rudolf Fries
See-Stücke
Hinstorff Verlag, Rostock 1971

Dieter Kraatz
Köstlichkeiten einer Inselküche
VEB Fachbuchverlag, Leipzig 1989

Hanns Cibulka
Sanddornzeit

Tagebuchblätter von Hiddensee
Mitteldeutscher Verlag, Halle (Saale) 1971

ANJA HAUPTMANN
Der Heimgang meiner Großmutter Margarete
Unveröffentlichtes Manuskript

PETER SANDMEYER
Ein deutsches Schmuckstück
Hiddensee im Herbst 1988
Stern, Hamburg 1988

GERHART HAUPTMANN
Die Insel
Neue Gedichte
Aufbau Verlag, Berlin 1946

Photonachweis

Photo Ebel, Hiddensee: S. 19, 23, 27, 33, 38, 41, 44, 63, 93, 107, 130, 164, 173, 175, 203, 207, 240, 243, 244, 265
Ullstein Bilderdienst, Berlin: S. 100, 142, 160, 188
ADN-ZB/Archiv, Berlin: S. 125, 127
Alle anderen: Privatarchiv der Herausgeberin